北京大学考古学丛书

周秦漢考古研究

赵化成 著

上海古籍出版社

目　录

壹　陵墓制度

1. 从商周"集中公墓制"到秦汉"独立陵园制"的演化轨迹 / 3
2. 周代棺椁多重制度研究 / 17
3. 东周燕下都"人头骨从葬遗迹群"性质刍议 / 59
4. 秦汉帝陵外藏系统（从葬坑）的性质问题 / 65
5. 汉代"横葬制墓"的起源与发展 / 81
6. 汉承秦制的考古学观察
   ——以帝王陵墓制度为中心 / 129

贰　都城建制

7. 东周列国都城建制诸问题 / 141
8. 汉长安城与罗马城
   ——东西方跨文明比较考古学研究的力作 / 161
9. 汉长安城未央宫三号建筑与骨签性质初探 / 167
10. 中国早期长城的考古调查与研究 / 175
11. 蜀道形成与发展的历史文化背景
    ——从陕南的考古发现谈起 / 195

叁　农业手工业

12. 公元前 5 世纪中叶以前中国人工铁器的发现及其相关问题 / 207

13 论冶铁术的发生及其使用对中国古代社会发展进程的影响问题 / 219

14 春秋战国时期铁器的应用和生产的发展 / 233

15 东周燕代青铜容器的初步分析 / 255

16 也谈汉"阳信家"铜器的所有者问题 / 267

17 汉"建元""元光""元朔"诸器辨伪
　　——兼及武帝前期年号问题 / 275

18 广汉西蜀纪年镜与广汉工官 / 283

19 中国纪年铭神兽镜综论
　　——兼谈日本三角缘神兽镜问题 / 291

肆　艺术及其他

20 秦汉时期艺术的繁荣与发展 / 307

21 汉墓壁画的布局与内容
　　——兼论先秦两汉死后世界信仰观念的变化 / 323

22 汉画车名新考 / 349

23 略论中国古代的分封制
　　——以周秦汉时代为例 / 375

24 《赵正书》与《史记》相关记载异同之比较 / 381

25 海昏竹书《悼亡赋》初论 / 389

图表索引 / 399

后记 / 402

陵墓制度

壹

从商周"集中公墓制"到秦汉"独立陵园制"的演化轨迹

周代棺椁多重制度研究

东周燕下都"人头骨从葬遗迹群"性质刍议

秦汉帝陵外藏系统（从葬坑）的性质问题

汉代"横葬制墓"的起源与发展

汉承秦制的考古学观察
　　——以帝王陵墓制度为中心

1
从商周"集中公墓制"到秦汉"独立陵园制"的演化轨迹

商周时期,王及诸侯方国国君(或包括夫人、宗族成员在内)死后普遍实行多代集中埋葬于同一公共墓地的公墓制度。这种"集中公墓制"是阶级、国家产生之初君权确立但还带有氏族遗痕的一种墓地形态。"集中公墓制"作为一定历史阶段的产物,随着社会的发展必然发生变化,春秋战国时期就出现了以每代国君为中心的"独立陵园制"。但春秋战国时期的"独立陵园制"尚处在创立与发展阶段;到了秦汉时期,由于大一统帝国的建立及君主集权的高度强化,"独立陵园制"最终确立并进一步完善,从而奠定了尔后中国近两千年专制社会帝王陵园制度的基础。

一、商周"集中公墓制"的类型及特点

《周礼·春官·冢人》:"(冢人)掌公墓之地,辨其兆域而为之图。"何为"公墓"?按照东汉郑玄的说法,"公墓"就是国君(或包括亲族)的墓地。这种公墓制度最主要的特点就是多代国君集中埋葬于同一墓地,我们称其为"集中公墓制"。集中公墓制发达于周代,但其源头至少可上溯至商代。商周时期的"集中公墓制"主要有三种类型。

第一类:多代王墓集中埋葬的公墓墓地。这种类型目前只见于安阳殷墟侯家庄西北岗的商代后期王陵。西北岗王陵可分为东西两区:西区发现 7 座亚字形大墓;东区发现 1 座亚字形墓、3 座中字形墓、1 座甲字形墓。此外,在靠近东区的大墓附近,还有少量小型陪葬墓和为数极多的祭祀坑。[1] (图 1-1)西北岗大墓由

---

[1] 中国社会科学院考古研究所:《殷墟的发现与研究》,科学出版社,1994 年。

于已遭严重盗扰,墓主无法确知,但可以肯定的是 8 座亚字形大墓皆属王墓,而 3 座中字形墓和 1 座甲字形墓或属王墓,或属王室成员之墓,尚难断定。退一步讲,假定这 4 座墓均属于后妃,那也只与东区那座亚字形王墓有关。也就是说,西北岗墓地主要埋葬历代商王,而后妃一般不与王埋在同一墓地,这从著名的武丁配偶"妇好"墓单独葬在洹水以南小屯村西北处就可知。[1]

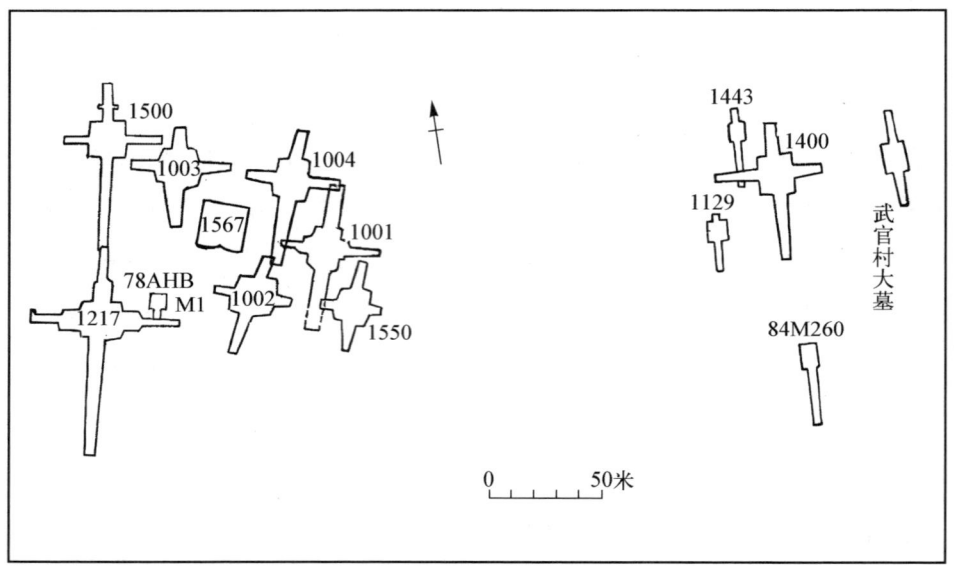

图 1-1　安阳殷墟侯家庄西北岗商代后期王陵

第二类:多代诸侯国君及其夫人并穴而葬的公墓墓地,典型例证是山西省曲沃县北赵村晋侯墓地。北赵晋侯墓地所在及其周围地势较为平坦,墓地周围没有发现环壕、城垣或是其他标志墓地范围的建筑设施,墓地与位于其西的大片中小型墓地(邦墓)相距 1 000 余米,中间有居住区域相隔,从而形成独立的茔域。该墓地共发掘出 9 组 19 座晋侯及其夫人的大墓,大致分为三排:北排四组 8 座,中排两组 4 座,南排三组 7 座。(图 1-2)墓位排列大体上是以时代先后为序从东向西依次

---

[1] 中国社会科学院考古研究所:《殷墟妇好墓》,文物出版社,1980 年。

展开的。[1] 北赵晋侯墓地所代表的这种类型的公墓地，与前述商代王陵相比，国君与夫人并穴而葬是其特点。晋侯墓地的时代属于西周时期，而春秋战国时期像洛阳金村东周王室公墓地、河北易县燕下都九女台—虚粮冢燕国公墓地也属于这种类型。

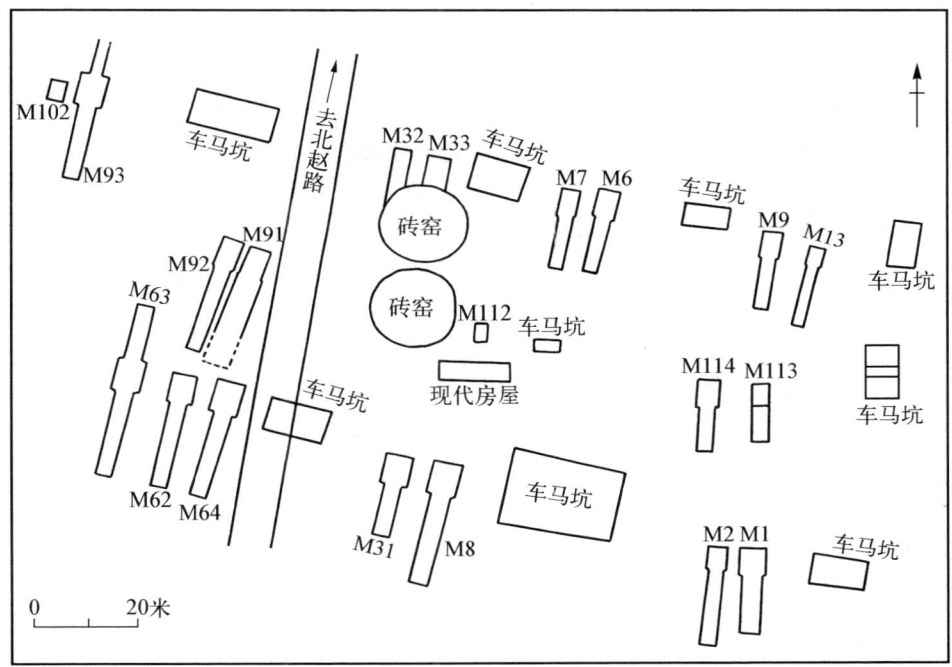

图 1-2　曲沃北赵晋侯墓地平面分布图

第三类：国君及夫人、宗族成员共同埋葬的公墓地，此类较多，兹以北京琉璃河镇黄土坡西周燕国公墓地为例。[2] 黄土坡西周燕国公墓地，即黄土坡第Ⅱ墓区

---

[1] 晋侯墓地五次发掘简报分别见《文物》1993年3期、1994年1期、1994年8期、1995年7期。关于晋侯墓地的排列方式可参见李伯谦：《从晋侯墓地看西周公墓墓地制度的几个问题》，《考古》1997年11期。

[2] 北京市文物研究所：《琉璃河西周燕国墓地》，文物出版社，1995年；中国社会科学院考古研究所：《北京琉璃河1193号大墓发掘简报》，《考古》1990年1期；北京市文物研究所等：《1995年琉璃河遗址墓葬区发掘简报》，《文物》1996年6期。

的西群,孙华先生曾将其分为3组:第1组已探明的大墓有7座(个别可能是车马坑),发掘了2座,其中M1193为燕侯克之墓,另一座(M202)墓主不明,两墓年代皆属西周早期。这7座大墓,除M1193四角有墓道外,其余为甲字形、长方形或不规则形,形制各不相同,因而难以判断究竟包括了几代燕侯在内。此外,在M1193的南边,还有几座同时期的小型墓。第2组,在其北边有3座较大的甲字形墓和1座车马坑,年代属西周早期,南边则分布有数十座小型墓,年代可晚至西周中晚期。第3组,皆为小型墓,年代多属于西周晚期。[1] (图1-3)从该墓地大、中、小型墓葬共存的情况看,是为燕国之燕侯、燕侯夫人及其宗族成员的共同墓地。

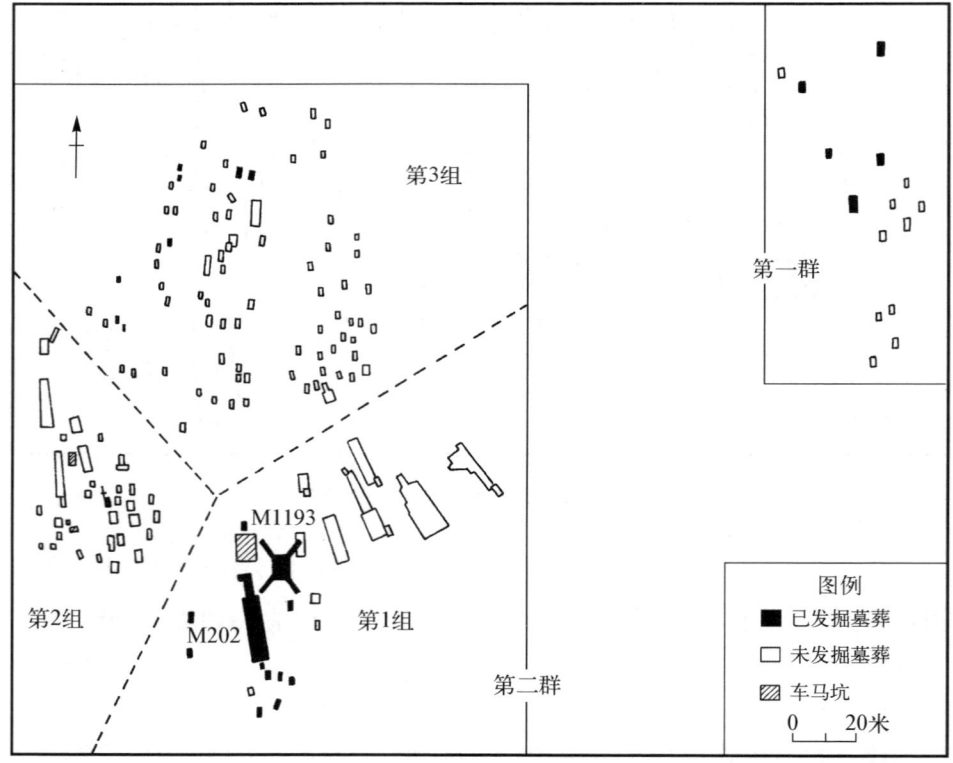

图1-3 北京琉璃河镇黄土坡西周燕国公墓地

---

[1] 孙华:《周代前期的周人墓地》,《远望集——陕西省考古研究所华诞四十周年纪念文集》,陕西人民美术出版社,1998年。本文图1-3转引自该文,谨此致谢。

这一类型的公墓地属于西周时期的还有河南浚县辛村卫国公族墓地,属于西周晚期春秋初期的有河南三门峡市上村岭虢国墓地,属于春秋时期的有山东临淄齐故城河崖头村姜齐公墓区、山东滕州市薛国公墓地等。

商周"集中公墓制"三种类型中,商代王墓集中埋葬而后妃另择墓地的现象颇值得关注。众所周知,在以血缘为纽带的原始氏族社会"族外婚"制条件下,互为婚姻的不同氏族成员死后须归葬于自己的氏族公共墓地,并且氏族成员生前的平等地位决定了死后墓葬大小、随葬品差别不是很大,这种埋葬方式已为民族学和考古学资料所证实。但商代的情形已有了很大的不同,商部族已经建立了地缘政治的国家,王权确立并日益强化,所以王墓的规模、葬制不仅大大高于一般墓葬,而且集中埋葬于一处,以突显商王的神圣及权力的至上。然而,商部族由于脱胎于原始氏族社会还不是很久,其内部还保留着某种类氏族组织形态(商代铜器铭文中众多的"族徽"或可说明),王之配偶后妃之类尽管生前地位很高,但因属于另外的部族,死后一般不与王葬于同一墓地。总之,这种类型的公墓制是商部族进入阶级、国家之后,王权确立但还带有氏族遗痕的一种墓地形态。

周代的公墓制,从多代集中埋葬这一点来讲,仍然尚未完全摆脱氏族葬制的影响,但总体上与商王室那种公墓制已有了较大的不同。首先,国君与国君夫人一般都埋葬在一起。这种普遍存在的夫妇并穴而葬的习俗,不仅反映了周代氏族组织走向解体的史实,同时也表明周代对家族关系的重视程度,这或许与周人灭商立国是在姜姓姻亲集团协助下完成的有关。其次,周代国君和宗室贵族埋葬在同一墓地也比较多见。我们注意到,在整个周代,这种形态的公墓制所占比重是相当高的,除去北赵晋侯墓地、秦国雍城墓地外,其余的多属于这一类型,显然,这是周代宗法制度在公墓墓地上的一种体现。从这一层面上讲,《周礼》所描述的那种"聚族而葬"的葬制,当有一定的根据,但有关墓位的排列方式,从目前的发现还很难看出所谓昭穆制度的痕迹来,这有待新的发现和进一步的研究。

商周时代的"集中公墓制"有如下几个特点:

(1)多代国君集中埋葬于同一墓地,但因迁都或重大事变,同一国家可以有多处这样的公墓地。

(2) 商周时期"集中公墓制"主要有三种类型,并且商周之间存在着一定差别。

(3) 公墓地多数没有兆沟或围墙以显示墓地范围,这大概因为同一墓地要埋葬多代国君,而一开始无法预计以后会有多少代国君在此埋葬。

(4) 从文献记载看,每处公墓地只有一个统一的地理名称,而每位国君陵墓没有单独的名称。

二、春秋战国"独立陵园制"的萌芽与形成

区别于"集中公墓制","独立陵园制"是一种新的墓地形态。就目前的发现来看,春秋时期的雍城秦公墓地是其萌芽形态,战国时期的秦东陵、中山国王陵等进一步发展,而秦始皇陵及汉代帝陵最终得以确立并完善。

凤翔春秋秦公墓地位于秦都雍城西南的三畤原南指挥乡一带,已探明的陵区范围东西长约 7 公里,南北宽近 3 公里,总面积约 21 平方公里,陵区的西、南、北侧均发现有宽 2—7 米、深 2—6 米的隍壕作为其防护屏障。在这一范围内,已钻探出 43 座大中型墓和车马坑,其中,中字形大墓 18 座、甲字形大墓 3 座、刀形墓 1 座,另有目字形、凸字形车马坑 21 座。这 22 座大墓及车马坑发掘者将其归属 13 座陵园,但有长方形或梯形兆沟的陵园只有 8 座(八、十二、十三号为组合式陵园),并可分为单兆和双兆两种类型,其余则没有发现陵园兆沟。有陵园兆沟或无兆沟但集中埋葬者一般以 1 座中字形大墓为中心,但也有 2 座或 3 座中字形大墓者。[1](图 1-4)显然,那些只有 1 座中字形大墓的陵园是为一代秦公应无问题,至于有 2 座或 3 座的中字形大墓的陵园为一代、两代秦公或夫人亦未可知。关于雍城墓地秦公及其夫人拥有单独陵园的现象,有学者已称其为"独立陵园",并与战国中晚期河北平山中山王陵、邯郸赵王陵等那种独立陵园相提并论。[2] 不过,雍城秦公墓地的这种所谓独立陵园与后来典型的"独立陵园制"还是有很大差别的。首先,

---

[1] 陕西省雍城考古队:《秦都雍城钻探试掘简报》,《考古与文物》1985 年 2 期;陕西省考古研究所:《十年来陕西省文物考古的新发现》,《文物考古工作十年(1979—1989)》,文物出版社,1991 年。
[2] 马振智:《试论秦国陵寝制度的形成发展及其特点》,《考古与文物》1989 年 5 期。

从商周"集中公墓制"到秦汉"独立陵园制"的演化轨迹   9

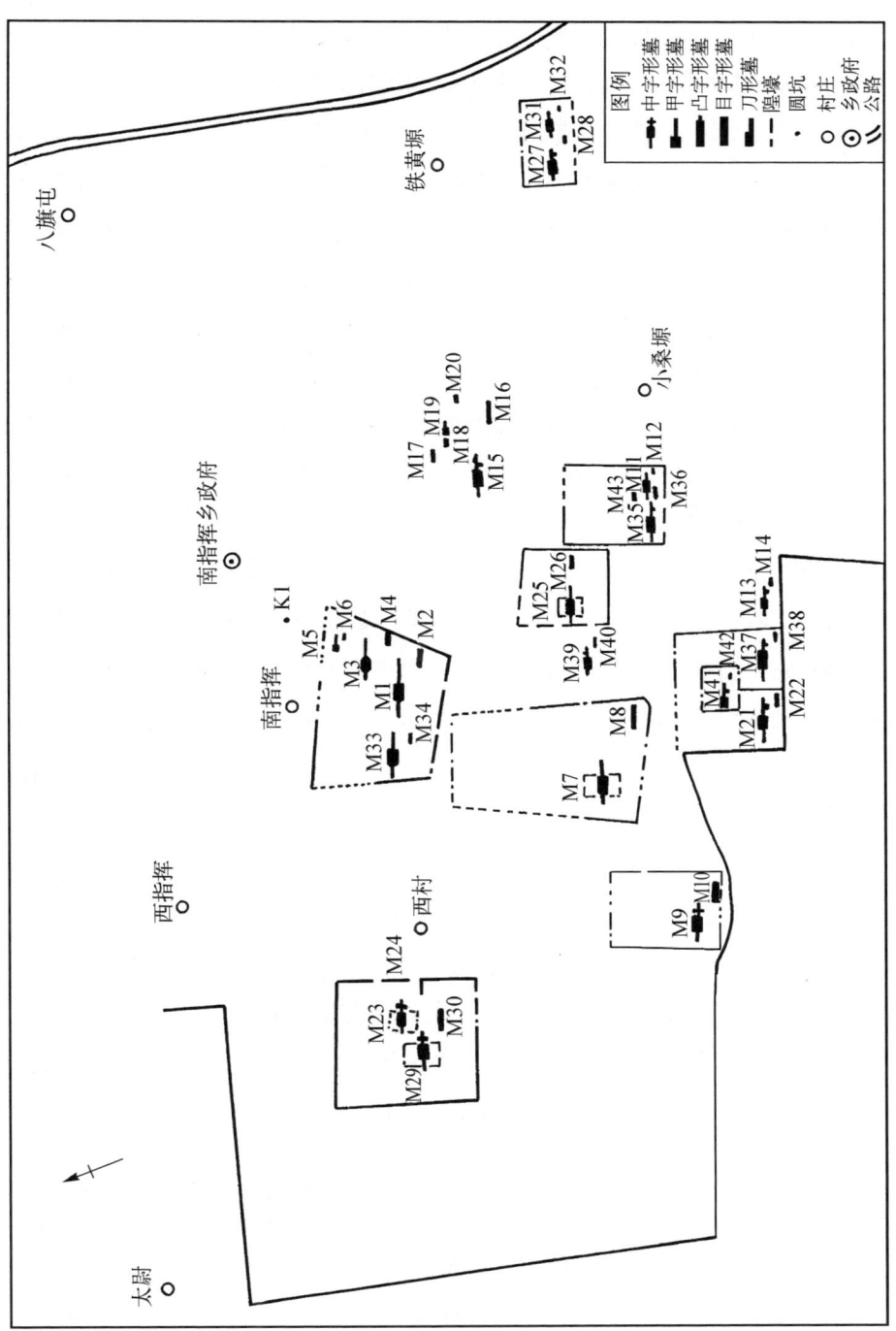

图1-4　凤翔秦都雍城秦公墓地平面图

各个陵园之间相距较近,陵区外围有大范围的隍壕环绕,每座陵园只是整个雍城大陵园的一部分;其次,只有一部分秦公拥有兆沟划分的陵园,而有的一座陵园内有2座或3座中字形大墓,可能埋葬着两代以上的秦公;其三,每座陵园内除部分有墓上建筑痕迹外,并无其他特别的附属建筑设施,也就是说,作为独立陵园的管理功能还不具备;其四,该墓地文献中似统一称之为"雍",每位秦公陵还没有独立的陵园名称。总之,雍城秦公墓地基本上仍然属于集中埋葬的"公墓制"范畴,而部分秦公以兆沟划分陵园还只是一种地理界线的区分。雍城秦公陵区除少数陪葬墓外,少有其他贵族、平民葬入,从这一层面上讲,与前述北赵晋侯墓地有些相似,但该墓地某些国君拥有单独的兆沟陵园又是新出现的情况,因而可将其视为从"集中公墓制"向"独立陵园制"过渡的一种中间形态,它是后来典型意义上"独立陵园制"的萌芽,其出现意义重大。

与凤翔春秋秦公墓地多代国君集中葬于一地的情形相反,战国时期的秦国国君诸陵分布已较为分散;献公、孝公可能葬于栎阳陵地,惠文王、悼武王似葬于咸阳以北陵地(今西安周陵中学一带),昭襄王、庄襄王葬于咸阳以东10多公里的芷阳陵地。前两处陵地尚未调查,情况不甚明了,而后一处即芷阳陵地已进行了较大规模的钻探,陵园的分布范围、遗迹情况都比较明晰。芷阳陵地,又名秦东陵,已钻探出4座陵园和若干座带封土的大墓。这四座陵园彼此相连,但每座陵园周围有人工开凿或是利用自然沟豁修整而成的兆沟。陵园内有主墓、附葬墓、陪葬墓、地面建筑设施等。[1] 关于这四座陵园的属主,有不同的说法。笔者曾撰文认为:四号陵园葬昭襄王与唐太后,一号陵园葬庄襄王与帝太后,二号、三号分别葬悼太子和宣太后。[2] 又据文献记载,秦国自惠文王称王始,以后每代国君都有独立的陵园名称:惠文王葬"公陵",悼武王葬"永陵",昭襄王葬"芷陵",孝文王葬"寿陵",庄襄王葬"阳陵",秦始皇葬"丽山",这种拥有独自的陵园名称,正是"独立陵园制"的

---

[1] 张海云、骆希哲:《秦东陵勘查记》,《文博》1987年3期;陕西省考古研究所等:《秦东陵第一号陵园勘查记》,《考古与文物》1987年4期;陕西省考古研究所等:《秦东陵第二号陵园调查钻探简报》,《考古与文物》1990年4期;陕西省考古研究所秦陵工作站:《秦东陵第四号陵园调查钻探简报》,《考古与文物》1993年3期。
[2] 赵化成:《秦东陵刍议》,《考古与文物》2000年3期。

一个重要特征。但芷阳陵区诸陵园在文献中又被统称为"东陵",并设有"东陵侯"统一管辖,这与雍城秦公陵地诸陵园有相似之处,因而又还带有"集中公墓制"的一些特征。

与秦国芷阳陵地那种以兆沟为陵园兆域界标的情形有别,河北平山中山国王􏰀墓、河南辉县固围村魏国封君大墓、河北邯郸赵国王陵等则在地面上夯筑城垣,并且是以一代国君为中心来进行墓地规划的。兹以中山国王􏰀墓出土的"兆域图铜版"为例说明如下:"兆域图铜版"中心部位有5座被称为"堂"的方形框,中间为"王堂",两侧分别为"王后堂"和"哀后堂"以及两"夫人堂"。所谓堂,即"享堂"一类墓上建筑,其下则为陵墓所在。围绕五座堂,周围有回字形的两重城垣,整个"兆域图铜版"清楚地表明是以中山王􏰀一代国君为中心来进行墓域规划的。[1]（图1-5）这种以一代国君为中心来规划墓域,同"集中公墓制"下多代集中埋葬于同一墓地的情形已有根本的区别,是一种全新的墓地制度。但战国时期同时还存在着像秦东陵那样的非典型独立陵园,而周王室、燕国等仍实行"集中公墓制"。也就是说,战国时期还处在由"集中公墓制"向"独立陵园制"的过渡阶段。我们也注意

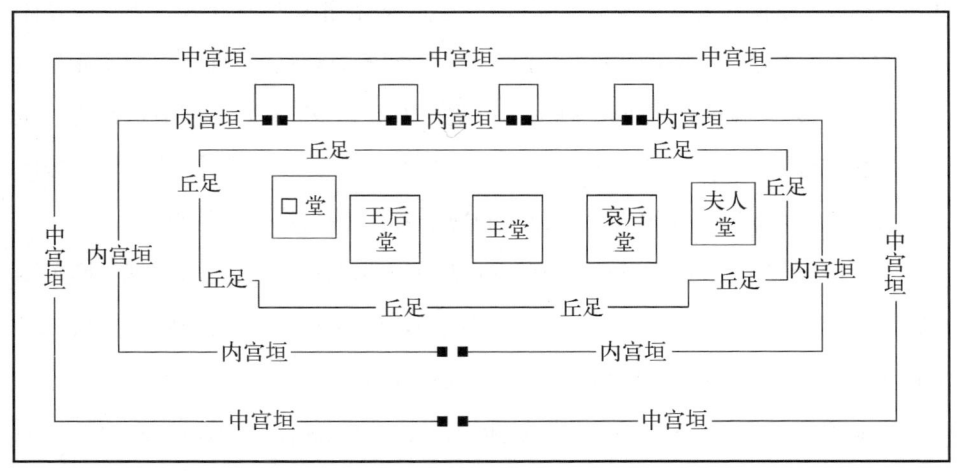

图1-5　战国中山王􏰀墓"兆域图铜版"

---

[1] 河北省文物研究所:《􏰀墓——战国中山国国王之墓》,文物出版社,1996年。

到,这种"独立陵园制"所流行的区域正与战国时期法家文化占有统治地位的秦国、三晋地域大体契合(中山国与赵国毗邻,受三晋文化影响较深),这当不是偶然的现象。可见,"独立陵园制"的出现一方面是"族葬制"走向衰亡的结果,同时又是君权专制强化的必然产物。

三、秦汉"独立陵园制"的确立与完善

"独立陵园制"萌芽于春秋,创立于战国,而全面确立当以秦始皇陵园为标志,汉代帝陵继承并进一步完善,从而奠定了尔后中国近两千年帝王陵园制度的基础。

秦汉帝王陵园的特点可归结为四点:陵园独立化、陵区规模化、设施复杂化、功能完善化。

关于秦始皇陵陵园、陵区独立化这一点,并非为人们所普遍认可,有学者就把秦始皇陵园看作是秦芷阳陵区的一部分。实际上,秦始皇陵已经完全脱离芷阳陵区而构成独立的单元。芷阳陵区在郦山西麓,秦始皇陵则位于骊山北麓,两者相距10余公里,很难说二者之间有什么关系。此外,秦始皇陵占地范围已是整个芷阳陵区的数倍,并有独立的陵园名称和独立的管理机构,这些也有助于说明秦始皇陵作为独立的陵园、陵区是无可置疑的。[1] 另一方面,秦始皇陵一陵独尊,其选址也没有考虑继任者即所谓二世、三世,乃至百世陵地位置安排问题,这从秦始皇陵区的地形、地貌以及占地达50多平方公里的规模来看,应当是很清楚的。

关于陵园规模化,且不说秦始皇陵区占地范围达数十平方公里,仅就陵园范围(即墙垣以内)而言,其规模也是巨大的。尽管汉代以降的历代帝王陵园规模未必比得上秦始皇陵,但总体上拥有巨大陵园都是一致的。

秦始皇陵作为独立陵园制度确立的标志,最主要表现在陵园遗迹复杂化、功能完善化方面。秦始皇陵陵园内外遗迹众多,数以百计的地下从葬坑模拟"宫观百

---

[1] 张海云、孙铁山:《秦东陵再探》,《考古与文物》1993年3期;张海云、孙铁山:《对秦东陵有关问题的几点看法》,《考古与文物》1996年5期。

官",其功能齐全,象征意义很明显。其次,秦始皇陵把原来置于墓上的寝殿移至墓侧,并有便殿、丽山食官、寺园吏舍、陵邑等,这些使得作为"独立陵园制"所应具备的管理功能趋于完善。(图1-6)

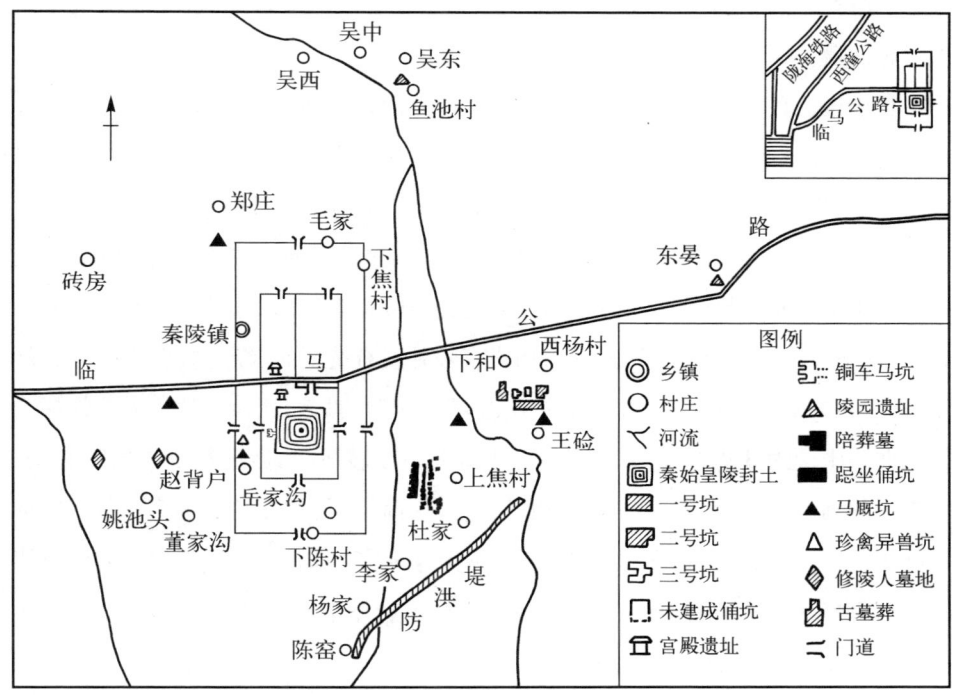

图1-6 秦始皇陵陵园及陵区遗迹分布平面图

西汉帝陵从总体上看,继承了秦始皇陵园的特点并有所发展。

西汉十一代皇帝,其中有九代埋葬在汉长安城以北的渭北黄土塬上,另两座即文帝霸陵、宣帝杜陵则位于渭河以南汉长安城东南一带。假若我们拿一张大比例的帝陵分布图来看,渭北9座帝陵自东而西一线排开,看起来很像是葬于同一公墓地之内,而人们也习惯于拿"集中公墓制"的思维方式来看待西汉帝陵,并按照周代昭穆制度的排列方式来探寻各帝陵之间的关系。[1] 但有学者指出,人们之所以

---

[1] 李毓芳:《西汉帝陵分布的考察——兼谈西汉帝陵的昭穆制度》,《考古与文物》1989年3期。

按照昭穆制度来解释西汉帝陵关系,是因为都把帝陵的朝向看作是坐北向南,而实际上所有帝陵都是东向的,如此,所谓西汉帝陵存在昭穆制度便失去了立论的基础。笔者同意这一说法。其实,我们迄今对周代公墓地是否存在昭穆排列尚有疑问,更遑论汉代帝陵的昭穆次第。此外,还有一点非常重要,即西汉宗庙也未曾实行昭穆制度,帝陵的昭穆排列又从何谈起。[1]

位于渭北黄土塬上的9座西汉帝陵,从东至西延绵50余公里,每座帝陵之间,近者有数公里,远者达10余公里。在如此广阔的地段内,许多居民点和平民墓地杂处其间,根本不能说是一个集中的公墓区,所以说过去那种公墓制已遭破坏,是一望而知的。(图1-7)从文献记载来看,西汉帝陵的选址一般是因某种喜好,或通过风水堪舆及占卜而定的,并没有提到与先王陵寝有何瓜葛。相反,有时陵址选择不当,还可以临时更改。因此西汉历代帝陵并没有统一的、经过规划的集中公墓地,而实行的是以一代皇帝为中心的"独立陵园制"。诚然,西汉帝陵绝大部分都选择渭北黄土塬为其葬地,也可能多少考虑到先帝陵寝所在,但这是一种松散的、事先未经规划的,甚至是无序的"大墓地"形态,与商周那种"集中公墓制"有着本质的区别。这种"大墓地",在以后的历代帝陵都普遍实行着,并且逐步发展为按照某种风水思想来安排墓位的新的"大墓地"形态,但总体上仍是以"独立陵园制"为基础的。

西汉帝陵的"独立陵园制"基本上继承了秦始皇陵园的布局结构而又有所发展。每座帝陵都有自己的陵园名称,寝殿、便殿、陵邑等设置更为完善,陵园管理功能进一步加强。此外,陵园附近有数量众多的功臣贵戚陪葬墓,特别是将外姓功臣纳入陵区范围内的做法,在商周集中公墓制度下是不允许的。这也是西汉帝陵作为独立陵园制的一个新特点。(图1-8)

现在,我们再来总结"独立陵园制"的主要特点:

(1)每位国君都拥有自己独立的陵园,每座陵园都有垣墙(或兆沟、或行马)以表示墓域。但秦汉帝陵的许多重要遗迹在陵园垣墙外,从而构成独立的陵区。

---

[1] 焦南峰等:《西汉帝陵无昭穆制度论》,《文博》1999年5期。

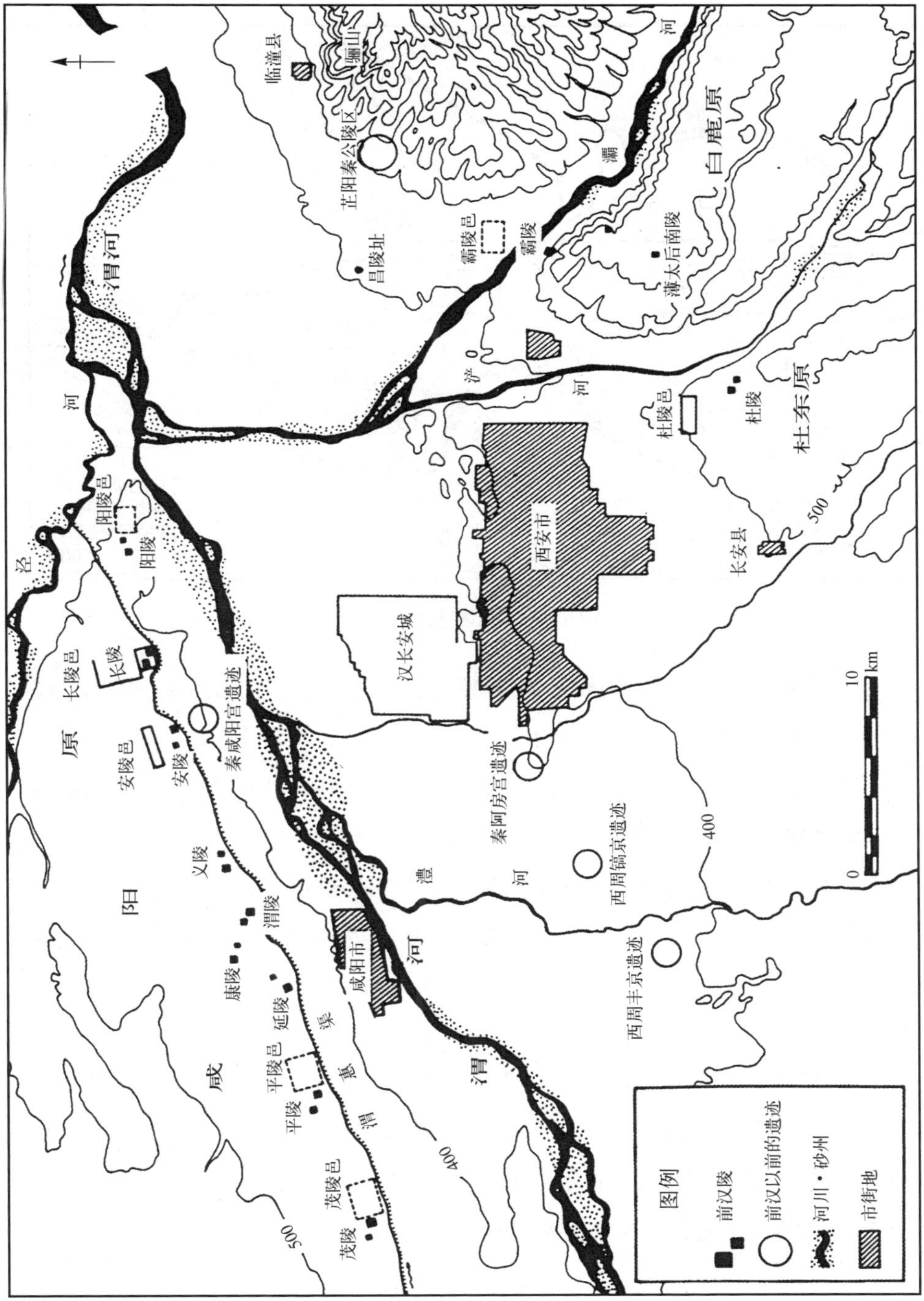

从商周"集中公墓制"到秦汉"独立陵园制"的演化轨迹　15

图1-7　西汉帝陵分布图

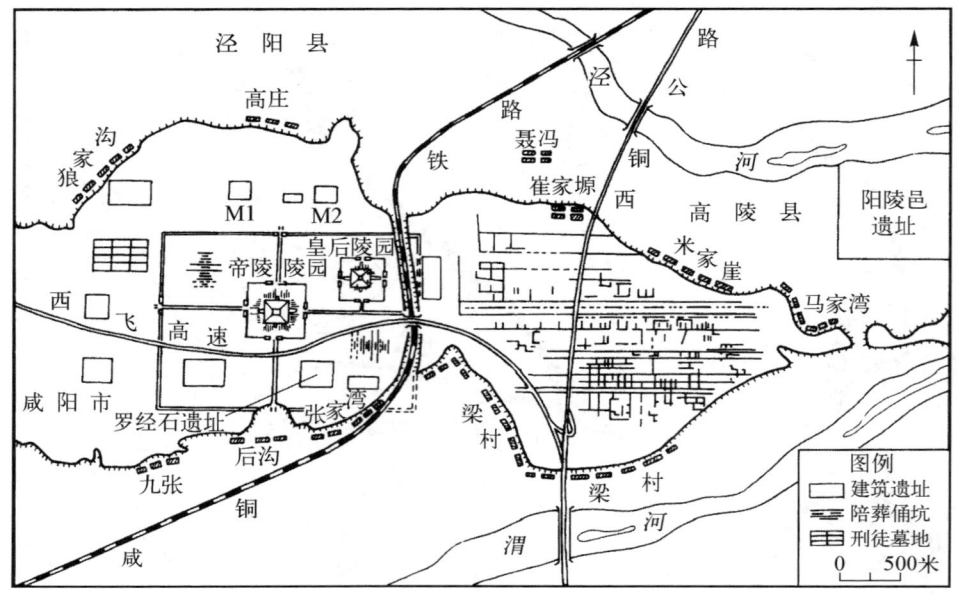

图 1-8　汉景帝阳陵遗迹分布平面图

（2）各陵园之间彼此相距较远，形成独立的单元。与"集中公墓制"相比，各陵园之间是一种松散的，甚至是无序的排列关系。

（3）每座陵园都拥有独立的陵园名，如秦始皇陵园称为"丽山园"，西汉有高祖长陵、文帝霸陵、武帝茂陵等。

（4）陵墓及陵园规模宏大，各种设施完善，并实行独立而专门化的管理。除了帝王、王后的陵墓外，还有附属的寝殿、便殿、陪葬坑、陵邑以及为数众多的陪葬墓等。

[近期获悉，安阳西北岗商代后期王陵周围新钻探出大范围的围沟（隍壕），然而，尽管商代后期王陵出现隍壕，但多代王陵集中埋葬的性质没变，仍属于"集中公墓制"范畴。本文原名"从商周'集中公墓制'到秦汉'独立陵园制'的演化轨迹"，载《文物》2006 年 7 期。此次重刊略有修订。]

2
周代棺椁多重制度研究

一、绪言

　　周代丧葬礼制中,棺椁制度与用鼎制度具有同等重要的意义,但与用鼎制度研究的广度和深度相比,对其认识还很有限。究其原因:一是古代文献中有关棺椁制度的记载较为简略,且如何理解还存在分歧;二是木质材料不如青铜器那样易于保存,难以清楚地再现当时的实际状况。然而,中国考古学发展到今天,已发掘的西周、东周墓葬及其与周代棺椁制度有关的汉代墓葬资料已有相当数量的积累,特别是近年来,一批贵族大墓的相继发掘,使得对周代棺椁制度进行系统研究的条件已经成熟,尽管在一些细节上还存在诸多问题,但就大的方面已可理出规律性的东西了。

　　周代棺椁制度,就所包含的内容而言,主要有以下几个方面:棺椁大小、棺椁材质、棺椁重数、棺饰棺束等。关于棺椁大小,礼书中仅记载了每个等级棺椁用材的长短厚薄,而未及整个棺椁的大小。考古发现中,棺椁大小固然体现等级差别,但很难得出定量化的结果。关于棺椁材质,礼书中虽有明确的记载,但考古发现的棺椁多朽,楚墓中虽保存较好,但棺椁用材因地域、时代的不同,实际上不可能像礼书记载的那样规整,因而无法与礼书对照研究。至于棺饰棺束,已有多位学者做过探讨,笔者没有新的意见。以上三个方面,本文均不打算做专门讨论。

　　实际上,周代棺椁制度中,体现等级差别者,最基本的莫过于棺椁重数,亦即"棺椁多重"制度,或称"棺椁数袭"制度,这也是人们关注的焦点所在。然而,对于礼书及其他文献记载的这种"棺椁多重"制度的理解,却存在着较大的误区。此外,这种制度究竟是西周古制,还是东周制度？或是像有人所说的形成于汉代？这些,都是需要重新认识的。本文将首先探讨古代文献中有关周代棺椁多重制度的基本含义,然后再系统考察那些棺椁保存较好的西周、东周墓葬以及与之相关的汉代墓葬,以期揭示这一制度的基本内涵及其产生、形成、发展变化乃至于衰亡的全过程。

二、对古代文献中有关周代棺椁多重制度的再认识

古代文献中,有关"棺椁多重"制度的记载已为大家所熟知,但为了方便讨论,仍需要加以引用。

《礼记·檀弓上》:"天子之棺四重。"郑玄注:"尚深邃也。诸公三重,诸侯再重,大夫一重,士不重。"

《荀子·礼论篇》:"天子棺椁十(七)重,诸侯五重,大夫三重,士再重。"

《庄子·杂篇·天下》:"天子棺椁七重,诸侯五重,大夫二重,士再重。"

对于以上记载,有不同的理解。

20世纪70年代初,长沙马王堆1号汉墓的发掘,不仅出土了大量精美的随葬物品,而且第一次让人们领略到规模巨大、保存十分完好的多重棺椁形态。最初,《简报》称其为三椁三棺。[1] 后来,史为先生的《长沙马王堆一号汉墓的棺椁制度》一文,开始把这种棺椁结构与古代文献记载的棺椁制度联系起来考虑,正确指出《荀子·礼论篇》所谓"天子棺椁十重"中的"十"为"七"之误,并认为不存在诸公与诸侯之别,从而推论其使用的是诸侯一椁四棺之制。至于其他等级则以为是:天子二椁五棺,大夫一椁二棺,士一椁一棺。[2]

俞伟超先生的《马王堆一号汉墓棺制的推定》一文,做了更为深入的考察,特别是详尽论证了内棺棺饰与《礼记》记载的制度基本吻合。对于棺的重数则依《礼记》郑玄注及孔颖达疏,认为:天子五层棺,诸公四层棺,侯、伯、子、男之爵三层棺,大夫二层棺,士一层棺。[3]

---

[1] 湖南省博物馆、中国科学院考古研究所:《长沙马王堆一号汉墓发掘简报》,文物出版社,1972年。
[2] 史为(夏鼐):《长沙马王堆一号汉墓的棺椁制度》,《考古》1972年6期。文中引史为语凡未注明者均出自该文。
[3] 俞伟超:《马王堆一号汉墓棺制的推定》,原载《湖南考古辑刊》第一辑,岳麓书社,1982年;后收入俞伟超:《先秦两汉考古学论集》,文物出版社,1985年。文中引俞伟超语凡未注明者均出自该文。

上述意见除了对"诸公"与"诸侯"的认识有歧义外,其他基本接近,均认为《礼记·檀弓上》专指棺而言,并按照郑注孔疏将"重"理解为"两层";而《荀子·礼论篇》和《庄子·杂篇·天下》所记则包括了棺和椁在内,但将其中的"重"字释为"一层"。将《礼记》的"重"看作"两层",而将《荀子》和《庄子》中的"重"释为"一层",本身就有一定的矛盾。也许出于这种考虑,李发林先生《战国秦汉考古》大学讲义,则将"重"统统解释为"两层",从而认为:天子三椁五棺、诸公三椁四棺、诸侯三椁三棺、大夫二椁二棺、士一椁两棺。[1]

这两方面的意见,后一种意见与文献原意及考古发现均出入较大,似不可取,这里不再讨论。前一种意见具有广泛的代表性,甚至已成为考古学界相当流行的看法。[2] 然而,仔细分析古代文献中有关棺椁制度的记载,这种看法恐怕不是没有问题的。

首先,这需要从理解《礼记》原文的含义入手。

《礼记·檀弓上》:"天子之棺四重,水兕革棺被之,其厚三寸,杝棺一,梓棺二,四者皆周。"

对这段话如何理解?这里,暂撇开有争议的"重"字的本意不谈,让我们先弄明白何谓"四者皆周",周于何物。

《礼记·檀弓上》:"衣足以饰身,棺周於衣,椁周於棺,土周於椁。"

"四者皆周"也就是棺周于裹衣衾之尸体。所谓"四者",即革棺一、杝棺一、梓棺二,加起来正好是"四者"。显然,"天子之棺四重"指的是四层棺而非五层。"重"字本意为"一层",这与《荀子·礼论篇》和《庄子·杂篇·天下》的"重"字为"一层"是一致的。看来,郑玄注与《礼记》原意不符,而孔颖达疏则基本沿袭郑注(详下引)。之所以造成这种误解,主要是对"水兕革棺被之,其厚三寸"的解释引起的。

郑注:"以水牛、兕牛之革以爲棺被,革各厚三寸,合六寸也,此爲一重。"

---

[1] 李发林:《战国秦汉考古》,山东大学出版社,1991年。
[2] 持这种看法的人很多。发掘简报、报告及研究文章中,大凡涉及多层棺椁者,作者多采用这一说法。如李如森《汉代丧葬制度》(吉林大学出版社,1995年)一书,亦取此说。

孔疏讲得更为详细："四重者,水兕、兕牛皮二物爲一重也;又杝爲第二重也;又屬爲第三重也;又大棺爲第四重也;四重凡五物也。以次而差之,上公三重,則去水牛,餘兕、杝、屬、大棺也;侯、伯、子、男再重,又去兕,餘杝、屬、大棺;大夫一重,又去杝,餘屬、大棺也;士不重,又去屬,唯單用大棺也。"

郑注、孔疏将水兕理解为水牛、兕牛二物,因而也就将"天子之棺四重"解释为五层了。其实,水兕为一物,并不存在水牛、兕牛之别,明言其厚三寸,当指一层。史为先生也已指出:"'水兕革'即水牛革,并非二物。'兕牛'可简称为'兕',但'水牛'不能简称为'水'。'兕'即青兕,这里似乎即指青牛,亦即水牛,故可称水兕,而非指独角的雌犀。"史为先生将水兕革棺看作一物,可谓中的,但水兕恐非是水牛,或应是兕。《尔雅》:"兕似牛",郭璞注:"兕似水牛,青色。"兕与水牛相似,性喜水,故可称为水兕。不过,是水牛革还是兕革,无关紧要,重要的是只有一物,这是很清楚的。史为先生对水兕革棺做了正确解释,但他却又说:"正文明言'水兕革棺被之',其内当另有一内棺……"其实,依文意"水兕革棺被之",是在木质的内棺上蒙上水兕革皮,并名之为"革棺","四者皆周"减去杝棺一,梓棺二,革棺只剩一层,并不存在其内还有一层棺。总之,将《礼记·檀弓上》"天子之棺四重"理解为四层棺,是符合原意的。

郑注、孔疏既解天子之棺为五层,便又在诸侯之前增加"诸公"之制,然这又与《礼记》的其他记载不相符。

《丧大记》:"君大棺八寸,屬六寸,椑四寸;上大夫大棺八寸,屬六寸;下大夫大棺六寸,屬四寸;士棺六寸。"

《礼记》中言"君"之处甚多,均指列国诸侯而言,并无诸公与诸侯之别。对此,清代学者金鹗《求古录礼说》卷八《棺椁考》早有论述,其说如下:

凡言君者,統五等諸侯而言,未有獨去上公而稱侯伯子男者也。《周官》五等諸侯多以命數分爲三等,初不以諸公諸侯分二等也。《周官》亦有不分三等而統稱諸侯者,如掌次司裘所言是也。惟《公羊·隱五年傳》云天子八佾、諸公六、諸侯四,以諸公、諸侯分二等,然降至大夫與士混同二佾,殊非禮制,當以左氏諸侯六、大夫四、士二之説爲確。至《禮記》一書，多以天子、諸侯、大夫爲差，五等統稱諸侯，亦不以諸公、諸侯分二等也。《禮器》云天子五重八翣，諸侯三重六翣，彼言抗木與茵之重數，此言棺之重數，其事同類，則諸侯之棺不當與諸公有異……《喪大記》言君者最多，皆不分別諸公、諸侯，此何以獨别之乎。

从《丧大记》言君（诸侯）、大夫、士的用棺名称也可清楚地看到：君（诸侯）用三层棺，从内向外依次是椑、属、大棺；大夫用二层棺，为属、大棺；士为单棺，或可称大棺。前面分析《檀弓上》天子之棺四层，其名称分别为革棺一、杝棺一（椑棺）、梓棺二（属棺、大棺），那么，依次递减，诸侯、大夫、士应分别是三层、二层、一层。如此，天子至于士的用棺层数，《檀弓上》和《丧大记》是一致的，其间并无诸公存在的余地，这也与前引《荀子》《庄子》无诸公之制相符合。关于这一点，史为先生也已注意到，因而他将诸公、诸侯合并，并新创诸侯一椁四棺之说。然礼书中没有这样的记载，便以为"《礼记·丧大记》所列举君（诸侯）的棺材，或许漏去其一"，做了相当勉强的解释。

《丧大记》此段话后接着讲了"里棺"之制：

> 君裏棺用朱、綠，用雜金鐕；大夫裏棺用玄、綠，用牛骨鐕；士不綠。

或有人认为，里棺是指在前述几层棺内的另一层棺，于是便有天子五层棺、诸侯四层棺的存在。然这样一来，大夫棺岂不也变成了三层，士棺成了二层，这不仅与《礼记》原意不符，也与郑注不合。实际上，此处的"里棺"当指内棺，即为诸侯之"椑棺"、大夫之"属棺"，而士不言里棺，即为单棺。《礼记·檀弓上》"君即位而爲椑"，郑注："椑謂杝棺，親尸者。"其意甚明。

把《礼记》中用棺的重数做这样的理解，似乎与《荀子》《庄子》中棺椁合称之重数无法统一起来，然而，当重新考察《礼记》中有关"椁"制的记载后，这一问题便可解决。

《礼记·丧大记》："君松椁，大夫柏椁，士雜木椁。"又曰："君裏椁虞筐，大夫不裏椁，士不虞筐。"郑注："裏椁之物，虞筐之文未聞也。"何谓里椁虞筐，郑玄已不明,但这里明确提到君(诸侯)有"里椁"。关于先秦古汉语中"里"之原意,《诗·邶风》:"緑衣黄裏",是指衣服的内层,因而《说文》释"裏"为"衣内也",段注:"引申爲凡在内之稱。"故裏椁就是内椁,既然诸侯有内椁,也就有外椁,即有两层椁。如此,诸侯之制为二椁三棺,便很清楚了。或有人认为,此"里椁"应为"椁里"之意,这样理解,对君而言勉强可以说通,然解释"大夫不里椁"便困难了。

诸侯用二椁三棺之制度,胡雅丽的《包山二号楚墓所见葬制葬俗考》一文也已指出过。对于"里椁虞筐"的含义,该文据包山1号墓内椁与中室四壁的间隙嵌有木框,认为:"里椁即椁内之椁,亲棺之椁,虞即安之意。筐、匡互通,可训作框。'里椁虞筐',即在内椁与棺室空隙间安木框以实之。"其说或有一定道理。但该文除了对诸侯用二椁三棺之制有独到见解外,其他仍采纳郑注、孔疏关于棺椁重数的说法,并且将郑玄注的"诸公"看作是天子之"三公",至于"三公"用什么样的棺椁制度,文中没有说明,实际上也难以说明白。[1]

关于天子有几层椁,《礼记》没有记载。若前述天子为四层棺不误,椁自当为三层。《越绝书·记吴地传》提到吴王阖闾冢"铜椁三重",所谓铜椁不可信,当是仅用铜材加固而已。三重即为三层,当此时阖闾称王,僭越天子之制是有可能的(《姑苏志》则作"铜棺三周",因较晚出,未必可信)。洛阳金村20世纪30年代被盗掘的几座东周王室大墓,其中的5号墓,据怀履光所绘墓葬结构图,便用了紧密套合的三层木椁。(图2-1)尽管怀履光的图并非现场实测,因而存在许多问题,但未必全无根据。[2]

如此,结合《礼记》对棺椁制度的记载,《荀子·礼论篇》《庄子·杂篇·天下》的"天子棺椁七重"应为"三椁四棺","诸侯五重"应为"二椁三棺","大夫三重"应为"一椁二棺","士再重"应为"一椁一棺"。这样解释,先秦诸文献中有关棺椁多重制度的记载便融会贯通,无任何矛盾了。

---

[1] 湖北省荆沙铁路考古队:《包山楚墓》,文物出版社,1991年。该文见附录十四。
[2] 转引自(日)梅原末治:《洛阳金村古墓聚英》,(京都)小林写真制版部所出版部,昭和十一年(1936)十月。关于怀履光所绘五号墓结构图,多认为不可靠,但考虑到其与文献记载恰合,故引此供参考。椁室的八角形结构,考古发掘中从未见过,颇疑原为亚字形结构,被扰动后很容易误认为是八角形结构。

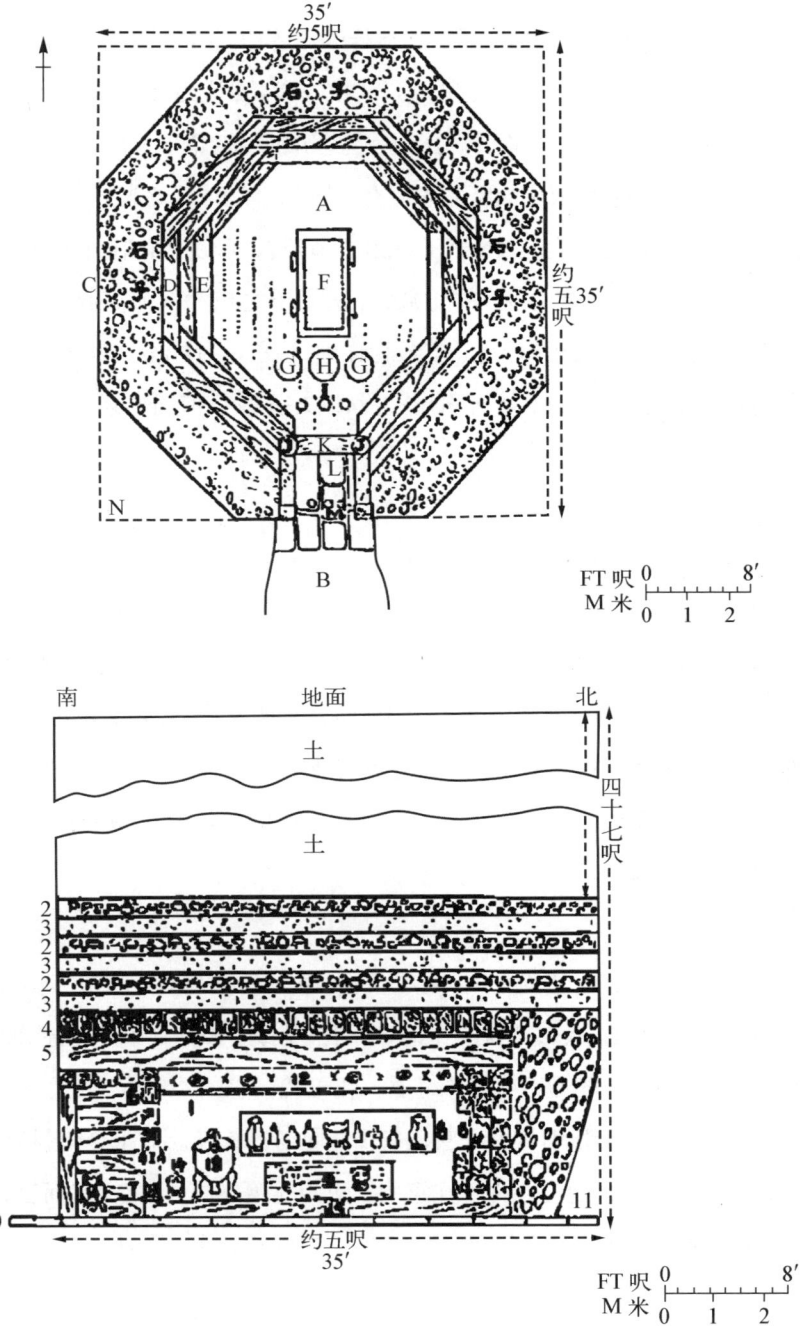

图 2-1　洛阳金村 5 号墓结构图

上文对先秦文献中有关棺椁重数作这样的理解,并非全是笔者的发现,前面已经提到的清代学者金鹗《求古录礼说》卷八《棺椁考》便认为郑注孔疏皆误,孙希旦《礼记集解》卷九也有同样的说法,均指出天子为四层棺、诸侯三层、大夫二层、士一层。当代考古学者中,除前引胡雅丽先生有"诸侯二椁三棺"之说外,王世民先生在《新中国的考古发现与研究》一书第三章第五节论及河北平山中山国王墓葬棺椁制度时,也引用《礼记·檀弓上》的记载,并说天子之棺为四层,但他未作任何考释。[1] 以上诸说中,以《棺椁考》一文最为详细,特别是对先秦文献中有关"重"字本意的考证颇为精深,这里不妨再引用一段,以补充我们前面论述中的未详之处。其文曰:

> 不知凡言重者皆以一物爲一重,如天子之席五重,謂莞、藻、次、熊、蒲,《周官》所謂五席,未嘗有六席也孔疏謂五重六席,三重四席,再重三席,非也。《楚辭》云君之門以九重,王逸注謂關門、遠郊門、近郊門、城門、皋門、雉門、應門、路門、寢門,説固未當,亦可見九重止九門無十門也。《禮器》言大夫席再重而不言士之席,以士只一席不可言重,故略之,可知再重只二席非三席也……鄭不明重字之义,而謂再重之下有一重,又謂一重二物,再重三物,三重四物,四重五物,因而別出諸公於諸侯之上,皆失其實矣。

《棺椁考》一文中有关"一物为一重"之本意还列举了很多用例,不烦引。《棺椁考》考证虽详,然尚有不足。该文只对《礼记》中的棺制做了较为详细的论述,而于椁制则语焉不详。此外,未能通盘考虑《荀子·礼论篇》《庄子·杂篇·天下》等的记载,致使人们无法贯通理解,因而一直没有引起足够的重视。对于金鹗《棺椁考》中的意见,史为先生、俞伟超先生都曾注意到。史为先生亦认为"就文献而言,说亦可通"。然史文已认定马王堆1号汉墓为诸侯一椁四棺之制,便只好弃原意而从郑

---

[1] 中国社会科学院考古研究所:《新中国的考古发现与研究》(平装本),文物出版社,1984年。参见该书第三章第五节《三晋地区和中山国的墓葬》,第298页。

玄。俞伟超先生列举了汉代诸侯王墓中有五层棺的发现（北京大葆台 M1 和河北定县八角廊 M40），便坚信郑注孔疏不误。然而，汉代对周代礼制，也包括棺椁制度在内的沿用已是有损有益，西汉后期"周制"已近尾声，这时才出现的五层棺制，当另有原因（详后）。

就文献而言，先秦礼书中有关棺椁重数的记载，应当是比较清楚的。至于考古发现，据本文后面的考察，与文献记载基本可以得到印证。当然，由于棺椁保存情况的好坏及判断的准确与否，以及礼制使用的有序或紊乱等，多种原因造成考古发现与文献记载不合，也在所难免。而且，还应当看到，随着时代的变迁，原来意义上的棺椁多重制度也发生着某些变化。例如，春秋时期已经出现，战国时期黄河流域相当流行的积石积炭墓，其中的积石做得相当规整，一般有积石的大墓已较少见到重椁之制，也就是说，积石似有取代外层木椁的趋势。此外，战国时期出现，汉代帝王墓普遍使用的"黄肠题凑"葬制也与传统的棺椁多重结构有很大的不同（详后）。

需要补充说明的是，关于棺椁之区别，许多考古报告认识不一，所称较为混乱。《礼记·丧大记》："棺椁之间君容祝，大夫容壶，士容甒"，郑玄注："間可以藏物，因以爲節。"也就是说，棺椁之间应有较大的空隙，以容纳随葬品。就通常情况而言，这样的认识是对的，这也是我们判断棺椁之区别的重要标准之一，但若完全拘泥于此，又与考古发现不尽相合。如棺椁保存完好的湖北荆门包山 2 号楚墓，有内、外两层椁，但外椁与内椁之间空隙较大，构成头箱、边箱、脚箱，并放置随葬品。如按照棺椁之间应有较大空隙以放置随葬品的标准来衡量，此内椁应为外棺。但该墓内椁的构造与外椁完全相同，即用枋木堆垒而成，素面无饰，因而报告和研究文章都把它作为内椁看待，是很有道理的。[1]（图 2-2）类似的情况，在楚国大墓中带有普遍性，这或许反映了地域特点。因而，判断棺椁之区别，还应考虑其结构、装饰以及材质的特点。一般来说，椁用枋木或厚木板（中原地区或有用圆木者），并在墓室中堆垒而成，多为素材，不加装饰；棺则用相对较薄的板材（楚墓的棺多有用半圆

---

[1] 湖北省荆沙铁路考古队：《包山楚墓》，文物出版社，1991 年。

木做侧板的)加工成型,整体运进墓室(较大的墓,有的外棺也可能部分在墓室中组装而成),并有漆绘和其他装饰。

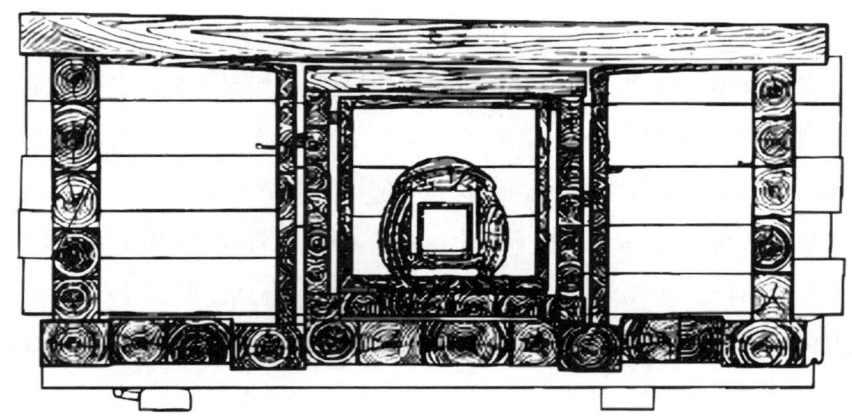

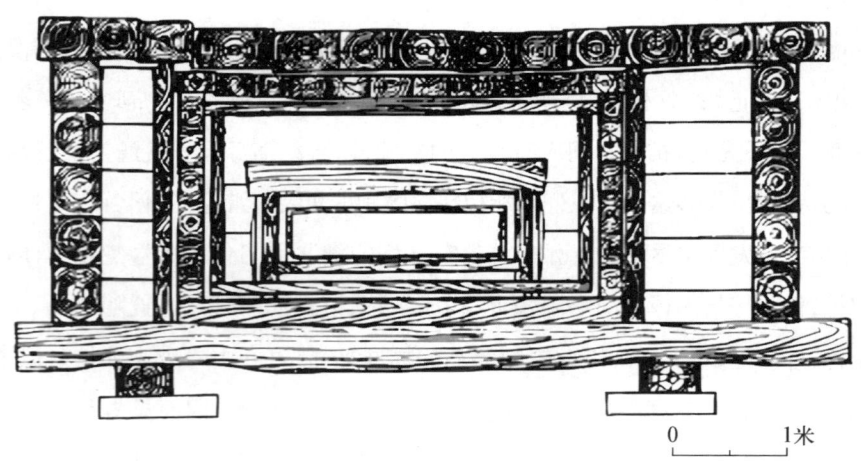

图 2-2　荆门包山 M2 棺椁纵、横剖面图

三、周代棺椁多重制度的考古学考察

《礼记》《荀子》《庄子》中所说的棺椁多重制度发生于何时？以前的研究或统称之为"周制"，[1] 或谓汉代才形成。[2]《礼记》一书，虽为汉儒所辑，然据《隋书·经籍志》又知原书为孔子弟子及后学者所记，其主要篇章当成书于战国之时；《荀子》《庄子》亦为战国后期著作。可见，将这种制度说成是汉代才形成的，显然为时过晚。然《礼记》也好，《荀子》《庄子》也好，虽为战国著作，但所言诸多礼制或记录当时时兴之礼，或杂糅西周古礼，甚至在某些方面可能还包含了儒家理想化的成分在内。因而，仅从书中难以明白这种棺椁多重制度是否来源于西周古礼。对此，只有依靠考古发现来究明了。

（一）西周至春秋早期：周代棺椁多重制度的滥觞期

中国古代用木质棺椁作为葬具出现甚早，新石器时代的良渚文化、龙山文化中就有发现。商代凡贵族墓葬多有棺椁，但上至王室成员，下至一般贵族，多是一椁一棺，偶见两椁一棺，其差别主要是棺椁规模的不同。因此，商代棺椁多重制度尚未出现。

那么，西周时代的情形又怎样呢？

迄今为止，西周王陵尚未找到，自然无从知道其棺椁形态。然一些高级贵族和诸侯大墓已多有发掘，一般的贵族墓葬更是为数极多，由此大致可以一窥棺椁的使用情况。

宝鸡市茹家庄、竹园沟强国墓地先后发掘了几座西周早中期的强国国君和夫人大墓，均为一椁二棺。[3]

---

[1] 俞伟超：《马王堆一号汉墓棺制的推定》，原载《湖南考古辑刊》第一辑，岳麓书社，1982年；后收入俞伟超：《先秦两汉考古学论集》，文物出版社，1985年。

[2] 李玉洁：《试论我国古代棺椁制度》，《中原文物》1990年2期。

[3] 宝鸡市博物馆(卢连成、胡智生)：《宝鸡强国墓地》，文物出版社，1988年。

长安张家坡发掘的几座西周中期井叔家族墓中,M157 为双墓道的中字形大墓,为懿、孝之世的一代井叔;M161、M163 为长方形竖穴墓,规模稍小,可能是井叔之妻室;M170 为单墓道的甲字形大墓,墓主也是一代井叔。这几座墓均为一椁二棺。[1]

山西曲沃县北赵晋侯墓地先后发掘了 17 座晋侯及其夫人的大墓,其年代为西周早期至春秋早期,除 3 座墓被盗或保存不好,棺椁不是很明确外,其余的一椁一棺墓和一椁二棺墓各有 7 座。其中属于西周中期早段的ⅢM31,据简报为一椁三棺,但从发表的图上看只有一椁二棺,[2]曾参加该墓地发掘的刘绪先生亦认为一椁二棺比较可靠。[3]

河南三门峡上村岭虢国墓地西周晚期至春秋早期的虢国大墓中,M2001、M2006 为某代虢公大墓,[4]M1052 为虢太子墓,均为一椁二棺。[5]

山东济阳刘台子 M6 为山东地区目前所见规模较大、保存较完好的西周墓,随葬的铜礼器多有铭文,简报推测墓主为西周早期偏晚(昭王时期)逢国某一国君夫人之墓,使用一椁一棺。[6]

河南光川县春秋早期偏晚(公元前 648 年以前)属于黄国国君级的大墓共 2 座,其中黄君孟夫妇墓各有一套棺椁,黄夫人孟姬为一椁二棺(原称二椁一棺);黄君孟葬具被破坏,仅存椁。[7] 另黄季佗父墓为一椁一棺(另有一器物箱)。[8]

以上属于高级贵族或诸侯级别的墓葬多为一椁二棺,也有一椁一棺。然而,使用一椁二棺之制,绝不限于诸侯国君一级墓葬,一般贵族墓也常使用一椁二棺之制。如三门峡虢国墓地,年代不晚于春秋早期,使用一椁二棺的墓就有 20 多座。

---

[1] 中国社会科学院考古研究所沣西发掘队:《长安张家坡西周井叔墓发掘简报》,《考古》1986 年 1 期;《陕西长安张家坡 M170 号井叔墓发掘简报》,《考古》1990 年 6 期。

[2] 北京大学考古学系、山西省考古研究所:天马—曲村遗址北赵晋侯墓地第一、二、三、四、五次发掘,分别见《文物》1993 年 3 期、1994 年 1 期、1994 年 8 期、1994 年 8 期、1995 年 7 期。

[3] 刘绪:《天马—曲村遗址晋侯墓地的发掘といくつかの知见》,(日)《出光美术馆馆报(94)》1996 年。

[4] 河南省文物研究所、三门峡文物工作队:《三门峡上村岭虢国墓地 M2001 发掘简报》,《华夏考古》1992 年 3 期;《上村岭虢国 M2006 发掘简报》,《文物》1995 年 1 期。

[5] 中国社会科学院考古研究所:《上村岭虢国墓地》,科学出版社,1959 年。

[6] 山东省文物考古研究所:《山东济阳刘台子西周六号墓清理报告》,《文物》1996 年 12 期。

[7] 信阳地区文管会、光山县文管会:《春秋早期黄君孟夫妇墓发掘报告》,《考古》1984 年 4 期。

[8] 信阳地区文管会、光山县文管会:《河南光山春秋黄季佗父墓发掘简报》,《考古》1989 年 1 期。

这些墓从墓葬规模及使用的礼器看,多为一般贵族。[1]

洛阳中州路春秋早期 M2415,从墓葬规模和随葬礼器看,顶多为士一级,却使用了一椁二棺。[2]

陕西陇县边家庄 M1、M5 为典型的春秋早期秦墓,随葬的铜礼器为大夫级 5 鼎 4 簋完整组合,却只使用了一椁一棺。[3]

由此看来,西周至春秋早期,《礼记》等书中所说的棺椁多重制度尚未形成,然与商代相比,贵族使用重棺的现象已较为普遍,因而可称之为棺椁多重制度的滥觞期。可能有人认为,黄河流域由于木质葬具保存不好,考古报告中所说的棺椁层数未必可靠,因而不能由此判断这一时期棺椁多重制度还没有形成。对此,笔者以为,如果说少数墓葬棺椁层数判断有误,在所难免;但这么多的墓例都说不可靠,恐怕也难以说通。

(二) 春秋中期至战国早期:周代棺椁多重制度的形成期

从考古发现看,目前所见用椁之数达到两层、用棺之数超过两层者,大致是从春秋中期开始的,但各国棺椁多重制度的出现和完善有先有后,并不同步,黄河流域的中原各国发生较早,而长江流域的楚国可能要到春秋晚期才发生,而有的楚系墓葬,如曾侯乙墓,直到战国早期仍使用两棺之制。

1. 二椁二棺、一椁三棺或二椁例

山东济宁市薛国故城墓地,是目前所见最早使用多重棺椁的列国墓葬。该墓地共发掘 9 座墓,其中,规模较大、随葬青铜礼器较多的甲类墓 4 座,编号 M1—M4(M4 仅发掘了器物箱)。M1 报告判断为二椁二棺,两层椁板紧密相连,称二椁二棺不误。其中,外椁长 4.04 米、宽 3.10 米,内椁长 3.60 米、宽 2.70 米。原报告也把

---

[1] 中国社会科学院考古研究所:《上村岭虢国墓地》,科学出版社,1959 年。
[2] 中国科学院考古研究所:《洛阳中州路》,科学出版社;1959 年。
[3] 尹盛平、张天恩:《陕西陇县边家庄一号春秋秦墓》,《考古与文物》1986 年 6 期;陕西省考古研究所宝鸡工作站、宝鸡市考古工作队:《陕西陇县边家庄五号春秋墓发掘简报》,《文物》1988 年 11 期。

M2 看作是二椁二棺,但从发表的线图看,所谓外椁与内椁之间有较大的空隙,并放置有随葬品;且外椁用半圆木垒砌,椁长 4.08 米、宽 2.06 米,而所谓内椁为薄板构造,此内椁应为外棺,即大棺。该墓应为一椁三棺。(图 2-3)从这两墓的墓葬规

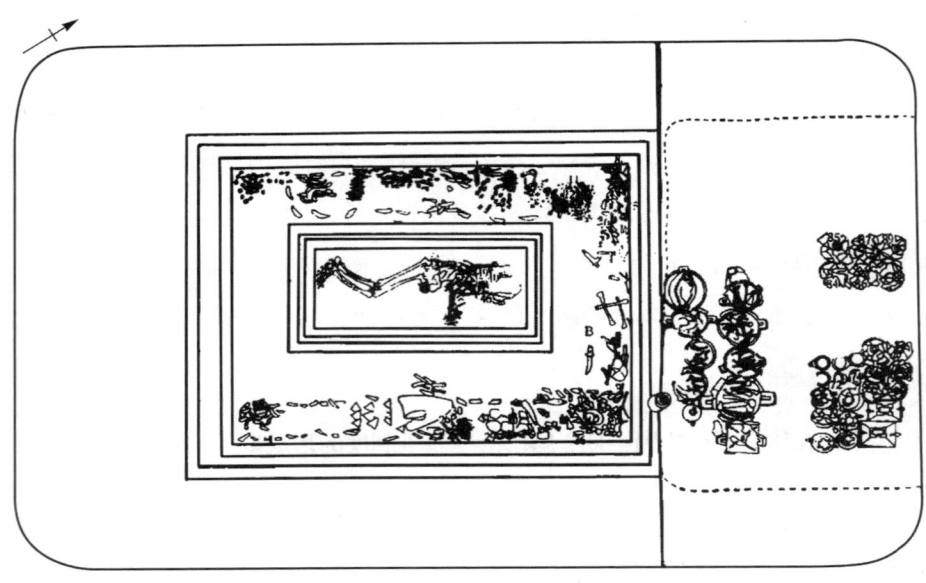

图 2-3 济宁薛国故城 M1、M2 平面图

模、随葬品中的用鼎制度(均为大牢 7 鼎配 6 簋)以及铜器铭文中多有薛侯之称来看,可肯定为薛国国君之墓。两墓的年代,报告推测为春秋早中期,但随葬品中出有如陶盖豆、四穿铜戈等较晚的器类,似定为春秋中期较合适。[1]

太原金胜村 M251 为春战之际的积石积炭大墓(前 475—前 425)。墓未被盗,随葬品极为丰富,总数达 3 134 件,其中礼器类 110 多件,铜列鼎 3 套,分别为 7、6、5 件。棺椁已朽,简报据朽痕判断为一椁三棺,椁长 7.20 米、宽 5.20 米,另有陪棺四具。(图 2-4)[2] 该墓推测为晋国上卿赵鞅或赵孟之墓,从随葬的铜礼器与侯马铸铜作坊产品多有相似,以及赵孟死后其子即徙都中牟的情况来看,墓主属赵鞅(简子)的可能性较大。赵鞅虽非诸侯,但当春战之际,晋国公室早已名存实亡,而赵氏更是三家分晋之前最为强大的一支,实际已跻身于诸侯之列,使用三棺之制理所当然,再考察其用鼎制度,也正符合诸侯大牢七鼎之制。有趣的是,《左传》中有一段关于赵鞅用棺之制的记载,正可与金胜村大墓 M251 联系起来考虑。《左传》哀公二年晋卿赵鞅在戚地和帮助范氏、中行氏的郑人打仗,临战前赵鞅有一段誓词,其中说道:"志父无罪,君实图之。若其有罪,绞缢以戮,桐棺三寸,不设属辟,素车朴马,无入于兆,下卿之罚也。"这里的"属、辟"亦即前引《礼记·丧大记》君之内棺"椑"(辟、椑同音假借)棺和第二层"属"棺,当还有最外一层大棺。前引《礼记·檀弓上》:"君即位而为椑",如此,赵鞅僭越诸侯三棺之制是很清楚的。至于用椁,简报称有一层木椁,或许积石取代了外层木椁,也未可知。

山西长子 M7 为春秋晚期墓,使用了二椁一棺(原称为椁室、两层套椁、单棺),其中内椁与外椁形制相同,都是用枋木堆垒而成的,素面无纹。内椁盖板大于四椁壁,与棺呈长方盒形的做法不同。但内椁与外椁之间有较大的空隙,用来放置随葬品,而内椁与外棺之间空隙较小,也放有少量随葬品。(图 2-5)该墓规模较金胜村 M251 要小,外椁长 5.60 米、宽 4.10 米,内椁长 3.42 米、宽 2.42 米。出铜列鼎

---

[1] 山东省济宁市文物管理局:《薛国故城勘查和墓葬发掘报告》,《考古学报》1991 年 4 期。
[2] 山西省考古研究所、太原市文物管理委员会:《太原金胜村 251 号春秋大墓及车马坑发掘简报》;渠川福:《太原金胜村大墓年代的推定》;侯毅:《试论太原金胜村 251 号墓墓主身份》,均见《文物》1989 年 9 期。

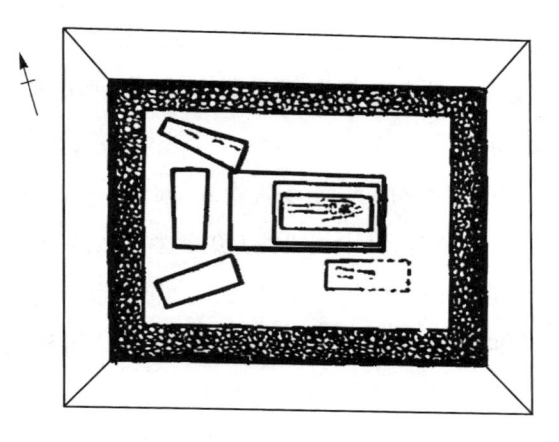

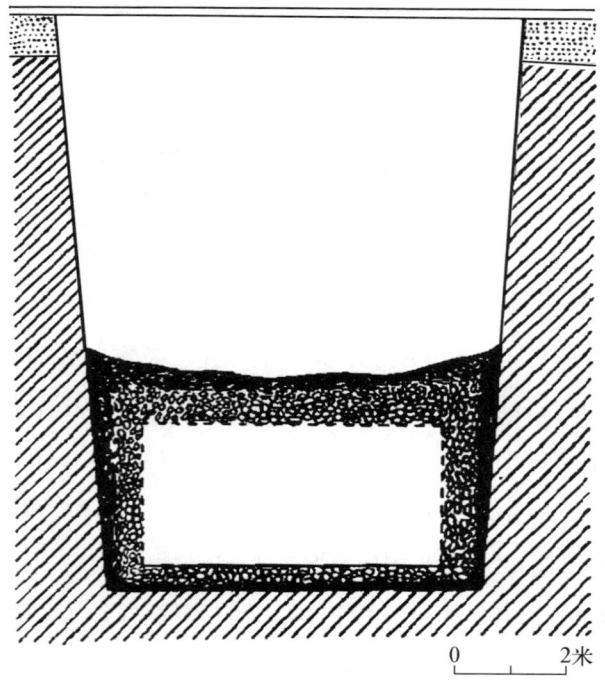

图 2-4 太原金胜村 M251 平剖面图

1 套 5 件、不成列者 2 件。当为大夫级别。山西长子县地在三家分晋之前属于韩氏势力范围,故该墓为韩氏贵族之墓。[1]

---

[1] 山西省考古研究所:《山西长子县东周墓》,《考古学报》1984 年 4 期。

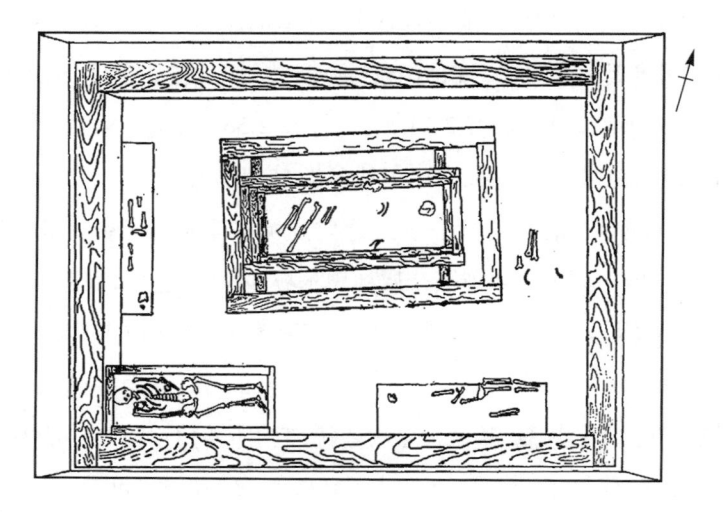

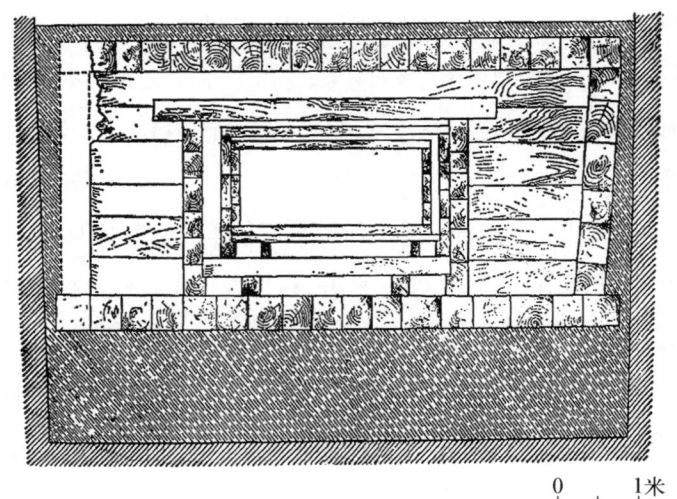

图 2-5　山西长子 M7 平剖面图

江苏苏州浒墅关真山大墓(D9M1),棺椁已腐朽,简报根据残留漆皮及范围,推测为重棺重椁。墓已严重盗扰,因墓葬规模及残存的多件精美玉器,被认为属于春秋中晚期(前 585—前 473)吴国某代国君之墓。[1]

---

[1] 苏州博物馆:《江苏苏州浒墅关真山大墓的发掘》,《文物》1996 年 2 期。

山东沂水刘家店子 M1，可能是春秋中期莒国国君墓。墓室底长 8.5 米、宽 5.8 米，墓室内有用木板构筑的椁室和两个器物库，二椁一棺。二椁用柏木构筑，紧密相套，椁较小，外椁长 2.92 米、宽 2.24 米，内椁长 2.56 米、宽 1.84 米。随葬品主要放置在器物库中，总数约 470 件，其中铜礼器类 55 件。[1]

河南桐柏月河 1 号春秋墓，为一大型竖穴土坑木椁墓。墓室中部置主室，葬具为二椁二棺，内外椁皆用枋木构筑；二层棺用木板，以榫卯连接，髹漆并彩绘。该墓随葬品丰富，简报据出土的铜铎铭文判断，为春秋晚期前段（前 538 以前）的养国国君之墓。[2]

陕西凤翔秦公 1 号大墓，墓虽被多次盗扰，但出土物仍很丰富。从随葬品的时代特点及出土的石磬上有"天子郾喜、龚桓是嗣"篆文，可确定为秦景公墓（前 577—前 537），即属于春秋晚期早段。该墓为双墓道中字形墓，全长 300 米，墓室东西长 59.4 米、南北宽 38 米多，深 24 米，是已发掘的先秦墓葬中最大的一座。墓室底部挖成曲尺形土圹，置主副椁室，主椁室东西长 14.4 米、南北宽 5.6 米、高 5.6 米，用截面 21 厘米×21 厘米的枋木垒成。值得注意的是，主椁室四壁及底部均用双层枋木（椁盖则设三层枋木）垒砌，所谓双层枋木其实就是双层椁。可惜的是棺具因盗扰腐朽，究竟有几层已不明。此外，构成主椁东西壁及椁底、椁盖的所有南北向枋木，两端均伸出长 21 厘米、宽 8 厘米、高 9 厘米的"榫头"，在主椁的南北两侧凑成长方形的框式规范，这种形制被看作是"黄肠题凑"。[3] 然这与后来的黄肠题凑形制相去甚远，顶多可以说是其萌芽形态。

从现有的考古发现看，春秋中期至战国早期诸侯一级（或大夫僭越诸侯）有用二椁二棺、一椁三棺者，表明棺椁多重制度已经形成。但由于已发掘的真正属于诸侯一级的大墓还较少，或者是已发掘，但棺椁保存不好，木构二椁三棺这种完整形态的诸侯级墓葬尚未见到。但我们已经看到，诸侯（或大夫僭越诸侯）使用二椁已

---

[1] 山东省文物考古研究所：《山东沂水刘家店子春秋墓发掘简报》，《文物》1984 年 9 期。
[2] 南阳市文物研究所、桐柏县文管办：《桐柏月河一号春秋墓发掘简报》，《中原文物》1997 年 4 期。
[3] 陕西省考古研究所：《十年来陕西省文物考古的新发现》，《文物考古工作十年（1979—1989）》，文物出版社，1991 年。

有多例,三棺之制也常见,而四棺未见。如再结合战国中晚期诸多二椁三棺墓例(详后),前面分析先秦文献中诸侯用二椁三棺之制,于考古发现完全可以得到印证。

2. 一椁二棺例

此类甚多,以下按照国别(地区)选取集中发现的墓例略作分析,其中也涉及一椁一棺墓例。

(1)三晋两周地区

河南陕县后川 M2040 为战国早期魏国大墓,一椁二棺,椁长5.70米、宽4.25米。出有铜列鼎3套,其中,除鬲形鼎7件外,其余的两套皆为5件。另有豆10件,其中两套分别为4件,若以鼎簋(豆)相配的用鼎制度看,两套5鼎4簋正合大夫之礼,而7鼎可能是丧礼加等用鼎。该墓规模较大,随葬品十分丰富,其身份当属上大夫。除 M2040 外,后川墓地中属于战国早期及稍后的一椁二棺铜器墓还有 M2041(5鼎)、M2042(3鼎)、M2044(1鼎)、M2048(2鼎)、M2115(3鼎)。这些墓规模相差较大,用鼎也多寡不一,看来身份比较复杂。[1]

山西长治分水岭 M269、M270 为春秋晚期晋国墓,均为一椁二棺(原称椁室、一椁一棺)。M269 椁长5.3米、宽4.3米;M270 椁长5.30米、宽4米。两墓各出有2套列鼎,其中 M269 一套为5鼎,另一套为4鼎;M270 均为5鼎。用鼎制度与棺椁制度正合大夫之制。[2] 但同墓地战国早期 M25 则为一椁一棺(有积石积炭),椁长5.3米、宽4.6米,其规模与前两墓相当,也出5件1套的列鼎,另有3套编钟、1套编磬等。[3]

山西侯马上马墓地出铜礼器的墓共19座,年代为春秋早期至春战之际。其中墓圹在4米以上的中型墓(最大者长5.9米)均为一椁一棺,其用鼎多数为1套3

---

[1] 中国社会科学院考古研究所:《陕县东周秦汉墓》,科学出版社,1994年。
[2] 山西省文物工作委员会晋东南工作组:《长治分水岭269、270号东周墓》,《考古学报》1974年2期。
[3] 山西省文物管理委员会、山西省考古研究所:《山西长治分水岭战国墓第二次发掘》,《考古》1964年3期。

鼎,少数为1套5鼎,个别墓仅1鼎;墓圹在3.9米以下的小型墓,多数为一椁一棺,少数为一椁二棺,多数墓只出1鼎,少数墓出2鼎或3鼎。此外,出土日用陶器的墓、小件器物的墓或是无随葬品的墓,也有使用一椁二棺者。如按照用鼎制度来讲,侯马上马墓地使用一椁二棺者多不够大夫身份。当然,这时的用鼎制度也已紊乱,并不能完全反映墓主身份。[1]

山西长子M1为春秋末年晋国墓,一椁二棺(原称椁室、一椁一棺),椁长3.66米、宽2.86米。随葬铜鼎2件、盖豆1件等,也不够大夫身份。[2]

山西潞城县潞河M7,为战国初年韩国墓。积石积炭,一椁二棺,椁长5.70米、宽4.80米,随葬品总数有500多件,其中铜器170余件。铜鼎有13件,分五式,各为1、2、4、4、2件;豆8件,分三式,各为2、2、4件。大致为5鼎4簋组合,合于大夫身份。[3]

洛阳中州路春秋晚期至战国初期的墓,用一椁二棺者有M2729(铜鼎2件,分二式)、M2717(铜列鼎1套5件、豆4件)、M2719(陶鼎5件;豆分二式,分别为3、2件)、M2721(陶鼎2件、豆2件)、M2728(陶鼎2件,分为二式;豆5件,分为二式)。[4] 另1975年发掘的洛阳春秋晚期墓也使用一椁二棺,椁长3.20米、宽1.90米,随葬有铜鼎5件、簋4件等。[5] 以上从用鼎制度看,既有合于大夫身份者,也有低于大夫身份者。

(2) 秦国

凤翔八旗屯BM27,为春秋中期墓,一椁二棺,随葬铜鼎3件。按照用鼎制度,为士一级。[6]

---

[1] 山西省考古研究所:《上马墓地》,文物出版社,1994年。
[2] 山西省考古研究所:《山西长子县东周墓》,《考古学报》1984年4期。
[3] 山西省考古研究所等:《山西省潞城县潞河战国墓》,《文物》1986年6期。
[4] 中国科学院考古研究所:《洛阳中州路》,科学出版社,1959年。
[5] 洛阳博物馆:《河南洛阳春秋墓》,《考古》1981年1期。
[6] 陕西省雍城考古工作队(吴镇烽、尚志儒):《陕西凤翔八旗屯秦国墓葬发掘简报》,《文物资料丛刊》(3),1980年。

(3) 薛国

薛国故城墓地除前述一椁二棺、一椁三棺的大墓外,属于春秋时期的一椁二棺墓有 M3、M9。其中 M3 为春秋中期墓,随葬品大部分被盗;M9 为春秋晚期墓,无铜礼器随葬。两墓原报告称为二椁一棺,实际应为一椁二棺。[1]

(4) 齐国

海阳嘴子前 M4,时代为春秋晚期偏早,墓长 7.32 米、宽 6—6.24 米,一椁二棺(原称为重椁单棺),椁用柞木,棺为松木。棺椁之间有头箱,置随葬品,两侧面棺椁之间空隙甚小。铜鼎 7 件,其中 1 件最大,该墓可能属于 5 鼎墓。墓主为田氏贵族,其身份当为大夫。[2]

(5) 楚国

河南淅川下寺 M2,墓主为楚令尹子冯,死于公元前 548 年,即春秋晚期早段(一说为楚令尹子庚,死于公元前 552 年),一椁一棺。另 M1 可能为夫人墓,也为一椁一棺。其他规模较小的贵族墓如 M3、M8、M10、M11、M7,也多是一棺一椁。[3] 这或许表明,楚墓中棺椁多重制度的出现似略晚。

稍晚于下寺 M2 的湖北当阳曹家岗 M5(春秋晚期晚段,公元前 501 年后),为楚国上大夫申包胥墓,葬具已使用一椁二棺(另有陪棺两具),椁长 4.13 米、宽 3.75 米,正合于文献中的大夫之制。[4]

湖北当阳赵巷 M4,其年代与曹家岗 M5 相当(原简报说是春秋中期偏晚),也使用了一椁二棺(另有殉人陪棺五具),椁长 4.7 米、宽 3.1 米。该墓早年被盗,未见成组青铜礼器。[5]

其他一椁二棺的楚墓还有长沙浏城桥 M1,时代为战国早期,椁分三室,椁长 4.5 米、宽 2.88 米,属中型墓。随葬品以陶器为主,其中有陶鼎 10 件,分三型,分别

---

[1] 山东省济宁市文物管理局:《薛国故城勘查和墓葬发掘报告》,《考古学报》1991 年 4 期。
[2] 烟台市文物管理委员会、海阳县博物馆:《山东海阳县嘴子前春秋墓的发掘》,《考古》1996 年 9 期。
[3] 河南省文物研究所等:《淅川下寺春秋楚墓》,文物出版社,1991 年。
[4] 湖北省宜昌地区博物馆:《当阳曹家岗 5 号楚墓》,《考古学报》1988 年 4 期。
[5] 宜昌地区博物馆:《湖北当阳赵巷 4 号春秋墓发掘简报》,《文物》1990 年 10 期。

为 5、3、2 件,另有方座簋 6、敦 2、壶 4 件等,墓主身份似为下大夫。[1] 湖北襄阳山湾 M27(春秋晚期),墓已被盗。[2]

属于楚文化范畴,或可称为楚系墓葬的湖北随县擂鼓墩战国早期曾侯乙墓,墓葬规模颇为庞大,却为两棺之制。[3] 长期以来,像曾国国君这样的诸侯仅用两棺之制,不大明白;现在看来,其所遵循的大概仍是西周古制,这也表明棺椁多重制度在各国的出现是不平衡的。

另河南固始侯古堆 1 号墓,可能为春秋末战国初年的勾吴夫人之墓,积石积炭,一椁二棺。原简报称使用二椁一棺,但所谓内椁,壁板较薄,漆绘,当为外棺(内棺亦髹漆)。该墓被盗,随葬青铜礼器多出于陪葬坑内,计有鼎 9 件,系由 3 套不同形制的鼎组成,另有铜编钟 9 件等。[4]

考古资料和文献资料都已表明,春秋中期至战国早期棺椁多重制度的确已经形成,但越制或是使用不规范的现象也颇为常见。这有两方面的原因:其一,棺椁多重制度是逐步形成的,存在着发展的不平衡性;其二,棺椁多重制度是伴随着"礼崩乐坏"局面的到来而出现的,使用较为紊乱自然难以避免,但我们不能因此而否认这种制度已经形成了。

(三) 战国中晚期:周代棺椁多重制度的僭越与破坏期

俞伟超、高明先生在《周代用鼎制度研究》一文中将战国中晚期看作是用鼎制度的第三次大破坏期。[5] 棺椁多重制度的形成虽晚于用鼎制度,但在这一时期,同样经历着大致相同的历史过程。这种破坏,一是采用僭越的方式,即低等级者使用较高等级的制度;二是高等级者使用原有制度不规范,表现出一定的随意性。当然,如前所述,这种破坏在棺椁多重制度的形成期即春秋中期至战国早期就已经发

---

[1] 湖南省博物馆:《长沙浏城桥一号墓》,《考古学报》1972 年 1 期。
[2] 湖北省博物馆:《襄阳山湾东周墓葬发掘报告》,《江汉考古》1983 年 2 期。
[3] 湖北省博物馆:《曾侯乙墓》,文物出版社,1989 年。
[4] 固始侯古堆一号墓发掘组:《河南固始侯古堆一号墓发掘简报》,《文物》1981 年 1 期。
[5] 俞伟超、高明:《周代用鼎制度研究》,《北京大学学报(哲学社会科学版)》1978 年 1、2 期,1979 年 1 期;后收入俞伟超:《先秦两汉考古学论集》,文物出版社,1985 年。

生,但远不如战国中晚期那样突出。

战国中晚期的列国墓葬资料,以楚墓数量最多,而大、中型墓也已发掘不少,楚墓的棺椁保存状况又较黄河流域好得多。因而,本节中我们以楚墓为主进行分析。楚墓的棺椁结构与中原有所不同,其中的分箱制度,在中原其他国家少见。这种分箱制度,在某种程度上甚至取代了棺椁多重制度而成为墓主身份最重要的标志之一。据考古资料分析,其基本制度是:楚王墓为九箱,封君贵族或上大夫墓为七箱或五箱,下大夫墓为五箱或三箱,士墓为两箱或不分箱。[1] 楚国早在春秋时期已称王,其下又有诸多封君贵族,这些封君的地位已相当于原来的列国诸侯,因此,使用诸侯级棺椁之制的楚墓已发现多例。此外,战国中晚期,大夫僭越诸侯级别、士僭越大夫级别使用多重棺椁,较为普遍。为了说明这种情况,我们试将楚墓分为大、中、小三类。考虑到墓室规模,即墓圹的大小因保存条件的好坏、各地土质的不同,其差别很大,因而以椁的大小为分类基准。其中,大型墓,椁长 6 米以上;中型墓,6 米以下、4 米以上;小型墓,4 米以下。

1. 二椁三棺例

湖北荆门包山 M2,从该墓所出竹简文字资料以及随葬礼器分析,其年代为战国中期(下葬年代为公元前 316 年稍后),墓主为左尹邵佗,身份为上大夫级。关于其棺椁结构,发掘报告和胡雅丽先生的论文都作了精辟的分析,指出其使用的是诸侯二椁三棺之制(参见前文)。该墓属大型墓,椁分五箱,外椁长 6.32 米、宽 6.24 米,内椁长 3.75 米、宽 2.24 米。(图 2-2)[2]

湖南湘乡牛形山 M1、M2,时代为战国中期,其棺椁结构与包山 M2 基本相同。该墓外椁与内椁之间有较大空隙,形成回廊式头箱、边箱、脚箱,并放置随葬品,因而很容易被看作一椁四棺,但其内椁与外椁构造相同,即用枋木堆垒而成,素面无漆绘,而棺则均有漆绘纹饰;再从两墓棺椁的用材看,其内、外椁都用枫木,而外、

---

[1] 郭德维:《楚系墓葬研究》,湖北教育出版社,1995 年。
[2] 湖北省荆沙铁路考古队:《包山楚墓》,文物出版社,1991 年。

中、内三棺用梓木，原简报称使用二椁三棺是正确的。两墓相距较近，M2为男性，M1为女性，当属夫妇同茔异穴并葬，该墓早年被盗。[1]

湖南临澧80九里黄家山M1，发掘报告尚未正式刊出，从初步的报道中获知，该墓规模颇大，葬具为二椁三棺，其外椁长、宽皆为8—80米，内椁长3.80米、宽2.84米。此地已发现的封土大墓还有多座，墓主当为封君贵族。[2]

楚墓以外，这里应特别提到河北平山中山国王䗯墓（战国中期）。该墓主室内置椁室、东库、东北库、西库，其中椁室外有积石积炭。木制棺椁朽毁并遭盗扰，简报据棺位的八个长方形铜垫和棺椁上不同铺首的排列情况，推测为一椁二棺；正式报告则在全书最后按照《礼记》郑注孔疏，认为使用了天子五棺之制，但这种分析并无可靠证据。从椁室内出土的"兆域图铜版"文字说明，仅知其夫人的用棺制度，其曰："夫人堂方百五十尺，其椑棺、中棺视哀后，其题凑长三尺。"这里提到椑棺、中棺，自当还有外棺，即大棺，如此，夫人棺应有三层。"兆域图铜版"所绘"夫人堂"的平面尺寸要小于王和王后，其制度当低于王和夫人一等。[3] 中山国君称王，因而有可能使用了天子四层棺制。

2. 二椁二棺例

江陵天星观M1原报告称使用了一椁三棺，但所谓外棺系用枋木垒砌而成（每块枋木的厚度大于宽度），素面无饰，前引胡雅丽文已指出其与包山墓同。两层套棺，简报未报道有无漆绘，但外棺（报告所称的第二层外棺）系用板材做成长方盒形，板材之间的连接还用铅攀钉和铜抓钉扣接，这与内椁的作法显然不同，当是预先做好后运至墓内的。如此，该墓当为二椁二棺。墓属大型，椁分七箱，外椁长8.2米、宽7.5米，内椁长3.84米、宽2.48米。据简文，墓主为邸阳君潘勑，其下葬年

---

[1] 湖南省博物馆：《湖南湘乡牛形山一、二号大型战国木椁墓》，《文物参考资料》第3集，文物出版社，1980年。

[2] 湖南省文物局：《1979年以来湖南省考古发现》，《文物考古工作十年（1979—1989）》，文物出版社，1991年。

[3] 河北省文物管理处：《河北省平山县战国时期中山国墓葬发掘简报》，《文物》1979年1期；河北省文物研究所：《䗯墓——战国中山国国王之墓》，文物出版社，1996年。

代当在公元前 340 年前后,即战国中期。[1]

安徽长丰杨公 M9,战国晚期墓,属中型,椁分五箱,外椁长 5.66 米、宽 4.33 米,墓已被盗。该墓所在地杨公、朱家集一带,是一处规模较大的战国晚期楚王室墓地,1933 年与 1938 年先后两次被盗掘的朱家集李三孤堆楚王墓便是其中大型墓之一,故该墓墓主当为战国晚期王室贵族。[2]

3. 一椁三棺例

江陵望山 M2(战国中期),属中型,椁分三箱,椁长 5.08 米、宽 2.96 米。(图 2-6)墓主身份据报告分析为下大夫。[3]

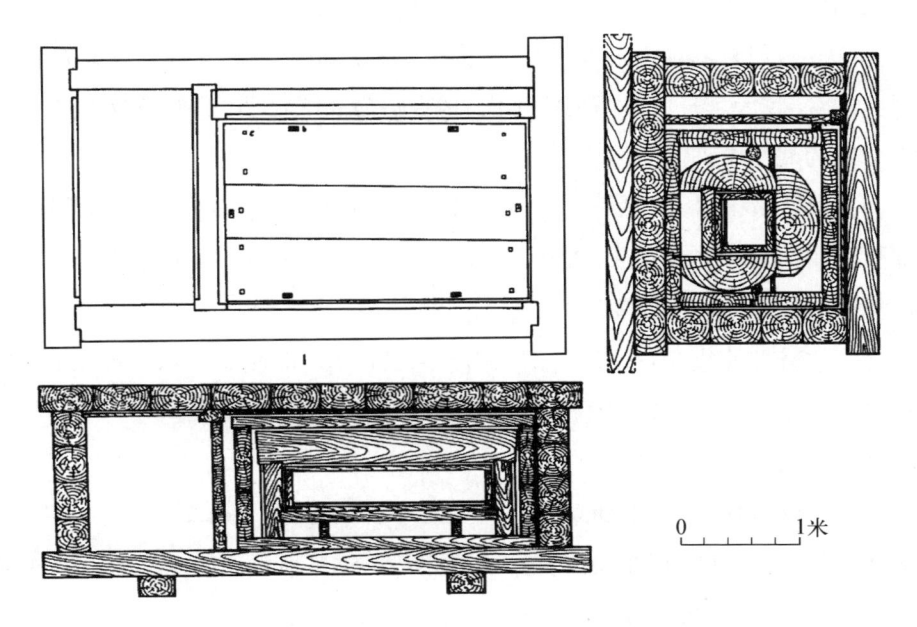

图 2-6　江陵望山 M2 棺椁平剖面图

---

[1] 湖北省荆州地区博物馆:《江陵天星观 1 号楚墓》,《考古学报》1982 年 1 期。
[2] 安徽省文物工作队:《安徽长丰杨公发掘九座战国墓》,《考古学集刊》(2),中国社会科学出版社,1982 年。
[3] 湖北省文物考古研究所:《江陵望山沙冢楚墓》,文物出版社,1996 年。

4. 一椁二棺例

楚墓中葬具使用一椁二棺者发现颇多，但墓葬规模及随葬品的多少差别很大，以下按前面所分大型墓、中型墓、小型墓三类分别举例说明。

（1）大型墓

河南信阳长台关 M1、M2，两墓椁室大小相同，椁长 8.90 米、宽 7.58 米，其规模与前述天星观 M1、九里黄家山 M1 相当，而比湘乡牛形山 M1、M2 还大许多。椁室分为七箱，与天星观 M1 同，但两墓均为一椁二棺。长台关 M1 随葬品中乐器类有铜编钟 1 组 13 件，铜礼器类有鼎 5 件（形制相同，大小略异），陶礼器类有鼎 14 件，分为五式。该墓使用一椁二棺之制，用 5 件铜列鼎，其身份似为大夫级，但墓葬规模较大，椁室分为七箱，该墓属上卿（上大夫）或封君贵族的可能性较大。长台关两墓的年代，报告定为战国早期，但据多数学者的意见，似应为战国中期。[1]

望山 M1（战国中期后段），椁室大于望山 M2，椁长 6.14 米、宽 4.08 米，分三箱。随葬品以铜器和漆木器最多，陶器次之，著名的越王勾践剑即出自该墓。墓主邵固，身份约为下大夫。（图 2-7）[2]

安徽长丰朱家集 M11，双墓道，中字形，墓底长 7.1 米、宽 5.5 米，一椁二棺。椁室分为五箱，椁的大小简报无尺寸，当略小于墓室底，墓已被盗。[3]

（2）中型墓

江陵沙冢 M1，战国中期墓，椁分三箱，一椁二棺，椁长 4.2 米、宽 2.34 米。（图 2-8）随葬品以仿铜陶礼器为主，另有铜兵器、铜车马器、漆木器等。其中陶鼎 A 型 1 件；B 型 8 件，分属四式，各 2 件；C 型 1 件；D 型 2 件；另簠、缶、壶各 2 件。[4]

---

[1] 河南省文物研究所：《信阳楚墓》，文物出版社，1986 年。
[2] 湖北省文物考古研究所：《江陵望山沙冢楚墓》，文物出版社，1996 年。
[3] 安徽省文物考古研究所：《安徽长丰战国晚期楚墓》，《考古》1994 年 2 期。
[4] 湖北省文物考古研究所：《江陵望山沙冢楚墓》，文物出版社，1996 年。

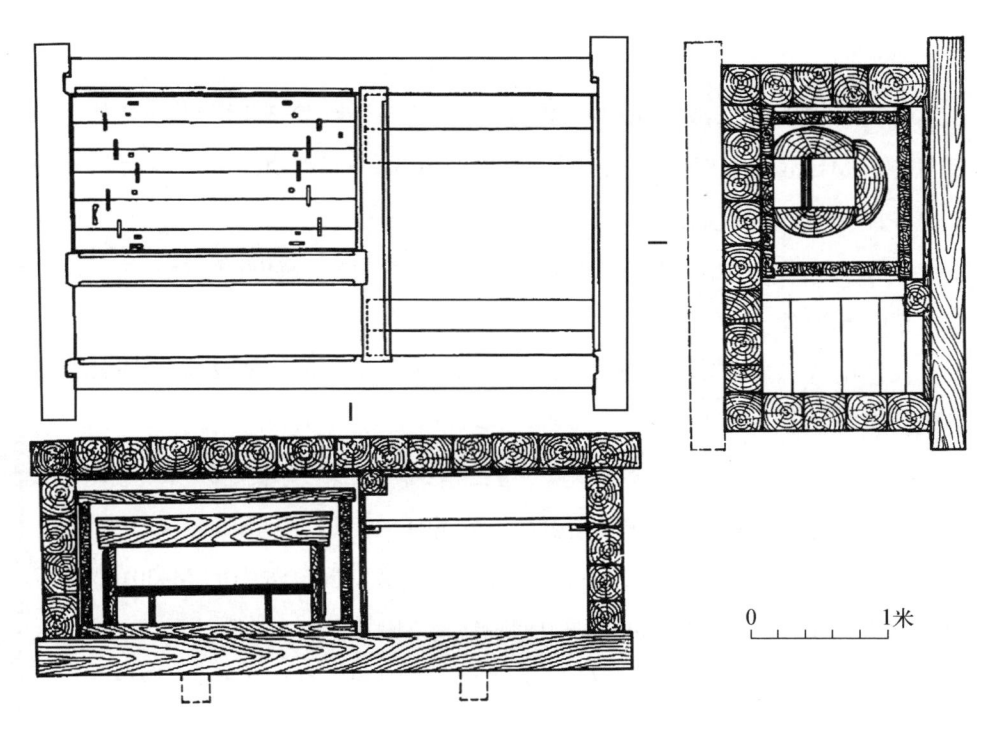

图 2-7　江陵望山 M1 棺椁平剖面图

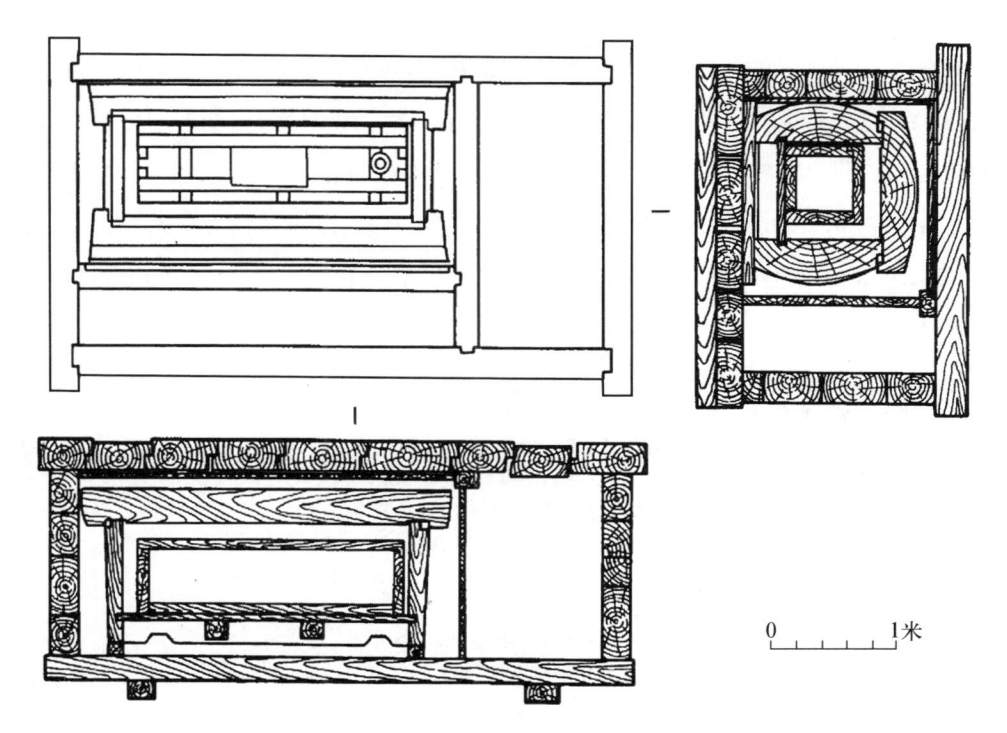

图 2-8　江陵沙冢 M1 棺椁平剖面图

临澧79九里M1,战国晚期墓,椁分五箱,长5.3米、宽3.8米,墓已被盗。[1]江陵滕店M1,战国中期墓,椁分三箱,椁长4.26米、宽2.42米。铜礼器有鼎2、豆2、壶2件等,余为陶礼器。[2]

其他一椁二棺的中型墓还有鄂城百子畈M5、[3]长沙M406等。[4]

(3) 小型墓

江陵雨台山M555,战国晚期墓,椁分三箱,椁长3.1米、宽1.32米,随葬品以陶礼器为主。[5]

安徽长丰杨公M8,战国晚期墓,一椁二棺,椁分二箱,椁长3.94米、宽2.3米,被盗。该墓与原朱家集李三孤堆被盗楚王墓属同一墓地。[6]

其他一椁二棺的小型墓还有江陵九店东周墓发掘报告中的M430(战国晚期)、M439(战国中期)、M410(战国中期)等,均以陶礼器为主。[7]

楚墓中,一椁二棺的墓例还有许多,不再一一列举。战国中晚期,棺椁多重制度的紊乱程度已十分严重,差不多已达到几乎不能反映墓主身份的地步,因而一些学者在研究楚墓等级分类时并不认为棺椁重数可作为其分类的主要标准。[8] 楚国如此,黄河流域的其他国家情况亦大致相同,因其多数保存不好,这里就不再分析了。需要说明的是,黄河流域的列国墓葬,有一点与楚墓不同,即前面已经提到的这一时期的大中型墓流行积石积炭,大凡有积石积炭的大墓,一般较少使用重椁之制,这种积石的设置似有替代外层木椁的趋势。椁的作用,《白虎通义》卷一云:"椁之爲言廓,所以開廓闢土,無令迫棺也。"木椁本是为防止墓坑周围的土迫棺而设置的,从这层意义上讲,积石所起的作用与木椁相同而更有效。这种积石积炭,

---

[1] 湖南省博物馆等:《临澧九里楚墓》,《湖南考古辑刊》第三辑,岳麓书社,1986年。
[2] 荆州地区博物馆:《湖北江陵滕店一号墓发掘简报》,《文物》1973年9期。
[3] 湖北省鄂城县博物馆:《鄂城楚墓》,《考古学报》1983年2期。
[4] 中国科学院考古研究所:《长沙发掘报告》,科学出版社,1957年。
[5] 湖北省荆州地区博物馆:《江陵雨台山楚墓》,文物出版社,1984年。
[6] 安徽省文物工作队:《安徽长丰杨公发掘九座战国墓》,《考古学集刊》(2),中国社会科学出版社,1982年。
[7] 湖北省考古研究所:《江陵九店东周墓》,科学出版社,1995年。
[8] 郭德维:《楚系墓葬研究》,湖北教育出版社,1995年。

《礼记》不载,其出现也是对原来意义上棺椁多重特别是重椁制度的一种破坏。

(四) 西汉时期:周代棺椁多重制度的损益与衰亡期

丧葬礼俗与制度是一种群体文化心理的积淀与升华,它的发生、发展与衰亡有其特殊性,即一般不以朝代的更替而断裂。西汉时期,在新的丧葬观念尚未建立起来之前,原有的礼俗与制度便顺理成章地延续下来,但这种延续并非完全照搬原来的模式,而是有损有益,逐步发生着变化。

俞伟超先生曾就先秦两汉丧葬礼俗与制度的发展,以汉武帝前后为界,精辟地概括为"周制"与"汉制"两大阶段。[1] 但需要指出的是:西汉前期的"周制"阶段,汉制已在孕育之中,而"汉制"阶段,主要是西汉后期,周制仍有遗留。何为周制,何为汉制,其演变如何,是一个值得深入研究的课题。仅就墓葬形制而言,木椁墓可以说是周代墓制的延续,但西汉时期,一部分木椁墓发生了新的变化,如北方的窄长形洞室木椁墓,南方的双层结构仿"干栏式"建筑墓,还有前后室或前中后室木椁墓的出现等,与原来的"井椁式"规范结构已有较大的不同,应属于"汉制"的范畴。再如"黄肠题凑"木构墓,也由战国时期的初级形态发展为成熟的"汉制"形态(详后)。至于西汉前期即已出现,西汉后期乃至东汉相当流行的砖室墓、石室墓、崖洞墓等,更以一种全新的葬俗,跨入汉制的轨道。西汉时期,随着"汉制"因素的出现并扩大,也必然对传统的棺椁多重制度产生越来越多的影响。

西汉时期,使用棺椁多重制度的墓葬一般身份较清楚,主要有诸侯王、列侯以及高中级官吏或富裕人家。为了说明周代棺椁多重制度在汉代的延续、损益及其衰亡过程,以下按照西汉前期、西汉后期分别进行考察。

西汉前期

诸侯王级墓 除使用崖洞墓、石室墓外,"黄肠题凑"木构墓是其主要形态。迄今为止,已发掘的西汉前期"黄肠题凑"墓有4座:河北石家庄小沿村汉初赵王"长

---

[1] 俞伟超:《汉代诸侯王与列侯墓葬的形制分析》,《先秦两汉考古学论集》,文物出版社,1985年。

(张)耳"墓、[1]湖南长沙望城坡古坟垸长沙王后墓、[2]湖南长沙象鼻嘴长沙恭王吴右或靖王吴著墓、[3]湖南长沙陡壁山长沙靖王王后曹㛗墓。[4] 后两座墓年代大致接近,约为西汉文景时期,[5]古坟垸墓可能稍早。

"题凑"葬制先秦就有,但恐非传统意义上的周制。《礼记·檀弓上》讲到天子棺椁制度时云:"柏椁以端长六尺。"郑玄注:"以端,题凑也,其方盖一尺。"郑玄把"以端"解释为"题凑",似较勉强。如果"题凑"为周制,《礼记》不会如此一笔带过。《吕氏春秋·节葬篇》说:"题凑之室,棺椁数襲,积石积炭,以環其外。"《史记·滑稽列传》载楚庄王时优孟言:"雕玉爲棺,文梓爲椁,楩枫豫章爲题凑",都把"题凑"与椁看作两码事。因而,"柏椁以端长六尺"的本意可能指的是椁材的尺寸而非题凑。先秦文献中最早记载"题凑"名称者,即上引《吕氏春秋·节葬篇》;汉代文献及后人注解中也曾多次提到先秦有"题凑"之制;前引河北平山中山国王䰽墓"兆域图铜版",证实战国时期确已有"题凑"。考古发现中,前述凤翔春秋晚期秦公1号大墓,有人认为使用了黄肠题凑,尚不足信。河南辉县固围村战国中期魏国大墓是目前所见最早的"题凑"实例,其作法为一层东西向、一层南北向垒砌而成,[6]与汉代黄肠题凑"木头皆内向"并不完全相同,当是"题凑"的早期形态。看来,"题凑"是战国时期新出现的一种葬制,而在汉代规范化、制度化,总体上成为"汉制"的一部分。

汉代的"黄肠题凑"葬制包括一整套内容,大致由"前堂""后寝(梓宫)""便房""黄肠题凑"和"外藏椁"构成。关于汉代"黄肠题凑"葬制,已有多位学者做过探讨,其基本制度已较明晰,不赘述。这里仅就其中的棺椁使用情况略加分析。

按照文献记载及诸多学者的研究,"黄肠题凑"葬制中的"梓宫"就是用梓木做成的重棺;环绕梓宫的内回廊是为"便房",即文献中所说的"楩椁",也可以说是用

---

[1] 石家庄市图书馆文物考古小组:《河北石家庄市北郊西汉墓发掘简报》,《考古》1980年1期。
[2] 曹砚农、宋少华:《长沙发掘西汉长沙王室墓》,《中国文物报》1993年8月22日。
[3] 湖南省博物馆:《长沙象鼻嘴一号西汉墓》,《考古学报》1981年1期。
[4] 长沙市文化局文物组:《长沙咸家湖西汉曹㛗墓》,《文物》1979年3期。
[5] 宋少华:《略谈长沙象鼻嘴一号汉墓陡壁山曹㛗墓的年代》,《考古》1985年11期。
[6] 中国科学院考古研究所:《辉县发掘报告》,科学出版社,1956年。

梗木做成的椁室(考古发现中,棺椁是否一定用梓木、梗木,倒也未必尽然)。这种回廊式"便房(或称椁室)"与"前堂"连接,形成"凹"字形开放式结构,与周代密闭式椁室形态已有很大的不同。"黄肠题凑"墓中的"椁室"由几层椁木构成,各墓并不一致。

小沿村墓简报称使用一椁,该墓保存不好,或许判断有误。

古坟垸墓的内回廊由两层椁木构成,是为二椁。该墓的回廊结构更像楚墓中的分箱制,其演变轨迹是很清楚的。

象鼻嘴墓"黄肠题凑"内有二层回廊,即由三层椁木构成,但一般认为该墓是把"外藏椁"(即"外回廊")纳入"题凑"内,若排除"外藏椁",当为二椁。

陡壁山墓内回廊由两层椁木构成,是为二椁,其外层椁木紧贴"题凑"。

这几座墓的"梓宫"的层数也不相同。小沿村墓据简报,有二层棺。古坟垸墓亦为二层套棺。象鼻嘴墓与陡壁山墓的棺皆为三层。(图2-9)

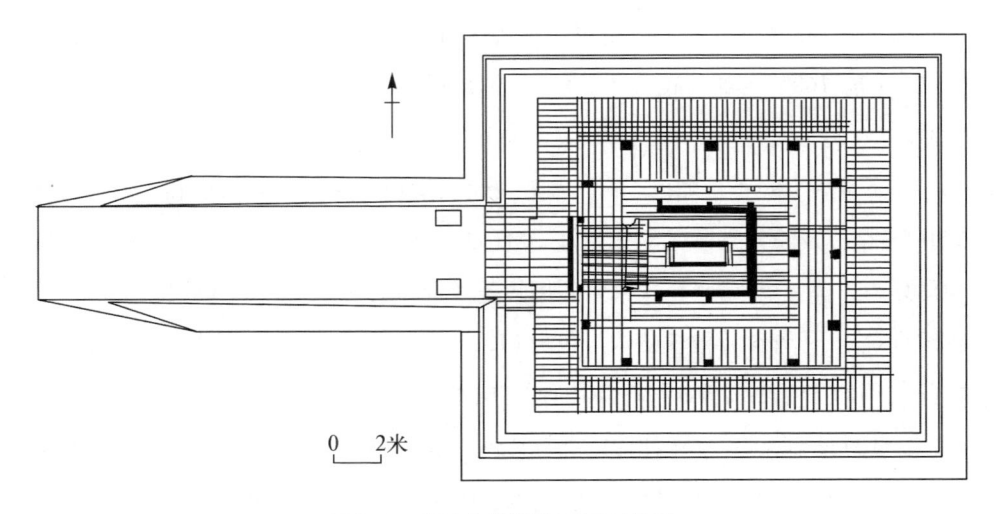

图2-9 长沙象鼻嘴M1平面结构图

以上,除小沿村墓因保存不好,可能有误外,其他为二椁二棺或二椁三棺,其中二椁三棺符合先秦诸侯之制。

列侯级墓 棺椁保存较好的有长沙砂子塘M1,广西贵县罗泊湾M1、M2,长沙马王堆M1、M2、M3等。

长沙砂子塘 M1 墓室长 5.94 米、宽 4.10 米,为一椁二棺。墓主可能是汉文帝时吴姓长沙王之亲属,身份相当于列侯。[1]

广西贵县罗泊湾 M1、M2,墓室平面呈凸字形,前窄后宽,以墓底计,长 12—13 米、前宽 4—5 米、后宽 6—7 米;椁室平面亦作凸字形,略小于墓室底。椁室分为前中后或前后两部分,并分割为多个椁箱,部分椁箱下还有一层(即所谓仿"干栏式"建筑),两墓均为二层套棺。墓已被盗,但仍出有大量随葬品。M2 出有两方玉印,一方刻"夫人"二字,另有"家啬夫印"封泥。汉制诸侯王、列侯之妻称夫人,这两墓为夫妇异穴合葬,M1 的规格又略高于 M2,墓主当为南越国派驻当地的王侯级人物,有人推测为西瓯君夫妇,可信。[2]

马王堆三墓为轪侯家族墓。其中,M2 墓主为第一代轪侯利苍,死于汉惠帝二年(前 193)。墓室底长 7.25 米、宽 5.09 米。一椁二棺,棺椁及随葬品保存较差,椁分五箱。[3]

马王堆 M3 的墓主有可能是第二代轪侯,利苍之子利豨,其下葬年代为汉文帝十二年(前 168)。墓室底长 5.80 米、宽 5.60 米,保存完好。一椁三棺,椁分五箱。[4]

马王堆 M1 的年代略晚,墓主为第一代轪侯利苍之妻。墓室底长 7.60 米、宽 6.70 米,棺椁及随葬品保存十分完好。M1 的棺椁结构前面已经提到,发掘简报最初称其为三椁三棺,后来正式报告采用其他学者的意见,改称为一椁四棺。称一椁四棺是对的,尽管该墓棺椁结构与包山 M2,湘乡牛形山 M1、M2 等楚墓相似,但外棺预先用板材作成,其用材与其他三层棺厚薄相近,且同为梓木制作。[5](图 2-10)该墓既为一椁四棺,其身份又属列侯级,便很容易被认为使用了郑玄所说的诸公四棺之制。然而如前所述,先秦文献中并不存在独立的诸公之棺制,那么

---

[1] 湖南省博物馆:《长沙砂子塘西汉墓发掘简报》,《文物》1963 年 2 期。
[2] 广西壮族自治区文物管理委员会:《广西贵县罗泊湾汉墓》,文物出版社,1988 年。
[3] 中国社会科学院考古研究所等:《马王堆二、三号汉墓发掘的主要收获》,《考古》1975 年 1 期。
[4] 中国社会科学院考古研究所等:《马王堆二、三号汉墓发掘的主要收获》,《考古》1975 年 1 期。
[5] 湖南省博物馆、中国社会科学院考古研究所等:《长沙马王堆一号汉墓发掘简报》,文物出版社,1972 年。

四层棺只能是先秦天子之制。马王堆 M1 使用天子之棺制，还可从其内棺使用"翰桧"得到说明。[1]《左传》成公二年："宋文公卒……椁有四阿，棺有翰桧。"杨伯峻注："皆王礼。"东周之时，所谓王礼，即天子之礼。此外，遣册中还记载用大牢九鼎，也是天子之制。其实，汉初不仅有像马王堆1号汉墓墓主这样较高身份者僭越先秦天子之礼的事例，一般官吏或富有人家也有此举。如江陵凤凰山 M167，墓主大约为江陵县令之妻，就用了先秦天子才使用的"绢帷荒、四池、素锦褚"那样的棺饰。[2] 这正是《汉书·叙传》所说的"值漢初定，與民無禁"的一种反映。所谓"与民无禁"，颜师古注"國家不設衣服車旗之禁"，自然，丧葬度用也包括在内。

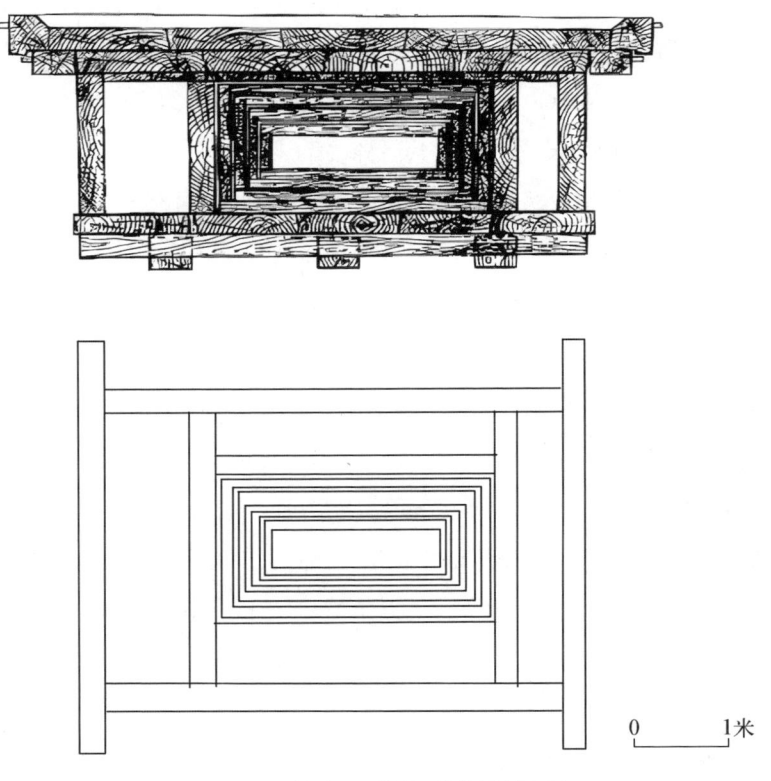

图 2-10　长沙马王堆 M1 棺椁平剖面图

---

[1] 于省吾：《关于长沙马王堆一号汉墓内棺棺饰的解说》，《考古》1973年2期。
[2] 纪烈敏等：《凤凰山一六七号墓所见汉初地主阶级丧葬礼俗》，《文物》1976年10期。

既然汉初"与民无禁",也就很难谈得上有什么严格的等级制度,也就不难明白为什么马王堆 M2、M3 墓主为真正的列侯,反而不如 M1 那样奢华,只使用二棺或三棺;而前述小沿村、古坟垸、象鼻嘴、陡壁山这几座诸侯王级墓也只使用二棺或三棺之制。

诚然,汉初"与民无禁",并不是说当时无任何法度,像"黄肠题凑"这样的葬制,就为汉天子、诸侯王所专有,其他人是不能随便使用的。但棺椁多重制度原本不属于汉制,如何使用,当朝并无成文法可依。但我们还是可以看到,在大多数情况下,人们还是基本遵循了一定的等级规范,其原因大概与先秦礼俗与制度在人们头脑中已形成一种较为固定的模式有关,这从一般官吏或富裕人家墓葬的棺椁使用情况也可看到这一点。

湖北江陵凤凰山 M168,墓主为"五大夫"遂,其官职约为江陵县令。墓属中型,椁分三箱,椁长 4.80 米、宽 3.14 米,一椁二棺。[1]

湖北襄阳擂鼓台 M1,墓葬规模略小于凤凰山 M168。椁分三箱,椁长 3.70 米、宽 2.66 米,一椁二棺。[2]

云梦大坟头 M1,墓葬规模与擂鼓台 M1 相当。椁分三箱,椁长 3.50 米、宽 1.82 米,一椁一棺。[3]

与上述几例墓葬规模相当的墓还有许多,少数为一椁二棺,大多为一椁一棺,与其身份大体相合,基本沿用先秦大夫或士一级的棺椁制度。

西汉后期

诸侯王级墓 无"黄肠题凑"的木椁墓 4 座:山东长清双乳山 M1,为最后一代济北王刘宽墓,下葬年代为汉武帝后元二年(前 87)或稍晚;[4] 河北定县三盘山 3

---

[1] 纪南城凤凰山一六八号汉墓发掘整理组:《湖北江陵凤凰山一六八号汉墓发掘简报》,《文物》1975 年 9 期。
[2] 襄阳地区博物馆:《湖北襄阳擂鼓台一号墓发掘简报》,《考古》1982 年 2 期。
[3] 湖北省博物馆:《湖北云梦西汉墓发掘简报》,《文物》1973 年 9 期。
[4] 山东大学考古系等:《山东长清县双乳山一号汉墓发掘简报》,任相宏:《双乳山一号汉墓墓主考略》,均载《考古》1997 年 3 期。

座墓,可能与中山哀王昌和康王昆侈及其家属有关,[1]墓未正式发表,棺椁结构不明。"黄肠题凑"墓4座：河北定县八角廊M40,为中山怀王刘修墓,卒于宣帝五凤三年(前55)后;[2]北京大葆台M1,为广阳顷王刘建墓,卒于西汉元帝时;[3]江苏高邮神居山M1、M2,为第一代广陵王刘胥夫妇墓,刘胥卒于宣帝五凤四年(前54)。[4]

长清双乳山M1为二椁三棺,外椁长9.5米、宽6米,内椁长4.15米、宽3米。内椁与外椁之间构成回廊式结构。该墓的外椁与内椁南北两侧墙板分别向外延伸,呈"Ⅱ"结构,形制相同;而棺则为长方盒状。至于内外椁的堆垒方式,因腐朽已无法辨明。从棺椁装饰上看,两者也有不同。该墓棺椁皆髹漆,其中内、外椁髹深棕色漆,无花纹;棺则在表面粘贴苎麻,其上有髹漆彩绘,图案为卷云纹加动物纹,棺底四角还各嵌一铜棺轮。椁有髹漆,为先秦少见。(图2-11)此墓属于汉武帝后期,棺椁使用略与西汉前期象鼻嘴墓、陡壁山墓同,为先秦诸侯之制。墓中随葬有9件铜列鼎、8件铜壶,表明该墓还较多地保留了旧的丧葬礼俗。

高邮神居山M1、M2,正式报告尚未发表,初步的报道称M1为二椁二棺,M2为三椁二棺。

定县八角廊M40和北京大葆台M1为五层棺。八角廊M40正式报告尚未发表,详情不明。大葆台墓发掘报告谓二椁三棺,其主要根据是外二层棺(即所谓二椁)是在墓室中组装而成的。但从黄肠题凑墓棺椁各自所在的固定位置以及所谓外椁也用梓木材质来看,称五层棺似较合适。该墓的椁似只有一层,即围绕"梓宫"外的"囗"形结构,其与"题凑"墙之间形成内回廊,当即"便房","便房(椁室)"的外层椁木省去,以"题凑"墙代替。(图2-12)

---

[1] 河北省文物研究所：《河北新近十年的文物考古工作》,《文物考古工作十年(1979—1989)》,文物出版社,1991年。
[2] 河北省文物研究所：《河北定县40号汉墓发掘简报》,《文物》1981年8期。
[3] 大葆台汉墓发掘组、中国社会科学院考古研究所：《北京大葆台汉墓》,文物出版社,1989年。
[4] 南京市博物院：《近十年来江苏考古的新成果》,《文物考古工作十年(1979—1989)》,文物出版社,1991年。

52 周秦汉考古研究

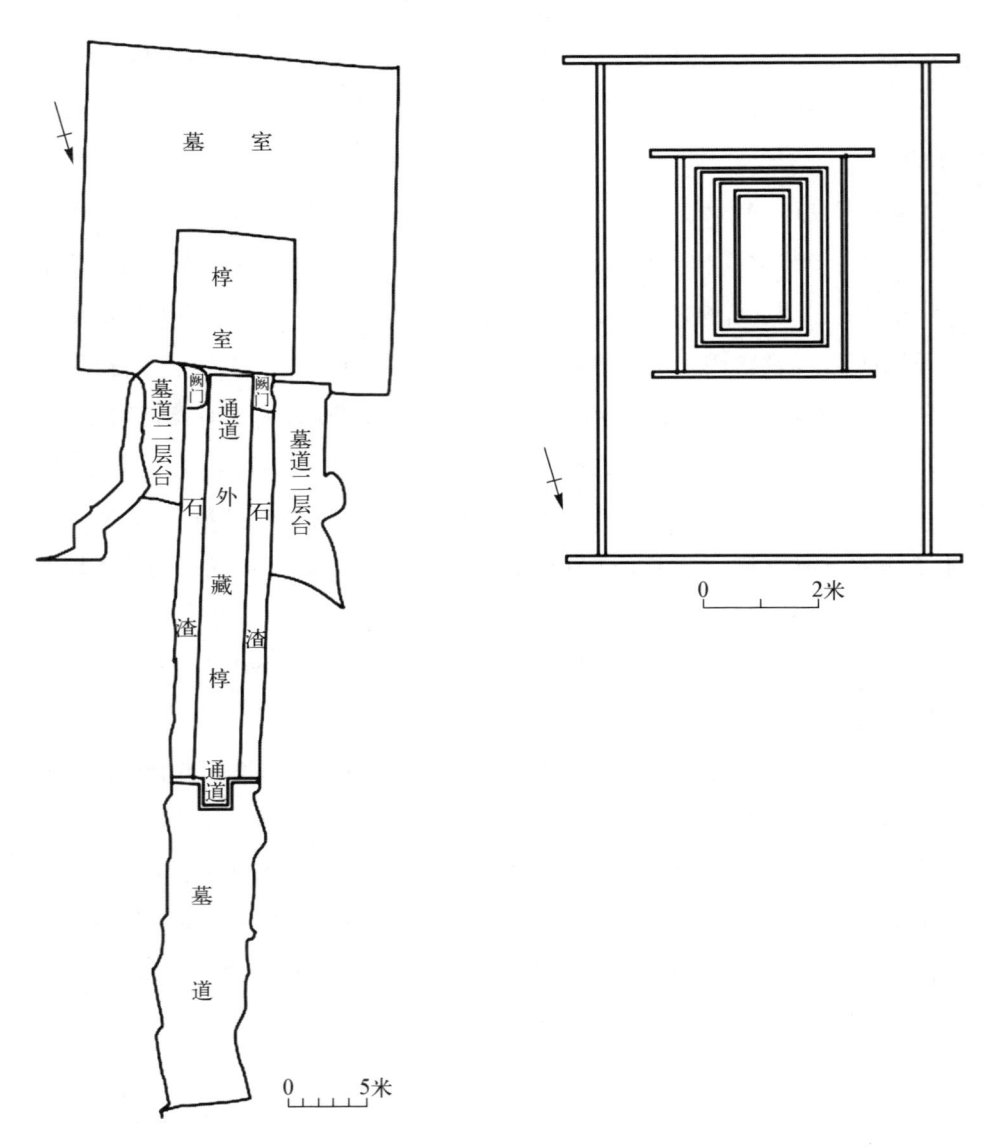

图 2-11 长清双乳山 M1 平面及棺椁复原示意图

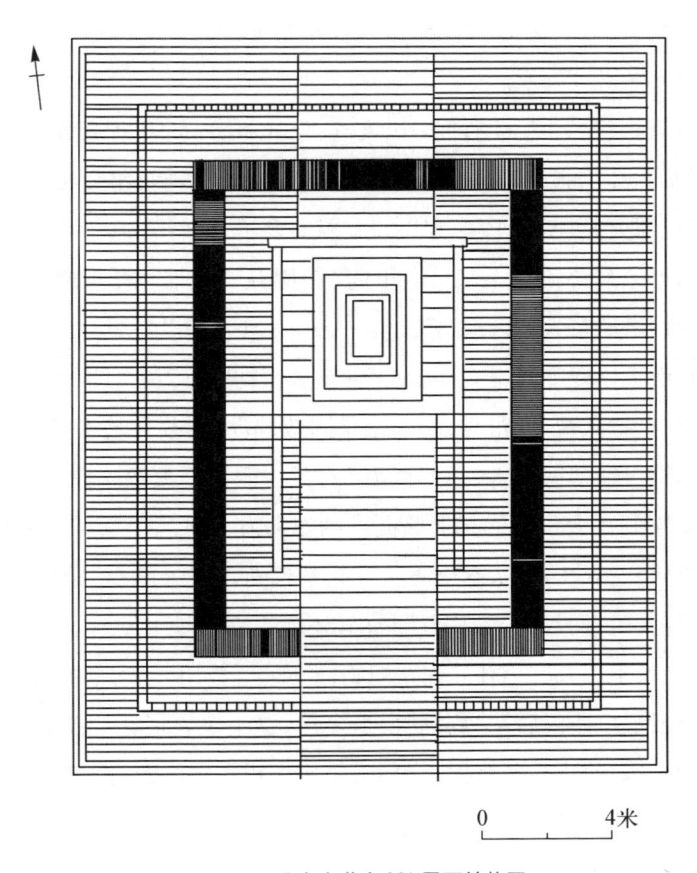

图 2-12　北京大葆台 M1 平面结构图

前面已经提到,俞伟超先生正是看到这两座汉墓为五层棺制,便坚信郑注孔疏不误,从而认为先秦天子用五层棺。然而,《礼记·檀弓上》"*天子之棺四重*"本意为天子用四层棺,这是很清楚的。那么,何以解释这里出现的五层棺制呢？在回答这个问题之前,我们首先要问,周代棺椁多重制度盛行的春秋战国时期,诸侯僭越天子之礼时有发生,为什么没有见到五棺之制？西汉前期及前后期际的诸多诸侯王墓为什么也没有见到五棺之制呢？反而,当西汉后期"周制"已近尾声时,少数墓却出现了使用五棺的情况,这如不是汉代沿用周代棺椁多重制度而出现的新变化,那又是什么原因呢？总之,我以为这是西汉后期新出现的有着某种特定意义的葬俗,而这个变化,可能与汉武帝太初年间最终确定汉朝为"土德",并"尚五"有关。

《史记·封禅书》:"夏,漢改歷,以正月爲歲首,而色上黄,(定)官更印章以五字,因爲太初元年。"

《汉书·武帝纪》:"太初元年……夏五月,正曆,以正月爲歲首,色上(尚)黄,數用五。"颜师古注引张晏曰:"漢據土德,土數五,故用五,謂印文也。"

汉代究竟属火德,还是土德,早在汉初就有争论,事后因种种缘故,一直搁置未决,至武帝后期才最终确定下来。这里的"数用五",绝非只是印章更用五个字而已。查西汉改元,武帝太初以前,第七年一改元;但太初以后,第五年一改元;昭帝时有异,然宣帝又恢复如武帝太初后;元帝至成帝初则满五年,即第六年一改元;成帝河平元年后亦如武帝、宣帝时;西汉末年因政局动荡,改元趋于紊乱。如此规律的改元更号,很可能与武帝太初后"尚五"有关。西汉后期汉家崇尚"土德",数用五,一定会影响到社会生活的其他层面。例如秦为水德,则"數以六爲記,符、法冠皆六寸,而輿六尺,六尺爲步,乘六馬"。[1] 秦代尚六,有的学者结合考古资料已做过很好的研究。[2] 而汉代"数用五"风尚,还无人系统地考察过。总之,西汉后期突然出现的诸侯王用五层棺并非先秦旧制,而应是"数用五"习俗的反映。

前面已经说过,西汉后期"周制"已近尾声,这不仅表现在礼器制度方面,棺椁制度也是如此。除前述几例诸侯王墓外,使用多重棺椁的墓葬已较少见到。一些身份较高的大中型墓也只用一棺一椁。如湖北光华五座坟 M3,墓主可能为萧何后裔某代酂侯,椁室建成双层楼阁式结构,内置一层棺。[3] 又如江苏仪征烟袋山墓,规模较大,分为前后室,前室外藏椁横置,后室木椁分割为头箱、边箱、脚箱和棺箱,棺箱内夫妇合葬,各置一层棺。[4] 其实,这种情况早在西汉前期或前后期际就已经发生,凡诸侯王一级的崖洞墓、石室墓中已不再见有使用棺椁多重制度,而一般只有单棺或一棺一椁。例如,广州南越王墓用一棺一椁。[5] 河北满城中山王刘胜

---

[1]《史记·秦始皇本纪》。
[2] 林剑鸣:《秦尚水德无可置疑》,《考古与文物》1985年2期;刘宝才:《水德与秦制》,《西北大学学报(哲学社会科学版)》1986年1期。
[3] 湖北省博物馆:《光华五座坟西汉墓》,《考古学报》1976年2期。
[4] 南京博物院:《江苏仪征烟袋山汉墓》,《考古学报》1987年4期。
[5] 广州市博物馆、中国社科院考古研究所:《广州南越王墓》,文物出版社,1990年。

墓亦为一棺一椁,而王后窦绾墓只有一镶玉漆棺。[1] 这种新墓形,实际上是一种新的丧葬观念的反映,它代表着"周制"向"汉制"的转化。随着这种新观念日益深入人心,棺椁多重的"周制"最终走向衰亡。

当然,在后代,可能出于某种复古心理,个别帝王陵墓中又重新启用了多重棺制。如20世纪40年代在四川成都发掘的前蜀王建墓,就使用了紧密套合的五层棺。[2] 但我们不能根据这时的五层棺来上推周代棺椁多重制度中天子也用五层棺。这是因为,当时人们对周代礼制的理解,往往是按照同时代经学大师的阐释来认识的。前面已经说过,唐代经学大师孔颖达疏解《礼记》中棺椁制度时,是踵东汉郑玄的说法,因而前蜀王建墓的五层棺必定是按孔疏的说法来实行的。像这样按照当时的认识来理解周代礼制,有很多例证可举。如汉武帝欲建"明堂",博士们争论不休,尚无蓝图可依,到了新莽时却在汉长安城南郊修建了所谓"四向五室"的明堂,[3] 如不是按照当时人对周代明堂制度的理解来修建,如何又能建造得起来呢?

四、余论

从上面大量的考古材料不难看出,周代棺椁多重制度从西周早期至春秋早期尚处在滥觞阶段,春秋中期至战国早期才逐步形成制度。那么《礼记》中,有关棺椁制度的记载是否就是当时的时兴之礼,亦即东周制度呢?回答是否定的。棺椁制度除了我们所侧重论述的多重制度外,还包括棺椁大小、材质、棺饰棺束等,而其中的棺饰有可能早在西周时期就已经存在了。如天子之制中的"水兕革棺",显然是一种很古老的风俗。此外,西周墓中棺饰的某些习俗与《礼记》记载大体相合,张长

---

[1] 中国社科院考古研究所:《满城汉墓发掘报告》,文物出版社,1980年。
[2] 冯汉骥:《前蜀王建墓发掘报告》,文物出版社,1964年。该墓使用五层棺的情况经俞伟超师提示,原报告则称为一棺、一椁、三层台阶。
[3] 唐金裕:《西安西郊汉代建筑遗址发掘报告》,《考古学报》1959年2期。建筑平面复原图参见北大《战国秦汉考古》讲义(1981年铅印本)。

寿先生曾就沣西西周墓资料做过很好的分析。[1] 可见,《礼记》中有关周代棺椁制度的记载,一部分是杂糅了西周古礼,一部分是记录了当时时兴之礼。还存在着另一种可能性,即还包含了儒家某些理想化的成分在内。《礼记》中有关周代丧葬礼俗与制度的篇章,其撰就年代大约是战国早期或稍晚,但春秋中期至战国早期已是"礼崩乐坏"的时代,考古发现的棺椁制度也呈现出纷乱复杂的局面,当时不大可能形成如《礼记》那样整齐划一的制度,如其中的棺椁用材大小、材质等,各国很难有统一的标准。众所周知,以孔子及其弟子为代表的儒家竭力想要恢复周代的等级秩序,而礼乐制度又是其核心内容。周代棺椁制度在《礼记》中如此整齐有序,其中难免不掺杂儒家的一些理想化成分在内。当然,这种理想化并非完全凭空捏造,而是参照了西周古礼及当时时兴之礼,并加工提炼使之系统化。这是一个很大的课题,还牵扯到其他礼制内容,这里不便详论,仅仅提出来,供大家今后探讨时作为一种思路。

周代棺椁多重制度从西周早期至春秋早期滥觞,春秋中期至战国早期逐步形成,战国中晚期遭到僭越与破坏,西汉时期得以延续并有所损益,最终走向衰亡,前后经历了一千多年。这一千多年,特别是其后半期,正是中国古代社会的转型时期。周代棺椁多重制度作为上层建筑中礼乐制度的重要构成,其产生、发展与衰亡,自然与当时的社会政治、经济的变化相关联。俞伟超、高明先生在考察周代用鼎制度时曾指出:"这种礼乐制度,是适应宗法奴隶制等级制度而出现的。……所以,随着宗法奴隶制中那一套等级制度的解体,它也日益崩溃。"[2] 从大的方面讲,这是毫无疑问的。但周代棺椁多重制度的形成要晚于用鼎制度,那么除了上面所说的原因外,还有没有其他因素在起作用呢?我想是有的。

棺椁本是地上居室的象征,对此已有多位先生论述过。[3] 棺椁多重的意义,

---

[1] 张长寿:《墙柳与荒帷——1983—1986年沣西发掘资料之五》,《文物》1992年4期。
[2] 俞伟超、高明:《周代用鼎制度研究》,《北京大学学报(哲学社会科学版)》1978年1、2期,1979年1期;后收入俞伟超《先秦两汉考古学论集》,文物出版社,1985年。
[3] 俞伟超:《汉代诸侯王与列侯墓葬的形制分析》,《先秦两汉考古学论集》,文物出版社,1985年;郭德维:《楚系墓葬研究》,湖北教育出版社,1995年。

按照郑玄的说法,是"尚深邃也"。把地下居室建造成若干重,无非是地上宫室建筑复杂化的一种象征。春秋战国时期,正由于生产力的进步,列国宫室建筑日趋繁复和奢华,而不同的等级又有差别。因而,棺椁多重制度形成于这一时期,恐怕与此不无关系。

此外,棺椁多重制度的形成还以生产工具的进步为前提。棺椁是以木质材料为加工对象的,西周时期尽管青铜器的生产已达到古代世界的高峰,但主要还是供贵族使用的礼器、车马器、兵器等,而生产工具主要为木、石、蚌器类,当然也有少量的青铜工具,用石、蚌工具砍伐树木、加工木材,即使再加上一些青铜工具,其效率也是比较低下的。棺椁多重需要砍伐和加工大的树木,对于工艺要求也更为精细。因此在西周至春秋早期,棺椁多重制度的发展或许受到了物质材料即劳动工具的制约,这大概是其晚于用鼎制度出现的原因之一吧。

棺椁多重制度的形成与发展,可能与人工冶铁器的出现有关。据最新的考古资料,中国中原地区最早的人工铁器发现于西周晚期虢国大墓。自那以后,春秋至战国早期的人工铁器已在中原及南方地区多有发现,战国中期以后更是进入普遍使用阶段。[1] 凤翔春秋晚期秦公1号大墓出土了几件生铁铸造的工具,似乎表明自那时起在高等级贵族那里,已经开始用铁工具来修墓造坟了。[2] 铁工具所具有的良好性能是其他工具所无法比拟的,因而对促进棺椁多重制度的形成无疑起到了推动作用。

棺椁多重制度在西汉时期走向衰亡,除了前面所说的政治、经济以及人们观念形态的转变外,同样也有其他的原因。

棺椁多重及其赖以存在的木结构墓需要消耗大量木材,像凤翔秦公大墓、江陵天星观墓、信阳长台关墓、寿县楚王墓、长沙马王堆汉墓等,木材消耗量都在数十至数百立方米。而黄肠题凑墓的木材用量更是惊人,如北京大葆台汉墓仅题凑木就

---

[1] 参见赵化成:《公元前5世纪中叶以前中国人工铁器的发现及其相关问题》,载《考古文物研究:纪念西北大学考古专业成立四十周年文集》,三秦出版社,1996年。

[2] 陕西省考古研究所:《十年来陕西省文物考古的新发现》,《文物考古工作十年(1979—1989)》,文物出版社,1991年。

用了15 000根上好柏木。除这些大型墓外,当时又有多少中小型墓在用木材造墓。而且按照礼制和习俗,棺椁木材用的都是最好的柏木、松木、梓木、楠木等。还没有人做过统计,春秋战国乃至于西汉前期,每年木材用量恐怕是天文数字(也包括建筑用材)。由此可见,这种纯粹的浪费对资源乃至于生态环境,势必造成巨大的破坏。因而,早在战国后期,一些有远见的政治家就对这种"棺椁数袭"的厚葬之风提出了尖锐的批评。汉代更有人以身作则,薄葬甚至裸葬以警世人。每年木材用量如此惊人,在人口稠密的平原地区,肯定会感到木材资源的匮乏。西汉时期,为什么在以洛阳为中心的中原地区首先流行砖室墓,恐怕与此不无关联。砖室墓用砖虽然也要用木材烧成,但可以使用一些杂木、小材,比起木椁墓用大材、好材来说,获取要容易得多。西汉时期,长江流域、珠江流域木椁墓延续时间较长,也与南方木材资源丰富有一定关系。而中原地区自战国末年出现砖结构墓,很快就扩大开来,在东汉时期终于成为墓葬形制的主流。棺椁多重制度赖以存在的木构墓在西汉时期逐步缩小阵地,随着砖室墓、石室墓、崖洞墓的兴起引发的观念形态的改变,必然最终走向崩溃。

周代棺椁制度所包含的内容很多,我们只论述了其中的一个方面,即棺椁多重制度。在这一方面,也只能说是初步的研究。这是因为考古发现所提供的信息还不够充分,特别是春秋中期至战国早期亦即形成阶段的资料还相当欠缺。我们期待着今后新的发现,也欢迎前辈学者及同行赐教。

[本文构思过程中,曾与俞伟超师有过多次交谈,文中有些看法与先生不同,但他仍积极支持我的研究,这种鼓励自己的学生发表与己不同观点的大师风范,让我很感动。此外,本文初稿完成后,呈请宿白先生、邹衡先生、李伯谦先生以及刘绪、徐天进、孙华、王占奎、南玉泉、杨哲峰等诸位同行好友审阅,他们提出过许多很好的修改意见和建议;(发表时)英文提要由曹音小姐帮助翻译,在此一并致以衷心的感谢。本文原名"周代棺椁多重制度研究",原载北京大学中国传统文化研究中心《国学研究》第五卷,北京大学出版社,1998年。此次重刊略有修订。]

3
东周燕下都"人头骨从葬遗迹群"性质刍议

《中国文物报》1996年2月4日刊载了石永士先生关于"燕下都抢救清理1号人头骨从葬遗迹"的报道,该处遗迹是燕下都南城墙外2.5公里处的14座人头骨从葬遗迹群中的一座。这一遗迹群早在20世纪60年代就已发现,70年代对其中的5号遗迹作了部分发掘。(图3-1)[1] 笔者于今年元月曾前往参观考察,承蒙燕下都文管所高全福所长特允,看到了暂停后的发掘现场。关于人头骨从葬遗迹的具体情况,石永士先生已有较详细的介绍,读者可参看,不赘述。这里想谈谈人头骨从葬遗迹所涉及的历史事件及其性质问题。

谈到性质,首先应明确该遗迹的年代。石永士先生根据人头骨从葬遗迹封土中出土的器物残片,与附近已发掘的墓葬随葬器物及封土中器物残片特征基本相似这一点,得出"时代属战国中期后段"的结论。对此,当无大的疑问。

关于人头骨从葬遗迹所涉及的历史事件,则有不同说法:石永士先生文中认为与燕国"子之之乱""构难数月,死者数万"有关。他说:"燕下都南人头骨从葬遗迹群与墓葬应是燕国国内动乱后保留至今的重要文化遗存。"换句话说,人头骨是死于"子之之乱"的燕国人。笔者赴燕下都考察时,高全福所长除谈到"子之之乱"这一可能性外,还提出或与燕昭王二十八年(前284)大将乐毅伐齐之战事有关。也就是说,人头骨是战争中缴获的齐国人首级。人头骨从葬遗迹迄今未发现文字资料,文献亦无记载,故现在还带有推测的性质。比较两种说法,我以为后一说似较合理一些。前一种说法,有下述疑点难以解释:其一,已发掘的1号、5号遗迹均

---

[1] 参见瓯燕:《试论燕下都城址的年代》,《考古》1988年7期;曲英杰:《先秦都城复原研究》,黑龙江人民出版社,1991年。

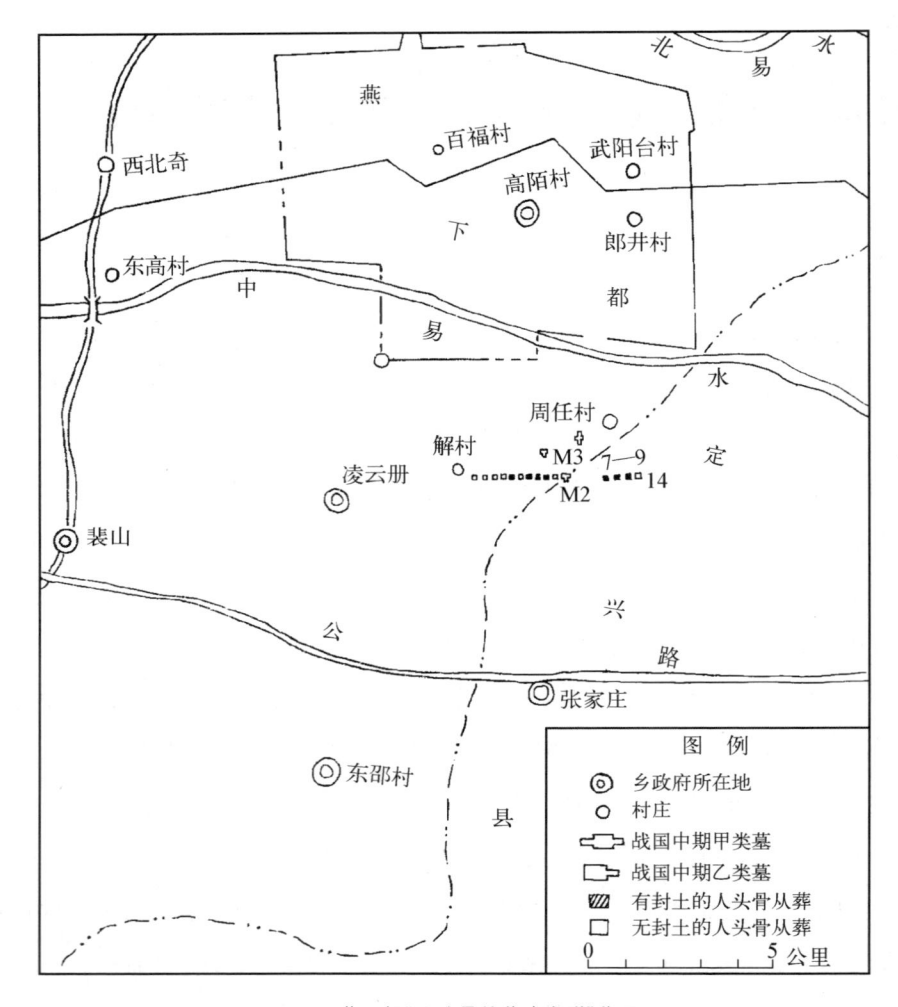

图 3-1 燕下都"人头骨从葬遗迹群"位置图

只埋人头骨,其他未发掘者从被扰乱处看,亦均为人头骨残片,并无其他部位骸骨。已发掘的 1 号、5 号遗迹无墓穴,"系将人头骨置于平地而填土掩埋,1 号遗迹因填土掩埋后夯打比较紧密,多数人头骨被夯土打成碎块"。对此,如果解释为死于"子之之乱"的燕国人,则很难设想掩埋者对自己的同宗同族分尸割颅,并采用如此草率和有悖情理的集中埋葬方式。《史记·燕召公世家》记述燕昭王即位后"吊死问孤,与百姓同甘苦",可见其必不会如此处理死者。其二,已发掘的 5 号坑 1 446 个人头骨,部分经专家鉴定,"绝大多数为青壮年男性个体,少数为进入老年阶段的男性个体"。如果说是死于"子之之乱"的燕国人,理当不会只有男性,而无女性。其三,"子之之乱"一般认为发生在今北京附近的上都"蓟"城,而不是燕下都。由此看来,人头骨从葬遗迹群所埋葬的不大可能是本国人,而应是敌国首级。联系文献记载以及人头骨从葬遗迹的年代,推测与乐毅伐齐之战事有关,则不失为一种较合理的考虑。

《战国策·燕策》《史记·燕召公世家》等文献记载,子之之乱时,齐国趁燕国内乱,攻入燕都。史书虽记载简略,但齐军杀人掠物必不可免。此事件实乃燕国之奇耻大辱,燕昭王继位后曾对郭隗说:"齐因孤之国乱而袭破燕……然诚得贤士以共国,以雪先王之耻,孤之愿也。"后燕昭王招贤纳士,励精图治,"二十八年燕国殷富,士卒乐轶轻战,于是遂以乐毅为上将军,与秦、楚、三晋合谋以伐齐。齐兵败,湣王出亡于外。燕兵独追北,入至临淄,尽取齐宝,烧其宫室宗庙。齐城之不下者,独唯聊、莒、即墨,其余皆属燕,六岁"。燕国此番伐齐,报仇雪耻之举同后来项羽灭秦,坑杀秦卒、焚烧咸阳宫室何其相似。既是雪耻之战,必多杀人,而士兵携其首级,归来邀功,后埋于燕下都城南也理所当然。燕下都人头骨 1 号从葬遗迹仅发掘了一小部分,发现一个人头骨的左侧下颌骨有明显的被砍杀的痕迹,两个人头骨上残留有铜镞镞锋部分。5 号遗迹亦发现"一个人头骨的下颌骨及一个人头骨的枕骨有明显的被砍杀的痕迹,一个人头骨中尚残存有三棱式铜镞"。笔者也曾在未发掘的 11 号坑扰乱处捡拾到带有铜锈的人头骨碎片。看来,这些人头骨为战争中缴获的敌国首级当无大疑问。(图 3-2)

这里,还有一点需说明:先秦战争中"献馘"(割取敌人耳朵)或是"斩首"以报功邀赏,因时代不同而有差别。两周时期,一般是"献馘",这在文献及铜器铭文中多有记载。战国时期,文献所见多为"斩首",如《商君书·境内篇》记载秦国就是以"斩首"多少而论功行赏赐爵的。战国时各国大都如此,燕国当不例外。燕下都城南人头骨从葬遗迹群既为齐国人首级,埋于此处,其意义何在?对此,笔者曾请教俞伟超师,告知当为史书中所说的"京观"。

"京观"最早见载于《左传》宣公十二年(前 596)。晋楚邲之战,晋师败绩,潘

图 3-2 燕下都人头骨从葬遗迹发掘现场

党曾对楚庄王曰:"君盍筑武军,而收晋尸以为京观。臣闻克敌必示子孙,以无忘武功。"楚庄王未采纳其建议,讲了一番大道理,其中说道:"古者明王伐不敬,取其鲸鲵而封之,以为大戮,于是乎有京观,以惩淫慝,今罪无所,而民皆尽忠以死君命,又可以为京观乎?"于是"祀于河,作先君宫,告成事而还"。"何为京观?"杜预注:"积尸封土其上谓之京观。"

京观之为,汉三国仍有之。据《后汉书·皇甫嵩朱隽传》,嵩等镇压黄巾起义,"攻角弟宝于下曲阳,又斩之。首获十余万人,筑京观于城南"。《三国志·魏志邓艾传》记载:魏将邓艾破蜀后,"于绵竹筑台以为京观,用彰战功,士卒死事者皆与蜀兵同共埋藏"。

由上引文可知,"京观"古已有之,且与战争有关;其埋葬方式为"积尸封土";京观所收尸为战争中所斩杀之敌人(邓艾所筑京观,士卒与蜀兵共同埋葬,当属例外);筑京观之目的为"克敌示子孙,以无忘武功",或"用彰战功"。燕下都城南人头骨从葬遗迹群因两千多年的破坏,有的已夷为平地,但尚有半数地面仍存留高大的夯土堆,有的高达四五米。这些"人头骨从葬遗迹群"皆为"积尸封土",所埋为伐齐之战中缴获的齐国人首级,因而,当为"京观"无疑。当然,从前引文看,京观一般筑于战场所在地,而燕下都距离齐国遥远,何以在此筑"京观"呢？我想,这与燕国伐齐,旨在报仇雪耻之特殊目的有关。也就是说,人头骨从葬遗迹群可能还有另一层含义。石永士先生在报道该处遗迹一文末尾曾提出"献首封祭"的说法,我以为或许指明了这层含义。(但文中与"子之之乱""死者数万"关联起来,则不免抵触。)

　　燕下都城南人头骨从葬遗迹群既然具有"献首封祭"意义,那么,祭祀的对象是谁？我觉得很可能是附近大中型墓的死者。在5号遗迹东(偏北)约80米处发掘了1座凸字形中型墓,出土有鼎、豆、壶、盘、匜、簠、簋等陶礼器以及大量石璜、陶珠和滑石龙、凤饰件;在14座人头骨从葬遗迹的北部还有1座中字形大墓和1座凸字形墓,可惜已被盗。中字形大墓在先秦时期一般身份较高,燕下都九女台发掘的16号墓为中字形大墓,虽被盗,仍出有九鼎八簋等陶礼器,墓主很可能是燕国国君或高级贵族。此地的中字形大墓亦有可能是燕国国君,或是死于"子之之乱"的燕王哙亦未可知。燕王哙因死于非命,故死后不入"九女台"及"虚粮冢"燕国公墓兆域。从《史记·燕召公世家》行文看,燕王哙有可能为齐兵所杀,故燕昭王以齐国人头在燕下都城南筑"京观",既昭示武功、以示子孙,又祭奠先王在天之灵。当然,使用总数达三万之多的敌国首级,不仅仅是祭祀先王,当还祭祀了"子之之乱"的遇难者。

　　(本文原名"燕下都'人头骨丛葬遗迹群'性质刍议",载《中国文物报》1996年4月21日3版。此次重刊增补了两幅图。)

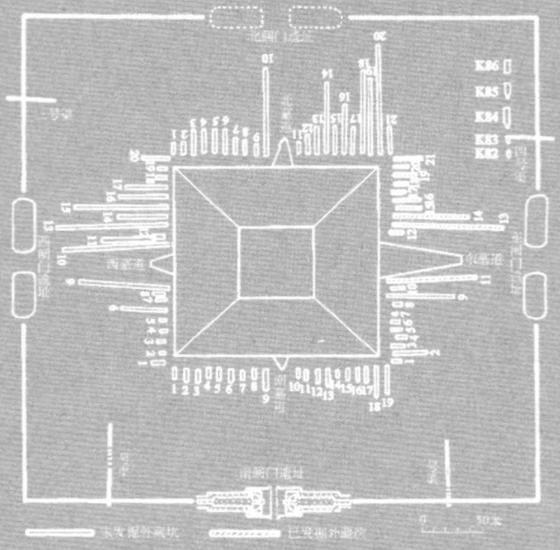
KB6
KB5
KB4
KB3
KB2
未发掘外藏坑
已发掘外藏坑
0 50米

4
秦汉帝陵外藏系统(从葬坑)的性质问题

20世纪80年代初,俞伟超先生在其著名的《汉代诸侯王与列侯墓葬的形制分析》一文中,首次将汉代诸侯王、列侯墓葬形制区分为正藏与外藏(椁)两大系统,并考察了外藏(椁)制度的渊源及其形态。[1] 其后,许多学者先后撰文,进一步对外藏(椁)的源流、内涵、性质等问题进行了全方位的研究,取得了一系列重要学术成果。[2] 近年来,由于秦始皇陵、汉景帝阳陵较大规模的钻探和发掘,人们对秦汉帝陵庞大的外藏系统(从葬坑)有了更多的了解,于是一些学者结合新的考古发现,提出秦汉帝陵外藏系统(从葬坑)[3]模拟或象征着"百官官署"机构。有关秦汉帝陵外藏系统性质的这一创新观点,不仅颠覆了外藏(椁)系统内涵与性质的传统认识,而且牵扯到秦汉帝陵陵园布局结构乃至帝陵营建思想这样的重大学术问题,故不可谓不重要。为此,笔者不揣浅陋,也想就此问题谈一点看法。

一、问题的缘起

秦汉帝陵存在着所谓"百官官署"机构设置的文献资料,主要依据是司马迁《史记·秦始皇本纪》中的一段记载:"始皇初即位,穿治郦山,及并天下,天下徒送诣七十余万人,穿三泉,下铜而致椁,宫观百官奇器珍怪徙臧满之……"关于这段文字中的"宫观百官",长期以来人们并没有给予特别的关注,只是近年在秦始皇陵

---

[1] 俞伟超:《汉代诸侯王与列侯墓葬的形制分析》,原载《中国考古学会第一次年会论文集》,文物出版社,1981年。后收入作者《先秦两汉考古学论集》,文物出版社,1985年。
[2] 李如森:《汉代"外藏椁"的起源与演变》,《考古》1997年12期;刘振东:《中国古代陵墓中的外藏椁——汉代王侯墓制研究之二》,《考古与文物》1999年4期。
[3] 关于外藏系统的一般名称,有"陪葬坑""从葬坑"的不同称谓,本文一律使用"从葬坑"。

封土南侧发掘了被称为"文官俑坑"的K0006号从葬坑,发掘者在简报中首次提出:"K0006从葬坑是秦王朝中央政府中一个官府机构在地下的模拟反映,其性质可能为秦代主管监狱与司法的廷尉。《史记·秦始皇本纪》载始皇陵'宫观百官,奇器珍怪徙藏满之'的'官'应为官署机构的省称。"[1]其后,简报执笔者再度撰文,对K0006从葬坑的性质进行了详细的分析研究,进一步论证该坑象征着秦国中央官署机构"廷尉"的观点。[2]不仅如此,同上作者与他人合写的论文以及其博士学位论文在对秦始皇陵进行全面研究的基础上,更进一步讨论了秦始皇陵其他从葬坑的性质问题,指出"K0007从葬坑(铜禽坑)属秦陵外藏系统的组成部分,它是帝国中央政府或皇宫管理机构中某个官府机构在地下的模拟再现";"铜车马从葬坑可能属于九卿中的太仆,执掌皇帝出行的车马;而上焦村马厩坑为中央厩苑性质;兵马俑从葬坑属三公中太尉属下的军队"。论文作者最后的结论是:"(秦始皇帝陵园)外藏系统的设置,因种种原因显现出了空间分布的不对称性,但是就其象征意义而言,可以认为以从葬坑为其主要内容的外藏系统,应当是代表秦代'百宫'等官署机构在地下的模拟反映";"秦始皇帝陵园从葬坑象征的应是帝国全盛时期的中央政权机构和皇宫机构,是王朝政治体制在地下的真实反映"。[3]

由于秦始皇陵"文官俑坑"乃至其他从葬坑较少发现可以说明问题的文字资料,因而对其性质的认定还存在较大的争议。然而,汉承秦制,西汉帝陵布局基本沿袭秦始皇陵之制度。于是,一些学者在关注秦始皇陵外藏系统(从葬坑)性质的同时,也将视野扩展到西汉帝陵。特别是汉景帝阳陵经过较大规模的钻探和发掘,并在从葬坑中发现了一批印章、封泥,于是,有学者分析考证汉景帝阳陵从葬坑象征着三公九卿一类的中央官署机构,即与秦始皇陵相似,同样存在着所谓"百官官署"葬制。如此,秦汉帝陵外藏系统是为"百官官署"的观点,既有考古发掘资料和

---

[1] 秦始皇陵考古队:《秦始皇陵园K0006陪葬坑第一次发掘简报》,《文物》2002年3期。
[2] 段清波:《秦始皇帝陵园K0006陪葬坑性质刍议》,《中国历史文物》2002年2期。
[3] 段清波、张颖岚:《秦始皇帝陵的外藏系统》,《考古》2003年11期;段清波:《秦始皇帝陵研究》,西北大学博士学位论文,2007年。

出土文字印证,并且还有文献依据,似乎证据确凿,几成定论。然而,笔者经仔细研读,觉得问题并非那样简单,有必要重新检讨。

二、秦始皇陵外藏系统(从葬坑)的性质问题

迄今为止,秦始皇陵城垣内外发现各类从葬坑180余座,基本可分为外城垣以外、内外城之间、内城以内三个层次。(图4-1)

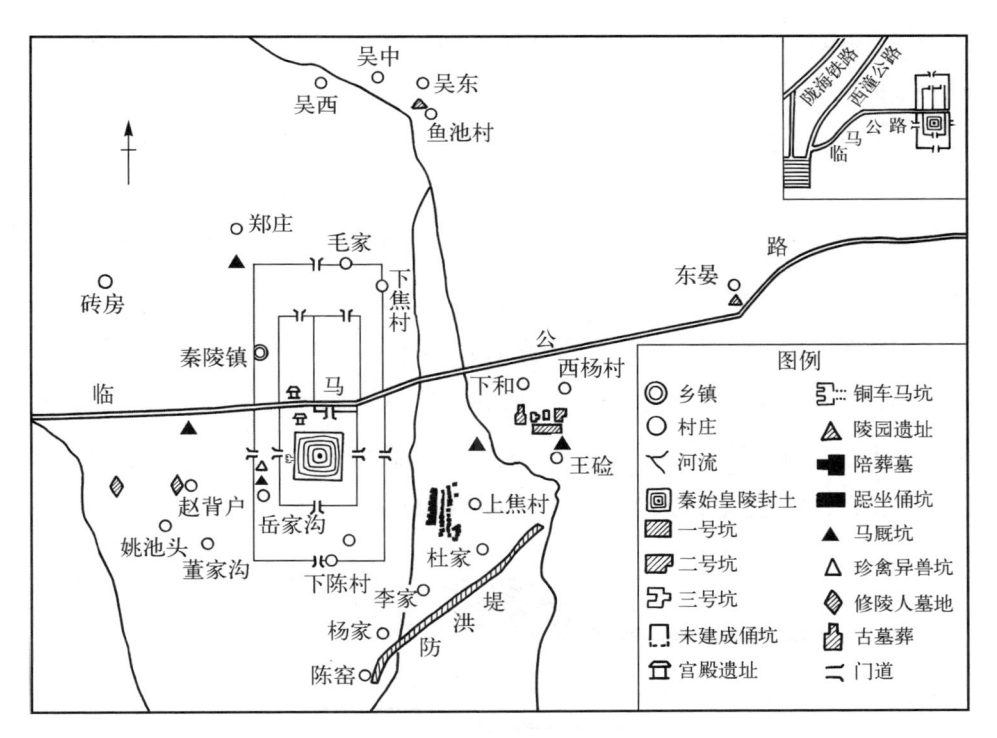

图4-1 秦始皇陵陵区遗迹平面图

外城垣以外的从葬坑:外城垣东侧距离秦陵1 500米处有兵马俑坑3座;外城垣东侧上焦村附近发现小型马厩坑101座(因遭破坏,估计原来的数量更多);外城垣北侧则有多座动物坑,东北侧含活体动物的坑内有鱼、鳖等8种动物,附近的K0007为包括青铜鹤在内的铜禽坑。

内外城之间的从葬坑：西部发现的曲尺形马厩坑面积达 1 700 多平方米,试掘中出土了一批被杀殉的真马,密集排列,估计总数有数百匹;东部发现 3 座面积较大的从葬坑,即 K9801、K9901 和 K9902 从葬坑,其中 K9801 试掘的探方中出土了大批石质甲胄,是为石质甲胄坑;K9901 出土一批象征秦代宫廷娱乐活动的百戏类陶俑,一般称之为百戏俑坑。

内城之内的从葬坑：秦始皇帝陵园内城之内、封土西侧发掘了铜车马坑。此外,北部可能还有木车马坑等。在封土西南侧发现 6 000 余平方米的 K0003 从葬坑,经钻探出土了许多制作精美的彩陶器皿,有学者分析可能与"厨"有关。在封土西侧发掘了 K0006,即所谓的"文官俑坑"。

秦始皇陵众多陪葬坑按照一般称谓,大致有：兵马俑坑、石质甲胄坑、马厩坑、百戏俑坑、文官俑坑、铜车马坑、府藏坑、珍禽异兽坑、铜禽坑等。

在这些陪葬坑中,由于秦始皇陵"文官俑坑"(K0006)是引发秦汉帝陵外藏系统中存在"百官官署"葬制的导火线,因而对其性质的判断自然至关重要。

K0006 坑紧邻秦始皇陵封土西南侧,为一座总面积 410 平方米的地下坑道式土木结构建筑,坑体为东西方向,由朝西的斜坡门道、前后室三部分组成。前室发现木车 1 辆、陶俑 12 尊,可分为袖手俑 8 尊、御手俑 4 尊;后室发现大量的马骨,因遭洪水侵袭,马骨凌乱不堪,简报推算原应葬马 20 余匹。(图 4 - 2)

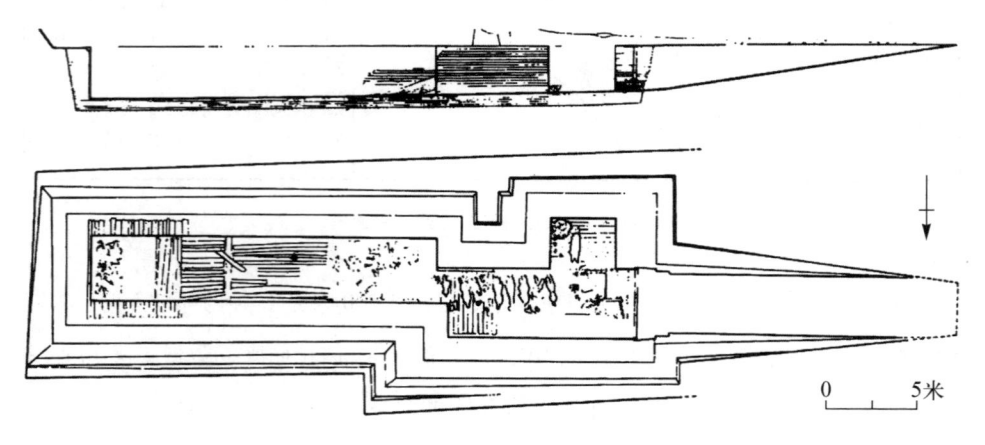

图 4 - 2　秦始皇陵 K0006 平剖面图

发掘者将该坑性质确定为中央官署机构"廷尉",主要依据是:该坑出土的 8 尊袖手俑未带兵器,但在腰间贴塑有佩挂的削和砺石囊,削为刮削简牍用的书刀,砺石为磨刀用具,均属于文官常用的文具,因而这 8 件陶俑是为"文官俑"。此外,该坑前侧厢房出土了 4 件铜钺,钺既是强权的象征,又是刑具,与秦国中央官署机构中"掌刑辟"的"廷尉"执掌相符合。关于该坑的性质,也有不同的声音。有学者在该坑发掘之初和简报发表之后两度撰文指出:该坑中有大量的真马入葬,其性质与以往的马厩坑相似,是为天子六厩中的"官厩",所谓"文官俑"其实是管理马厩的"圉师"。[1]

笔者此前曾发表一篇小文探讨其性质,这里将文中的主要观点略叙如下:我认为,无论是"官厩说"还是"廷尉说",均存在难以解释的疑点。首先,"官厩说"否定文官俑身份的理由不充足;其次,袖手俑与"圉师"的形象不符,并且一坑内为何同时出现 8 个"圉师";其三,出土 4 尊御手俑以及 4 件铜钺也不好解释。至于"廷尉说"则更难成立。廷尉官署机构是为高级办公场所,众多真马纳入,岂不乱套?该坑布局与官署办公机构应有的配置并无相像之处;"廷尉"官署机构等级甚高,而该坑文官俑均为中下级官吏。我的观点是:该坑出土了 4 尊御手俑,是为驾车而配备的,4 位御手理应驾 4 辆车,但该坑仅有木车 1 辆,原设计应配置 4 辆车。从该坑所处位置看,很可能是在秦末最后建造的,仓皇之中未按标准配备置放,不然,为何在坑中置放 4 尊御手俑?再有,按照每辆车乘坐 2 人计算,8 尊文官俑正好分属 4 辆车。K0006 坑中出土了大量的马骨,这些真马属于驾车的马匹,因尚未完全发掘,简报推测原应葬马 20 余匹,但目前只发现 9 具马头骨。如果以每辆车 4 匹马计算,为 16 匹马的可能性较大(或许今后的发掘和马骨个体鉴定能够证实之)。此外,该坑出土了 4 件铜钺,每辆车配置 1 件铜钺,正与 4 辆车相合。因此,我将 K0006 坑的性质与秦汉常见的车马出行联系起来考虑,认为应当是"车马出行从车备用场景"。[2]

---

[1] 刘占成:《秦陵新发现陪葬坑性质刍议》,《文博》2001 年 4 期;刘占成:《秦俑"六号坑"性质商榷》,《秦文化论丛》第十一辑,三秦出版社,2004 年。
[2] 赵化成:《秦始皇陵"文官俑坑"性质解析》,《中国文物报》2008 年 7 月 11 日考古版。

总之，K0006 坑的内涵与秦国九卿之一的"廷尉"官署机构无关。至于秦始皇陵园内外其他从葬坑的性质，其实与所谓秦国中央政权机构和皇宫机构的设置，即所谓"百官官署"也无任何相像之处。例如，兵马俑坑尽管有所谓"军阵"和"兵营"之类的说法，但本质上属于"军队藏"或"兵马藏"一类，恐怕很难与秦代的最高军事机构"太尉府"之类相对应。而城垣内外数量众多的马厩坑，从出土的刻画文字中有"中厩""宫厩""小厩""左厩""大厩"看，则属于"天子六厩"一类的设置，但与中央厩苑官署机构本身是两回事。铜车马坑、木车马坑或属于"车马藏"，或与车马出行有关，与秦国执掌皇帝出行的九卿之一"太仆"官署机构本身不能等同。至于外城垣北侧及东北侧的珍禽异兽坑、铜禽坑等，则属于苑囿一类设施，与官署管理机构无涉。总之，秦始皇陵外藏系统（从葬坑）除兵马俑坑、甲胄坑一类属于秦始皇的军队及其武备库外，其他均属于供秦始皇死后的衣、食、用、行一类需要，与百官官署设置本身并不相干。总之，我还是基本赞同袁仲一先生对秦始皇陵从葬坑所做分类及其性质的认识：

> 秦始皇陵园的陪葬坑类别众多，除继承先秦的葬仪用车马从葬处，还有一、二、三号大型兵马俑坑，大型石铠甲坑，数量众多的大型马厩坑和小型马厩坑，珍禽异兽坑、铜禽坑、百戏俑坑、肉食类府藏坑，以及内涵尚不明确的各种陪葬坑等，种类之繁多亘古所无。车马坑内埋藏有铜车马和木车马，车马通体彩绘并以大量的金银为饰，异常华贵，是皇帝的车马仪仗。兵马俑坑内的 8 000 件兵马俑，是守卫京城的宿卫军，也是庞大秦军的缩影。大型石铠甲坑是秦武库充盈的写照。各种马厩坑象征着宫廷和京师的厩苑珍禽异兽坑、铜禽坑象征着京师的苑囿，百戏俑坑反映了宫廷的娱乐活动，各种各样的府藏坑是秦府库充盈财富的象征。总之，秦始皇把生前所拥有的一切，都以陪葬坑的形式模拟于地下，以显示千古一帝的无尚威严。[1]

---

[1] 袁仲一：《秦始皇陵陪葬坑的主要特征及其渊源关系试探》，《秦文化论丛》第十辑，三秦出版社，2003 年。

三、汉阳陵外藏系统(从葬坑)的性质问题

无独有偶,可能出于对司马迁《史记·秦始皇本纪》中"宫观百官"相关记载的特别解读,或是受到秦始皇陵外藏系统(从葬坑)模拟"百官官署"这一观点的影响,主持西汉帝陵调查、钻探和发掘的一些学者也对汉景帝阳陵外藏系统(从葬坑)的性质给出了相同或相似的解释。并且,还因为汉景帝阳陵外藏系统(从葬坑)中出土了数量较多的印章、封泥,这种观点似乎有了更为坚实的证据。

经过全面钻探和一定规模的发掘,汉景帝阳陵特别是其庞大外藏系统(从葬坑)的布局及主要特征已基本清楚。阳陵已发现 195 座从葬坑,可分为帝陵从葬坑、后陵从葬坑及陪葬墓从葬坑三大类,他们均属于外藏系统。(图 4-3)

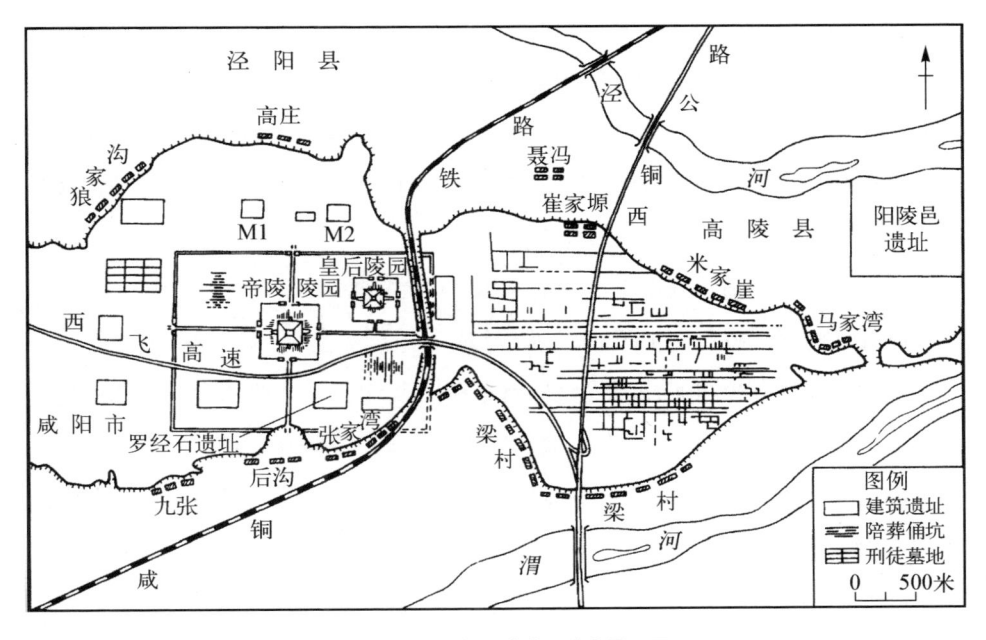

图 4-3 汉景帝阳陵陵区遗迹平面图

这里只讨论与本主题相关的帝陵从葬坑。主持发掘的学者在其研究论文中,将帝陵外藏系统(从葬坑)分为四个层次:

第一层次为墓室之内的从葬坑(有待发掘证实);第二层次为墓圹以外、封土之下的从葬坑(有待钻探发掘证实);第三层次为封土以外、陵园之内的86座从葬坑;第四层次为陵园之外的南区从葬坑24座、北区从葬坑24座。[1]

由于第一、第二层次从葬坑位于墓室之内或墓圹近处,是否存在,有待发掘证实,这里暂不讨论。

所谓第三层次,即帝陵封土周围的从葬坑,发现86座,围绕帝陵封土四周呈放射状分布。已发掘11座,位于帝陵封土的东北侧,编号为DK11-21。(图4-4)

由于正式的发掘简报、报告尚未刊出,各坑中随葬物品的具体数量、详细内涵、摆放方式不是很清楚,但通过已发表的简讯、综合性图录、普及性读物以及多篇论文中披露的信息,特别是主持发掘者在论文中详细公布了各坑中出土的印章、封泥,我们还是大致能够了解这些从葬坑的基本情形。[2]

11号坑的试掘部分位于坑的中部偏东,其南、北两侧分别为两列陶人木马骑兵俑,中间为两列木车马。陶骑俑身旁大多出土有铁戟、铁剑、铜弩机等兵器。

12号坑出土1枚龟纽银印,印文为"宗正之印";鼻纽铜印1枚,印文为"大泽津印"。

13号坑西端坑道中发现1枚封泥,印文为"大官丞印"。

14号坑出土1枚鼻纽铜印,印文为"陈疢"。

15号坑发现6枚封泥,印文为"导官令印",封泥旁有竹简朽迹。西部的陶俑旁发现3枚鼻纽铜印,印文分别为"仓印""甘泉仓印""别臧官印"。

16号坑出土5枚铜印,印文分别为"大官之印""内官丞印""府印""左府之印""右府"。

17号坑出土2枚鼻纽铜印,印文分别为"宦者丞印""长乐宫车"。

---

[1] 焦南峰:《汉阳陵从葬坑初探》,《文物》2006年7期。
[2] 陕西省考古研究所汉陵考古队:《中国汉阳陵彩俑》,陕西旅游出版社,1992年;陕西省考古研究所阳陵考古队:《汉景帝阳陵考古新发现》,《文博》1999年6期;陕西省考古研究所:《汉阳陵》,重庆出版社2001年;马永嬴、王保平:《走近汉阳陵》,文物出版社,2001年。

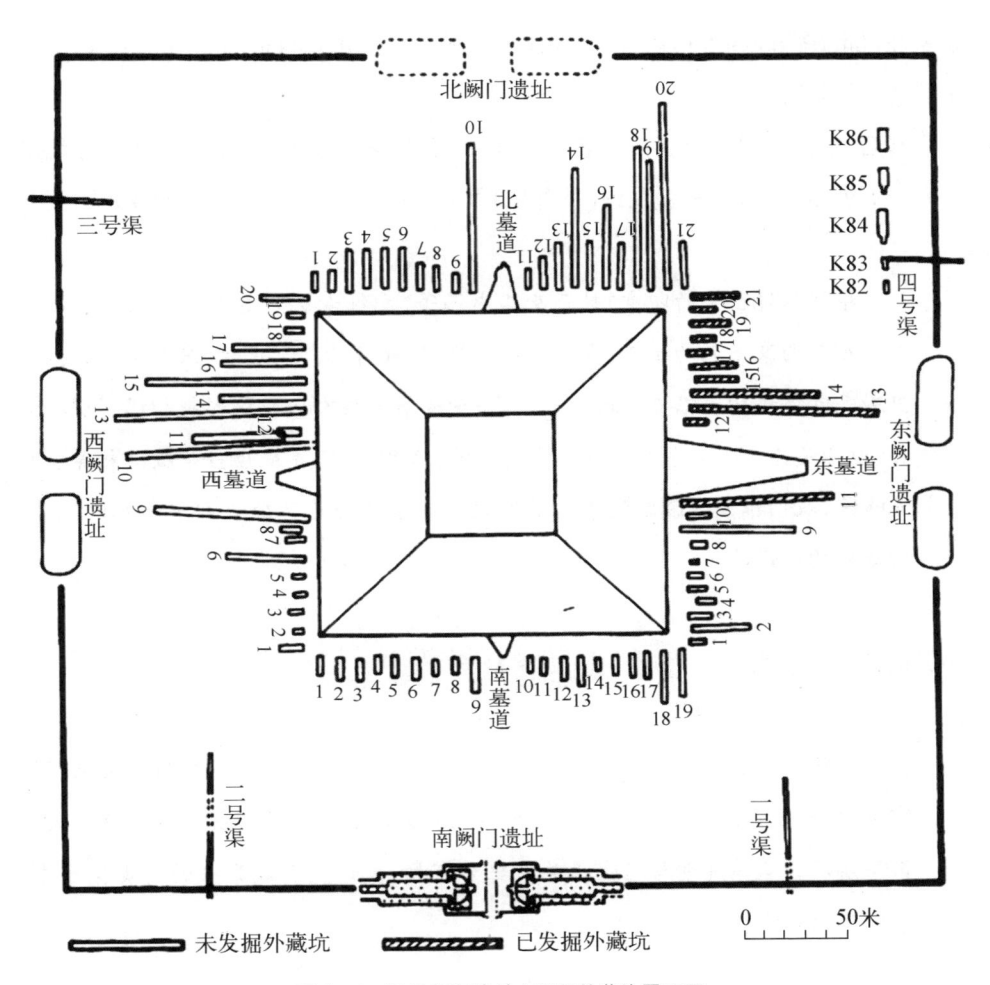

图 4-4　汉景帝阳陵封土周围从葬坑平面图

18 号坑出土 5 枚鼻纽铜印,印文分别为"永巷丞印""永巷厨印""府印""西府""徒府"。

20 号坑主要出土着衣式陶俑、木车马、陶塑动物及少量铁器等。

21 号坑发现 3 枚鼻纽铜印,其中 1 枚无印文,其余 2 枚印文分别为"山府""东织寝官"。另外,还出土 1 枚封泥,印文为"东织令印"。

对于以上印章、封泥及从葬坑性质的解读,发掘者之一率先撰写了《"大官之印"与西汉的太官》一文,重点讨论了 16 号坑出土的"大官之印",并"推测 16 号坑是象征景帝在阴间的太官官署,而其他诸坑很有可能也是象征与皇帝生活关系紧密的官署机构"。[1]

其后,主持发掘的另一位学者则发表了《汉阳陵从葬坑初探》(以下简称《初探》),对汉阳陵庞大的外藏系统(从葬坑)做了全面而详尽的阐释。《初探》称:

> 根据各坑出土的印章、封泥及其内涵等,发掘者认为这 11 座坑分别代表或象征了西汉王朝的宗正,少府下属的导官、徒府、太官、宦者、东织室、永巷及卫尉等官署机构。根据上述结论,结合帝陵第三层次从葬坑形制相同、规模略异、以帝陵为中心放射状排列的布局来看,这 86 座从葬坑应当是级别相等、功能略异,我们推测阳陵帝陵第三层次代表或象征的是三公九卿中的九卿及其所属机构及设施。[2]

《初探》进一步认为:

> 帝陵从葬坑中的第一层次和第二层次虽然资料阙如,但结合历史文献、百官位次和前引发掘资料,我们有理由推测其第二层次的从葬坑应与三公有关;第一层次的从葬坑则与皇帝的关系更为密切,或许代表或象征的是类似于中朝之属的职官机构。[3]

我们认为:尽管这 11 座从葬坑出土了数量较多的印章、封泥,但就印章、封泥所涉及的官署职能以及结合从葬坑的内涵看,很难将从葬坑与"九卿"及其所属官署机构等同起来。此分析如下。

这 11 座从葬坑中,总共出土了 29 枚印章和封泥。其中官印 20 枚,包括"宗正

---

[1] 马永嬴:《"大官之印"与西汉的太官》,《考古与文物》2006 年 5 期。
[2] 焦南峰:《汉阳陵从葬坑初探》,《文物》2006 年 7 期。
[3] 焦南峰:《汉阳陵从葬坑初探》,《文物》2006 年 7 期。文中所称发掘者的这段话,文中注释⑩则为刘振东文,刘振东未参与阳陵发掘,可能有误。

之印""大泽津印""仓印""甘泉仓印""别臧官印""大官之印""内官丞印""府印""左府之印""右府""宦者丞印""长乐宫车""永巷丞印""永巷厨印""府印""西府""徒府""山府""东织寝官"以及无印文鼻纽铜印各1枚;封泥8枚,包括"导官令印"6枚,"大官丞印""东织令印"各1枚,"陈疢"私印1枚。(图4-5)

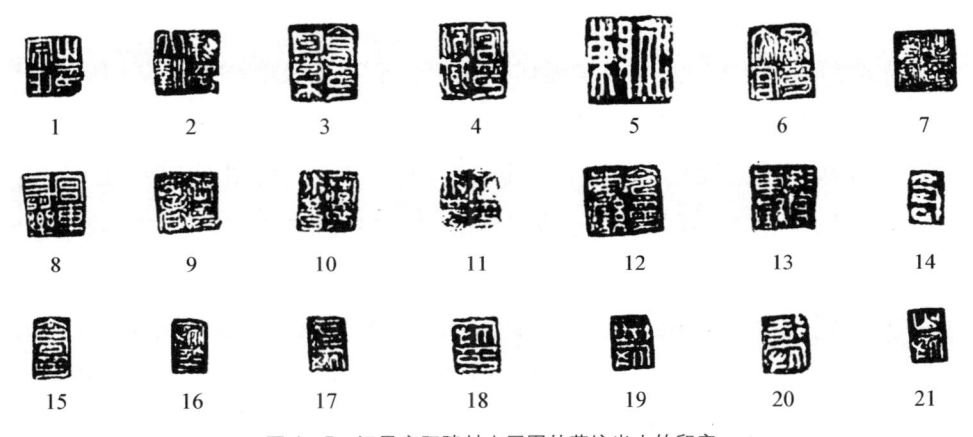

图4-5 汉景帝阳陵封土周围从葬坑出土的印章
1."宗正之印"(K12:14) 2."大泽津印"(K12:13) 3."甘泉仓印"(K15:1)
4."别臧官印"(K15:3) 5."陈疢"(K14:47) 6."大官丞印"(K16:15)
7."左府之印"(K16:1) 8."长乐宫车"(K17:1) 9."宦者丞印"(K17:2)
10."永巷厨印"(K18:41) 11."永巷丞印"(K18:42) 12."东织令印"(K21:24)
13."东织寝官"(K21:22) 14."仓"(K14D3:1) 15."仓印"(K15:2)
16."府印"(K16:29) 17."右府"(K16:30) 18."府印"(K18:43)
19."西府"(K18:137) 20."徒府"(K19:A) 21."山府"(K21:23)

所出官印和封泥,按照汉代职官等级可分为不同级别。其中,"宗正之印"之"宗正"为九卿之一,身份最高。

《汉书·百官公卿表》:宗正,秦官,掌亲属,有丞。平帝元始四年更名宗伯。属官有都司空令丞,内官长丞。

其他印章和封泥多与九卿之一的"少府"属官有关。

《汉书·百官公卿表》:少府,秦官,掌山海池泽之税,以给共养,有六丞。

属官有尚书、符节、太医、太官、汤官、导官、乐府、若卢、考工室、左弋、居室、甘泉居室、左右司空、东织、西织、东园匠十（二）[六]官令丞。又胞人、都水、均官三长丞。又上林中十池监。又中书谒者、黄门、钩盾、尚方、御府、永巷、内者、宦者（七）[八]官令丞。诸仆射、署长、中黄门皆属焉。……王莽改少府曰共工。

从葬坑所出"大官之印""大官丞印""东织令印""东织寝官""宦者丞印""永巷丞印""永巷厨印""甘泉仓印""导官令印"相应之职官均为九卿之一的"少府"所辖，级别次一级或两级。而"内官丞印"之"内官"在西汉前期不归"宗正"而归"少府"管辖。至于"大泽津印""仓印""别臧官印""府印""左府之印""右府""长乐宫车""府印""西府""山府""徒府"这些官印或封泥所代表的职官，史无详载，但从其职官名称看，其职能与"少府"职掌范围大体一致，因而很可能也属于"少府"所辖的更低一级的职能部门。那么，为何帝陵附近从葬坑所出印章和封泥绝大多数与"少府"职能部门相关呢？其实，这并不难理解。前引《汉书·百官公卿表》"少府"下师古曰："大司农供军国之用，少府以养天子也。""少府"是专为皇帝服务的私属官署机构。这11座从葬坑，随葬有官吏、武士、男侍从、女侍从、宦者等各种身份的陶俑；数量庞大的猪、狗、羊、牛、鸡等陶塑家畜；原大或缩制为三分之一的木车马；陶罐、陶仓、陶壶、陶盆、陶钵、陶甑、陶釜、铁釜、铁钵、铁权、铁钩、铁锛、铁灯、铁刀、铜钵、铜斗、铜钱以及石质、骨质的生活器皿；铁戟、铁剑、铁矛、铜弩机等兵器；粮食、肉类、纺织品等生活消费品：种类齐全，数量可观。这些随葬品，无一不是为皇帝服务或是供皇帝死后所享用的物品。这些物品的制造（其中一部分）、置办、安放，归少府所属的相关职能部门操办。为了保证职能部门尽职尽责，在从葬坑中放入相关职能部门的官印是完全可能的。诚然，一般情况下，置办、安放随葬品用封泥封缄就可以了，但从葬坑所出印章均为明器（印章较小、字迹草率、个别无印文），以明器印章随葬，较封泥可能更显郑重，这也是帝陵较一般墓葬的特殊之处吧。当然，还有一种可能，即印章与陶俑有关。从葬坑中有相当数量的陶俑，一些印章出土于陶俑身旁。如15号坑西部的陶俑身旁发现3枚鼻纽铜印，印文分别为"仓印""甘泉仓印""别臧官印"。16号坑清理了数十件男女着衣陶俑（出土时衣着腐朽,呈裸体状),同出 5 枚印章。18 号坑出土宦者俑、白粉彩女俑等着衣式陶俑百余件,在个别陶俑的腰部还发现有鼻纽铜印,共出土 4 枚,印文分别为"永巷丞印""永巷厨印""府印""西府";在一男俑身旁还发现了 1 枚鼻纽铜印,印文为"徒府"。这些陶俑的形象是否与一般陶俑有所区别?其身份是否与印章一致?因资料尚未详细披露,这里还无法做出判断。但可以肯定的是,即便某些陶俑的身份与印章一致,即担任某一官职,但他们与其他陶俑一样,只是为皇帝死后提供各种服务的官员,并不代表官署机构本身。这是因为,同一官署及其下属机构的官印可出土在不同的从葬坑中,而同一从葬坑可以出土不同官署机构的官印。例如:"大官之印"出自 16 号坑,"大官丞印"出自 13 号坑,我们不知道哪座坑该属于"大官"官署。同样,"大官之印"与"内官丞印"同出于 16 号坑,"大官"和"内官"级别相当,职掌不同,同坑还出有"府印""左府之印""右府"各 1 枚,因而也无法判断 16 号坑该归属于哪一官署机构。这 11 座从葬坑中,属于九卿级别的只有"宗正之印",而无"少府"或其他九卿高官。这枚"宗正之印"被葬入帝陵从葬坑中,或有特殊原因也未可知。"宗正"掌管皇帝宗室亲族事务,部分随葬物品的操办或与其有关。还有另一种可能,汉代人死后亲朋好友往往要送钱送物,谓之赗赠。皇帝死后,大臣也要助葬,因而不排除"宗正"代表宗室亲属赗送钱物,并将明器印章纳入从葬坑中,以告知并显示对已故皇帝的忠诚。

总之,这 11 座从葬坑中主要埋葬内容是供死者衣、食、用、行的生活必需品,而印章、封泥所反映的职官绝大多数与主管、侍奉皇帝的衣物、膳食、器用、出行的"少府"属官有关,二者基本一致。由此可以认为,这 11 座从葬坑并不代表九卿一类官署机构本身。如果要设置官署机构,从葬坑的大小、形状、布局及其内部设施应当具有官署办公机构的一般特征,而不是现在这种单一的长条形模式以及大致相似的葬埋内涵。

至于所谓第四层次,即帝陵南区从葬坑 24 座、北区从葬坑 24 座。《初探》一文没有对其性质给以特别的解读,只是引用其他学者的观点,指出:

> 因此无论认为其可能与西汉当时的南军、北军有一定关系;还是认为这两

处从葬坑正是汉北军的缩影,南区和西区(北区)这两处从葬坑模拟或象征着西汉北军的两个部分,或者就是北军的左、右两翼;确定其代表和象征西汉王朝的军队应无异议。

因此,这里就不再讨论了。

现在,再回到本文开头没有回答的问题,即如何理解司马迁在《史记·秦始皇本纪》中所谓"宫观百官"的含义。

司马迁在《史记·秦始皇本纪》中记载"宫观百官奇器珍怪徙臧满之"这段话,并不能说明"百官"就是官署机构。细致读来,可能是说秦始皇陵极尽奢华,将宫廷及百官所珍藏的各种奇器珍怪尽数纳入其陵墓中。当然,也可做另外的解读。《史记·秦始皇本纪》:"宫观百官奇器珍怪徙臧满之",《正义》曰:"言冢内作宫观及百官位次,奇器珍怪徙满冢中。"《正义》的作者张守节为唐代人,距离秦代已经遥远,他的解读也只是自己的一种理解,未见得有可靠的文献来源。即便《正义》所说可信,那么"百官位次"明言在冢内,即封土之中,而不是指封土以外的从葬坑。此外,所谓"百官位次"也并不等同于"百官官署"机构,也可能是代表百官身份的某种文字标牌,或是具有百官身份的特制陶俑之类。

综上所述,无论是从葬坑内涵,或是出土印章封泥,还是文献记载,都不能证明秦汉帝陵外藏系统(从葬坑)存在着所谓"百官官署"机构设置。那么,秦汉帝陵外藏系统(从葬坑)究竟代表着什么? 其实,从商周车马坑到秦汉从葬坑,外藏系统的规模与内涵不断扩展,乃至于秦汉帝陵达到极盛,但"事死如事生"的基本理念是相似的。《汉书·霍光传》记载了霍光死后,宣帝赐以帝王乘舆葬制,其中包括"枞木外藏椁十五具"。《汉书》颜注引服虔曰:"(外藏椁)在正藏外,婢妾藏也。或曰厨厩之属也。"东汉人服虔对墓葬外藏椁的解释,应是在对当时丧葬中有关外藏椁制度考察总结的基础上作出的概括性结论。正因为是颇具概括性的解释,所以只列举了外藏椁最主要的几项内容,并没有尽现外藏椁的全部内涵。[1] 但服虔对外

---

[1] 刘振东:《中国古代陵墓中的外藏椁——汉代王侯墓制研究之二》,《考古与文物》1999年4期。

藏(椁)系统内涵与性质的表述也基本适用于秦汉帝陵,只是帝陵外藏系统(从葬坑)的规模更大、数量更多、内涵更为丰富而已。即除了衣、食、用、行外,还包括军队、武备、苑囿等新的内容,他们既是皇帝生前权力及奢华生活的真实反映,又是面对未来世界的一种心理满足和实在需求。

附记:

秦汉帝陵经过数代考古工作者的不懈努力,特别是近些年来不断传出的重要发现,使得我们对秦汉帝陵的认识发生了深刻变化。其中,以西汉帝陵的考古工作最值得赞赏。西汉帝陵规模庞大,在考古发掘十分有限的情况下,如何能够在较短时间内全面了解帝陵陵园乃至整个陵区的基本情况呢?主持西汉帝陵考古的学者以独到的学术眼光和魄力,终于找到了正确而成本较低的方法,这就是通过大规模的调查和钻探,再辅之以小规模的重点发掘,如此,一幅幅西汉帝陵遗迹全景图就展现在我们面前,这对于大遗址保护和学术研究可谓功莫大焉。同时,也为如何从事大遗址考古工作探索出一条新路。笔者的这篇小文,正是在他们辛勤工作的基础上提出的一点拙见。不当之处,敬请斧正。本文原名"秦汉帝陵外藏系统(从葬坑)的性质问题",载秦始皇帝陵博物院编:《秦始皇帝陵博物院院刊》总壹辑,三秦出版社,2011年。

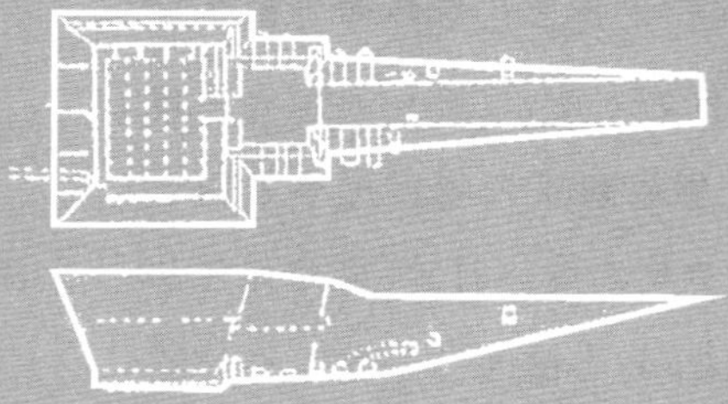

5
汉代"横葬制墓"的起源与发展[1]

俞伟超先生在他的《汉代诸侯王与列侯墓葬的形制分析》一文中指出：商周秦汉的埋葬习俗，可以汉武帝前后为界线，分为两大阶段。前一阶段的成熟形态即通常所谓的"周制"，"汉制"是后一阶段的典型形态。"晋制"的出现，又标志着另一种新形态的最终形成。[2] 俞伟超先生关于"周制""汉制""晋制"三阶段的划分，以高屋建瓴的宏大视角，开启了中国古代埋葬习俗与制度研究的新思路。

然而，俞伟超先生的论述只涉及某些方面，诸多问题还有待于进一步的研究与深化。例如，在墓葬形制方面，"周制"与"汉制"最根本的区别是什么？导致这种不同的真正原因何在？对此，俞伟超先生并未给出回答。

一、"竖葬制墓"与"横葬制墓"的定义及问题

在传统认识上，有关商周秦汉墓葬的分类，多是从开挖方式、墓圹外形以及建筑材料、装饰手法来区分的，如土坑墓、岩坑墓、木椁墓、砖椁墓、石椁墓、砖室墓、石室墓、砖石合构墓、土洞墓、崖洞墓、壁画墓、画像石墓等。这种分类有其重要意义，并被广泛采用，但缺憾是并不能清楚区分从商周到秦汉墓葬形制究竟发生了哪些总体性、根

---

[1] 这是笔者"从'周制'到'汉制'——商周秦汉埋葬制度的变革与发展"系列研究之一。关于此文的基本观点，2001—2004年由笔者主持及学界多位先生参与的教育部人文社会科学重大项目"汉唐陵墓制度研究"已形成，可参见该课题结项报告。此后在北京大学研究生课程以及国内多地讲座中均有所表达；2014年8月在江苏徐州召开的"汉代陵墓与汉文化学术研讨会"上提交了论文初稿并作了大会发言，但一直未正式成文发表。

[2] 俞伟超：《汉代诸侯王与列侯墓葬的形制分析——兼论"周制"、"汉制"、"晋制"的三阶段性》，《先秦两汉考古学论文集》，文物出版社，1985年。

本性的变化。而这一问题颇为重要，涉及从方国、王国向帝国转型的重大历史命题。

迄今，已经发掘的商周至秦汉时期的墓葬数量不下 20 万座，如果我们将这些墓葬加以全面的、宏观的比较研究，便会发现：商周时期墓葬中"竖葬制墓"占据绝对统治地位，而汉代墓葬则以"横葬制墓"为最大特征。"横葬制墓"在战国晚期至秦代就已经出现，但数量尚少；西汉早期已有较多发现，西汉中晚期数量大增，至东汉则趋于普及，并成为尔后历朝历代墓葬形制的主流。诚然，无墓道的"竖葬制墓"在东汉乃至后代仍广泛存在，但主要是低阶层的小型墓。这种"竖葬制墓"与"横葬制墓"的不同，正是"周制"与"汉制"在墓葬形制方面最重大的差别，后者也是考古学意义上汉文化的主要内涵之一。

那么，什么是"竖葬制墓"？什么是"横葬制墓"？

这里所说的"竖葬制墓"和"横葬制墓"与传统意义上的"竖穴式墓"与"横穴式墓"近似，但并不完全相同。传统意义上的"竖穴式墓"与"横穴式墓"，多是从开挖或者建造方式来说的，而这里所说的"竖葬制墓"和"横葬制墓"主要是从"下葬方式"以及由下葬方式所导致的整体墓形结构发生的根本性变化来区分的。本文所谓"竖葬制墓"，首先包括了商周及秦汉时期中小型无墓道长方形竖穴土坑墓、竖穴岩坑墓、竖穴石椁墓、竖穴砖椁墓，以及竖井墓道土洞墓、竖井墓道岩洞墓、竖井墓道空心砖墓、竖井墓道小砖墓。[1] 其特点不仅仅是竖穴开挖，下葬方式都是从墓口或墓道口竖向悬吊下棺。本文所说的"竖葬制墓"还包括一部分带斜坡（或阶梯）墓道的大中型土圹（或岩圹）木椁墓在内，其特点是：斜坡（或阶梯）墓道底部与椁室顶部及二层台大体持平（或高出椁室顶部），没有墓门（或封门）、甬道的设置，也就是说最后棺柩的下葬仍然是竖向悬吊式。这一特点，除吴越地区部分平地垒土的单葬土墩墓，[2] 以及商系墓葬中部分王陵级别的大型

---

[1] 凡具有竖井墓道的这几类墓，墓室多为洞室，有墓门或封门设置，或可称为"半横葬制墓"，但因为有竖井墓道的存在，其下葬方式仍属前者，故归类为"竖葬制墓"范畴。

[2] 杨楠：《江南土墩遗存研究》，民族出版社，1998 年；谷建祥、林留根：《江南大型土墩墓形制之研究》，《东南文化》1998 年 1 期；田正标：《吴越土墩墓的形制结构及相关问题》，刊于蒋炳钊主编《百越文化研究》，厦门大学出版社，2005 年；陈元甫：《越国贵族墓葬制葬俗初步研究》，《东南文化》2010 年 1 期。

墓略有特殊外，[1]在整个商周时期，特别是周系墓葬中具有普遍性，而汉代仍有较长时期的延续。如黄河流域商周时期的贵族大墓、长江流域春秋战国时期的大中小型楚墓等，具体如山西天马—曲村晋侯墓、甘肃礼县大堡子山及陕西雍城春秋秦公大墓、湖北江陵天星观及雨台山楚墓、湖南长沙马王堆汉墓等，均属于"竖葬制墓"范畴。

"横葬制墓"都有斜坡（少部分为阶梯）墓道，不同之处在于：墓道直通墓底，即墓道底部与墓室底部大体持平，或略高于墓底（一般与墓底积碳、椁底板或铺地砖大体持平），有墓门（或封门），或有甬道、前室，其下葬方式是从斜坡墓道、墓门中送入，也就是说棺柩是横向进入墓室的。这类墓包括：大型"黄肠题凑"墓、大中小型斜坡（或平行）墓道崖洞墓、大中小型斜坡（或阶梯）墓道木椁墓、中小型斜坡墓道土洞（木椁或木棺）墓、大中小型斜坡（或阶梯）墓道砖室墓、大中小型斜坡墓道石室墓以及砖石合构墓等，均属于"横葬制墓"范畴。一般来说，同规模的墓葬，"竖葬制墓"的墓道相对短而陡，"横葬制墓"的墓道较长且缓，随着时代的推移，斜坡墓道具有加长的趋势。（图5-1）

关于中国古代墓葬形制这一总体变化，中国学者早年曾以"竖穴墓"与"洞室墓"加以区分。[2] 日本学者町田章首次提出"竖穴式坟墓"和"横穴式坟墓"的概念，并根据文献记载指出秦始皇陵为横穴式墓。[3] 日本中国籍学者黄晓芬2003年

---

[1] 种建荣、张天宇、雷兴山：《晚商与西周时期墓道形制初识》，《江汉考古》2018年1期。该文对晚商至西周时期的200座带墓道的大墓形制进行了系统研究，其中将商系墓葬（晚商至西周早中期）分为A、B两型：A型又分为两亚型，Aa型主墓道直通或稍高于墓底，共16座；Ab型墓道高于墓底而低于二层台，共4座；B型墓道内端底直通或稍高于二层台，共18座。并认为这种差别与墓葬规模有关，即A型多为王陵级别的特大型墓葬。该文又将西周早期至春秋早期的部分周系墓葬分为两式：I式墓道内端距离二层台甚高，共16座，年代为西周早期至西周中期偏早；II式墓道直通二层台台面，共22座，年代为西周中期偏晚至春秋早期。今按：商系王陵级别大墓中，四条墓道的"亚字型"以及两条墓道的"中字型"墓，其中有一条墓道尽头直通或稍高于墓底，而其他墓道尽头则与二层台及椁室顶部齐平。至于这类大墓是否有墓门或封门？也就是说最后下葬的方式尚不清楚，暂存疑。但商系大墓的这种做法在周系墓葬中不见，全部周系墓葬均为典型的"竖葬制墓"形态。
[2] 王仲殊：《墓葬略说》，《考古通讯》1955年1期；《中国古代墓葬概说》，《考古》1981年5期；《汉代考古学概说》，中华书局，1984年。
[3] 町田章：《古代中国における下级墓葬について》，《史泉》第26、27、28卷（连载），大阪，1963年；町田章：《华北地方における汉墓の构造》，《东方学报》第49册，京都，1997年。

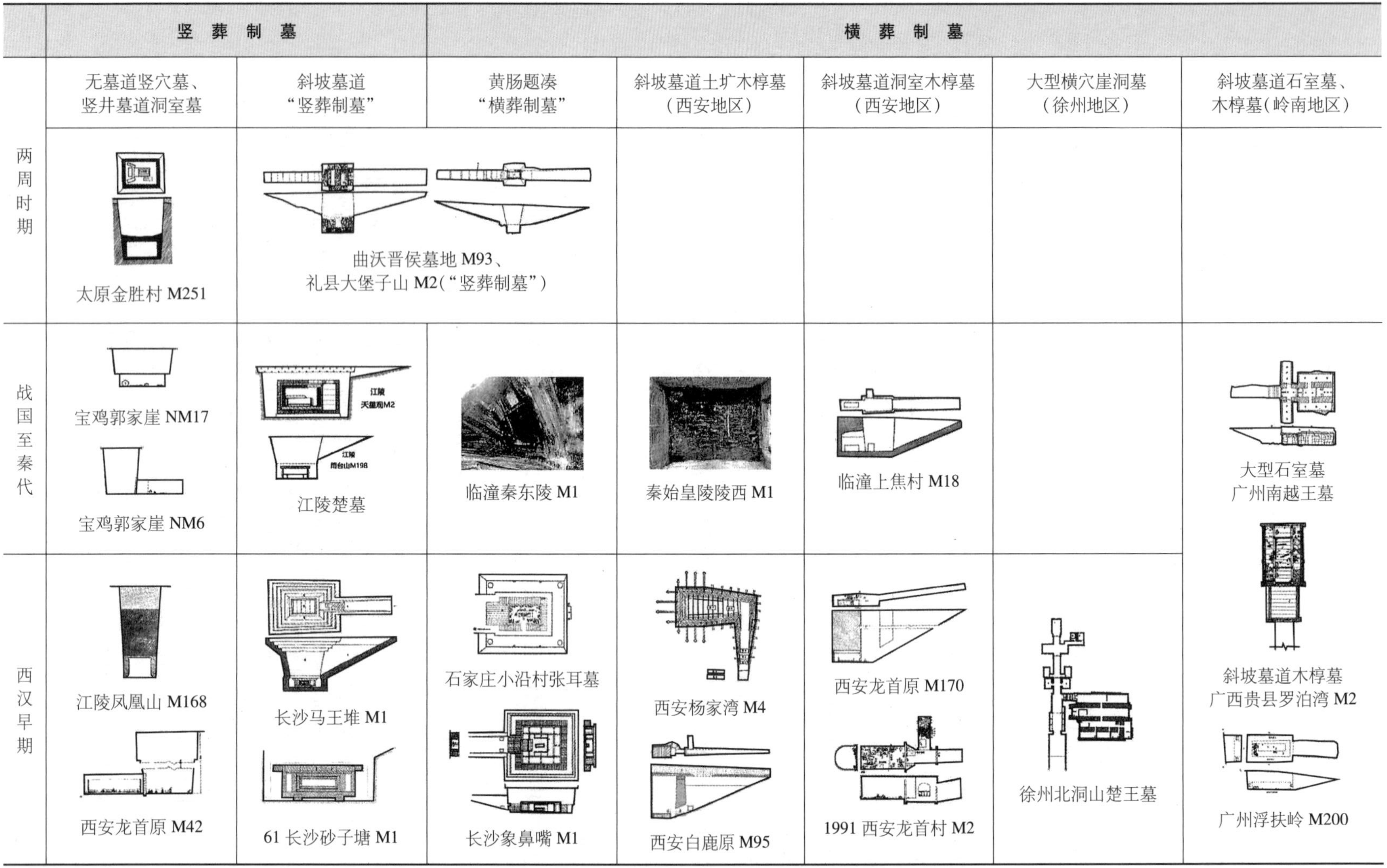

	竖 葬 制 墓			横 葬 制 墓		
	无墓道竖穴墓、竖井墓道洞室墓	斜坡墓道"竖葬制墓"	黄肠题凑"横葬制墓"	斜坡墓道土圹木椁墓（西安地区）	斜坡墓道洞室木椁墓（西安地区）	大型横穴崖洞墓（徐州地区）	斜坡墓道石室墓、木椁墓（岭南地区）
两周时期	太原金胜村 M251	曲沃晋侯墓地 M93、礼县大堡子山 M2（"竖葬制墓"）					
战国至秦代	宝鸡郭家崖 NM17 宝鸡郭家崖 NM6	江陵楚墓	临潼秦东陵 M1	秦始皇陵陵西 M1	临潼上焦村 M18		
西汉早期	江陵凤凰山 M168 西安龙首原 M42	61 长沙砂子塘 M1 长沙马王堆 M1	石家庄小沿村张耳墓 长沙象鼻嘴 M1	西安杨家湾 M4 西安白鹿原 M95	西安龙首原 M170 1991 西安龙首村 M2	徐州北洞山楚王墓	大型石室墓 广州南越王墓 广西贵县罗泊湾 M2 广州浮扶岭 M200

图 5-1 两周、战国秦代至西汉早期"竖葬制墓"与"横葬制墓"的类型与比较
（图示比例并未统一）

出版的《汉墓的考古学研究》专著,提出先秦两汉墓葬形制经历了从"椁墓"到"室墓"的变化,[1]而她所说的"椁墓"和"室墓"在较早的论文中则称为"竖穴式椁墓"和"横穴式室墓"。[2] 关于"椁墓"和"室墓"的定义,《汉墓的考古学研究》指出:

> 埋葬设施的主体部分以埋葬椁为中心的称为椁墓,埋葬设施的主体部分以埋葬室为中心的称为室墓。汉代以前,传统性的墓葬形制几乎都可归属于竖穴原理的椁墓,其最突出的构造特点在于加强密封及与外界的隔绝,呈密闭性构造。与此相对,室墓形制从构造到机能都一反传统,突出表现在以横穴原理为特点,通过给地下埋葬设施内导入羡道、玄门、联络通道之后,开创了与外界全面开通的地下构造,同时还有意模仿地上建筑来筑造高大的死后空间。如此,密闭型的椁墓与开通型的室墓在本质和筑造方法上都呈现出根本差异。

黄晓芬关于"椁墓"与"室墓"的二分法无疑具有重大学术价值,笔者也是在此基础上展开研究的。不过,本文所说的"竖葬制墓"和"横葬制墓",尽管与黄晓芬的定义及论述部分相似,但也有诸多不同(详下文)。笔者早年曾邀请黄晓芬在北大作讲座,对其在汉墓研究方面作出的贡献,大家给予了很高的评价。然而,由于其论著成文较早,受资料所限,对某些问题尚未梳理清楚,因而难免存在一些问题,主要有以下几点:

其一,用词表达不够确切,妨碍了人们完整地理解其本意。例如:近年一些学者也采用了黄晓芬的"椁墓"与"室墓"二分法来分析汉墓形制,但对"椁墓"与"室墓"的定义却存在较大的不同(详后引文)。《吕氏春秋》说:"题凑之室,棺椁数袭",既讲椁又讲室。按照学界通行的认知:"椁"是围绕棺的外层木构,而墓圹之内、棺椁之间、棺内空间均构成"室",也就是大家常说的"墓室""椁室"和"棺室";

---

[1] 黄晓芬:《汉墓的考古学研究》,岳麓书社,2003年。
[2] 黄晓芬:《汉墓形制的变革——试析竖穴式椁墓向横穴式室墓的演变过程》,《考古与文物》1996年1期。

"椁"为实体,"室"为空间,"椁墓"有室,"室墓"(或)有椁。2005 年蒋晓春的博士学位论文《三峡地区秦汉墓研究》曾指出:

> 黄晓芬的分法强调了墓葬的空间结构和形制特征,无疑颇具眼光,但是她忽略了一个问题,她的椁墓概念是建立在有椁的前提下的,但实际上汉代存在很多没有椁只有棺的墓,那么这种仅有棺的墓和无棺无椁的土坑墓又应该如何归属?[1]

总之,以"椁墓"和"室墓"来定义商周秦汉墓葬形制的重大变化,似不够全面而准确。此外,以"竖穴式墓"和"横穴式墓"称之,则容易与传统认识相混淆,笔者早年亦曾使用该名称,近年考虑再三,觉得以"竖葬制墓"和"横葬制墓"命名更为贴切。

其二,定义标准不够清晰。《汉墓的考古学研究》在棺椁及墓葬结构的分析方面下了很大功夫,可圈可点,但未涉及两种墓形是因为"下葬方式"的不同以及因下葬方式的改变而引发的墓型结构发生根本性变化这一关键要素。也许因为观察角度不同,她将一些符合《汉墓的考古学研究》有关"室墓"定义的墓形仍视为"椁墓":例如,将部分汉代大型"黄肠题凑"墓定义为"题凑型椁墓"(参见该书第 19 页 5 图之 6;第 76 页 31 图),将部分大中型斜坡墓道土圹木椁墓(墓道直通墓底、有墓门或封门)定义为"箱型椁墓"(参见该书第 18 页 4 图之 5)或"间切型椁墓"(参见该书第 74 页 30 图)。由于定义标准不够清晰确切,致使部分墓葬定性与其初衷主旨未能保持一致。

其三,关于"横穴式室墓"的起源时间及地域问题,《汉墓的考古学研究》认为:战国时期楚式大中型木椁墓绘制门窗,导致具有真正墓门的"横穴式室墓"可能起源于楚地的大中型木椁墓。然而,考古资料表明:从战国至西汉早期,这一转变在长江流域的楚地并未发生,而该地区西汉早期以大型黄肠题凑墓为代表的"横葬制

---

[1] 蒋晓春:《三峡地区秦汉墓研究》,四川大学博士学位论文,2005 年。

墓",则是由关中秦汉都城首发之地向外传播或影响的结果。

其四,认为"椁墓"向"室墓"变化的内在原因之一是墓内祭祀空间的兴起,但这种说法不符合汉代墓内祭祀及墓形发展的实际情况,墓内祭祀空间的兴起是墓形发展的结果而不是原因。

近些年来,随着汉墓资料的大量积累,诸多学者,特别是一些高校硕士、博士学位论文分别对不同地区的汉墓进行了全面、深入的研究。其中,一些学者也采用了黄晓芬的"椁墓"与"室墓"二分法来分析汉墓形制,但由于各自的理解不同,以至于在具体分类中存在较大差异。例如:宋蓉的博士学位论文《汉代郡国分制的考古学观察——以关东地区汉代墓葬为中心》,将带有斜坡墓道的大型黄肠题凑墓和大型、次大型土圹木椁墓(墓道直通墓底,有墓门或封门)均归类为"椁墓",而将具有竖井墓道的洞室墓(包括洞室木椁墓)归入"室墓";余静的博士学位论文《中国南方地区两汉墓葬研究》,将"椁墓"的涵盖范围扩大,即使用木椁作为主体葬具者均定义为"椁墓";而将"室墓"的范围缩小,即不包括带有墓道、墓门的木椁墓在内。[1] 这种分类,与黄晓芬的本意已不同,也偏离了"椁墓"与"室墓"二分法的精华所在。前引蒋晓春的博士学位论文《三峡地区秦汉墓研究》在黄晓芬论述的基础上,提出了"密闭型"与"开通型"称谓。[2] 这一提法更为全面,也领悟到了黄晓芬二分法的主旨所在。然而,该文有关"密闭型"与"开通型"的判断标准却存在难以把握的问题,如将土(石)坑墓均归属为密闭型墓,却忽视了有无墓道、墓门设置这些与开通相关的要素。实质上,所有墓葬都要回填密闭,因而这一称谓也不是很合适。

---

[1] 宋蓉:《汉代郡国分制的考古学观察——以关东地区汉代墓葬为中心》,吉林大学博士学位论文,2009年;余静:《中国南方地区两汉墓葬研究》,吉林大学博士学位论文,2009年;刘剑:《山东地区汉代墓葬的考古学研究》,山东大学博士学位论文,2012年;张立秀:《汉中山国墓葬研究》,河北大学硕士学位论文,2020年。
[2] 蒋晓春:《三峡地区秦汉墓研究》,四川大学博士学位论文,2005年。该文有关"密闭型"墓的定义为:一是墓室内部的密闭,即用椁、青膏泥或白膏泥、填土等将死者层层包裹;二是墓室内部与外界的密闭,即墓室与外界缺乏沟通的墓门、甬道、墓道等设施。对此,余静的《中国南方地区两汉墓葬研究》一文指出:"此分法中关于墓室内部密闭的提法让人费解,他所谓的墓室内部的密闭是指用椁、青膏泥、白膏泥和填土将死者层层包围。但其实青膏泥、白膏泥和填土隔离的仍是墓内与墓外的空间,而并非墓室内部的密闭。"

笔者之所以引入"竖葬制墓"和"横葬制墓"的概念,一是可以涵盖全部墓型。二是强调"下葬方式"的不同,而"下葬方式"的不同正是导致墓形结构发生根本性变化的关键所在。关于先秦两汉墓葬的"下葬方式",古文献中多有记载,高崇文、刘尊志已进行了一定的探讨,可参见。[1] 三是与传统的"竖穴式墓"和"横穴式墓"含义歧见而有所区分。[2] 从"竖葬制墓"到"横葬制墓"的历史性变革,与其他变革一样,总是与政治、经济、文化中心,即都城所在地密不可分。而近年来,战国晚期至秦代,以及西汉早期"横葬制墓"在秦都咸阳、汉长安都城之地,即今西安、咸阳及其邻近地区多有发现,从而为弄清楚"横葬制墓"的起源时间及地域提供了契机。

二、西汉时期大型、次大型"横葬制墓"的类型与起源

两汉时期的"横葬制墓"可分为大型黄肠题凑墓、大中小型斜坡(或平行)墓道崖洞墓、大中小型斜坡(或阶梯)墓道土圹木椁墓、中小型斜坡墓道土洞木椁墓、大中型斜坡墓道石室墓、大中型斜坡(或阶梯)墓道砖石合构墓、大中小型斜坡(或阶梯)墓道砖室墓等。其中,前四类在战国晚期、秦代或西汉早期就已经出现;后三类主要是西汉中晚期新出现的"横葬制墓"类型。

1. 大型"黄肠题凑"墓

目前已发掘的西汉时期"黄肠题凑"墓有 10 多座,尽管都是竖穴开挖,但斜坡墓道直通墓底,即与墓底(或椁底板)大体持平,并且有甬道、墓门、前室设置,也就是说下葬方式是横向进入墓室的,因而所有黄肠题凑墓均属于"横葬制墓"范畴。

---

[1] 高崇文:《试论先秦两汉丧葬礼俗的演变》,《考古学报》2006 年 4 期;刘尊志:《西汉诸侯王墓棺椁及置椁窆棺工具浅论》,《考古与文物》2012 年 2 期。
[2] 关于"竖葬制墓"与"横葬制墓"的定义,不排除个别墓葬难以区分。如湖南地区西汉中晚期墓葬中具有斜坡墓道或阶梯墓道的木椁墓,墓道底部高度介于椁室顶部与墓底之间,或处于过渡阶段。不过,这类墓葬数量很少,视情况而大致归类。又如鲁南地区西汉晚期至东汉早期规模稍大的双室石椁墓,个别有墓道,但墓道短而陡,也不规则,可能属于方便大型石材运送临时而为,未必与下葬方式有关,因而我们将这类石椁墓均定义为竖葬制墓。

大型黄肠题凑墓在西汉早期就有发现，如石家庄小沿村赵王张耳墓、[1]长沙望城坡长沙王后渔阳墓、[2]长沙象鼻嘴某代长沙王墓、[3]长沙咸家湖长沙王后曹嬛墓、[4]长沙风盘岭某代长沙王后墓、[5]江苏盱眙大云山江都王刘非墓。[6] 属于西汉中晚期的有：安徽六安双墩六安王刘庆墓、[7]河北定县八角廊中山怀王刘修墓、[8]江苏高邮天山广陵厉王刘胥墓、[9]湖南长沙望城风篷岭某代刘姓长沙王后墓、[10]北京老山燕王或广阳王墓、[11]北京大葆台广阳顷王刘建墓、[12]山东定陶县灵圣湖定陶王或丁太后墓。[13]

长期以来，人们不大明白为什么自西汉早期就出现并流行这种大型黄肠题凑墓，其来自哪里？前几年被盗掘的临潼秦东陵1号陵园1号大墓，终于揭开了这一谜底。该墓被盗后，专业人员从盗洞下到墓中，发现墓室保存较好，没有完全坍塌，他们拍了照片，并摄了像。从影像资料可以清楚地看到，该墓使用了黄肠题凑葬

---

[1] 石家庄市图书馆文物考古小组：《河北石家庄市北郊西汉墓发掘简报》，《考古》1980年1期。《汉墓的考古学研究》将其视为"题凑型椁墓"，该墓尽管墓道未发掘，但墓道一侧无题凑墙，且有前室，显然作为进出的通道，该墓应为"横葬制墓"。
[2] 曹砚农、宋少华：《长沙发掘西汉长沙王室墓》，《中国文物报》1993年8月22日；长沙市文物考古研究所等：《湖南长沙望城坡西汉渔阳墓发掘简报》，《文物》2010年4期。
[3] 湖南省博物馆：《长沙象鼻嘴一号西汉墓》，《考古学报》1981年1期。
[4] 长沙市文化局文物组：《长沙咸家湖西汉曹嬛墓》，《文物》1979年3期。《汉墓的考古学研究》将其视为"题凑型椁墓"，但该墓的西墓道下口仅高出墓底0.6米，靠西墓道一侧的题凑墙也只有两层，墓道下口正与两层题凑木及椁底板齐平，且该墓有墓门及前室设置，为"横葬制墓"无疑。
[5] 长沙市文物考古研究所、长沙市望城区文物管理局：《湖南长沙风盘岭汉墓发掘简报》，《文物》2013年6期。
[6] 王厚宇、王卫清：《盱眙东阳大云山西汉墓发掘简报》，《东南文化》1993年3期；李则斌：《江苏盱眙大云山江都王陵二号墓发掘简报》，《文物》2013年1期。
[7] 安徽省文物考古研究所、六安市文物局：《六安双墩一号汉墓发掘简报》，《文物研究》第17辑，黄山书社，2010年。
[8] 河北省文物研究所：《河北定县40号汉墓发掘简报》，《文物》1981年8期。
[9] 梁白泉：《高邮天山一号汉墓发掘侧记》，《文博通讯》1980年32期；黄展岳：《汉代诸侯王墓论述》，《考古学报》1998年1期。
[10] 长沙市文物考古研究所、望城县文物管理局：《湖南望城风篷岭汉墓发掘简报》，《文物》2007年12期；何旭红：《湖南望城风篷岭汉墓年代及墓主考》，《文物》2007年12期。
[11] 王武钰、王鑫、程力：《老山汉墓考古发掘的收获》，《首都博物馆丛刊》总15期，2001年。
[12] 大葆台汉墓发掘组、中国社会科学院考古研究所：《北京大葆台汉墓》，文物出版社，1989年。
[13] 崔圣宽等：《山东定陶县灵圣湖汉墓》，《考古》2012年7期。

制,其结构与汉代黄肠题凑一致。关于该墓的墓主,从盗墓者手中缴获的铭文漆豆看,一般认为属于秦始皇之曾祖父秦昭襄王,其年代为战国晚期。[1]

关于秦昭王墓用黄肠题凑,还见于文献记载。《太平御览》卷五六〇引《皇览·冢墓记》记载:汉明帝朝,公卿大夫诸儒八十余人论《五经》误失,符节令宋元上言:"臣闻秦昭王与吕不韦好书,皆以书葬。王至尊,不韦久贵,冢皆以黄肠题凑,处地高燥,未坏。臣愿发昭王、不韦冢,视未烧《诗》《书》。"[2]

目前,关东地区战国王陵亦有发掘,但并未发现黄肠题凑墓,如20世纪30年代被盗掘的安徽李三孤堆战国晚期楚王墓未见使用黄肠题凑。[3] 河南新郑胡庄战国晚期韩王陵仍为传统的木椁形态,不过其椁室为两面坡的屋型,较为少见。[4] 过去有人认为河南辉县固围村大墓使用了题凑葬制,但与汉代"木头皆内向"的黄肠题凑形态并不相同。[5]

实际上,秦国的这种黄肠题凑葬制并不限于战国秦东陵这一座墓,而其他战国秦王陵以及秦始皇陵地宫很可能也使用了黄肠题凑。从司马迁的《史记·秦始皇本纪》所记秦始皇陵地宫有多重墓门以及考古钻探的墓圹结构看,秦始皇陵地宫采用黄肠题凑葬制的可能性很大。对此多位学者已论及,笔者也曾撰文进行过专门探讨。[6] 过去大凡提到"汉承秦制",主要是从政治、经济方面着眼的。其实,西汉帝陵及陵园规制承继秦始皇陵是很明显的,西汉帝陵虽未发掘但使用黄肠题葬

---

[1] 王辉、尹夏清、王宏:《八年相邦薛君、丞相殳漆豆考》,《考古与文物》2011年2期;孙伟刚、杜应文、高海峰:《新发现秦漆器及秦东陵相关问题探讨》,《人类文化遗产保护》(第5辑),西安交通大学出版社,2012年。
[2] 《皇览》系曹魏时期的类书,符节令宋元为东汉明帝时人,言及战国秦昭襄王冢墓之事不知所本,但结合今天的考古发现,其说或非无稽之谈。《皇览》是三国魏文帝时期,由桓范等人奉敕所撰,原书在隋唐后已失传。据《魏略》著录,《皇览》分40余部,每部有数十篇,共800余万字,为中国最早的类书。清人孙冯翼辑出佚文一卷,仅存《冢墓记》等八十余条,不及四千字,收入《问经堂丛书》。
[3] 郭德维:《关于寿县楚王墓椁室形制复原问题》,《江汉考古》1982年1期。
[4] 发掘报告尚在整理中,笔者曾前往考察。可参见CCTV央视网《探索发现》之《新郑胡庄大墓》视频。
[5] 中国社会科学院考古研究所:《辉县发掘报告》,科学出版社,1956年。
[6] 赵化成《秦始皇陵地宫"黄肠题凑"葬制略说》一文,为2018年"秦汉考古与秦汉文明暨陕西省考古研究院建院60周年学术研讨会"所提交的论文及发言,后载《秦始皇帝陵博物馆论丛(2022)》,西安地图出版社,2022年。关于此前一些学者论及秦始皇陵地宫为黄肠题凑葬制诸说,可参见该文相关注释。

制,史书有明确记载;西汉诸侯王墓与帝陵同制,也使用黄肠题凑。由此可见,汉代帝王的黄肠题凑葬制当源于战国时期的秦王陵和秦始皇陵。

2. 大型、次大型斜坡墓道土圹木椁墓及斜坡墓道砖室墓

20世纪70年代发掘的咸阳杨家湾汉墓,因出土了大量的彩绘兵马俑而闻名于世。两座大墓均为带斜坡墓道的土圹木椁墓,可能因地形原因,斜坡墓道均有折拐。其中的M4,简报称:"墓葬的整体结构分为封土、墓道(包括墓门、中庭)、墓室(后堂)三部分。"[1]这里未清楚描述斜坡墓道是否直通墓底,但因有墓门、中庭设置,应属于"横葬制墓"。咸阳杨家湾汉墓为高祖长陵的陪葬墓,可能是汉初列侯周勃夫妇墓。

1986年在西安市东南郊新安机砖厂发掘的1座大型斜坡墓道土圹积碳木椁墓,由封土、墓道、门屏、墓室等四部分组成,其中的长斜坡墓道尽头与墓室底之积碳层大体齐平;在斜坡墓道与墓室之间有5米长的水平墓道,可视为甬道;椁室分割为九箱。墓内出土"利成家丞"封泥,简报认为与武帝初年的利乡侯刘婴有关。[2]

《白鹿原汉墓》发掘报告中,属于西汉早期的M95为次大型斜坡墓道土圹木椁墓。全墓由封土、斜坡墓道、壁龛、过洞(天井)、墓室五部分组成,全长30.15米。该墓的斜坡墓道尽头与墓室底部基本持平,墓室内长方形外椁靠墓道一侧为竖向木板封门。该墓因被盗墓主身份不明,报告推测为关内侯级。[3]

2018年3月—2019年5月,西安市文物保护考古研究院为配合白鹿原水生态建设,在西安市灞桥区栗家村西发掘了2座西汉早期大型、次大型斜坡墓道土圹木椁墓,笔者应邀曾前往考察。两墓的斜坡墓道尽头与墓底椁底板大体持平,当为"横葬制墓"。该墓尽管被盗,还是出土了丰富的随葬品,其中M1出土了

---

[1] 陕西省文管会、博物馆、咸阳市博物馆(杨家湾汉墓发掘小组):《咸阳杨家湾汉墓发掘简报》,《文物》1977年10期。
[2] 郑洪春:《陕西新安机砖厂汉初积炭墓发掘报告》,《考古与文物》1990年4期。
[3] 陕西省考古研究所:《白鹿原汉墓》,三秦出版社,2003年。

2 200片玉衣片以及"□卻家臣"封泥,两墓为文帝霸陵陪葬墓之一,墓主当为某列侯及其夫人。[1]

汉景帝阳陵陪葬墓园先后钻探出数十座长斜坡墓道土圹木椁墓。其中,位于陪葬墓区中心地带的光明饮品公司征地范围内,发掘了10多座这类大型、次大型墓葬,其共同特点是斜坡墓道直通墓底,有墓门或封门,均属于"横葬制墓"。这批墓葬等级较高,属于阳陵功臣列侯陪葬墓,其中的M130为郫侯或绳侯周应墓、M760为高宛制侯丙午墓。[2]

西安及其邻近地区西汉中晚期至新莽时期的大型、次大型斜坡墓道土圹木椁墓以及斜坡墓道砖券墓也有较多发现。

位于蓝田县的支家沟汉墓为依山而建、平地起坟的大型长斜坡墓道土圹木椁墓。该墓由墓园、封土、墓道、壁龛、前室、封门、主墓室等几部分组成。墓道残长34米,坡度10度,墓道尽头与墓室底部基本持平;主墓室平面略呈长方形,上口南北长18、东西宽20.6米,底部南北长12.22、东西宽15、墓底距地表深11米。木椁为回廊式结构,墓底柱洞及夯土台旁的凹槽中垫砖。该墓出土有玉衣片、着衣陶俑等,所出封泥、铜器铭文多与皇室有关,显示出墓主的尊贵身份。该墓年代为西汉中期,墓主为一成年女性,有学者推论为汉昭帝时的鄂邑盖长公主。[3]

2008—2009年,西安市南郊凤栖原发掘了张安世家族墓园。位于墓园中心的M8墓主为卒于宣帝时期的富平侯张安世。该墓为大型斜坡墓道土圹砖木合构墓,斜坡墓道长达65米,墓道两侧置有3座木椁耳室。墓圹内前置砖椁室,后为砖木合构的主椁室。主椁室夯土四壁,壁内砌砖椁,内置木椁。从埋葬过程看,当主椁室埋葬完成后,再在墓室前部增筑砖椁室,以埋葬车马。该墓主椁室被焚烧,有无墓门不清楚,似乎最初的斜坡墓道直通主椁室墓底,在棺柩入葬后,再在主椁室前

---

[1] 朱连华、郭昕:《西安灞桥区栗家村汉墓》,国家文物局主编:《2019中国重要考古发现》,文物出版社,2020年。

[2] 陕西省考古研究所:《汉阳陵》,重庆出版社,2001年。这批墓葬资料多未发表,承蒙发掘者焦南峰先生告知,并参见曹龙:《西汉帝陵陪葬制度初探》,西北大学硕士学位论文,2009年。

[3] 陕西省考古研究院:《陕西蓝田支家沟汉墓发掘简报》,《考古与文物》2013年5期;段毅:《蓝田支家沟汉墓墓主身份蠡测》,《考古与文物》2013年6期。

端增筑砖椁室。位于 M8 东南侧的 M25 规模稍小,为带斜坡墓道的砖券墓,是为夫人墓。[1]

2012 年 5 月,西安市文物保护考古研究院在西安市石家街城中村改造项目的建设中,发掘了 1 座大型斜坡墓道土圹砖木合构墓。墓圹东西长 30.4 米,南北宽 24 米。墓葬年代为西汉中晚期,发掘者认为属于列侯级别。[2]

2018 年 6 月,西安市文物保护考古研究院在西安市长安区千林郡住宅小区发掘了东西向并列的 2 座积沙砖券墓。M1 由墓道、墓室和砖券椁室三部分组成;墓道前段为斜坡土圹、后部为小砖券拱(长 22.1 米),亦呈斜坡状;墓室平面呈长方形,口大底小,四壁有两个二层台,开口东西长 13.4 米、南北宽 11.6 米,墓室正中为长方形砖券椁室。M2 由斜坡墓道、长方形墓室和墓道两侧 4 个耳室组成,斜坡墓道残长 23.9 米,直通墓底。墓室东西长 12.9 米、南北宽 12.1 米,残深 7.9 米。砖椁为券顶结构。两墓之间有土洞连接,砖椁四周及上下皆有大量河沙堆积。据 M1 出土墨书砖铭文可知,这两座积沙砖券墓应为西汉晚期某代"宜春侯"夫妇异穴并葬墓。[3]

除以上所列墓例外,据陕西省考古研究院、西安市文物保护考古研究院的同行告知,西安一带为配合基本建设,已发掘但未发表的这类大型、次大型或中型墓还有多座。

总之,今西安及其邻近地区,西汉时期的列侯、高官、贵族普遍为长斜坡墓道直通墓底的大型、次大型土圹木椁墓或砖券墓。因而有理由相信,高祖长陵、惠帝安陵、文帝霸陵、景帝阳陵、武帝茂陵、宣帝杜陵等帝陵附近数以百计的大型、次大型陪葬墓,很可能都是这种具有斜坡墓道的"横葬制墓"形态。

近年,西安及其邻近地区西汉时期已广为流行的这种大型、次大型斜坡墓道土圹木椁墓,其来源也有了新的突破。2010 年以来,在秦始皇陵外陵园西墙外钻探出

---

[1] 陕西省考古研究院:《西安凤栖原西汉墓地田野考古发掘收获》,《考古与文物》2009 年 5 期。
[2] 西安市文物保护考古研究院:《西安东郊石家街发现汉代列侯级别墓葬》,《中国文物报》2013 年 8 月 16 日 8 版。
[3] 朱连华、王艳朋:《西安长安区北里王汉代积沙墓》,国家文物局主编:《2019 中国重要考古发现》,文物出版社,2020 年。

4座中字型大墓和5座甲字形次大型墓,为秦始皇陵的陪葬墓群。近年,发掘了紧靠陵园西墙的1座中字型大墓,称其为陵西大墓(M1)。该墓发掘已基本结束。从发掘者向媒体披露的信息看,该墓平面呈"中"字形,由南、北墓道与墓室三大部分组成。根据墓道坡度复原,全长约100米,南墓道长31米、北墓道残长34米;南墓道底部下距墓室底3.8米,北墓道几乎直通墓底,进入墓室处有竖向封门木(北墓道一部分因为征地问题而未能发掘)。墓室呈长方形,口大底小,上口南北长29米、东西宽28米,距地表总深15.6米。值得注意的是:南墓道尽头高出墓室底部3.8米,应与椁室顶部大体持平,而北墓道直通墓底,与椁底板大体持平。[1] 这正体现了从传统"竖葬制墓"向"横葬制墓"的过渡形态,北墓道长于南墓道,为主要出入通道,因而总体上属于"横葬制墓"范畴。该墓资料尚在整理中,发掘者判断不晚于秦代。

从陵西大墓看,西安附近西汉早期就流行的大型、次大型斜坡墓道直通墓底的土圹木椁墓当来源于同地区的秦墓。此外,秦始皇陵兵马俑坑以及诸多陪葬坑的斜坡通道均直通坑底。也就是说,至迟在战国晚期至秦代,包括黄肠题凑大墓在内,这种"横葬制"在大型墓葬中就已经发生,至西汉早期首先在西安一带大墓中流行,并逐渐形成一种新的葬埋理念。

除西安地区外,西汉早期的这种大型、次大型带斜坡墓道土圹(或岩圹)木椁墓也见于关中以外地区,但发现相对零散,年代上也略晚于秦汉都城一带墓葬。

2001年在济南市西郊发掘的腊山M1,墓葬平面为折尺形,由墓道、前庭和墓室组成。墓道为斜坡状,斜度为18度,底部经过夯打,南北残长11米;墓室上宽下窄,口部东西长27.5米、南北宽7.4—8.4米,底部长25.5米、宽4.8—6米,可分为前室、后室两大部分,内置木椁,前有石墙封堵。发掘者认为墓主为西汉早期的某列侯夫人。[2]

---

[1] 秦始皇帝陵博物院:《秦始皇帝陵考古的新进展——秦始皇帝陵陵西墓葬勘探与发掘取得重要收获》,《中国文物报》2020年6月19日。本文还参考了相关网络媒体诸多报道。此外,发掘期间笔者曾多次前往考察。
[2] 济南市考古研究所:《济南市腊山汉墓发掘简报》,《考古》2004年8期。

江苏盱眙大云山江都王陵大墓有两座，其中 M1 为黄肠题凑墓，墓主为江都王刘非。M2 与 M1 东西并列，为江都王刘非的王后，但未使用黄肠题凑。M2 平面呈"中"字形，南北墓道均为斜坡结构，北墓道口残长 11 米，近墓室处斜坡未至墓底；南墓道口长 30 米，为主墓道，墓道尽头与墓底基本持平。墓室开口南北长 15 米、东西宽 14.4 米、深 15 米，由主室、北室、南室三部分组成，主室位于墓室中央，由一棺一椁构成。从墓道及墓室结构看，当为次大型带斜坡墓道横葬制岩坑木椁墓。M2 与 M1 为同茔异穴，M2 的封土叠压在 M1 的大封土之下，故 M2 的下葬时间要早于 M1，简报认为年代当在公元前 129 年至前 127 年或稍后。[1]

1999 年发掘的湖南沅陵虎溪山 1 号汉墓，为长斜坡墓道土圹木椁墓，墓道长 37 米，墓道尽头直通墓底；因墓圹上部被破坏，推测墓口长约 17.5 米、宽 14.2 米。墓圹南北两壁均开凿有向下延伸的人字形阶梯；墓室由主墓室和两侧的外藏椁组成，外藏椁和主墓室之间有门栅相隔，门栅由两层组成，内层为立板直立，外层为横板竖立。在内层立板上，南北两侧的中间部位有漆书"南扇""北扇"字样，当为门扉之意。主椁室则由头箱、南北边箱及棺室组成。虎溪山 1 号汉墓墓主为长沙王吴臣之子第一代沅陵侯吴阳（高后元年受封，死于文帝后元二年，前 162）。[2]

20 世纪 70 年代后期在广西贵县（今贵港市）罗泊湾发掘了两座属于西汉早期的次大型斜坡墓道土圹分室木椁墓，两座墓的形制相似。[3] 以 M2 为例，发掘前尚存封土，墓室南面是墓道，斜长 11.30 米，墓道下口高出墓坑底部仅 0.28 米（与椁底板齐平）；墓室南北长 12.72 米、东西宽 4.90—6.06 米，墓口至墓底深 3.20 米，墓室内椁室分隔成前、后两室，由顶盖、封门、东、西、北三壁和底板相互扣合而成一体，其中椁室口的封门是用十二根正方形或长方形木柱并立封住的。关于墓主身份，罗泊湾 M2 中随葬"夫人"玉印，报告认为墓主有可能是赵氏王国派驻当地的相当于王侯一级官吏的配偶。而 M1 规模大于 M2，黄展岳认为 M1 应是受南越王赵

---

[1] 南京博物院、盱眙县文广新局：《江苏盱眙大云山江都王陵二号墓发掘简报》，《文物》2013 年 1 期。
[2] 湖南省文物考古研究所：《沅陵虎溪山一号汉墓》，文物出版社，2020 年。
[3] 广西壮族自治区博物馆：《广西贵县罗泊湾汉墓》，文物出版社，1988 年。

佗册封的当地土著首领西瓯君,地位相当于汉代异姓诸侯王;M2应是西瓯君夫人。[1] 此外,与罗泊湾两座墓规模、形制相似的还有广西贺县金钟汉墓 M1 等。[2] 贺县金钟 M1 为夫妇合葬墓,出土有"左夫人"玉印,简报认为属于西汉前期的后段(南越王国的后期)侯王一级的人物。这几座大型墓,均为岭南地区西汉早期的"横葬制墓"。

西汉中晚期至新莽前后,这种大型、次大型斜坡墓道的土圹(或岩圹)木椁墓或砖木合构墓以及砖室墓,在全国各地也有较多发现,其身份多为列侯、高官或贵族。

山东寿光县三元孙村发掘了 150 多座汉墓,其中 M1 为次大型斜坡墓道土圹砖木合构墓,年代为西汉中期偏晚。该墓由封土、墓道、甬道、墓室四部分组成,斜坡墓道长 24.1 米,坡度 15 度,墓道后端与甬道连接;甬道系由墓道后端底部凿洞通入墓室,长 10.6 米,底部铺有木板;甬道与墓室连接处有木质挡板,甬道与墓道间有以青灰小砖砌成的封门墙;墓室平面略呈正方形,墓口南北长 9.16 米、东西宽 9.25 米,周围砌筑砖椁,墓室中部沟槽(原竖有木板相隔)将其分为东西两室,该墓当为非同时而葬的夫妻合葬墓。因被盗严重,墓主不明,报告推测为大贵族或上层官吏。[3]

山东阳谷县吴楼 1 号汉墓为 1 座次大型斜坡墓道回廊式砖券墓,墓葬发现时已遭盗扰,残存封土,地表发现较多"长乐未央"瓦当及汉瓦,表明原有墓园建筑。该墓由斜坡墓道(大部破坏)、甬道、两个主墓室及回廊构成,墓室南北全长 12.6 米、东西最宽处 9.56 米,墓葬年代为西汉末年。经实地踏勘,该墓附近还有 4 座规模接近的墓葬,简报考证吴楼 1 号墓墓主及邻近的 4 座墓应属于西汉晚期至新莽时期"阳平侯"王禁家族墓地。[4]

---

[1] 黄展岳:《关于贵县罗泊湾汉墓的墓主问题》,《南方民族考古》第 2 辑,1990 年。

[2] 广西壮族自治区文物工作队、广西贺县文物管理所:《广西贺县金钟一号汉墓》,《考古》1986 年 3 期。

[3] 山东省文物考古研究所:《山东寿光县三元孙墓地发掘报告》,《华夏考古》1996 年 2 期。

[4] 聊城市文物管理委员会:《山东阳谷县吴楼一号汉墓的发掘》,《考古》1999 年 11 期。

20世纪80年代在山西朔县平朔露天煤矿第五工程区发掘了1座汉代次大型积石积炭土圹木椁墓（5M1）。墓葬由斜坡墓道、木构甬道以及墓室三部分组成。斜坡墓道（中部有不规则的七级阶梯）长13.4米，墓道尽头与甬道底部及墓室椁底板大体齐平，从甬道进入墓室设有三道封门，靠甬道一侧为立柱封门，其余为木板封门。以墓室底计，东西长约13.6米、南北宽约5米，内用木材置前后两个椁室，相当于前堂后室。木构甬道顶部及前后椁室的土圹四周均填以大量的石块、瓦块。该墓年代为西汉中晚期，出土的两枚印章表明墓主姓王名柱，字子孺，与之合葬者应为墓主人妻室，简报认为墓主为当地显宦大族。[1]

四川绵阳永兴双包山发掘的1、2号墓均为斜坡墓道、前堂后寝结构的大型木椁墓，有墓门及封门石。其中1号墓为西汉中期，2号墓稍早于1号墓。以2号墓为例，该墓的墓圹及墓道上部被毁，现存圹口长24.2米、宽6.56—11.2米、深2.7—4.4米。该墓规模宏大，随葬品丰富，且出有玉衣片，墓主身份较高。[2]

20世纪50年代发掘的长沙国王族"刘娇"墓（M401）为平行墓道的大型土圹木椁墓。墓道在墓室北面，长45米，因地形南高北低，墓道不作斜坡或阶梯状，而与墓室底部在同一条水平线上。墓室全长20.34米，共三个木椁室，两个在前部，一东一西，放置随葬品；一个在后部，乃是棺柩所在的主椁室。长沙M203，墓道在墓室的西面，现存阶梯墓道长4.75米，与墓室椁底板齐平；墓室全长10.9米，宽约3—4米，分为前室、中室和后室三部分。[3]

湖南永州市鹞子岭西汉晚期泉陵侯家族墓，报告推论M1墓主为第三代泉陵侯刘庆，M2墓室规模略小于M1，为泉陵侯夫人。以M2为例，该墓平面为"甲字形"，墓道朝西，大部分已被毁，长度不明，墓道近墓室一端残存斜坡为4度，墓道底端高出墓室底部0.62米，推测原为阶梯墓道。墓坑东西长10.3米、南北宽9.2米，长方形墓坑内以双层木枋构筑外椁，椁内再分出前庭、后室，墓葬中棺、椁均已损

---

[1] 山西省平朔考古队：《山西省朔县西汉木椁墓发掘简报》，《考古》1988年5期。
[2] 四川省文物考古研究所、绵阳市博物馆：《绵阳双包山汉墓》，文物出版社，2006年。关于墓葬的年代，M2只出半两钱，M1出有五铢钱，报告将两墓定在武帝前后。M2不排除可以早到武帝元狩五年（前118）以前，但已属于西汉早期偏晚。
[3] 中国社会科学院考古研究所：《长沙发掘报告》，科学出版社，1957年。

毁。此外,1984年清理的"刘彊"墓,规模略小,亦属泉陵侯家族成员之一。[1]

2007年发掘的江西省莲花县罗汉山西汉安成侯墓为1座带斜坡墓道的次大型土圹木椁墓,平面呈凸字形,由封土、墓道、墓坑和椁室四部分构成。墓道位于墓坑东侧中部,残长9.6米、宽4米。墓道呈斜坡状,墓道下口距墓室底部约0.64米(略高于墓底,可能与椁底板平),墓室长10.39米、宽8.9米。墓主安成侯为长沙王刘发次子刘苍,卒于武帝元鼎元年(前116)。[2]

近年新发掘的江西南昌海昏侯刘贺墓为汉代考古的一次重大发现。刘贺家族墓园内,以海昏侯刘贺墓(M1)和侯夫人墓(M2)为中心,并有多座祔葬墓。M1平面呈"甲"字形,墓道在南,长15.65—16.17米,墓道中部为斜坡、两侧为阶梯,墓道底部略高于墓底,与椁室底板基本持平。墓室口南北长约17.2米、东西宽约17.1米、深约8米,椁室由甬道、回廊形藏椁和中心部位的东西主椁室构成。刘贺卒于宣帝神爵三年(前59)。[3]

3. 大型斜坡或平行墓道横穴式崖洞墓[4]

大型斜坡或平行墓道横穴式崖洞墓,在西汉时期主要为诸侯王(或同级别)所有,规模宏大;在东汉时期则多见于西南地区,规模大小不等,墓主身份亦较复杂。西汉时期的大型横穴式崖洞墓群,已发掘的主要有:江苏徐州汉代楚国王陵、河南永城梁国王陵、河北满城中山国王陵、山东曲阜九龙山鲁国王陵。这种大型横穴式崖洞墓均属于"横葬制墓"。其中,西汉早期的只见于江苏徐州汉代楚国王陵和河

---

[1] 湖南省文物考古研究所、永州市芝山区文物管理所:《湖南永州市鹞子岭二号西汉墓》,《考古》2001年4期;零陵地区文物工作队:《湖南永州市鹞子山西汉"刘彊"墓》,《考古》1990年11期。
[2] 江西省文物考古研究所、萍乡市莲花县文物办:《江西莲花罗汉山西汉安成侯墓》,上海古籍出版社,2017年。
[3] 江西省文物考古研究所、南昌市博物馆、南昌市新建区博物馆:《南昌市西汉海昏侯墓》,《考古》2016年7期。
[4] 所谓崖洞墓,可分为两大类:一类为横穴式崖洞墓,即有斜坡或平行长墓道;而另一类规模较小,也开凿于山体岩石之上,为竖井墓道崖洞墓(墓室一侧或两侧开凿成较浅的洞室)。这两类一般均称为"崖洞墓"。为避免混淆,有学者建议前者称为"崖洞墓",后者称为"岩坑墓",笔者赞同其观点。参见:周保平、刘照建:《西汉楚王陵墓形制研究》,北京大学考古学研究中心等编:《古代文明》第4卷,2005年。

南永城梁国王陵。据多位学者研究,徐州地区属于西汉早期的楚王墓,按照早晚排序依次为楚王山汉墓、狮子山汉墓、驮蓝山汉墓(2座)、北洞山汉墓、龟山汉墓。楚王山汉墓墓主可能是第一代楚元王刘交,该墓主墓室为竖穴开挖的石坑,与横向甬道及长斜坡墓道连接;其他几座楚王墓开凿洞室为墓室。研究者指出:徐州地区西汉早期楚王墓的形制演变规律是,主墓室由竖穴开挖转变为横穴洞室,墓道则由斜坡墓道向水平墓道发展。[1] 从徐州地区西汉早期楚王墓所具有的发展脉络看,这种大型横穴式崖洞墓当源自本地。河南永城梁国王陵与江苏徐州楚国王陵地理位置相近,属于西汉早期的保安山1号墓(梁孝王刘武,前168—前144)、保安山2号墓(梁孝王之李王后,卒于前123年)、柿园汉墓(梁共王刘买,前144—前136),年代上略晚于徐州最早的几代楚王墓,不排除受到楚王墓葬制的影响。[2]《史记·文帝本纪》载文帝遗诏曰:"霸陵山川因其故,毋有所改。"过去认为文帝霸陵为横穴式崖洞墓,但从最新的调查、钻探与发掘看,这种可能性已经排除,新发现的江村大墓才是汉文帝霸陵,墓葬形制与景帝阳陵一致,应为平地开挖的大型黄肠题凑墓。[3] 因而,江苏徐州汉代楚王陵、河南永城梁王陵这种在西汉早期就流行的大型横穴式崖洞墓与文帝霸陵无关,应是当地特殊的地理环境的产物。这种凿山为藏的大型横穴式崖洞墓最初可能是为了防盗,横穴开凿可将整个墓室隐藏在山石中。诚然,这只是原因之一,很可能战国晚期至西汉早期流行大型黄肠题凑墓、大型斜坡墓道土圹木椁墓进而形成"横葬制"葬埋理念,与这种大型横穴式崖洞墓的出现也有关。

---

[1] 梁勇:《从西汉楚王墓的建筑结构看楚王墓的排列顺序》,《文物》2001年10期;徐州博物馆、南京大学历史系考古专业:《徐州北洞山西汉楚王墓》,文物出版社,2003年;周保平、刘照建:《西汉楚王陵墓形制研究》,北京大学考古学研究中心等编:《古代文明》第4卷,2005年;刘尊志:《徐州汉墓与汉代社会研究》,郑州大学博士学位论文,2007年。关于楚王山墓,有学者根据主墓室竖穴开挖,称为竖穴式墓。该墓前置横向长墓道,尽管主墓室为竖穴开挖,但总体上仍为横穴式墓,即属于"横葬制墓"。

[2] 河南省文物考古研究所:《永城西汉梁国王陵与寝园》,中州古籍出版社,1996年;郑清森:《芒砀山西汉梁国王陵墓葬相关问题初探》,《考古与文物》2001年3期;河南省商丘市文物管理委员会、河南省文物考古研究所、河南永城市文物管理委员会(阎根齐主编):《芒砀山西汉梁王墓地》,文物出版社,2001年。

[3] 杨武站、曹龙:《汉霸陵帝陵的墓葬形制探讨》,《考古》2015年8期。

4. 大型、次大型斜坡墓道石室墓或石木、砖石合构墓

大型、次大型斜坡墓道石室墓或石木、砖石合构墓是西汉中晚期出现、东汉时期颇为流行的墓葬形制,而属于西汉早期偏晚的大型石室墓仅发现1座,即广州象岗南越王墓。该墓位于象岗山顶,平地向下开挖,因使用了大量石块砌筑墓室,故被称为石室墓。该墓由斜坡墓道、前室、东西耳室、后室(又分为主室、后藏室、东西侧室)组成。象岗南越王墓为西汉早期偏晚的第二代南越王赵眜(前137—前122)之墓。[1] 该墓斜坡墓道直通墓底,有两道墓门设置,符合"横葬制墓"的特点。需要说明的是,石室墓在中原地区多见于西汉中晚期及东汉时期,其形制与构筑方法与南越王墓有较大的不同。这座墓尽管为石室结构,但东西耳室开凿成洞室,兼具崖洞墓的一些特点,若从墓室整体布局看,又与南越国大中型斜坡墓道分室木椁墓,以及与南越国毗邻的具有楚式风格的西汉长沙国大型木椁墓结构近似。[2]

河北鹿泉市高庄M1为大型斜坡墓道石木合构墓,墓主为常山王刘舜,在位32年,卒于汉武帝元鼎三年(前114),稍晚于南越王墓。该墓平面呈"中字型",东西两条斜坡墓道及墓室全长94.5米,墓道直通墓底;土圹墓室上口南北长35.3米、东西宽约33米,墓底南北长16.2米、东西宽19.3米;外为回廊形,内为石构墓室,回廊内用浅红色页岩条石砌筑石墙(报告称为石椁),平面呈长方形,墓底与墓顶皆铺有石块,石墙内原有木质棺椁,回廊内亦置木椁,均已严重焚毁不存。[3]

河南永城梁国王陵区除前述大型横穴式崖洞墓外,还有多座规模较小的"石室墓",如窑山1号墓、窑山2号墓、夫子山3号墓、黄土山3号墓等。这类墓均有长斜坡墓道,墓道尽头直通墓底,墓室为石块垒砌,属于次大型或中型石室墓,其年代为西汉中晚期。这类石室墓尽管规模较小,但从出土的玉衣片等遗物看,等级并不低,发掘者认为墓室规模与梁国国势兴衰有关,是有道理的。[4]

---

[1] 广州市文物管理委员会:《西汉南越王墓》,文物出版社,1991年。
[2] 高崇文:《西汉长沙王墓和南越王墓葬制初探》,《考古》1988年4期。
[3] 河北省文物研究所、鹿泉市文物保管所:《高庄汉墓》,科学出版社,2006年。
[4] 河南省商丘市文物管理委员会、河南省文物考古研究所、河南永城市文物管理委员会(阎根齐主编):《芒砀山西汉梁王墓地》,文物出版社,2001年。

河南南阳地区是西汉时期石室墓或砖石合构墓最为发达的地区,所用石材多雕刻画像,一般称为画像石墓。其中,带斜坡墓道的回廊式石室墓或砖石合构墓规模较大,属次大型或中型墓,如河南方城东关汉画像石墓、唐河县电厂汉画像石墓、南阳杨官寺画像石墓、唐河针织厂汉画像石墓、唐河汉郁平大尹冯君孺人画像石墓等。[1] 这类墓均有斜坡墓道,且墓道直通墓底,有墓门设置。今南阳地区西汉时为南阳郡,经济发达,这类墓的墓主或为地方高官,或为地方富户。类似的石室墓还见于山东地区,山东平阴新屯 M1 亦为带斜坡墓道回廊式汉画像石墓,年代为西汉晚期。[2]（图 5-2）

需要说明的是,西汉时期王侯级别的大型、次大型墓葬多为斜坡墓道直通墓底的"横葬制墓",但也不尽然,少数墓葬尽管有斜坡墓道,但墓道底部与椁室顶部大体持平,仍属于"竖葬制墓"范畴。如湖南长沙马王堆西汉早期 3 座轪侯家族墓,斜坡墓道底部与椁室顶部大体持平,包括棺椁及随葬品在内的丧葬,整体上延续了楚文化传统。[3] 山东双乳山西汉武帝末年济北王刘宽墓,椁室为传统的箱式结构（二椁三棺）,斜坡墓道底部高出墓底 4 米,应与椁室顶部大体持平。[4] 山东巨野红土山西汉墓是一座岩坑墓,先在山腰上凿出平面呈长方形的竖穴石圹,全长 70 米、宽 4.7—7.1 米、深 6—11.9 米。石圹挖成后,再在石圹内砌石墙,隔出墓道、墓室。该墓出土的随葬品丰富,等级高,年代大致为西汉中期偏早,简报认为墓主为昌邑哀王刘髆的可能性较大。[5]

---

[1] 河南省文化局文物工作队:《河南南阳杨官寺汉画像石墓发掘报告》,《考古学报》1963 年 1 期;南阳市博物馆、方城县文化馆:《河南方城东关画像石墓》,《文物》1980 年 3 期;周到、李京华:《唐河针织厂汉画像石墓的发掘》,《文物》1973 年 6 期;南阳地区文物队、南阳市博物馆:《唐河汉郁平大尹冯君孺人画像石墓》,《考古学报》1980 年 2 期。

[2] 济南市文化局文物处、平阴县博物馆筹建处:《山东平阴新屯汉画像石墓》,《考古》1988 年 11 期。

[3] 湖南省博物馆、中国科学院考古研究所:《长沙马王堆一号汉墓发掘简报》,文物出版社,1972 年;湖南省博物馆、湖南省文物考古研究所:《长沙马王堆二、三号汉墓》,文物出版社,2004 年;湖南省博物馆:《长沙砂子塘西汉墓发掘简报》,《文物》1963 年 2 期。

[4] 山东大学考古系、山东省文物局、长清县文化局:《山东长清县双乳山一号汉墓发掘简报》,《考古》1997 年 3 期。

[5] 山东省菏泽地区汉墓发掘小组:《巨野红土山西汉墓》,《考古学报》1983 年 4 期。

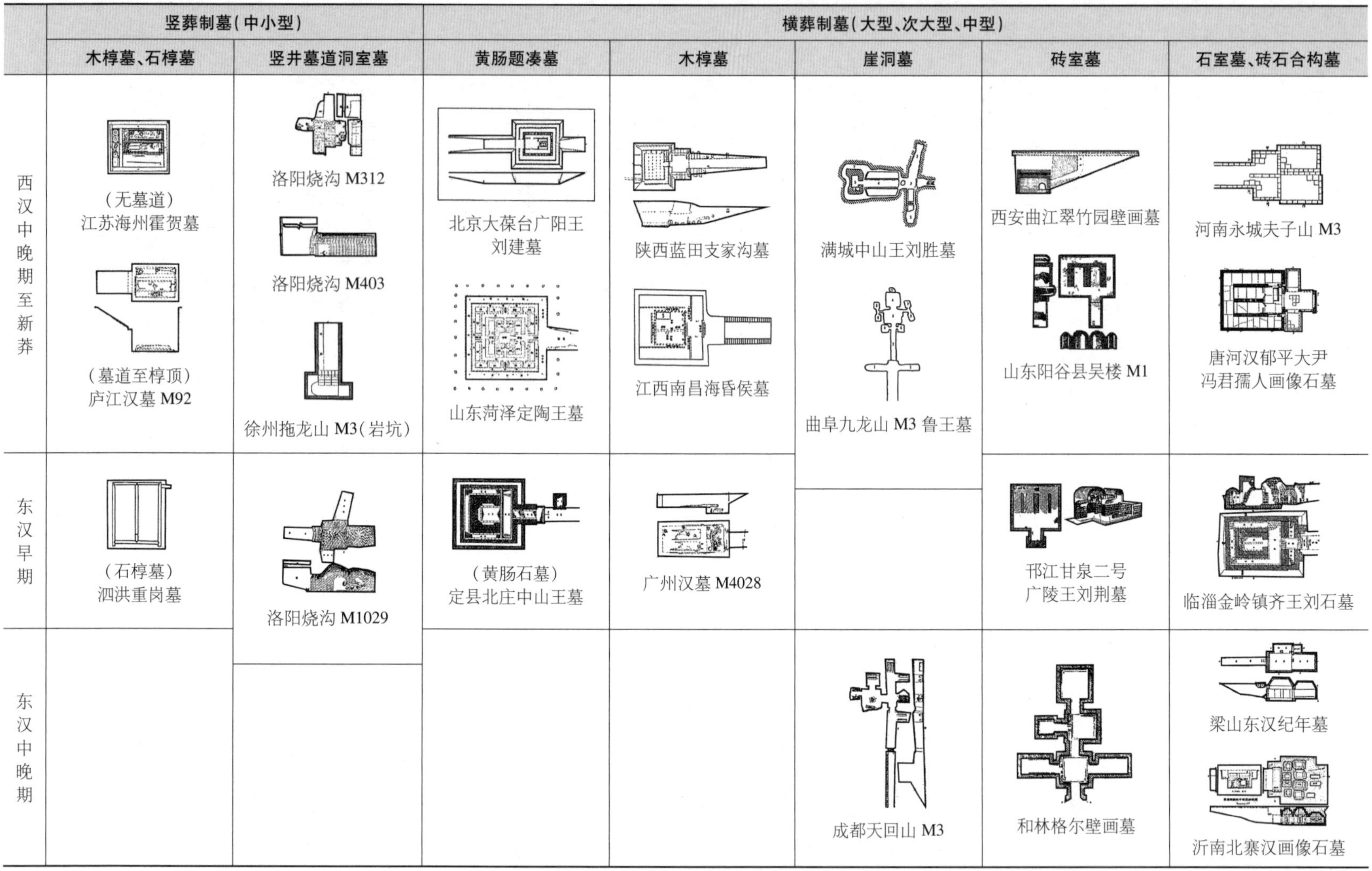

图 5-2 西汉中晚期至东汉"竖葬制墓"与"横葬制墓"的类型与比较

（图示比例并未统一）

三、西汉时期中小型"横葬制墓"的类型与来源

西汉时期属于王侯、高官、贵族级别的大型、次大型"横葬制墓"已广为流行,但属于一般官吏或普通民众的中小型"横葬制墓"在全国各地则呈现出发展的滞后性与不平衡性。中小型"横葬制墓"在西汉早期主要有斜坡墓道土圹木椁墓、斜坡墓道洞室木椁墓,这两种墓形在某些地区延续至西汉晚期至东汉早期;自西汉中晚期开始,在前述两种墓形的基础上,因建筑材料的进步,发展出了斜坡(或阶梯)墓道砖室墓、斜坡(或阶梯)墓道石室墓,以及斜坡(或阶梯)墓道砖木、砖石合构墓。全国已发掘的汉墓数量众多,以下选取具有代表性的区域分别加以考察。

1. 西安地区

《西安龙首原汉墓》报告发表的 42 座墓均为只出半两钱的西汉早期墓,其中无墓道竖穴土圹墓 4 座,竖井墓道洞室木椁墓或单棺墓 30 座,是为"竖葬制墓"。另斜坡墓道土圹墓 3 座、斜坡墓道土洞(木椁)墓 5 座,斜坡墓道底部与墓室底部持平(个别稍高或稍低于墓底),有甬道、封门,是为"横葬制墓",约占总数的 19%。以西安西北医疗设备厂 M170 为例说明如下:该墓由斜坡墓道、天井、过洞、洞室四部分构成。有封门,为板封;一椁二棺;出土陶器 24 件、铜器 17 件、半两钱 162 枚、玉器 17 件(包括玉印 3 方),另有水晶印 1 方,篆刻"陈请士"三字。

《西安北郊郑王村西汉墓》发掘报告中,第一期(西汉早期后段,即武帝前期)共 17 座墓。其中,竖穴土坑墓 1 座,占 5.88%;竖井墓道土洞墓 13 座,占 76.4%;斜坡墓道土洞木椁墓 3 座(M37、M138、M160),占 17.6%。[1]

西安地区零星发掘的属于西汉早期的斜坡墓道土圹木椁墓、斜坡墓道土洞木椁墓(横葬制墓)还有很多,如 1991 年发掘的龙首村西汉早期 M2,[2] 西安南郊荆

---

[1] 陕西省考古研究院:《西安北郊郑王村西汉墓》,三秦出版社,2008 年。
[2] 中国社会科学院考古研究所西安唐城工作队:《西安北郊龙首村西汉墓发掘简报》,《考古》2002 年 5 期。

寺二村西汉早期M1、M2，[1]西安北郊枣园M1，[2]西安东郊国棉五厂M5、M6，[3]西安富力赛高城市广场M14[4]等。

《长安汉墓》是《西安龙首原汉墓》的续编，汇集了汉长安城附近西汉中期至新莽时期的汉墓共计139座，而墓葬登记表所列则多达670座（少数为西汉早期）。报告将这批墓葬分为四期，年代大致为西汉中期至新莽时期前后。这批墓葬中，以竖井墓道土洞墓（或有棺椁）、竖井墓道小砖墓为主，另有少量无墓道竖穴土坑墓；带斜坡墓道的91座，包括斜坡墓道土洞墓、斜坡墓道砖室墓。前者为"竖葬制墓"；后者为"横葬制墓"，占比大约14%。也就是说这批墓葬中，"竖葬制墓"仍占绝大多数，与西汉早期的《西安龙首原汉墓》相比，"横葬制墓"并未明显增加。究其原因，绝大多数为小型墓。

西安附近已发掘的西汉中晚期至新莽时期的中型"横葬制墓"还有许多，大体可分为三类：斜坡墓道土圹木椁墓、斜坡墓道洞室木椁墓、斜坡墓道砖券墓，墓道均直通墓底，且有墓门或封门设置。前述张安世家族墓园的东侧、北侧、西侧共有12座西汉中期至新莽时期的中型祔葬墓，均为带墓道的"甲字形"墓。其中，墓园东侧9座祔葬墓中的8座已发掘，是为中型带斜坡墓道土圹木椁墓或小砖券顶墓。[5] 这批墓均属于"横葬制墓"。1998年陕西省考古研究所在西安北郊尤家庄省交通学校新校址建设的随工清理考古工作中，发掘了1座西汉中晚期的积沙墓。该墓是一座带斜坡墓道的土圹木椁墓，墓道尽头与墓室椁底板大体齐平，有甬道，有封门设置，年代为西汉中晚期。[6] 西安南郊曲江羊头镇西汉墓M3为斜坡墓道土圹木椁墓，M20、M68为斜坡墓道土圹砖券墓。[7] 2012年发掘的西安北郊万达

---

[1] 西安市文物保护考古所：《西安南郊荆寺二村西汉墓发掘简报》，《考古与文物》2009年4期。简报已经明确指出B型墓M1、M2是由A型墓（竖穴墓道洞室墓）演变而来的。
[2] 西安市文物保护考古所：《西安北郊枣园大型西汉墓发掘简报》，《文物》2003年12期。
[3] 呼林贵、孙铁山、李恭：《西安东郊国棉五厂汉墓发掘简报》，《文博》1991年4期。
[4] 陕西省考古研究院：《陕西西安富力赛高城市广场汉墓发掘简报》，《考古与文物》2017年3期。
[5] 陕西省考古研究院：《西安凤栖原西汉墓地田野考古发掘收获》，《考古与文物》2009年5期。
[6] 陕西省考古研究所：《西安北郊汉代积沙墓发掘简报》，《考古与文物》2003年5期。
[7] 西安市文物保护考古研究院：《西安南郊曲江羊头镇西汉发掘简报》，《文博》2013年6期。

广场汉墓 M5,为斜坡墓道洞室小砖券顶墓,墓道底部与墓底铺地砖齐平。[1] 此外,西安发掘的几座西汉晚期壁画墓,如西安曲江池壁画墓、西安交通大学壁画墓、西安理工大学壁画墓,均为带斜坡墓道的砖券墓,墓道直通墓底,有耳室、封门设置。[2] 从总体上看,西安地区已发掘的这类"横葬制墓"与同期"竖葬制墓"相比,规模较大,多属于中型墓。

早于西汉时期、属于秦代的这种带斜坡墓道土洞木椁墓也已发现。位于秦始皇陵园东墙外的临潼上焦村共钻探出 17 座墓,已发掘 8 座,其中 6 座为斜坡墓道洞室木椁墓,斜坡墓道直通墓底,有甬道、封门,属于中小型"横葬制墓"。这批墓葬被认为属于秦二世上台后诛杀的诸公子、公主,年代为秦代,属于秦始皇陵的特殊陪葬墓。[3] 从临潼上焦村秦墓的发现看,西安地区西汉时期已较多见的中小型带斜坡墓道土洞木椁墓,也源于同地区的秦代。

2. 豫西、豫北及晋南地区

《洛阳邙山战国西汉墓发掘报告》报道战国西汉墓葬 210 座,其中属于西汉早期的墓葬大多为竖井墓道洞室墓。[4] 20 世纪 50 年代出版的《洛阳烧沟汉墓》发掘报告共计 225 座墓,时代从西汉中期延续至东汉晚期(第 1、2、3 期分别为西汉中期、西汉晚期、新莽前后;第 4、5、6 期分别为东汉早、中、晚期)。[5] 报告将墓葬形制分为五大型。第一型:平顶墓(单棺或双棺空心砖墓及土洞墓) 57 座,第二型:弧顶墓(空心砖墓、小砖券顶墓及土洞墓) 86 座。第一、二型均为竖井墓道洞室墓,流行于西汉中晚期至新莽前后。第三型:单穹隆顶小砖墓 40 座,除有竖井墓道外

---

[1] 西安市文物保护考古研究院:《西安北郊万达广场五号汉墓发掘简报》,《东方博物》第 46 辑,浙江大学出版社,2013 年。

[2] 徐进、张蕴:《西安南郊曲江池汉唐墓葬清理简报》,《考古与文物》1987 年 6 期;陕西省考古研究所、西安交通大学:《西安交通大学西汉壁画墓》,西安交通大学出版社,1991 年;西安市文物保护考古所:《西安理工大学西汉壁画墓发掘简报》,《文物》2006 年 5 期。

[3] 秦俑考古队:《临潼上焦村秦墓清理简报》,《考古与文物》1980 年 2 期。

[4] 洛阳市第二文物工作队:《洛阳邙山战国西汉墓发掘报告》,《中原文物》1999 年 1 期。

[5] 中国科学院考古研究所:《洛阳烧沟汉墓》,科学出版社,1959 年。

(三型Ⅰ式30座),新出现竖井墓道加阶梯墓道(三型Ⅱ式10座)。在整个西汉时期,洛阳一带中小型墓基本为竖井墓道的"竖葬制墓",而带阶梯或斜坡墓道的"横葬制墓"要晚至新莽至东汉早期才出现。

20世纪80年代,在发掘山西曲沃县天马—曲村晋国墓地的同时,也发掘了一批秦汉时期的小型墓葬,杨哲峰负责资料整理并完成了硕士学位论文《曲村秦汉墓葬分期》。[1] 这批墓葬总计94座,主要有竖穴土坑墓和竖井墓道洞室墓两大类,年代从战国晚期延续至西汉末年。其中,第1、2、3期为战国晚期至西汉文景时期,流行竖穴土坑墓,至秦代前后则以竖井墓道洞室墓为主,第4、5期仍流行竖井墓道洞室墓。这批墓葬均属于"竖葬制墓"。

2015年朱津的博士学位论文《三河汉墓研究》,将汉代的河南郡(大致相当于今洛阳、郑州、开封一带)、河内郡(今河南北部地区)、河东郡(今山西省西南部)2 307座汉墓分为竖穴土坑墓、土洞墓、空心砖墓、小砖墓几大类。据该论文研究,三河地区各地有一定差别,但总体上接近,西汉早期以无墓道竖穴土坑墓、竖井墓道土洞墓为主,竖井墓道空心砖墓占有一定比例。从西汉中期开始,盛行竖井墓道土洞墓、竖井墓道空心砖墓,新出现竖井墓道小砖墓。西汉中期的偏晚阶段,竖井墓道小砖墓的空间进一步加大,顶部结构开始出现少量的弧顶,两次造夫妇合葬墓较为普遍。西汉晚期竖井墓道土洞墓的数量急剧减少,竖井墓道空心砖墓继续流行,竖井墓道小砖券墓逐渐成为主流。

3. 南阳地区

宋蓉的《南阳地区汉代墓葬研究》一文将南阳地区汉墓分为A型墓和B型墓两大类。[2] Aa型墓为无墓道竖穴木椁墓,Ab型墓为斜坡墓道木椁墓,但斜坡墓道尽头与椁室顶部大体齐平,即A型墓均属于"竖葬制墓"。B型墓为砖石墓(小砖墓、石室墓或砖石合构墓),可分为Ba型(单室墓)、Bb型(前室横置,后并列双

---

[1] 杨哲峰:《曲村秦汉墓葬分期》,《考古学研究》(四),科学出版社,2000年。
[2] 宋蓉:《南阳地区汉代墓葬研究——兼论南阳地区汉文化的形成》,《考古学报》2015年2期。

室、三室或四室)、Bc 型(前室宽度小于后室,后为双室)、Bd 型(回廊式墓,规模较大,见前述)。B 型墓均有斜坡墓道,墓道末端与墓室底部基本持平,有墓门设置,是为"横葬制墓"。西汉早期均为 A 型墓,并延续至西汉中晚期。西汉中期出现 B 型墓,但 A 型墓仍占有一定比例。西汉晚期至新莽时期则以 B 型墓为主,分别占 65% 和 87% 以上。也就是说,南阳地区"横葬制墓"出现于西汉中期,西汉晚期至新莽时期已成为墓葬形制的主流。

南阳汉墓与洛阳汉墓相比有较大的不同,其原因可能与该地区多用石材造墓以及墓葬规模较大有关。

4. 山东地区

今山东地区地域范围广大,各地汉墓的情况较为复杂,郑同修、杨爱国的《山东汉代墓葬形制初论》、胡赵建的《山东汉墓初步研究》、刘剑的《山东地区汉代墓葬的考古学研究》等论文对山东汉墓进行了系统研究。[1] 综合他们的归纳与总结,山东汉代中小型墓葬形制主要有:无墓道竖穴土(岩)坑(木椁或木棺)墓、斜坡墓道土坑(木椁或木棺)墓、无墓道石椁墓、无墓道砖椁墓、斜坡墓道砖室墓、斜坡墓道石室墓几大类。其中,无墓道土(岩)坑墓、无墓道石椁墓、无墓道砖椁墓、竖井墓道(岩坑)洞室墓为"竖葬制墓";斜坡墓道土坑(木椁)墓、斜坡墓道砖室墓、斜坡墓道(或平行)石室墓,属于"横葬制墓"。

无墓道土(岩)坑(木椁或木棺)墓在山东各地均较多,西汉早期都是这种土坑墓,西汉中晚期仍为主要的墓葬形制。无墓道砖椁墓流行于鲁北地区,西汉早期出现,西汉中晚期流行,并持续到东汉前期;无墓道石椁墓流行于鲁中南地区,西汉早期出现,西汉中晚期盛行,东汉早期仍有延续,这类石椁墓或刻有画像,是为后来大中型石室墓的滥觞。石椁墓还多见于苏北、豫东、皖北,即苏鲁豫皖邻近一带。

中小型斜坡墓道土(岩)坑木椁墓在山东地区发现较少。五莲张家仲崮在同

---

[1] 郑同修、杨爱国:《山东汉代墓葬形制初论》,《华夏考古》1996 年 4 期;胡赵建:《山东汉墓初步研究》,郑州大学硕士学位论文,2005 年;刘剑:《山东地区汉代墓葬的考古学研究》,山东大学博士学位论文,2012 年。

一墓地发现4座,斜坡墓道直通墓底,其中 M2 墓室长 8.2 米、宽 5.6 米,其他 3 墓较小,M4 出玉片,墓主刘祖曾封侯,后被免去。山东青岛市平度界山发掘 3 座,M2 为长斜坡墓道岩坑墓,墓道直通墓底,有石块封门;墓室呈长方形,南北长 6 米、东西宽 3 米。另两座墓,M1 为竖穴岩坑墓,M3 被毁。从这几座墓出土的铜器铭文看,简报判断与西汉中期的平度侯家族有关。[1]

山东地区的斜坡墓道砖室墓、石室墓或砖石合构墓出现于西汉晚期至新莽时期,流行于东汉时期。鲁南地区以及邻近的苏北、豫东、皖北西汉晚期至东汉时期画像石墓发达。

总之,山东地区西汉时期除大型、次大型墓外,中小型墓以"竖葬制墓"占据统治地位。尽管中小型"横葬制墓"在西汉中晚期也存在,但数量较少,且多与身份较高的列侯家族有关。

5. 京津冀地区

姜佰国 2007 年的硕士学位论文《京津冀地区汉代墓葬研究》,将该地区汉墓分为土坑墓、洞室墓、砖室墓几大类。其中又将土坑墓分为 A 型木棺墓(小型无墓道长方形竖穴墓)、B 型木椁墓(Ba 大型黄肠题凑墓、Bb 小型箱式木椁墓)、C 型石椁(室)墓、D 型砖椁墓、E 型瓮棺墓、F 型瓦棺墓等。将洞室墓分为 A 型竖井墓道洞室墓、B 型斜坡墓道洞室墓、C 型崖洞墓。砖室墓一般有斜坡墓道,又分为 A 型单室墓、B 型双室墓、C 型三室墓、D 型多室墓。按照该文的分类,A 型木棺墓、Bb 小型箱式木椁墓、C 型石椁墓、D 型砖椁墓、E 型瓮棺墓、A 型竖井墓道洞室墓属于"竖葬制墓"类;Ba 大型黄肠题凑墓、B 型斜坡墓道洞室墓、C 型崖洞墓、砖室墓为"横葬制墓"类。[2] 该文又根据随葬器物组合和墓葬形制,将这些墓葬划分为五群:A 群"西汉墓幽州南部分布区"、B 群"西汉墓冀州分布区"、C 群"西汉墓并州东部分布区"、D 群"东汉墓幽州南部分布区"和 E 群"东汉墓冀州分布区"(详后)。

---

[1] 青岛市文物局、平度市博物馆:《山东青岛市平度界山汉墓的发掘》,《考古》2005 年 6 期。
[2] 姜佰国:《京津冀地区汉代墓葬研究》,吉林大学硕士学位论文,2007 年。

西汉早期(第一期)：A群(幽州南部分布区)以A型土坑墓、Bb型土坑墓、E型土坑墓为主；B群(冀州分布区)以A型土坑墓、Ba型土坑墓、Bb型土坑墓为主；C群(并州东部分布区)以A型洞室墓、B型洞室墓为主，除去Ba大型黄肠题凑墓不论，B型斜坡墓道洞室墓属于"横葬制墓"，其余均属于"竖葬制墓"。

西汉中期(第二期)：A群(幽州南部分布区)以A型土坑墓、Bb型土坑墓为主，另外还有少量F型土坑墓；B群(冀州分布区)以D型土坑墓、Aa型砖室墓和崖洞墓为主；C群(并州东部分布区)以A型洞室墓为主。

西汉晚期(第三期)：A群(幽州南部分布区)以A型土坑墓、Ba型土坑墓为主；B群(冀州分布区)以D型土坑墓、Aa型砖室墓和Bb型土坑墓为主；C群(并州东部分布区)以A型洞室墓和C型土坑墓为主。

新莽至东汉初(第四期)：A群(幽州南部分布区)以A型土坑墓、Aa型砖室墓为主，另外还有少量F型土坑墓；B群(冀州分布区)以D型土坑墓、Bb型土坑墓为主；C群(并州东部分布区)以A型洞室墓和B型洞室墓为主。

京津冀地区西汉时期除去少数大型黄肠题凑墓、大型崖洞墓、大型石室墓外，中小型汉墓在西汉早中期以"竖葬制墓"为主，但已出现少量"横葬制墓"；西汉晚期至东汉初"横葬制墓"占有一定比例。

6. 宁夏北部、山西北部及内蒙古中南部地区

马云飞的硕士学位论文《宁夏汉代墓葬研究》将宁夏地区分为宁北、宁中、宁南三区域。[1] 宁北汉代墓葬分为五期，包括西汉中期偏晚、西汉晚期、新莽至东汉初期、东汉早期、东汉中晚期。墓葬形制包括无墓道竖穴土坑墓、带斜坡墓道土坑(木椁)墓、竖井墓道土洞墓、斜坡墓道砖室墓、石室墓等。其中，竖井墓道土洞墓、斜坡墓道土洞墓出现时间在西汉中期晚段，西汉晚期至东汉早期斜坡墓道土洞墓、斜坡墓道砖室墓、斜坡墓道石室墓逐渐成为墓葬形制的主流。

20世纪80年代前期，为配合平朔露天煤矿的工程建设，在山西北部朔县境内

---

[1] 马云飞：《宁夏汉代墓葬研究》，中央民族大学硕士学位论文，2013年。

发掘了1 200多座秦汉时期墓葬,简报将秦至东汉初期的墓分为七型：Ⅰ型(无墓道竖穴土坑无椁墓)、Ⅱ型(无墓道竖穴土坑木椁墓)、Ⅲ型(竖井墓道平行式土洞墓)、Ⅳ型(竖井墓道直线式土洞墓)、Ⅴ型(斜坡墓道土圹木椁墓)、Ⅵ型(斜坡墓道洞室木椁墓)、Ⅶ型(斜坡墓道砖券墓)。[1] 秦至西汉初期墓葬有7座(部分可早至战国)、西汉前期前段有59座,均为Ⅰ、Ⅱ型无墓道小型竖穴土坑墓；西汉前期后段有192座,除Ⅰ、Ⅱ型无墓道小型竖穴土坑墓外,新出现Ⅲ型竖井墓道平行式土洞墓和Ⅳ型竖井墓道直线式洞室墓；西汉中期有117座,Ⅰ、Ⅱ型无墓道小型竖穴土坑墓占比减少,竖井墓道洞室墓占比加大,新出现规模较大的Ⅴ型斜坡墓道土圹木椁墓,但数量较少；西汉晚期有158座,Ⅳ型竖井墓道直线式土洞墓及Ⅴ型斜坡墓道土圹木椁墓占多数,新出现Ⅵ型斜坡墓道洞室木椁墓；西汉末至东汉初期墓葬有438座,Ⅰ、Ⅱ、Ⅲ型墓不见,Ⅳ、Ⅴ型墓继续流行,Ⅵ型墓数量增加,新出现Ⅶ型斜坡墓道砖券墓。也就是说,朔县秦至西汉前期均为"竖葬制墓"；"横葬制墓"出现于西汉中期,但数量较少；西汉晚期至东汉初期,以竖井墓道土洞墓为代表的"竖葬制墓"仍占有一定比例,但"横葬制墓"已较为流行,其中砖室墓出现于西汉末至东汉初。

魏坚编著的《内蒙古中南部汉代墓葬》[2]一书汇集了内蒙古中南部20多个地点近千座汉墓资料,按照墓葬形制可分为：竖穴土坑(木椁或木棺)墓、竖井墓道洞室(木椁或木棺)墓、斜坡(或阶梯)墓道洞室(木椁)墓、斜坡墓道砖室墓。前两种为"竖葬制墓",后两种墓道尽头均直通墓底,为"横葬制墓"。报告将这批墓葬分为五期。第一期(西汉中期)：墓葬数量少,墓葬形制有竖穴土坑墓、竖井墓道洞室墓、土圹木椁墓、椁外砌砖木椁墓,木椁墓多带有台阶式墓道。第二期(西汉晚期)：墓葬数量多,墓葬形制以土圹、椁外砌砖木椁墓、土洞墓、小砖土洞墓、土洞木椁墓、长方形单砖室墓为主,这些墓葬多带有斜坡(或阶梯)墓道。第三期(西汉末至东汉初)：墓葬数量相对较少,除前述土洞墓、木椁墓外,新出现横前室带耳室

---

[1] 平朔考古队:《山西朔县秦汉墓发掘简报》,《文物》1987年6期。
[2] 内蒙古文物考古研究所(魏坚编著):《内蒙古中南部汉代墓葬》,中国大百科全书出版社,1998年。

砖室墓、大梯形砖横前室券顶墓，均以斜坡墓道为主。也就是说，内蒙古中南部地区"横葬制墓"出现于西汉中期，西汉晚期、新莽至东汉初已成为墓葬形制的主流。

7. 甘肃地区（含宁夏南部）

陈宗瑞的《甘肃地区汉墓研究》将甘肃汉墓分为陇东（包括邻近的宁夏南部）与河西两大区域。[1]

陇东地区：西汉早期流行无墓道竖穴土坑墓和竖井墓道洞室墓，西汉中晚期无墓道土坑墓与竖井墓道洞室墓并行发展，新出现斜坡墓道洞室墓及斜坡墓道砖室墓。陇东及宁夏南部地区在地缘上靠近西汉政权的统治中心——长安，受同时期关中地区汉墓的影响较深。

河西地区汉式墓葬开始于汉武帝设置河西四郡以后。主要墓葬类型为土坑墓、土洞墓和砖室墓三大类。土洞墓出现于西汉中期，整个西汉晚期至东汉时期都有流行，墓道皆为斜坡式，墓口多用石块或砖块封堵，不见陇东及关中流行的竖井墓道。河西地区西汉中期出现砖室墓，数量逐渐上升；东汉时发展迅速，逐渐成为本地区流行的一种墓葬形制。

8. 三峡及四川地区

三峡地区：多为中小型墓。蒋晓春的博士学位论文《三峡地区秦汉墓研究》，将三峡地区秦汉墓分为：土（石）坑墓、砖（石）室墓、洞室墓、崖（洞）墓等几大类。其中，土（石）坑墓数量多，A 型无墓道、B 型有墓道；洞室墓很少，均有墓道；砖（石）室墓数量多，Aa 型无墓道、Ab、Ac 型有墓道；崖（洞）墓开凿于山体，均有墓道。[2] 该文将秦汉墓分为"密闭型"与"开通型"两大类，本文的分类与其有一定的差别，经调整："竖葬制墓"包括无墓道的 A 型土（石）坑墓、无墓道的 Aa 型砖

---

[1] 陈宗瑞：《甘肃地区汉墓研究》，山东大学硕士学位论文，2015 年。
[2] 蒋晓春：《三峡地区秦汉墓研究》，四川大学博士学位论文，2005 年。

(石)室墓;"横葬制墓"包括洞室墓,Ab、Ac、B 型有墓道的砖(石)室墓、崖洞墓。至于有墓道的 B 型土(石)坑墓则根据墓道的情况而定。

战国末年至汉初(第一期):54 座,均为土(石)坑墓,52 座无墓道,2 座有斜坡墓道者,墓道底部应与棺椁顶部大体持平,距离墓底约 1 米,即均属于"竖葬制"墓。

西汉前期(第二期):26 座,均为土(石)坑墓,24 座无墓道,为"竖葬制墓";2 座有斜坡墓道,墓道底部与墓底大体齐平,为"横葬制墓"。

西汉中期(第三期第一段):22 座,均为土(石)坑墓,其中 A 型 18 座、B 型 4 座,后者斜坡墓道均与墓底基本持平。[1]

西汉晚期(第三期第二段):19 座,A 型石坑墓 14 座,B 型土(石)坑墓和洞室墓各 2 座,Aa 型砖(石)室墓 1 座。其中,B 型土(石)坑墓和洞室墓属于"横葬制墓"。

新莽至东汉初(第三期第三段):19 座,其中 A 型土(石)坑墓 13 座,B 型土(石)坑墓 2 座,Ab 型和 Ac 型砖(石)室墓各 1 座,洞室墓 2 座。总之,三峡地区西汉前期个别墓为"横葬制墓",至西汉中晚期有所增加,但整个西汉时期"竖葬制墓"始终占据统治地位。

川西平原地区:何志国、李国清、[2]陈云洪、颜劲松、[3]燕妮[4]从不同层面对四川地区汉墓进行了研究。《川西平原两汉墓葬研究》将四川地区汉墓分为三大类:竖穴土圹墓(甲类)、竖穴土圹砖室墓(乙类)、崖洞墓(丙类)。其中,竖穴土圹墓(甲类)除数座大型带斜坡墓道木椁墓为"横葬制墓"外,其余的中小型墓多无墓道,为"竖葬制墓";竖穴土圹砖室墓(乙类)中,除少量小型无墓道墓为"竖葬制墓"外,大部分为带斜坡墓道直通墓底的"横葬制墓";崖洞墓(丙类)则均有斜坡或平行墓道,为"横葬制墓"。西汉早期墓葬形制延续了本地区战国晚期墓葬的特点,以无墓道长方形竖穴土坑墓为主;西汉中期除大型木椁墓外,墓葬形制与第一期大

---

[1] 原文误为 27 座,根据原文第 69 页及表四订正为 22 座。
[2] 绵阳市博物馆:《四川西汉土坑木椁墓初步研究》,《四川文物》2002 年 3 期。
[3] 成都文物考古研究所:《四川地区西汉土坑墓分期研究》,《考古学报》2012 年 3 期。
[4] 燕妮:《川西平原两汉墓葬研究》,吉林大学硕士学位论文,2006 年。

体相同；西汉晚期至新莽时期新出现了砖室墓；东汉时期墓葬形制发生了较大变化，以砖室墓及崖洞墓为主。

9. 两湖地区

湖北地区较少大型墓葬，主要为中小型墓。据陈振裕《湖北西汉墓初析》一文，整个西汉时期多为无墓道长方形土圹竖穴墓，西汉晚期新出现少量斜坡墓道直通墓底的土圹木椁墓。[1]

《长沙西郊桐梓坡汉墓》报告了 95 座汉墓，其中 90 座为无墓道长方形土坑墓，5 座为带斜坡墓道土圹木椁墓，墓道底部与椁室顶部接近。这批墓葬均属于小型墓，年代以西汉早期为主，少量为西汉中期墓葬。[2]

《长沙发掘报告》报告的西汉前期墓葬 27 座，无墓道长方形竖穴墓 22 座；有斜坡墓道的有 5 座，但墓道很陡，墓道底部高出墓底许多，大体与椁室顶部持平，即均属"竖葬制墓"。《长沙发掘报告》报告的西汉后期墓 38 座，其中 31 座中小型墓中，无墓道竖穴（木椁或木棺）墓 14 座，阶梯墓道墓 17 座，后者墓葬规模一般较前者大，墓道底部一般略高于甬道及墓室底，可归为"横葬制墓"类。[3] 高至喜《长沙、西安中小型西汉墓的比较研究》一文曾指出：长沙中小型西汉墓中，较大的墓一般有墓道，较早的墓多是斜坡墓道，较晚的墓多为阶梯墓道，墓道距墓底的高低，随时间推移，从早到晚由高向低发展。[4] 看来，长沙地区西汉早期墓承继战国楚墓的传统，除黄肠题凑墓外，均为"竖葬制墓"。西汉中晚期"横葬制墓"则占有一定数量。

罗炯炯 2009 年完成的硕士学位论文《湖南西汉墓葬研究》，将湖南西汉墓葬分为大型墓、中型墓、小型墓三大类。从时代上看，西汉早期以无墓道的小型墓为主，列侯级别的带斜坡墓道的次大型土圹木椁墓的墓道底部距墓底较高，与椁室顶部

---

[1] 陈振裕：《湖北西汉墓初析》，《文博》1988 年 2 期。
[2] 长沙市文物工作队：《长沙西郊桐梓坡汉墓》，《考古学报》1986 年 1 期。
[3] 中国科学院考古研究所：《长沙发掘报告》，科学出版社，1957 年。
[4] 高至喜：《长沙、西安中小型西汉墓的比较研究》，《湖南省博物馆馆刊》第 14 辑，岳麓书社，2018 年。

大体持平,如马王堆3座轪侯家族墓、砂子塘M1等。也就是说,湖南地区西汉早期除诸侯王级大型黄肠题凑墓外,其余的多为"竖葬制墓"。湖南地区自西汉中期开始,带斜坡墓道的墓葬"墓道下口距墓底高度由高变低,入墓方式从垂直入墓变为水平入墓。墓室内空间相互封闭变为相互连通,并与墓道有门相通;单室墓逐渐向双室墓、多室墓转变,出现前堂后室的布局,呈现出从椁墓向室墓过渡的变化趋势,为东汉时期砖室墓盛行奠定基础"。[1] 需要说明的是湖南西汉墓在不同区域有一定差别,西汉中晚期阶梯墓道主要见于长沙一带,湘南一带多为斜坡(或平底)墓道,使用且比湘东、湘西更为普及。

10. 江西地区

刘慧中的《生死观视野下的江西汉代墓葬分析》一文,将江西汉代墓葬分为土坑(无椁或有椁)墓、砖室墓两大类。西汉早期均为无墓道长方形竖穴土坑墓,西汉中晚期仍以无墓道长方形竖穴土坑(木棺)墓为主,部分为有墓道土坑木椁墓,墓道为台阶或斜坡墓道,墓道直通墓底。如1964年发掘的南昌老福山西汉中晚期木椁墓为台阶墓道,最下一级略高于椁室底部,椁室长5.3米、宽3.9米,是为中型"横葬制墓"。[2] 70年代南昌东郊发掘的13座西汉中期墓,多为土圹竖穴墓,其中M1、M2为阶梯墓道中型木椁墓,墓道因未发掘,长度不明,但知道在连接墓坑的墓道底端,1号墓高出墓底0.3米,2号墓则与墓底平,是为横葬制墓。[3] 前述南昌海昏侯刘贺墓园内,除刘贺及夫人的大型墓外,墓园内有中小型祔葬墓7座(M3—M9),均为"甲字形"墓,已发掘3座,M5为刘贺长子刘充国墓。这几座墓,墓道尽头直通墓底,是为中小型"横葬制墓"。[4]

---

[1] 罗炯炯:《湖南西汉墓葬研究》,湖南大学硕士学位论文,2009年。
[2] 江西省文物管理委员会:《江西南昌老福山西汉木椁墓》,《考古》1965年6期。
[3] 江西省博物馆:《南昌东郊西汉墓》,《考古学报》1976年2期。
[4] 江西省文物考古研究所、南昌市博物馆、南昌市新建区博物馆:《南昌市西汉海昏侯墓》,《考古》2016年7期。

11. 安徽地区

李湘、[1] 余静、滕铭予、[2] 邱少贝[3] 分别对安徽汉墓进行了系统研究。安徽汉墓以淮河为界,可分为南北两大区域,墓葬形制演变总体上经历了从西汉早期的竖穴土坑墓向砖室墓和石室墓的演变,这个转变过程大致发生在西汉晚期前段。

2013 年出版的《庐江汉墓》发表了 135 座汉墓资料,可作为淮河以南地区汉墓的代表。这批墓葬大部分为土坑(无棺椁或有棺椁)墓,少数为砖室墓。报告以墓为单位作了详细介绍,本文依据原报告的年代分期就墓葬形制作了进一步细分。报告将年代清楚的 113 座墓分为 4 期:第一期(西汉早期)3 座墓:无墓道长方形竖穴土坑墓 1 座、斜坡墓道土坑墓(墓道下部高出或与椁顶大体持平)2 座,均为"竖葬制墓"。第二期(西汉中期)31 座墓:无墓道长方形竖穴土坑墓 12 座、斜坡墓道土圹墓(墓道下部高出或与椁顶大体持平)14 座,是为"竖葬制墓";斜坡墓道(略高于墓底或与墓底持平)土圹墓 5 座,是为"横葬制墓"。第三期(西汉晚期)45 座墓:无墓道竖穴土坑墓 21 座、斜坡墓道土圹墓(墓道下部高出或与椁顶大体持平)13 座,是为"竖葬制墓";斜坡墓道(墓道下部略高于墓底或与墓底持平)土圹墓 10 座、砖室墓 1 座,为"横葬制墓"。第四期(新莽至东汉早期)34 座墓:无墓道竖穴土坑墓 23 墓、斜坡墓道土圹墓(墓道下部高出或与椁顶大体持平)5 墓,是为"竖葬制墓";斜坡墓道(墓道下部略高于墓底或与墓底持平)土圹墓 4 座、砖室墓 2 墓,是为"横葬制墓"。

安徽淮河以南地区西汉早期均为"竖葬制墓",西汉中期出现"横葬制墓",但直至新莽至东汉早期仍以"竖葬制墓"为主,"横葬制墓"则逐渐增多,砖室墓出现于西汉晚期。

---

[1] 李湘:《安徽地区汉代墓葬研究》,安徽大学硕士学位论文,2010 年。
[2] 余静、滕铭予:《安徽淮河以南地区两汉墓葬的分期》,《东南文化》2008 年 6 期。
[3] 邱少贝:《安徽江淮地区汉墓初步研究》,安徽大学硕士学位论文,2015 年。

12. 江苏地区

江苏汉墓可分为苏北和苏南两大区域,苏北以徐州汉墓、连云港汉墓为代表。刘尊志的博士学位论文《徐州汉墓与汉代社会研究》[1]在第三章中,将徐州中小型汉墓分为六大类:石(土)坑墓、石椁墓、竖井墓道洞室墓、石室墓、砖室墓、砖石混筑墓,根据其分类,前三类为"竖葬制墓",后三类为"横葬制墓"。该文指出:西汉时期徐州地区的大型墓葬较早地完成了从竖穴墓向横穴墓的转化,而中小型汉墓,西汉时期以石(土)坑墓、石椁墓、石坑竖穴洞室墓为主,而东汉时期则以石室墓、砖室墓和砖石混筑墓等横穴式墓占主导。骆琳的《连云港市的汉代墓葬形制研究》一文总结出:西汉时期是以竖穴为原理的木椁墓为主;西汉中晚期出现了砖木混合墓,这是木椁墓向砖室墓过渡的特殊形制;西汉晚期画像石墓开始出现,这时期的画像石墓是以竖穴单室石构墓的形制出现的;进入东汉以后,以使用木材为主的木椁墓明显减少,盛行以砖石为主要构筑材料的画像石墓和砖室墓,墓室顶部以券顶或穹隆顶为主。[2]

苏南地区以扬州汉墓为代表。扬州地处江淮东部,西汉时期该区先后属荆、吴、江都、广陵国,其间有数次国除归于广陵郡。刘松林对此进行了研究。[3] 扬州汉墓数量多,随葬品丰富,除诸侯王级的大型、次大型墓外,中小型墓多为无墓道竖穴土坑木椁墓或木棺墓,即均为"竖葬制墓"。

13. 岭南地区

《广州汉墓(1953—1960)》发表的汉墓中,属于西汉前期的墓葬共 182 座,其中,无墓道竖穴土坑墓 21 座(Ⅰ型),无墓道竖穴土坑木椁墓 118 座(Ⅱ型 1、2、3 式),带斜坡墓道土圹木椁墓 30 座(Ⅱ型 4、5 式),而规模较大、带斜坡墓道分室木

---

[1] 关于徐州汉墓的研究,可参见李银德《徐州汉墓的形制与分期》,徐州博物馆编《徐州博物馆三十年纪念文集》,北京燕山出版社,1992 年;刘尊志:《徐州汉墓与汉代社会研究》,郑州大学博士学位论文,2007 年。
[2] 骆琳:《连云港市的汉代墓葬形制研究》,《湖南省博物馆馆刊》第 7 辑,岳麓书社,2010 年。
[3] 刘松林:《扬州地区西汉墓葬研究》,安徽大学硕士学位论文,2012 年。

椁墓共13座（Ⅲ型）。这种带斜坡墓道的中小型土坑（木棺）墓或属于中型的土坑分室木椁墓，其斜坡墓道尽头均稍高于墓底或与墓底齐平，墓室采用"封门"式结构，即椁室靠墓道一端作敞门式结构，门洞用若干根木柱直竖封堵，所以凡采用椁口封门结构形式的必有墓道。《广州汉墓》中，属于西汉早期的带斜坡墓道"横葬制墓"总计43座，约占总数的23.6%。1973年发掘的广州淘金坑汉墓中，属于西汉早期的20座墓中，无墓道竖穴土坑墓（或有木椁）15座、带斜坡墓道土圹木椁墓5座，后者占总数的25%，[1]大致与《广州汉墓》比例接近。此外，广西贺县高寨M5、M9及贺县铺门河东金钟M1等与之相同。总之，除大型墓外，岭南地区南越国时期中小型墓葬"横葬制墓"也较多见。

《广州汉墓》中属于西汉中期的墓葬计64座，其中无墓道小型竖穴土坑墓8座、斜坡墓道单室墓26座（Ⅱ型5式，部分墓道被破坏）、斜坡墓道双层分室木椁墓30座（Ⅲ型3式）。有斜坡墓道木椁墓的墓道尽头略高于或与墓底齐平，均有墓门，也就是说，"横葬制墓"约占了总量的87%。属于西汉中期的这批墓的规模及随葬品不及西汉前期墓，属中小型墓。

《广州汉墓》中属于西汉后期的墓葬计32座，均为斜坡墓道土圹木椁墓，其中，斜坡墓道土圹单室墓（Ⅱ型5式）12座、斜坡墓道分室木椁墓（Ⅲ型3式）17座、斜坡墓道双层横前堂墓（Ⅲ型4式）3座。

岭南地区南越国时期王侯级别的大型墓多为带斜坡墓道的"横葬制墓"，但中型墓也多为带斜坡墓道的土圹木椁墓。

四、东汉时期"横葬制墓"的普及与特点

与西汉墓葬各地差别较大不同，东汉墓葬总体上已较为接近，也就是说"横葬制墓"已基本普及。以下选取具有代表性的地区略述如下。

---

[1] 广州市文物管理处：《广州淘金坑的西汉墓》，《考古学报》1974年1期。

1. 西安地区

《西安东汉墓》收录98座墓,其中91座墓为长斜坡墓道"横葬制墓",并以斜坡墓道砖室墓为主。吉林大学杨旭的硕士学位论文《西安地区东汉时期墓葬形制研究》一文,将截至2012年西安地区已发掘的249座东汉墓葬分为横穴洞室墓和竖穴土坑墓两大类,论文指出:"竖穴土坑墓中绝大多数是规模较大的砖室墓,墓室也砌成横穴洞室的形状,除了墓室是大揭顶向下挖成竖穴后修建的以外,其他特征与砖砌的洞室墓基本相同。"[1]然而,他所谓竖穴土坑墓只是从开挖方式来区分的,而这类墓均有长斜坡墓道,且墓道尽头与墓底大体齐平,有墓门、甬道设置,均属于"横葬制墓"。按照杨旭的分类,西安地区东汉时期的墓葬形制可分为4个大类:甲类为主室方形墓(穹隆顶墓),共有154座,占墓葬总数的62.86%;乙类为主室顺长方形墓(券顶墓),共有75座,占墓葬总数的30.61%;丙类为主室横长方形墓,共5座,占墓葬总数的2.04%;丁类为主室梯形墓,共11座,占墓葬总数的4.49%。

2. 洛阳地区

《洛阳烧沟汉墓》三型Ⅰ式墓出现于新莽前后,东汉早中期仍流行;三型Ⅱ式墓出现并流行于东汉早中期。四型墓,即双穹隆顶砖室墓与土圹抛物线顶墓23座,为竖井墓道以及竖井墓道加阶梯墓道两种,后者5座;四型墓出现并流行于东汉早中期。流行于东汉中晚期的五型墓,即前堂横列小砖墓7座,其中有竖井墓道的3座,竖井墓道加阶梯墓道的1座,斜坡墓道的3座。

洛阳一带带阶梯或斜坡墓道的"横葬制墓"在新莽至东汉早期出现,东汉中晚期成为主流。新莽至东汉早期墓葬形制的显著变化是出现了前堂后室的布局,墓室顶部开始出现穹隆顶,墓内空间进一步加大。东汉中期开始,耳室逐渐退化,斜坡墓道经过新莽至东汉早期的过渡,在该时期已完全成型。一些规模较大的墓葬开始出现多室,侧室设置取代了耳室,前堂后室的布局仍为主流,但前后室之间开

---

[1] 杨旭:《西安地区东汉时期墓葬形制研究》,吉林大学硕士学位论文,2014年。

始出现甬道,前室的形制开始由方形转变为横堂式。

3. 山东地区

据前引刘剑《山东地区汉代墓葬的考古学研究》一文,[1]鲁北地区西汉末至东汉早期大型、次大型墓葬新出现了斜坡墓道砖室墓,中小型墓葬仍多见无墓道砖椁墓,新出现了斜坡墓道单室砖室墓;东汉晚期大型墓葬多为长斜坡墓道前中后室砖石墓,中小型墓葬以斜坡墓道单砖室墓和前后室、前中后室砖石墓为主。鲁中南地区西汉晚期到东汉前期大型墓出现了斜坡墓道、竖穴凿岩墓圹的横前室多后室的平顶石室墓,小型墓以长方形竖穴石椁墓为主。东汉早期斜坡墓道砖室墓逐渐增多,但石椁墓、砖椁墓数量也占相当比例。东汉晚期大中型墓以斜坡墓道砖室墓、石室墓、砖石合构墓为主要形态,石室墓、砖石合构墓中画像石发达。

4. 京津冀地区

接续前引姜佰国的论文,[2]将京津冀地区东汉墓葬分为两大群(区):D 群"东汉墓幽州南部分布区"和 E 群"东汉墓冀州分布区"。[3]

东汉早期(第五期):D 群(幽州南部分布区)以 D 型土坑墓、Aa 型砖室墓为主;E 群(冀州分布区)以 Ca 型砖室墓、Aa 型砖室墓为主。除 D 型土坑墓外,余均为"横葬制墓"。

东汉中期(第六期):D 群(幽州南部分布区)主要有 E 型土坑墓、Ab 型砖室墓、Ba 型砖室墓;E 群(冀州分布区)以 Ca 型砖室墓、Aa 型砖室墓和 Ba 型砖室墓为主。除 D 型土坑墓外,余均属于"横葬制墓"类。

东汉晚期(第七期):D 群(幽州南部分布区)以 Ca 型砖室墓、D 型砖室墓、Ba 型砖室墓为主;E 群(冀州分布区)以 Ca 型砖室墓、D 型砖室墓、Aa 型砖室墓为主,即均属于"横葬制墓"类。

---

[1] 刘剑:《山东地区汉代墓葬的考古学研究》,山东大学博士学位论文,2012 年。
[2] 姜佰国:《京津冀地区汉代墓葬研究》,吉林大学硕士学位论文,2007 年。
[3] 姜佰国:《京津冀地区汉代墓葬研究》,吉林大学硕士学位论文,2007 年。

5. 晋陕北部及内蒙古中南部地区

据《山西朔县秦汉墓发掘简报》,西汉末至东汉初期墓葬新出现Ⅶ型斜坡墓道砖室墓;东汉中晚期33座,均为带斜坡墓道的砖室墓,可分为Ⅷ型前室穹隆顶后室券顶墓、Ⅸ型单室穹隆顶墓、Ⅹ型多室穹隆顶墓。

陕北晋西北地区东汉时期以画像石墓多见,主要有石室墓和砖石合构墓两大类,除东汉早期仍有少量竖井墓道砖券墓外,绝大部分为长斜坡墓道的"横葬制墓"。

据《内蒙古中南部汉代墓葬》,东汉前期墓葬形制有单室穹隆顶带小耳室砖室墓以及仿穹隆顶墓的土洞墓,均为长斜坡墓道;东汉后期均为带长斜坡墓道的砖室墓,有单室穹隆顶多耳室墓、多主室穹隆顶墓、中轴线布局穹隆顶墓等。

6. 三峡地区

据前引蒋晓春《三峡地区汉墓研究》一文,三峡地区东汉前期(第四期第一段)的墓葬有24座,形制明确的有16座,其中A型土(石)坑墓5座,为竖葬制墓;Ab、Ac、B型砖(石)室墓共10座,崖(洞)墓1座,均为"横葬制墓",占比达68%以上。东汉中期(第四期第二段)的墓葬有52座,在46座形制清楚的墓葬中,A型土(石)坑墓1座、Aa型砖(石)室墓2座,属于"竖葬制墓";Ab、Ac、B型砖(石)室墓、崖(洞)墓及土洞墓共计43座,为"横葬制墓",占比达93%以上。东汉晚期(第四期第三段)形制清楚的墓葬有52座,其中无墓道的Aa型砖(石)室墓2座,属"竖葬制墓";其余墓葬共计50座,均属于"横葬制墓",占比达96%以上。

7. 岭南地区

《广州汉墓》中,属于东汉前期的墓葬41座,2座墓破坏严重形制不详;其余墓葬中,土圹单室木椁墓(Ⅱ型5式)4座,分室木椁墓(Ⅲ型3、4、5式)25座,直券顶砖室墓(Ⅳ型)9座,横前堂砖券墓(Ⅴ型)1座。凡保存较好者皆有斜坡墓道,墓道底部与墓底高度接近(双层木椁墓的上层)。东汉后期墓葬90座,81座保存较好,以砖室墓为主,约占十分之七。[1]其中,带墓道分室木椁墓(Ⅲ型4、5式)13座、直券顶砖室墓(Ⅳ型)14座、横直券顶(横前堂)砖室墓(Ⅴ型)13座、前穹隆顶后券顶砖室墓(Ⅵ型)36座、双穹隆顶砖室墓(Ⅶ型)5座。需要说明的是:部分墓葬的墓道因工程关系或盗扰严重而未发掘,但从已发掘者看,均为斜坡墓道。

黄秋红《广西东汉墓的考古学研究》,将广西东汉墓分为土坑墓、木椁墓、砖木合构墓、砖石合构墓、砖室墓五大类。其中,土坑墓均为小型墓,无墓道者43座,有斜坡墓道者127座;木椁墓33座,多为中型墓,其中,无墓道者8座,有斜坡墓道者25座;砖木合构墓7座,均有斜坡墓道;砖石合构墓1座,有斜坡墓道;砖室墓100座,其中单室券顶墓42座(无墓道的4座,带墓道的38座),斜坡墓道分室直券顶墓58座,斜坡墓道穹隆顶加券顶墓26座,石室墓17座。[2]以上各类墓,土坑墓和木椁墓流行于东汉早中期,东汉晚期则基本被砖室墓取代,但土坑墓仍占有一定比例。砖室墓主要发现于桂南地区,又以合浦、贵港居多,年代大多数为东汉中晚期。桂东北的阳朔、昭平等地除砖室墓外,东汉中晚期还多见石室墓。

东汉墓葬总体上有以下几个特点:

其一,除岭南地区木椁墓延续时间较长外,全国各地均以砖室墓为主;苏鲁豫皖邻近地区、南阳地区、陕北及晋西北地区石室或砖石合构的画像石墓发达;西南地区则崖洞墓盛行;壁画墓在北方地区分布较广。

其二,东汉时期除部分低等级的小型墓仍为无墓道竖葬制墓外,大部分为带长斜坡墓道的砖室墓、石室墓、砖石合构墓、崖洞墓等,也就是说"横葬制墓"已基本普及。

其三,东汉时期,特别是东汉中晚期,由于大土地所有制的发展,地方高官豪强的墓葬规模与诸侯王、列侯不相上下。夫妇合葬现象从西汉武帝时的中小型汉墓开始,至东汉时扩展至帝王陵墓。同时,家庭多代合葬墓亦占有一定比例,墓葬规模也相应扩大。

---

[1]《广州汉墓》发掘报告原文为79座,今据报告中各型墓葬数量及《东汉后期墓葬形制表》改正。
[2] 黄秋红:《广西东汉墓的考古学研究》,广西师范大学硕士学位论文,2012年。

五、"横葬制墓"从出现到流行的原因及意义

包括秦东陵1号陵园1号黄肠题凑大墓、秦始皇陵园西墙外1号大型斜坡墓道土圹木椁墓、临潼上焦村6座中小型斜坡墓道洞室木椁墓在内,战国晚期至秦代,秦都咸阳附近的"横葬制墓"已非孤例,而在关东六国地区尚无发现。因而,有理由认为"横葬制墓"起源时间不晚于战国晚期至秦代,起源地域为秦国都城咸阳附近。

汉承秦制,属于西汉时期的"横葬制墓"多发现于汉长安都城一带,即今西安及其邻近地区。其中,除西汉帝陵大型黄肠题凑墓见于文献记载但尚未发掘外,列侯、高官、高等级贵族的大型、次大型斜坡墓道土圹木椁墓不仅时代多偏早,且发现的数量也远多于全国其他地区。

从前面的分析看,关中以外地区西汉早期的大型、次大型"横葬制墓"主要有三类:一类为诸侯王级别的大型黄肠题凑墓,诸侯王国"宫室百官、同制京师",诸侯王级别的黄肠题凑墓与西汉帝陵相同但规模略小。从文献记载看,黄肠题凑葬制很可能需要皇家恩赐,也就是说其源头应来自帝都长安。第二类为大型、次大型斜坡墓道土圹木椁墓,这类"横葬制墓"多与列侯级别有关。文献记载,西汉初年被分封的首批列侯多居于长安不就国,文帝前元二年下诏"令列侯之国"。居于长安的列侯、高官、贵族死后多陪葬帝陵,而首批就国列侯以及后来新分封的列侯则居于封地,死后葬于当地,从而将长安都城大型、次大型"横葬制墓"及葬埋理念带到了汉域各地。例如,湖南一带西汉早期,包括大墓在内,多为传统的"竖葬制墓",但虎溪山1号大墓一反传统,不仅斜坡墓道直通墓底,且墓壁人字形阶梯设置也与关中西汉早期大墓常见的作法类同。[1] 第三类为大型斜坡墓道或平行墓道横穴式崖洞墓,西汉早期即见于徐州楚国王陵、永城梁国王陵,应属于本地起源,但与诸侯王、列侯大墓多采用"横葬制墓"及葬埋理念不无关系。至于西汉中晚期新出现的

---

[1] 湖南省文物考古研究所:《沅陵虎溪山一号汉墓》,文物出版社,2020年。

斜坡墓道砖室墓、石室墓，则是建筑技术进步与横葬制理念结合的产物。

前面已经提到，黄晓芬曾认为南方战国时期楚式墓在木椁上绘制或雕刻门窗，由此竖穴式墓可能演变为具有真正墓门的横穴式室墓，但考古发现并不支持这一观点。其实，长江中下游原楚文化核心区域，不仅战国晚期没有出现这种变化，直至西汉早期，诸多大型、次大型或中型墓斜坡墓道底部与椁室顶部大体持平，无墓门设置，仍为传统的"竖葬制墓"形态，如长沙马王堆3座轪侯家族墓、[1]长沙砂子塘M1[2]等。南方楚式墓在木椁上绘制或雕刻门窗，尽管在战国时期就较多见，但这种门窗只具有宅第象征意义，并没有演变为具有真正墓门或封门的"横葬制墓"，而当地以黄肠题凑墓为代表的"横葬制墓"，其来源则是帝都长安。

总之，"横葬制墓"起源于战国晚期至秦代的秦都咸阳一带，西汉时期首先在长安都城附近高等级大型、次大型墓葬中广为流行，随着诸侯王、列侯的分封就国而传播或影响至汉域各地。然而，与大型、次大型墓葬不同，中小型"横葬制墓"取代"竖葬制墓"，则经历了一个较长的发展过程，即从战国晚期至秦代开始出现，西汉早期有所发展，西汉中晚期逐步增多，直至东汉时期才最终完成了这一变革。俞伟超先生在《考古学中的汉文化问题》一文中指出："汉初六七十年时间内的文化，其中的政治制度承自于秦，并一直维持到汉末；社会思潮的主流，则是来自楚地的黄老思想；其社会习俗，虽然各地都有自身特点，但从总体面貌看，则是六国文化的复活。"[3]埋葬习俗属于社会习俗的一部分，而社会习俗特别是葬俗一般来说具有保守性，新的葬俗被接受，特别是被普通民众所接受，通常需要经历较长的时段。就全国而言，西汉时期中小型"横葬制墓"替代"竖葬制墓"经历了一个漫长的过程，与大型、次大型墓葬相比，具有滞后性与发展的不平衡性，并呈现出一定的规律性。即原来六国文化发达的中心区域，如三晋两周地区的豫西、豫北、晋南地区，整个西汉时期基本沿袭了战国以来无墓道长方形竖穴墓以及竖井墓道洞室墓的传

---

[1] 湖南省博物馆、中科院考古研究所：《长沙马王堆一号汉墓发掘简报》，文物出版社，1972年；湖南省考古研究所、湖南省博物馆：《长沙马王堆二、三号汉墓》，文物出版社，2004年。
[2] 湖南省博物馆：《长沙砂子塘西汉墓发掘简报》，《文物》1963年2期。
[3] 俞伟超：《考古学中的汉文化问题》，原载（台北）《考古·文明与历史》，中研院历史语言研究所，1999年；后收入俞伟超：《古史的考古学探索》，文物出版社，2002年。

统,"竖葬制墓"始终占据统治地位;长江流域的楚文化分布区域,包括两湖、皖赣、江浙在内,除去诸侯王、列侯的大型、次大型及部分中型墓外,西汉时期大多数中小型墓仍保留了楚文化的传统,即以"竖葬制墓"为主;山东齐鲁文化区的情况亦大致相似,"横葬制墓"也是在东汉时期才占据主导地位。与上述情形相反,在原六国文化的边缘地带以及汉代新开辟的疆域,如长城沿线地区、河西走廊一带,"横葬制墓"出现较早且数量较多,西汉中晚期至新莽时期逐步占据主流地位。这种状况,显然与移民戍边,长安都城墓葬文化向外传播有着直接关系。

这里需要特别讨论的是,在岭南地区,即在西汉早期的南越国,这种"横葬制墓"已较为多见,不仅出现了大型石室墓,还有多座大型斜坡墓道土圹木椁墓,特别是在南越国都城"番禺"一带,即今广州地区,具备"横葬制墓"特征的中型斜坡墓道土圹木椁墓所占比例相对较高。那么,其源头究竟是本地文化传统?还是受外来文化影响所致?我们知道,西汉早期南越国墓葬的葬俗与随葬品呈现出土著的越文化与中原汉文化相结合的特点。就墓葬形制而言,南越国时期大型墓葬普遍为墓道直通墓底的"横葬制墓",而西汉早期中小型"横葬制墓"的比例也高于同期关中长安都城,西汉中期以降所占比例则更高。因而,南越国时期的"横葬制墓"可能并非受中原文化影响,而是源于当地的越文化葬俗。近期,广州陂头岭的考古新发现为探寻岭南地区"横葬制墓"的来源提供了重要线索。陂头岭位于广州市黄埔区龙湖街黄田村西北,由两个小山岗相连组成。2016 年 6 月至 2017 年 3 月,广州市文物考古研究院为配合基本建设进行了抢救性考古发掘,清理战国墓 19 座、西汉早期墓 2 座。2020 年 10 月起进行了第二期发掘,除新石器时代墓葬、窖穴、灰坑外,还清理了战国中晚期至西汉初期墓葬 39 座。这批墓葬中,小型墓均为长方形竖穴土坑墓,大中型墓均为带墓道的"凸"字形墓,地表封土明显,保存较好。大中型墓均被盗,劫后余存的随葬品均为陶器,以米字纹、方格纹、弦纹、水波纹以及素面的硬陶瓮、罐、瓿、盂、盒、杯为主,也有少量泥质软陶的罐和瓿,具有典型的越文化特征。值得注意的是,据发表的图片观察,并咨询前往考察的一些学者,得知这批大中型带墓道的墓(近 20 座),墓道底部直通墓底,与墓室底部大体持平。发掘者称:"陂头岭遗址发现的战国中晚期至西汉初期墓群是目前岭南地区数量最多、规模最大、封土保存最为完整的高等级越人墓地。其中,位于陂头岭北部山顶的 M30 地表封土南北长约 30 米、东西宽约 25 米、残高约 1.2 米,是岭南地区目前所知封土保存最为完整、封土保存规模最大的战国晚期墓葬。地表有相对高大的封土、墓葬顺山体走势排列、墓穴埋深较浅、墓坑底铺石床等具有明显江浙土墩墓的遗风,反映出强烈的越文化的族属特征。而部分大中型墓葬的棺椁设置可看到岭北楚文化的影响,反映出楚越交融的态势。"[1]

下面讨论"横葬制墓"出现并流行的原因,综合看来主要有四点：便利化需求、宅第化趋势、合葬墓盛行、筑墓技术的进步。

首先,"横葬制墓"为何发生在秦汉都城之地的关中地区,并且首先在高等级的大型、次大型墓葬中流行呢？我们知道,从春秋早期礼县大堡子山秦公大墓、春秋晚期凤翔雍城秦景公大墓,再到战国秦王陵、秦始皇陵,其墓葬规模与同时代之列国国君大墓相比,都要大得多。这与秦国君主权力高度集中、中间等级不发达有关,也与秦人好大喜功、以大为美的传统思维不无关系。战国时期秦国国君称"王"后,拥有四条墓道,拥有高大坟丘,且墓葬规模显著扩大,与此同时也需要解决墓室回填土及封土的承重问题,而黄肠题凑墓的题凑墙正可满足这种需求。从考古发现看,传统的大型木椁墓因为木椁用材及葬具结构决定了承载力有限,墓室越大越容易朽毁坍塌,而黄肠题凑葬制则因为棺椁四周垒砌的题凑木墙整体承载力及抗腐蚀性远强于一般木椁墓,因而不易塌陷。凤翔雍城春秋晚期秦景公 1 号大墓的木椁枋木用材四出榫头加长了数十厘米,从而向外形成一周看起来颇为特殊的框式规范,故有人称之为黄肠题凑。但这种木椁结构与真正的题凑墙"木头皆内向"本质上存在不同,还不能称之为黄肠题凑。然而,这种木椁用材四出榫头加长的作法在客观上可能为后来题凑墙"木头皆内向"的出现提供了某种暗示。或许,这正是黄肠题凑葬制在战国时期首先在秦国国君大墓中出现的原因吧。

"黄肠题凑"葬制之题凑木墙一旦出现,承重问题得到解决,便可提前回填墓

---

[1] 广州市文物考古研究院官网(新闻动态):《黄埔陂头岭发现新石器时代晚期遗存和战国至南越国时期高等级越人墓地》,2021 年 4 月 13 日。

室填土及墓上封土,并加快大型墓葬的建设进度,于是直通墓底的长斜坡墓道、墓门、甬道的设置自然而然发生。此外,大型墓葬棺椁大、随葬品多,采用传统的下葬方式多有不便,横向进入墓室则完美地解决了这些问题。也就是说,便利化需求是横葬制墓出现的第一要素。至于秦国大型、次大型带斜坡墓道木椁墓以及中小型斜坡墓道土洞木椁墓采用"横葬制墓"形式,或是受到黄肠题凑墓的影响而出现的。此外,秦始皇陵陵园内外的兵马俑坑、石铠甲坑、马厩坑、百戏俑坑等众多陪葬坑,均采用了斜坡坑道底部与坑底持平的方式,这样方便出入。也就是说,包括黄肠题凑墓以及秦俑坑在内,这种构筑方法及其理念一旦形成,就对墓葬埋藏方式产生了示范意义。

关于宅第化趋势。墓葬是为死者准备的地下居室,是地上宫室、宅院建筑的象征,这在文献记载及考古发现中有很多例证可以说明。例如,为死者选择墓穴位置而进行的占卜,称为"卜宅";商系墓葬流行的腰坑实质上是地上建筑奠基坑的模拟;曾侯乙墓、天星观楚墓等在棺椁上彩绘门窗图案,显然表示棺椁为死者的室宅;楚式墓葬的椁室分箱,学者均认为体现了宫室宅第建筑的等级特征;把地下墓室建造成生前居室状,在汉代有了更充分的发展。汉代帝王生前居住在宫殿中,死后安葬之所称为"地宫",棺柩称为"梓宫"。满城汉墓的后室用石板材搭建成房屋形,南北耳室、中室都有瓦顶的木结构建筑。汉画像石墓中的题刻有直接称墓为"室"或"宅"的,如陕北绥德王得元墓的纪年刻铭为:"永元十二年四月八日,王德元室宅";绥德郭稚文墓为:"圜阳西乡榆里郭稚文万岁室宅·永元十五年三月十九日造作居";米脂官庄牛文明墓为:"永初元年九月十六日牛文明千万岁室,长利子孙"等。汉代以降墓室中往往以彩画、土雕、石雕或砖雕表现斗拱、梁架、门窗等结构,更是逼真地表现了墓葬作为死者地下室宅的功能特征。先秦时期,由于受生产力发展水平和建筑技术的影响,墓葬形制多为较单一的长方形竖穴土坑墓,或是斜坡墓道与椁室顶部大体持平的"竖葬制墓",这种方式可节省资源和人力。无论是先秦还是两汉,葬埋观念均是"事死如事生",地下墓室既然是地上居室的模仿,那么按照生前居室的结构建造地下墓室是很自然的事,而地上建筑都是通过门道横向进入的,一旦技术条件成熟,具有斜坡或平行墓道并设有墓门的"横葬制墓"迟早会发生。这种"横葬制墓"出现后,逐步成为墓葬形制的主流是必然的。不过,这一墓制首先在大型、次大型墓葬中率先实行,而中小型墓葬除了受传统文化制约外,还因为"竖葬制墓"比较省时省力,因而经历了一个较长的发展过程,近现代平民阶层的小型墓仍多为无墓道的"竖葬制墓"。

关于"横葬制墓"从出现到逐步流行与筑墓技术的关系问题。黄肠题凑墓虽然仍是木结构墓,但题凑墙很好地解决了填土与封土的承重问题,自然也是筑墓技术的一大进步。两汉时期,铁器的广泛使用使得凿山为藏的崖洞墓成为可能,而空心大砖、各型小砖以及石材的广泛应用,在扩大墓室空间、改变墓室结构上发挥了重要作用。西汉晚期以及东汉时期筑墓材料与技术的进步促进了"横葬制墓"的发展。

此外,"横葬制墓"从产生到普及还有另一层原因。先秦时期均为"单葬墓",汉代,特别是汉武帝以后逐步流行"合葬墓"(夫妇合葬乃至家庭多代合葬)。"单葬墓"死者一次性被掩埋,不需要二次打开墓室;而"合葬墓"之"夫妇合葬"或"家庭多代合葬",死者一般不会同时死亡,需要两次或多次打开墓室,因而具有斜坡墓道、墓门结构的"横葬制墓"显然比较方便。《广州汉墓》发掘报告曾指出:"井椁"式的结构、周壁密闭,下葬时椁板、棺具与随葬物品只能由上往下悬吊;封门式则不同,一切可从墓道运入。合葬墓可先后二次入葬,第二次入葬只需把墓道的填土挖开,当中的封门木柱就可以逐根拆移、入葬后再行封堵。《广州汉墓》发掘报告的这一论述道出了"横葬制墓"在汉代逐步流行的动因之一。此外,墓内设奠祭祀的出现也是合葬制发展的需要。合葬墓因为再次进入墓室会打搅死者,因而需要在墓内设奠以祭祀墓主。《汉墓的考古学研究》一书曾认为"椁墓"向"室墓"变化的内在原因之一是墓内祭祀空间的兴起,但这种说法不符合汉代墓内祭祀及墓形发展的实际情况。事实上,中国古代墓葬祭祀最早并不在墓内进行,先秦时期祭祀祖先在宗庙进行,而宗庙在城内。而自汉惠帝开始"陵旁立庙",祭祀挪至陵墓旁。至于在墓中设奠祭祀要到新莽前后才出现,即在墓内摆放杯盘案几等祭奠器。蒋若是先生在北大讲学时曾提到,洛阳汉代早期墓只能爬着进去,中期弯着腰进去,晚期可以站直了进去。也就是说,墓室空间由低矮向高大发展,新莽前后乃至东汉时期流行前室穹隆顶墓,后室券顶,或者前后室均为穹隆顶的砖室墓、石室墓,正是为适应合葬制与墓内设奠需要,墓内祭祀空间的兴起是墓形发展的结果而不是原因。

诚然,"横葬制墓"从出现到流行,并非与合葬墓的盛行、筑墓技术(砖石的应用)的进步保持同步,而是存在滞后效应。例如,合葬墓以及砖石墓出现于西汉中晚期,但中小型横葬制墓的流行要到西汉晚期乃至东汉时期;至于帝王级别的大型合葬墓则要晚至东汉时期才出现。也就是说,合葬墓的盛行、筑墓技术(砖石的应用)的进步只是促进了"横葬制墓"的发展,而便利化需求、宅第化趋势才是"横葬制墓"出现并流行的主要动因。

综上所述,商周至秦汉的埋葬习俗与制度,经历了从"周制"到"汉制"的重大变革,而体现在墓葬形制方面:前者为"竖葬制墓",后者则以"横葬制墓"为代表。然而,从"周制"到"汉制",墓葬形制的变化仅是一个方面,其他诸如墓地制度、合葬制度、葬品制度、祭祀制度、观念信仰等都发生了一系列变革。因此,要弄清从"周制"到"汉制"的变革,还需要从多方面入手,这篇文章只是触及了一个方面而已。

不仅如此,埋葬习俗与制度的变革又与社会转型的时代大背景紧密联系。从商周到秦汉,国家形态从诸侯林立的方国、王国转变为中央集权的大一统帝国,以分封世袭为特征的血缘政治转变为以郡县治理为主的地缘政治,农业社会最基础的土地制度从公有制转变为私有制,这些变革无不对埋葬习俗与制度产生了重大影响。有关这方面的研究,史学界已经取得诸多成果,而考古学者从考古发现,特别是从极为丰富的墓葬资料入手,或可为古代社会转型提供考古学独特的观察视角。

2001—2004 年初稿,2014 年二稿,2020 年 5 月—2021 年 4 月修定稿

(本文原名"汉代'横葬制墓'的起源与发展",载北京大学中国考古学研究中心、北京大学震旦古代文明研究中心编:《古代文明》第 16 卷,上海古籍出版社,2021 年。此次重刊作了个别技术性修订。)

6
汉承秦制的考古学观察
——以帝王陵墓制度为中心

长期以来,大凡提到"汉承秦制",人们熟知的多是皇帝制度、官僚制度、郡县制度等政治领域,以及度量衡、车同轨、书同文等经济、文化范畴。然而,考古资料揭示,在秦汉埋葬制度,特别是帝王陵墓制度方面,我们看到"汉承秦制"同样是如此之突出。例如:西汉帝王陵墓及陵园制度诸要素之陵园布局、陵墓方向、礼制建筑、陪葬坑制度、陪葬墓制度、陵邑制度、地宫黄肠题凑葬制等,无不承继战国秦王陵以及秦始皇陵而来。此外,西汉帝王陵园的营造理念也与秦始皇陵园保持一致,即都是帝王居住及权力体现的宫室建筑即宫城的一般性象征。

一、秦汉帝王陵墓及陵园建制诸要素之比较

1. 陵园建制

商周时期,王室及诸侯方国国君死后普遍实行多代集中埋葬于同一公共墓地的"集中公墓制"。[1] 集中公墓制的主要特点是集中埋葬,一般没有兆沟或墙垣,也没有单独的陵名。春秋时期的雍城秦公大墓开始出现以兆沟为界标的陵园,但处于过渡形态,而到了战国时期,包括秦国在内,列国普遍实行以一代国君为中心的"独立陵园制"。秦始皇陵则在继承战国秦王陵以及列国陵园制度的基础上,实行"独立陵园制",规模更为宏大、设施更为复杂,管理更为完善。西汉帝王陵同样普遍实行以一代帝王为中心的独立陵园制。(图6-1)

---

[1] 赵化成:《从商周"集中公墓制"到秦汉"独立陵园制"的演化轨迹》,《文物》2006年7期。

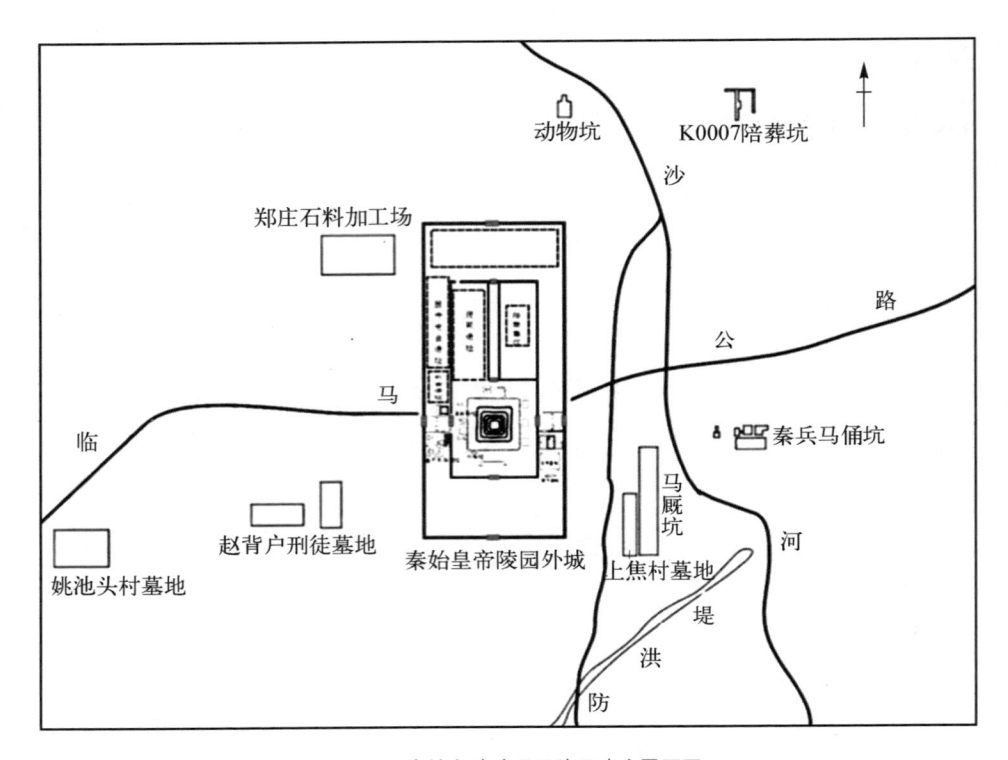

图 6-1　秦始皇陵陵园及陵区遗迹平面图

战国时期包括秦王陵在内的列国陵园,兆沟或垣墙为两重或三重。秦始皇陵园为双重城垣,西汉帝陵也是双重城垣。秦始皇陵东、北门发现门阙建筑,其中,东门为三出阙。汉代帝陵城垣四门皆有阙。景帝阳陵的东、南门已发掘,皆为三出阙。

2. 陵墓朝向及坟丘

礼县大堡子山春秋早期秦公大墓、凤翔雍城秦公大墓均为东西方向的中字形大墓,而东墓道长于西墓道,以墓道计为东向。战国时期的秦王陵为四条墓道的亚字形大墓,均以东墓道为主。秦始皇陵地宫周围经过钻探,也以东墓道为主。也就是说,秦始皇陵是东向的。汉代帝陵地宫钻探表明也以东墓道为主,与秦始皇陵一致。

战国时期,包括秦国在内,列国大型墓葬普遍出现坟丘,秦始皇陵及西汉帝陵皆为覆斗状的高大坟丘。

3. 礼制建筑

战国时期,包括秦国王陵在内的列国王陵,陵园内普遍发现夯土建筑基址,这些夯土建筑基址应当属于陵寝礼制建筑一类。

秦始皇的陵寝建筑位于陵园西北部,包括寝殿、便殿、园寺吏舍等,有的已经过部分发掘。汉代帝陵乃至诸侯王陵亦普遍发现陵寝建筑,与秦始皇陵相似。不仅如此,文献记载汉代帝陵陵寝祭祀礼仪制度亦源自秦。不同的是,自汉惠帝开始,陵旁立庙是汉代新创。

4. 陪葬坑制度

商周时期国君乃至高等级贵族大墓附近除车马坑外,无器物陪葬坑。大堡子山春秋早期秦公大墓旁边的乐器坑以及郑国故城春秋中期的多座青铜乐器坑、礼器坑均属于祭祀坑,而不是陪葬坑。[1] 器物坑陪葬制度始于战国时期。战国时期的秦王陵皆发现有陪葬坑,而秦始皇陵的陪葬坑规模更为宏大,数量更多,其中的兵马俑坑是为秦始皇陵首创。西汉帝陵乃至诸侯王陵普遍有陪葬坑,陪葬坑的规模尽管略小于秦始皇陵,但数量甚至更多。(图6-2)从钻探与发掘看,西汉帝陵也普遍存在兵马俑陪葬坑,一些诸侯王陵如徐州狮子山楚国王陵亦发现兵马俑陪葬坑。

5. 陪葬墓制度

战国时期包括秦国在内的列国王陵是否有陪葬墓,尚不清楚。但秦始皇陵近年在陵园垣墙以西钻探出多座中字形大墓及甲字形大墓,其中已发掘1座,属于秦始皇陵的陪葬墓应无问题。汉代帝陵从高祖长陵开始,历代西汉帝陵都有数量众多的陪葬墓。因地形地貌限制,其陪葬墓的方位或有不同,但皆在陵园外。

6. 陵邑制度

陵邑制度始于秦始皇陵,西汉帝陵普遍设置陵邑。

---

[1] 河南省文物考古研究所:《新郑郑国祭祀遗址》,大象出版社,2006年。

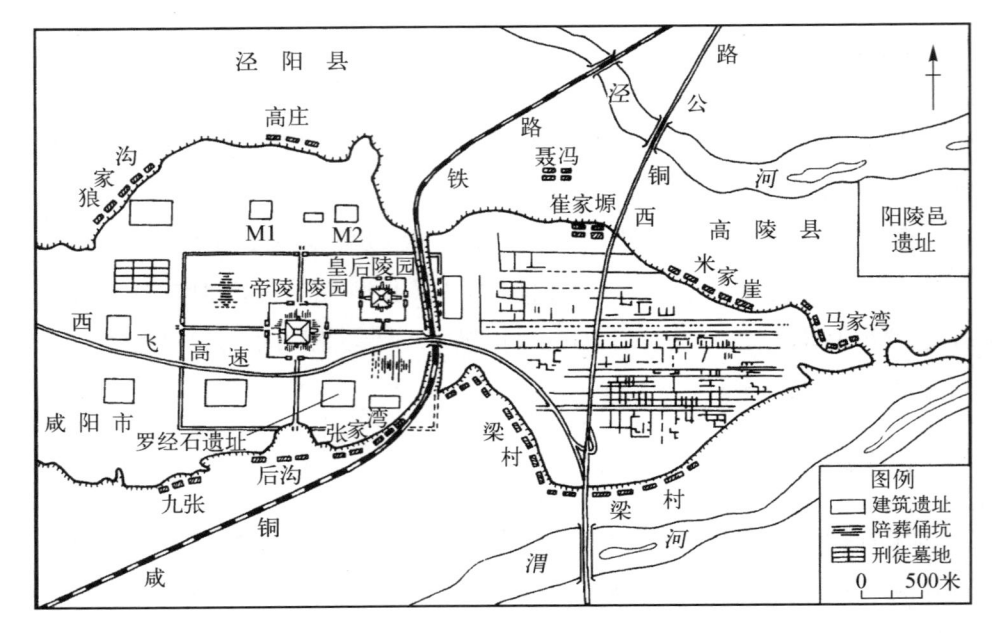

图 6-2　汉景帝阳陵陵园与陵区遗迹平面图

7."黄肠题凑"葬制

从文献记载和考古发现看,西汉皇帝及皇后、诸侯王及王后普遍使用"黄肠题凑"葬制。西汉帝陵地宫尽管尚未发掘,但文献多有记载,而已经发掘的西汉诸侯王及王后黄肠题凑墓已有 10 多座。

由于秦东陵 1 号陵园 1 号大墓被盗,考古人员由盗洞进入墓室,从拍摄的照片及录像资料看,整齐见方的题凑木墙清晰可见,由此可知该墓使用了黄肠题凑。该墓被盗文物中有"八年造"刻铭漆木高足豆,学者多认为墓主是秦始皇曾祖父秦昭襄王。[1] 既然战国晚期秦昭襄王墓使用了黄肠题凑,而汉初乃至西汉历代帝王陵墓普遍使用这一葬制,那么,时代介于二者之间的秦始皇陵地宫使用黄肠题凑葬制的可能性自然也就极大。也就是说,汉代帝王陵墓的黄肠题凑葬制当源自战国秦王陵及秦始皇陵。[2]

---

[1] 该墓是否为秦昭襄王墓还有待于发掘后才能确定。
[2] 赵化成:《秦始皇陵地宫"黄肠题凑"葬制略说》,《秦始皇帝陵博物馆论丛(2022)》,西安地图出版社,2022 年。

二、秦汉帝王陵园的象征意义：宫城·帝王之家·家国一体

有关秦始皇陵园的象征意义学界有不同的解说，一般认为象征着都城建制，即所谓"若都邑"。[1] 笔者早年曾撰写一篇论文《秦始皇陵园布局结构的再认识》，[2] 论证秦始皇陵园应是宫室建筑及宫城的一般性象征，其主要理由有三点：

其一，秦都咸阳本无大城，即无郭城，秦始皇陵园模拟都城无从说起。

其二，从秦始皇陵两重陵园内的遗迹分布及内涵看，与都城并不相符，而与宫城建制大体契合。

其三，秦始皇陵的陵园制度源自战国秦王陵以及中原列国王陵。尤其是长方形的双重陵园与战国中山王䓝墓出土的"兆域图"铜板颇相似，而"兆域图"铜板铭文明确标明两重城垣皆为宫城城垣。（图6-3）

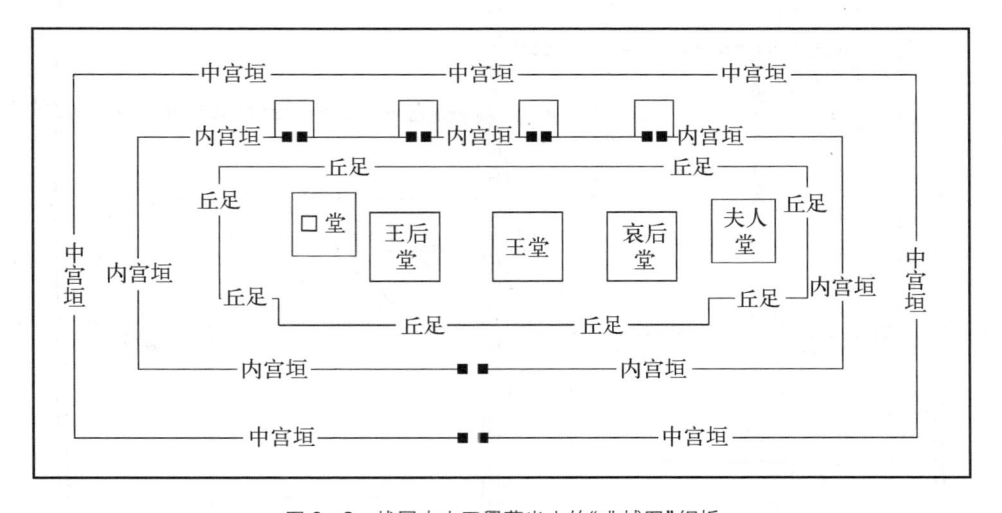

图6-3 战国中山王䓝墓出土的"兆域图"铜板

---

[1] 曹玮、张卫星：《秦始皇帝陵考古的历史、现状与研究思路——基于文献与考古材料的讨论》，《秦始皇陵博物院院刊》总壹辑，三秦出版社，2011年。
[2] 赵化成：《秦始皇陵园布局结构的再认识》，载陕西省考古研究所编：《远望集——陕西省考古研究所华诞四十周年纪念文集》，陕西人民美术出版社，1998年。

那么,西汉帝陵陵园又如何呢?

西汉长安城的郭城(大城)呈不规则形,每边有3座城门,共计12座城门。汉长安城为多宫制布局,有未央宫、长乐宫、北宫、明光宫等。其中未央宫位于大城之西南部,略呈长方形,是大朝正殿之所在及皇帝、皇后的居所。长安城除宫室建筑外,还有供大臣居住的北阙甲第、一般人居住的一百二十间里,以及东西市、手工业作坊等。显而易见,西汉帝陵陵园与长安城复杂的内涵相去甚远,而与宫城即未央宫相似。(图6-4)

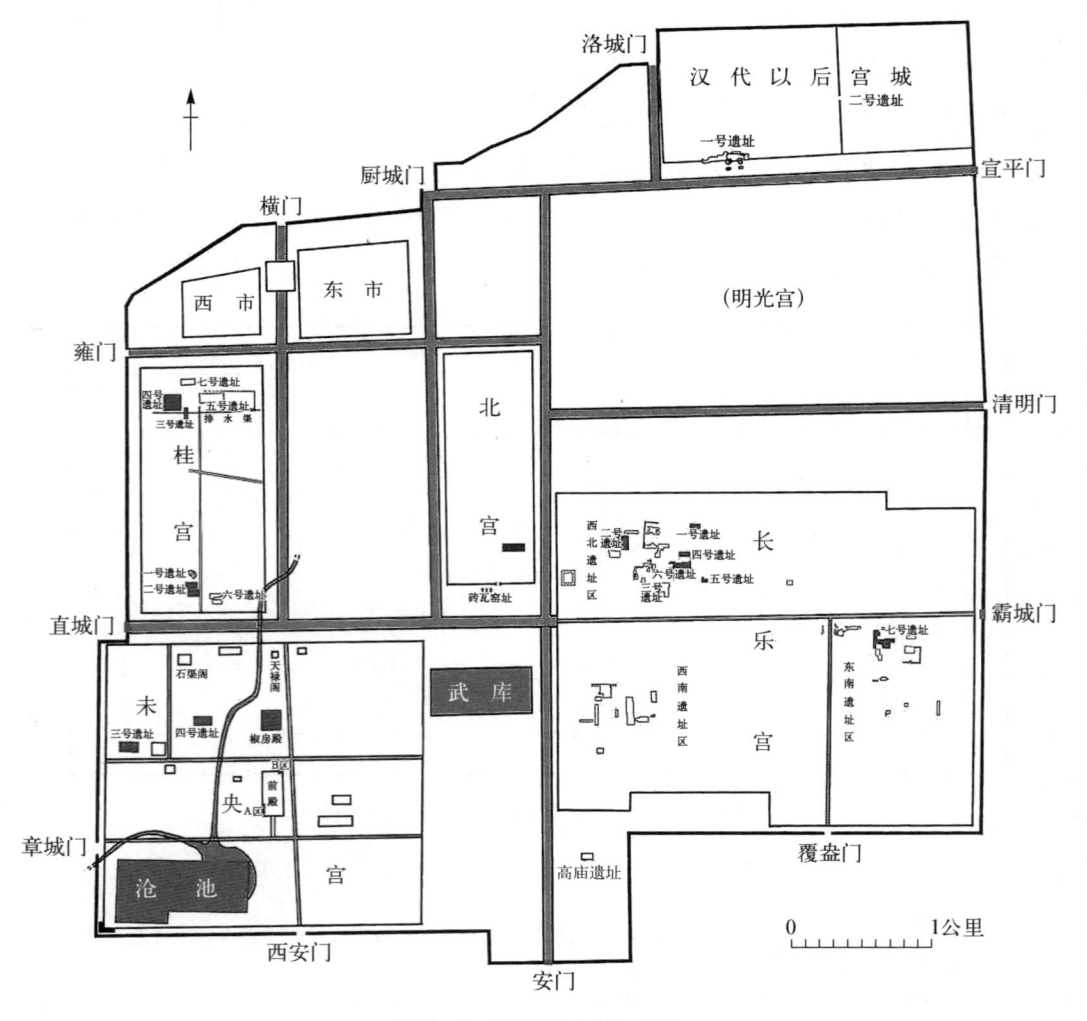

图6-4 汉长安城遗址平面图

这里,以阳陵为例略作说明。陵园为双重城垣,外陵园长方形,内有帝陵及帝后陵,各有内陵园,象征着未央宫内皇帝、皇后居住的宫殿。围绕帝陵及帝后陵有数量众多的陪葬坑,或曰外藏坑。从已发掘的外藏坑内涵看,皆随葬供死者衣食用行一类的物品,可称之为御府坑。而出土的印章、封泥反映了这些随葬品是由"少府"及其下属机构所承办,而九卿之一的"少府"专为皇室服务,在未央宫内。[1]陵园东北及西南各有一处兵俑坑,或象征着皇帝之御林军。陵园内的寝殿、便殿、宗庙之类礼制建筑则是未央宫内宫室建筑的象征。总之,陵园内的遗迹与都城无关,而与宫城即未央宫大体相似。(图6-5)

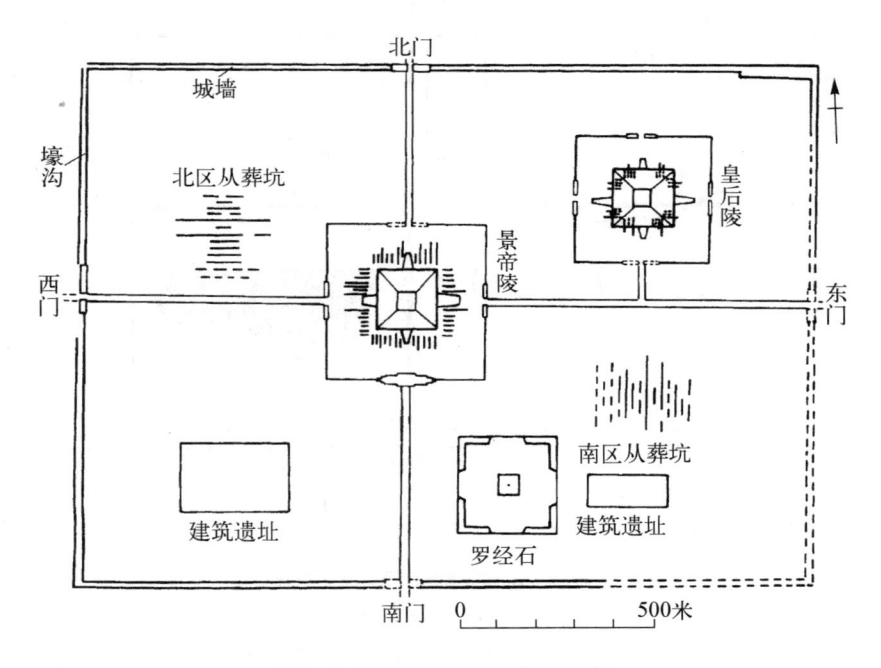

图6-5 汉景帝阳陵陵园遗迹平面图

西汉帝陵陵园象征着未央宫,还可从文献记载的相关名称中找到依据。西汉帝陵陵园每边皆有一门,文献中称为"司马门",而未央宫城也是每边有一宫门(正

---

[1] 赵化成:《秦汉帝陵外藏系统(从葬坑)的性质问题》,《秦始皇陵博物院院刊》总壹辑,三秦出版社,2011年。

门),也称"司马门"或"公车司马门"。西汉帝陵以东司马门为正门,其前有司马道,这一点或与未央宫以东门为正门有关。(图6-6)

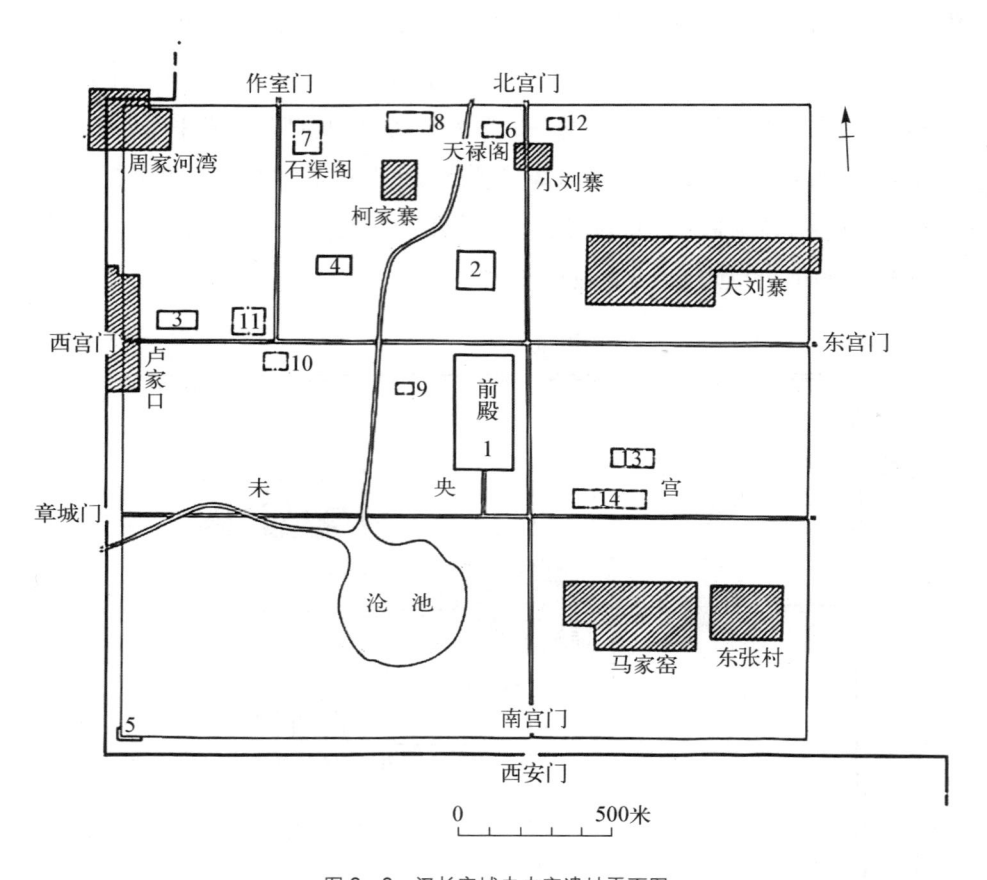

图6-6 汉长安城未央宫遗址平面图
1. 前殿建筑遗址 2. 椒房殿建筑遗址 3. 中央官署建筑遗址 4. 少府建筑遗址
5. 宫城西南角楼建筑遗址 6. 天禄阁建筑遗址 7. 石渠阁建筑遗址
8—14. 第8—14号建筑遗址

西汉帝陵陵园象征着未央宫,而西汉诸侯王陵园亦是王国宫城的模拟。汉代诸侯王"宫室百官、同制京师",诸侯王陵建制与皇帝大体同制,但规模略小。以江苏盱眙大云山西汉江都王刘非陵园为例:陵园位于大云山山顶,平面矩形,四周有夯土垣墙。陵园内有M1、M2、M8三座"中"字形大墓,其中M1为江都王墓,M2、M8为夫人墓。园内北部发现11座整齐排列的墓葬,形制相似,墓主皆为女性。

M10出土"淖氏"漆器,与江都王宠妃"淖姬"有关。这些陪葬墓区即为江都王嫔妃葬区。[1] 此外,陵园内还有4座陪葬坑。由此可见,江都王刘非陵园亦是江都国之宫城的模拟。

其实,无论是秦始皇陵园、西汉帝陵陵园,还是西汉诸侯王陵园,在陵园之内埋葬的只有帝王帝后、王及王后以及后宫嫔妃之类。除此之外,则是与之密切相关的宫殿、府库、服务设施、御林军(人俑替代)等。从这一层面看,帝王陵园模拟宫城,实则象征着"帝王之家"。诸多历史学家在研究古代中国国家形态时常以"家国一体"称之,因而"帝王之家"也就代表了国家,是政权之象征。诚然,陵园毕竟只是埋葬死者的场所,因而与生前宫城布局及内涵还是有诸多的不同,并不能一一对等,也就是说,陵园只是宫城的一般性象征而已。

三、帝王陵墓制度汉承秦制之缘由

前面已经论证在帝王陵墓制度方面,汉承秦制是很明显的。然而,我们知道,汉王朝开国皇帝刘邦是楚人,他的核心团队甚至主要将士来自楚地,如果说汉承秦制在政治上为历史大趋势所驱使而没有多少选择,那么,在陵墓制度方面何以效法于被世人唾骂的秦国、秦始皇,并如此钟情于秦制呢?

其实,当我们考察所谓秦制的来源及形成,便会释然。从西周晚期开始至春秋时期,秦国全盘周化,使用周礼,为撇清中原诸国视秦国为戎狄的歧见,从文化上尽量向中原诸国学习。而进入战国时期,秦国为了富国强兵,广泛招纳中原人才,并全方位引进、吸收列国文化,特别是中原三晋文化。在陵墓制度方面,独立陵园制度、坟丘制度、陪葬坑制度等,战国时期的列国也已经普遍实行了,至秦始皇陵则更加规范化、规模化而已。又如,战国中期以降,秦国的礼器一改传统形态,全面使用中原流行的盖鼎、盖豆、圆壶这样的礼器组合。因而,所谓秦制,实质上是秦国在整合中原列国制度后形成的。

---

[1] 李则斌、陈刚、盛之翰:《江苏盱眙县大云山汉墓》,《考古》2012年7期。

西汉立国之初,某些六国旧贵族并不承认秦王朝的正统地位,但至文景时期汉王朝很快就作出了修正,至司马迁撰写《史记》时,既有《殷本纪》《周本纪》,也有《秦本纪》与《秦始皇本纪》,显然承认了秦帝国的历史地位。尽管刘邦及其团队的成员为楚人,但并非楚国旧贵族,也不熟悉楚国的礼仪制度。汉初,叔孙通制定礼仪,唯一可参考的也只有秦国制度。既然西汉王朝在皇帝制度、官僚制度、郡县制度这些政治领域,以及度量衡、车同轨、书同文等经济、文化范畴全盘继承了秦制,那么,在帝王陵墓制度方面沿袭秦国制度(本质上属于中原制度)并无不可。

需要说明的是,俞伟超先生在他著名的《汉代诸侯王与列侯墓葬的形制分析》一文中指出:"商周秦汉的埋葬习俗,可以汉武帝前后为界线,分为两大阶段。前一阶段的成熟形态即通常所谓的'周制','汉制'是后一阶段的典型形态。"从"周制"到"汉制",这里似乎没有提到秦制。实际上,俞伟超先生所说的"周制"当然也包括了商代制度在内,周制不过是商周制度的成熟形态而已。同样,所谓"汉制",实质上是秦汉制度,是后一阶段的典型形态。还因为秦代过于短暂,一般不单独列出,但在讲到汉制的具体来源时自然不应忽视汉承秦制这一历史事实。

[本文原名"汉承秦制的考古学观察——以帝王陵墓制度为中心",载汉景帝阳陵博物院编:《汉阳陵与汉文化研究》(第四辑),三秦出版社,2021年。此次重刊略有修订。]

都城建制

貳

东周列国都城建制诸问题

汉长安城与罗马城
——东西方跨文明比较考古学研究的力作

汉长安城未央宫三号建筑与骨签性质初探

中国早期长城的考古调查与研究

蜀道形成与发展的历史文化背景
——从陕南的考古发现谈起

7
东周列国都城建制诸问题

东周时期是我国古代城市承前启后的大发展阶段,以列国都城为代表,城市数量的激增、城市规模的扩大、城市经济的繁荣、城市形态的变化等,无不对后世城市的发展产生了深远的影响。

有关东周列国都城的研究,尽管已经取得诸多重要学术成果,但由于受文献及考古资料的限制,许多问题仍不清楚,且存在较大的争议。近年来,随着考古工作的不断展开及资料的发表,有关东周列国都城的形制与布局日渐清晰,因而有必要对其所关联的一些问题作进一步的思考。

一、东周列国都城形制分类

目前,东周列国都城做过较多考古工作、城垣范围大体探明、城市布局大致清楚的主要有:山东淄博的齐都临淄、河南新郑的郑韩故城、陕西凤翔的秦都雍城、山西侯马的晋都新田、河北邯郸的赵都邯郸、河北易县的燕国下都、山东曲阜的鲁国故城、湖北江陵的楚都郢城(纪南城)等。这些列国都城,建造的时间有早有晚,除个别始建于西周时期外,大多数建于春秋或战国时期,而有的列国都城尽管建都年代较早,但筑城年代则要晚得多。就东周列国都城的形制与平面布局而言,大致可分为不规则形、多城组合形、近方形或长方形几种类型。

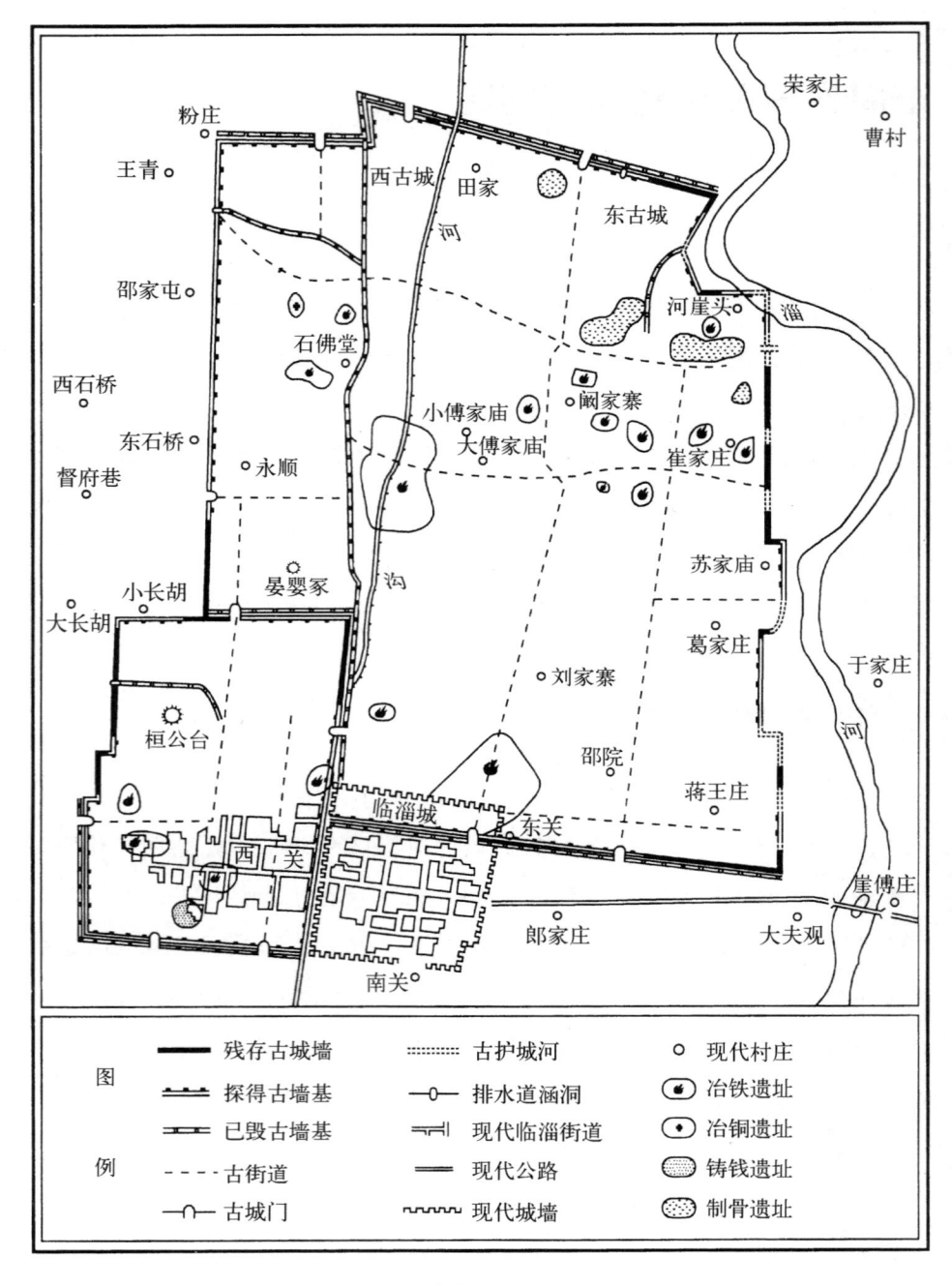

图 7-1 齐都临淄平面复原图

(一) 不规则形:齐都临淄、郑韩故城、秦都雍城

1. 齐都临淄

据《史记·齐太公世家》记载,西周初年周武王"封师尚父于齐营丘",周夷王之时"胡公徙都薄姑","献公元年,尽逐胡公子,因徙薄姑都,治临淄",直到战国时期(前386)"田氏代齐",此后临淄一直为齐国都城。西汉前期及东汉齐王亦都于此。考古调查与发掘表明,临淄齐故城至少经历了三次大的变动与修筑:西周时期临淄城在今大城东北部一带,筑城年代不晚于西周中期,至于是否为齐国初封地营丘尚有争论;春秋时期在西周城的基础上向南、向西扩展为今所见的大城;战国时期"田氏代齐"后,在大城西南部再增筑小城,从而形成大城(郭城)与小城(宫城)相扣之布局。大城周长14 158米,城墙宽度一般在20—40米之间;小城周长约7 275米,墙基宽一般在20—30余米。城墙因地形和水系而不规整。共探出城门11座,其中小城城门5座,东、西、北门各1座,南门2座;大城城门6座,东、西门各1座,南、北门各2座。[1]

春秋时期齐国宫室建筑位于大城内,主要集中在东北部的阚家寨一带,但未发现宫城城垣遗迹。南部的刘家寨一带亦有多处夯土建筑遗迹,但未经发掘,部分年代可能晚至汉代。战国时期的宫室建筑主要集中在小城内。春秋时期姜齐公墓地位于城内西北部河崖头村,战国时期田齐王陵则在城南十多里的牛山脚下,即所谓"四王冢""二王冢"等。(图7-1)

2. 郑韩故城

即郑国郑都,位于今河南省新郑市区,是郑国由陕西关中东迁后新建的一座都邑,始建于春秋初期或稍早。韩哀侯二年(前375)灭郑,因徙都郑,公元前230年秦灭韩。郑韩故城是春秋时期的郑国和战国时期的韩国之都城。郑韩故城位于双洎河(古洧水)和黄水河(古溱水)汇流的三角地带,平面呈不规则三角形,俗称

---

[1] 山东省文物考古研究所:《临淄齐故城》,文物出版社,2013年。附带说明:本文图7-1引自该报告图四四八,本文所附其他插图亦引自相应注释中之插图,因属常见,以下不再一一注明。

牛角城。其北城垣西起洧水东岸,至边家西边南拐,全长 430 米,墙宽 40—60 米,高 6—9 米,东垣长 6 000 米,墙宽 30—50 米,南垣长 4 600 米,复原长度约 2 900 米,沿洧水未见城墙。宫殿区位于城南北部居中的位置,整个区域东西长 600 米,南北宽约 300 米,分布有多处长宽数十米的夯土。郑太庙遗址位于宫殿区北部,与之相接。此外,故城内的梳妆台遗址始建于春秋时期,被认为是"郑西宫"。春秋郑国国君及高等级贵族墓地主要分布在城内东南部的李家楼至后端湾一带。在城内中部发现有大规模的郑国春秋中期社祀遗迹。[1]（图 7-2-1）

战国韩都的布局较春秋郑都有了较大的变化。首先,增筑了一条南北向的隔

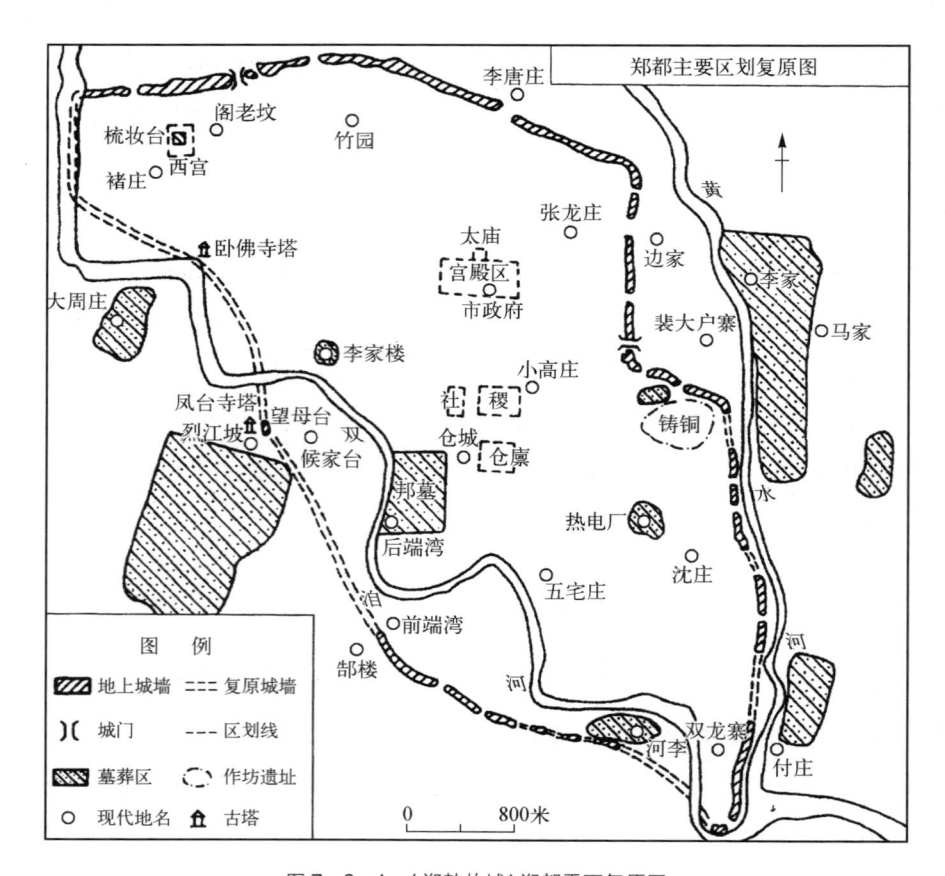

图 7-2-1 （郑韩故城）郑都平面复原图

[1] 河南省文物考古研究所：《郑国祭祀遗址》,大象出版社,2006 年。

墙,把原郑都分为东、西两城。隔墙始建于战国中期,长3 480米,宽30米,东侧有10余米的内壕,从而形成大小两城的布局,小城为宫城,大城为郭城。此外,沿洧水北岸重新修筑了城墙。郭城内分布有各种手工业作坊区、仓廪区、居民区、商业区等。其次,在城郭外形上有一定的收缩,放弃了原郑都在洧水以南的墙垣部分,并在西城北垣修整了4个马面,城市的军事守备色彩比郑都更加强烈。韩国王陵区移至城外东南一带。战国时期的韩国王陵和贵族墓地主要分布在城外西南方向1 500米处,其中胡庄1号韩王陵已发掘。[1] (图7-2-2)

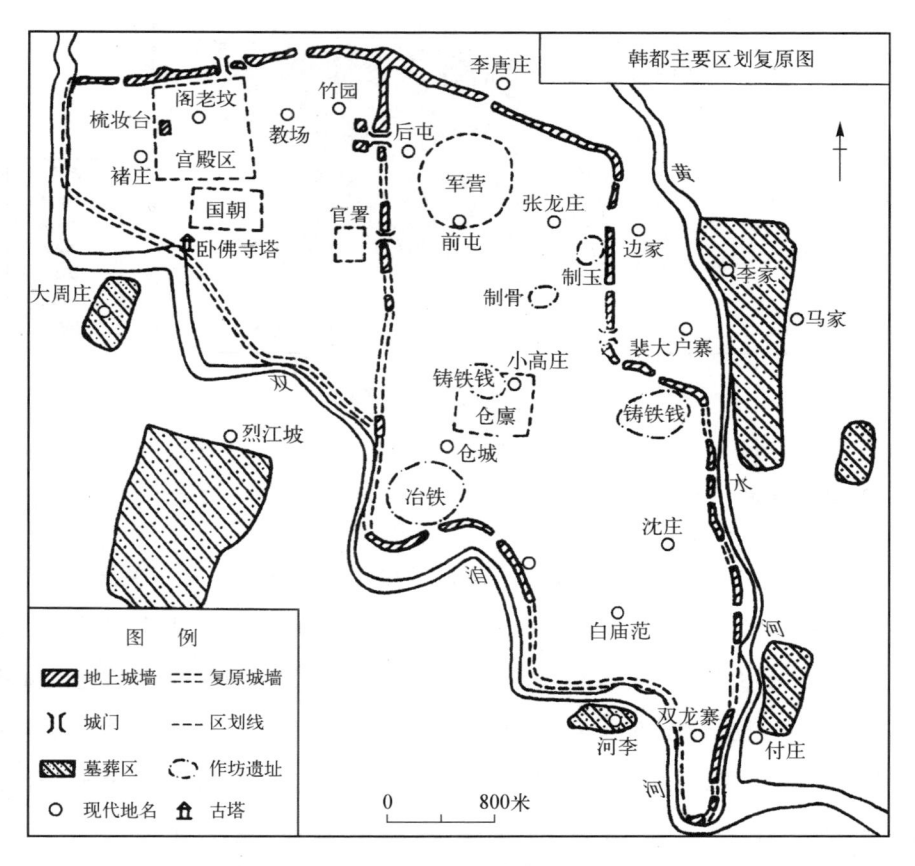

图7-2-2 (郑韩故城)韩都平面复原图

---

[1] 马俊才:《郑、韩两都平面布局初论》,《中国历史地理论丛》1999年2期;河南省文物研究所:《郑韩故城制骨遗址的发掘》,《华夏考古》1990年2期。

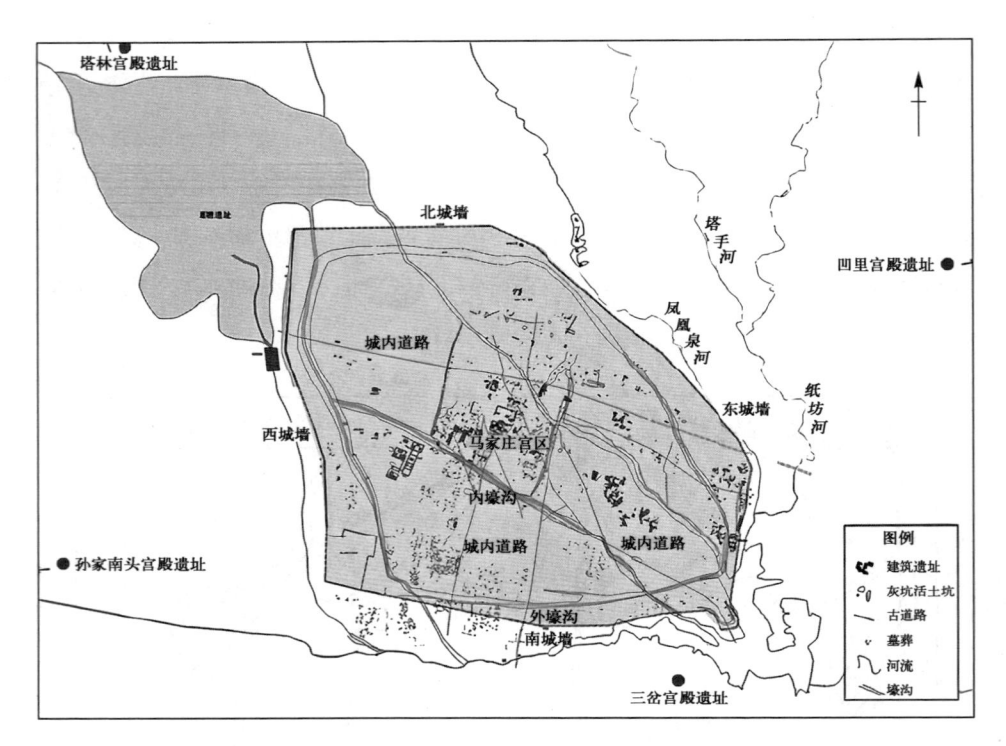

图 7-3　秦都雍城平面复原图

3. 秦都雍城

《史记·秦本纪》记载:"德公元年(前 677)初居雍城大郑宫。"至秦孝公(前 350)迁都咸阳,雍城一直是秦国的都邑所在,历时 300 多年。但雍城的城墙修建较晚,《史记·秦始皇本纪》记载悼公二年(前 489),"城雍",并被考古调查与发掘基本证实。近年,出于大遗址保护规划的制定,陕西省考古研究院进行了连续多年的大规模钻探和发掘,基本探明了城墙的走向及主要宫室建筑的分布。雍城位于雍水河北、纸坊河西。城垣的修筑受水系和地形制约,平面呈不规则形。其中,西墙和南墙西段地面尚可见残断城墙,较为规整,西墙长 3 200 米,发现 3 处城门。东北段城墙及南墙东段较为迂曲,并损毁严重,但大致走向可辨识。雍城目前只发现大城城垣,大城内没有发现小城。城内钻探出数十处夯土建筑基址,其中城东的瓦窑

头、城中的马家庄、城西的姚家岗为大型夯土基址集中分布的区域。城内的道路及手工业作坊多沿水系走向分布。[1]（图7-3）

雍城秦公陵区位于雍城以南数公里的三畤原上。整个陵区范围达21平方公里,已探明的14座陵园占地面积约200万平方米。

（二）多城组合形：晋都新田、赵都邯郸、燕国下都

1. 晋都新田

西周初年晋立国后,先后建都于唐、翼、绛。公元前585年,由绛迁移到新田（新绛）。此后历13世200多年,新田一直是晋国的政治、经济和文化中心。公元前403年韩赵魏三家分晋,公元前376年赵静侯等废晋静公,将晋公室剩余土地全部瓜分,晋都废。

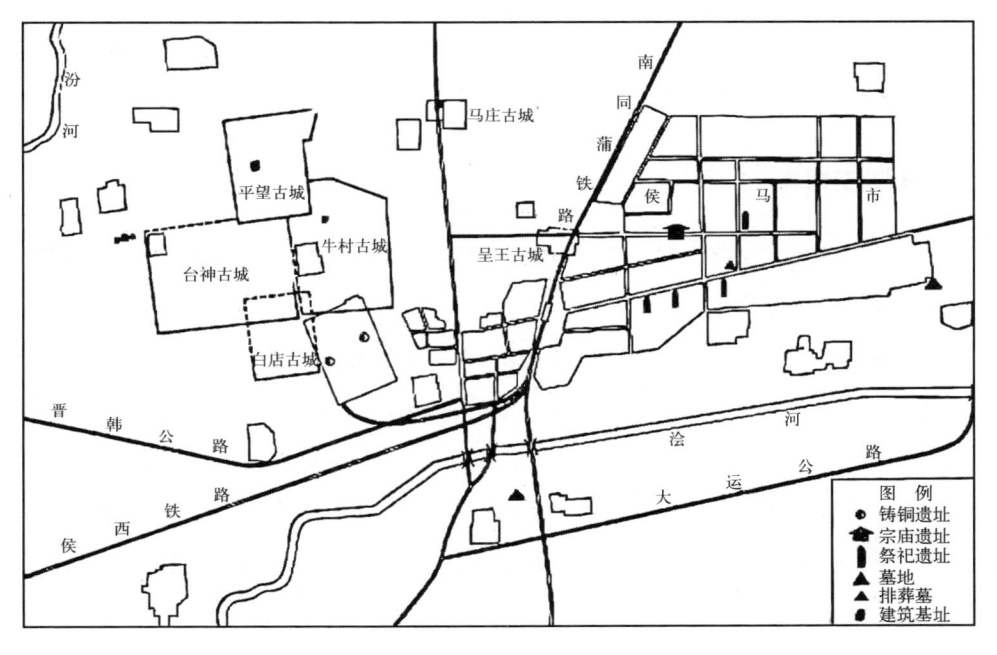

图7-4 晋都新田平面复原图

---

[1] 陕西省考古研究院：《2013年陕西省考古研究院考古发掘调查新收获》,《考古与文物》2014年2期；雍城考古部分新成果引自陕西省考古研究院内部汇报资料。

晋都新田位于今侯马市西北部,汾河萦绕于西北,浍河横贯其南部。遗迹分布面积约50平方公里,已发现平望、牛村、台神、白店、马庄、呈王、北坞、北郭马等大小8座古城(一说11座)。其中平望、牛村、台神和白店古城相互连接,其早晚关系不是很清楚。这4座古城内多发现大面积的夯土建筑遗迹,被认为可能是三家分晋前晋国的宫城所在。

在牛村古城南城墙外发现有大规模的铸铜、制骨、制石圭和制陶作坊遗址,其中铸铜遗址还见于台神古城南(即今白店村西北部)和程王路东段等地。侯马晋国遗址中共发现11处祭祀或盟誓遗迹,分布于宫城区的南、东、西数公里范围内,绝对年代在公元前530—前380年之间。

侯马晋都附近主要有上马墓地、下平望墓地、东高墓地、牛村古城南墓地和柳泉墓地等。其中柳泉墓地位于侯马市西南约15公里的新绛县西柳泉南坡上,共发掘6座墓葬,2座大型墓为一组,另外4座为中小型墓,皆被盗。根据墓葬形制、规模和出土的残存器物看,该墓地是晋国晚期的公室墓地。(图7-4)

2. 赵都邯郸

公元前386年赵敬侯把国都从中牟迁到邯郸,历经八王,共158年,至赵王迁八年(前228)为秦国所占。

邯郸故城位于今邯郸市区及西南郊区,由赵王城和大北城两大部分组成,总占地面积约1 719万平方米。赵王城与大北城相距虽近,但并未相连。赵王城由西城、东城、北城三个小城组成,平面呈"品"字形。其中,西城近方形,边长1 420米,四面城墙保存完整,残高3—8米,内有5座大夯土台。位于中部偏南的龙台,是赵王城的重要建筑。大北城平面呈不规则长方形,除西北角一带西垣局部尚存地面基址外,其余均为地下基址。城垣均系夯土筑成,城内西北隅紧靠西城垣一带有一组与城垣相连的夯土台建筑基址群,俗称"插箭岭""梳妆楼""铸箭炉""皇姑庙"等。城内北部有丛台和温明殿等夯土台建筑基址,城内还发现多处手工业作坊遗址,种类有冶铸、制陶、制骨等。(图7-5)

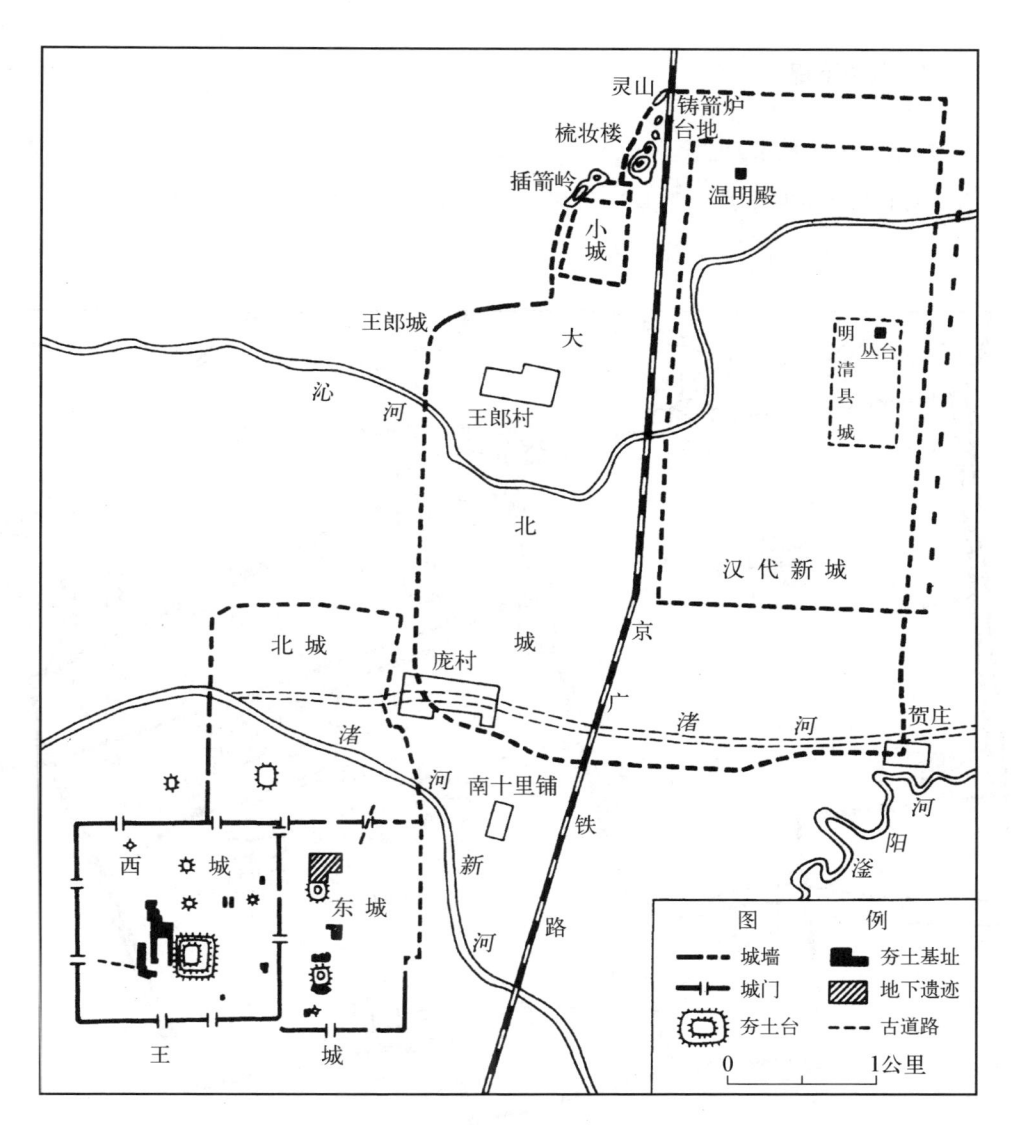

图 7-5 赵都邯郸平面复原图

城址西北 15 公里处的三陵村以及更北部的温窑一带为赵国王陵区,分布着南北 2 处陵区,共计有 5 座赵王陵园,总占地面积约 28 平方公里。大北城以西约 1 500 米百家村一带为贵族墓葬区,以战国墓葬为主,部分墓葬地面尚存封土。

3. 燕国下都

《史记·燕世家》记载，周武王灭商后，封召公于北燕，遗址在今北京琉璃河附近。春秋战国时期的燕国都城"蓟"在今北京城南一带，称上都。战国时期燕在今河北易县建立"下都"。（图7-6）

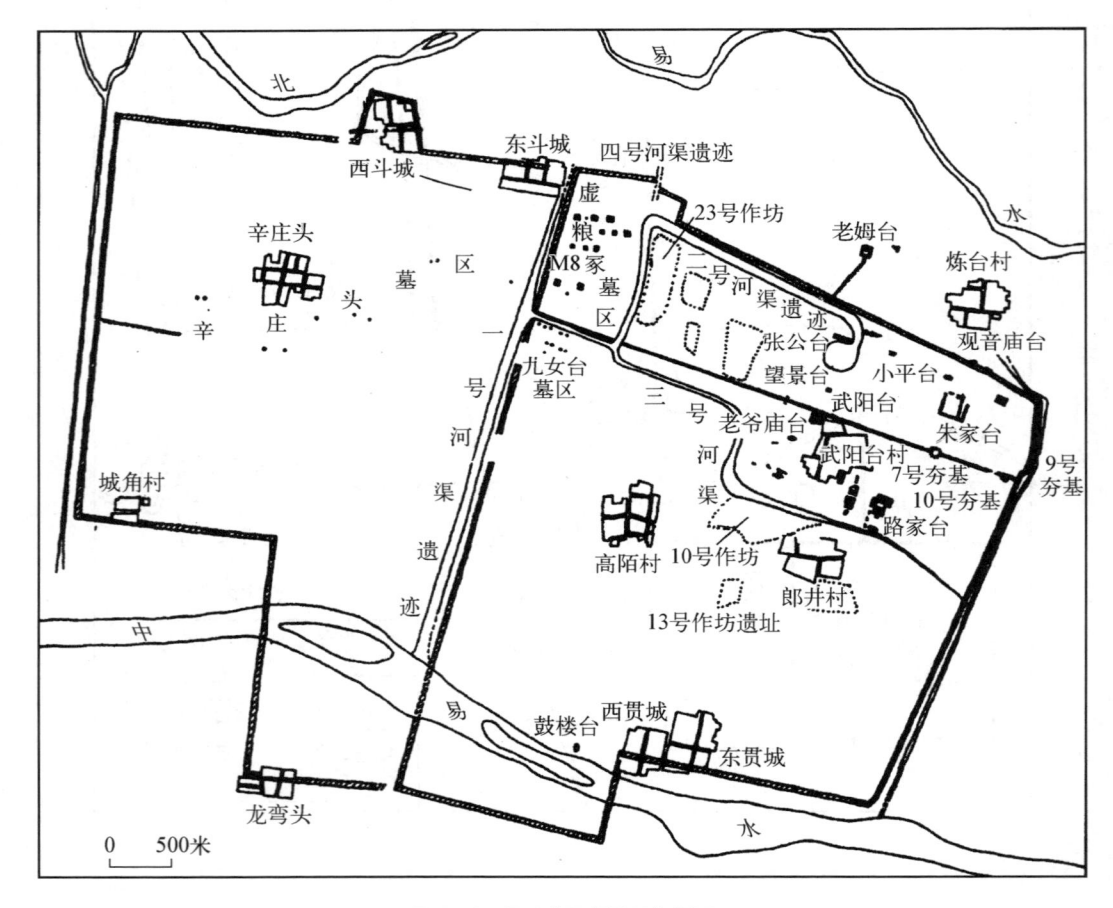

图7-6 易县燕下都平面复原图

燕下都城址位于河北易县县城东南2.5公里处的北易水和中易水之间，全城分东西二城，中间有城垣隔开，东西长约8 000米，南北宽约4 000—6 000米。城垣由夯土筑成，南北垣外分别以中易水、北易水为城壕，东西垣外有人工挖成的城壕。

主要遗迹分布在东城。东城内北部有东西向的一道隔墙和人工河道,将城内划分为北、南二区。东城东北部为宫殿建筑群区,以武阳台、望景台、张公台和老姆台夯土台基为中心,依次分布在南北中轴线上。中部为手工业作坊区,东城西北部隔墙以北为虚粮冢墓区,以南为九女台墓区,为燕国国君及高级贵族的墓地。

(三) 近方形或长方形:鲁都曲阜、楚都郢城

1. 鲁都曲阜

《史记·鲁周公世家》记载,周武王灭商后,"封周公旦于少昊之墟曲阜,是为

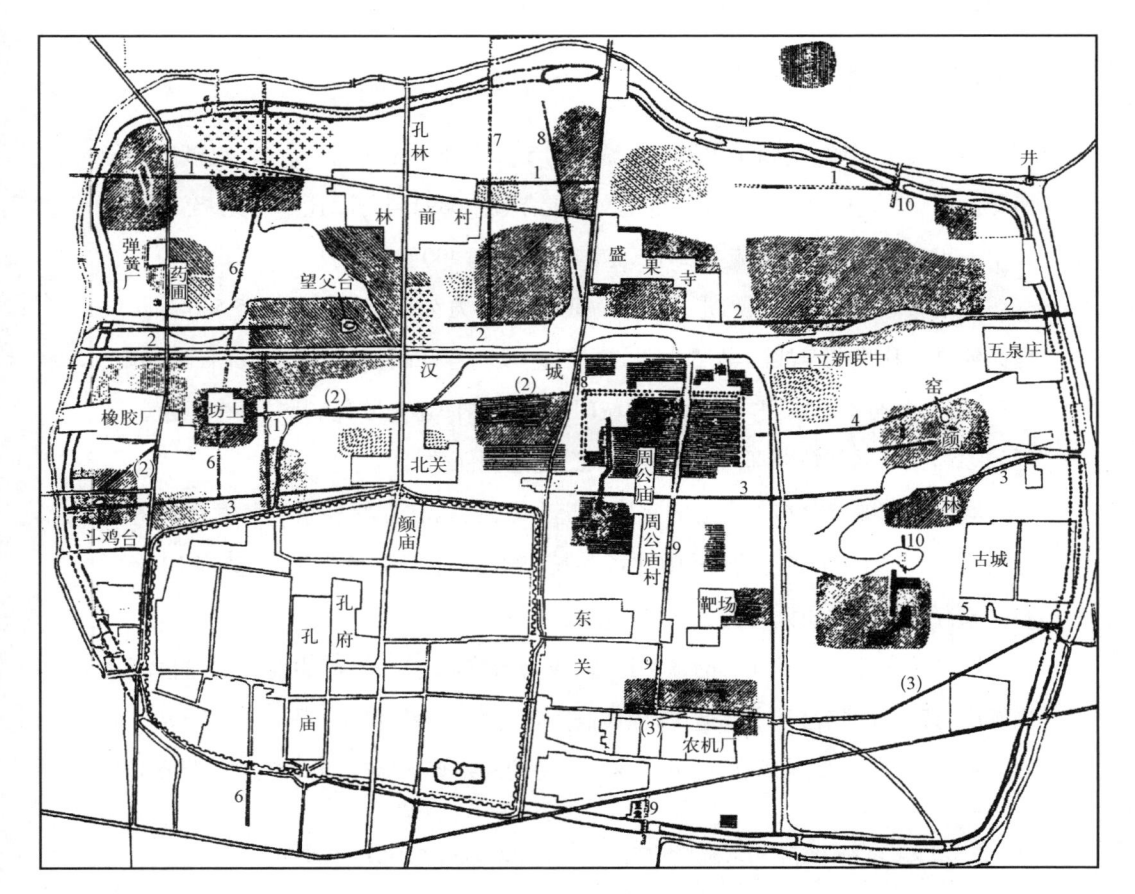

图 7-7 曲阜鲁国故城平面复原图

鲁公,周公不就封,留佐武王"。成王时,周公长子伯禽就封于鲁。鲁国经历西周、春秋战国,公元前249年为楚所灭。汉代诸侯国鲁国仍以曲阜为都城。

鲁都曲阜位于今曲阜城区和东、北外围,平面大致呈圆角长方形,周长11 900米,城垣东西长3 700米,南北宽2 700米,城的四周围有城壕。钻探发现了11座城门,其中东、西、北三面各有3座,南面2座。近年发掘了南墙东门,确定建于春秋时期。

城内钻探发现了大片夯土基址,分布范围较广,应是宫室建筑。但由于没有大面积发掘,年代不是很清楚,考古报告认为:"该城墙内大片夯土基址,主要是战国时期,上限可以早到春秋时期。"[1](图7-7)

2. 楚都郢城

即江陵纪南城,在湖北省荆州古城北约5公里处。因在纪山之南,汉以后称纪南城。据《史记·楚世家》记载,自楚文王元年(前689)自丹阳迁都于此,至顷襄王二十一年(前278)秦将白起拔郢止,楚国在此建都400余年。

纪南城城垣平面呈长方形,城址面积约16平方公里,城垣周长15 506米。城垣大致是春秋晚期至战国早期建造的。四边城垣各开两门,共8座城门,其中南、东、北三面各有1座水门。纪南城的城门不论是水门还是陆门,都是3个门道。东周列国都城中只有楚郢都纪南城按一门三道之制而建。

城内中部偏南分布着密集的宫殿夯土台基址群,其北侧和东侧各发现一道夯土墙,于东北相交成近直角,其中北墙存长690米,东墙存长750米,基宽10米左右。该夯土墙的性质大约为宫殿群的围护宫墙。

城内西南部一带发现有冶铸炉遗迹,应为冶炼作坊区;城内中北部的龙桥河两侧发现有密集的陶窑和水井遗迹,应属制陶作坊和一般居民区。[2](图7-8)

纪南城城内西北部分布有少量春秋中晚期的墓葬。城外四周约三四十公里的

---

[1] 山东省文物考古研究所、山东省博物馆等:《曲阜鲁国故城》,齐鲁书社,1982年。
[2] 湖北省博物馆:《楚都纪南城的勘察与发掘》(上)(下),《考古学报》1982年3、4期;郭德维:《楚都纪南城复原研究》,文物出版社,1999年。

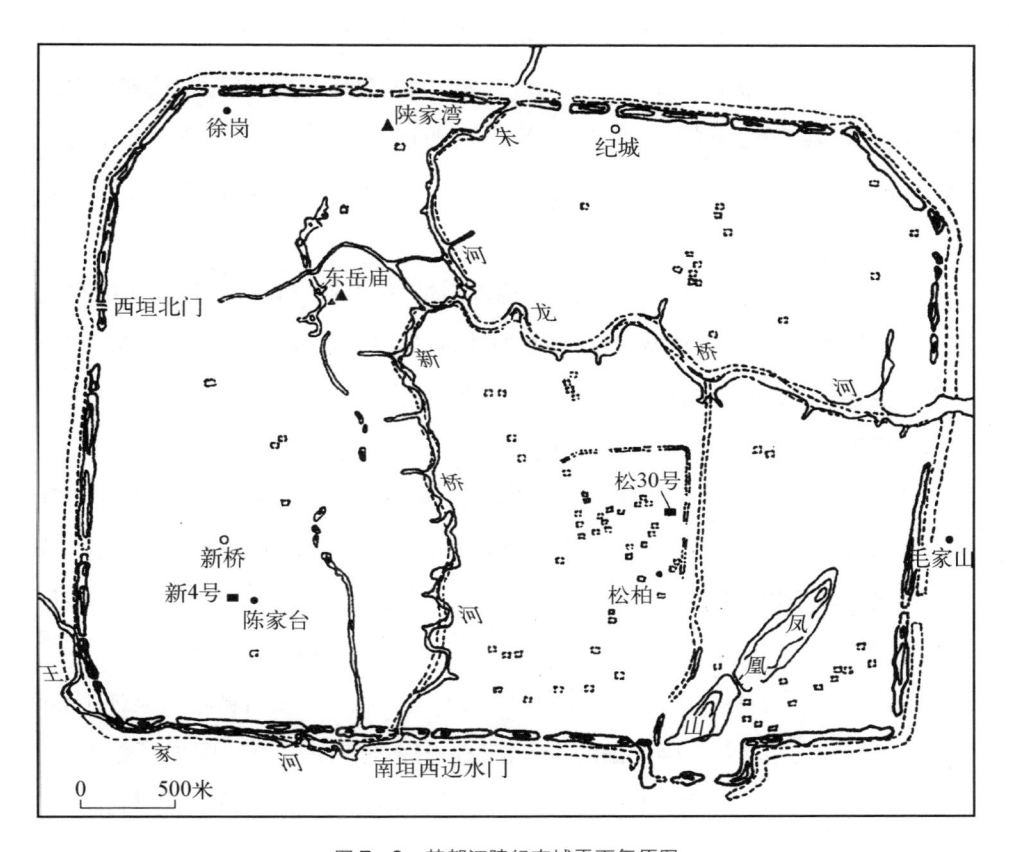

图 7-8　楚都江陵纪南城平面复原图

范围内分布着密集的墓群,多为战国墓,其中存有封土的大墓有800余座,已发掘多座,楚国王陵大致在纪南城以北的纪山一带。

二、东周列国都城建制诸问题

(一)宫城与郭城:两城制问题

过去受考古资料所限,特别是在东周列国都城城垣发掘较少、年代不很明确的情况下,较多人认为东周列国都城一般具有大城与小城,即存在着所谓宫城与郭城的两城制。

李自智先生将东周列国都城的城郭形态分为春秋型和战国型，认为春秋型城郭形态的特点是宫城位于郭城之中，形成内外城郭环套的格式；战国型城郭形态的特点是宫城与郭城分为毗连或相依的两部分，即将宫城独立出来而置于郭城的一侧或一隅。春秋型城郭形态到战国型城郭形态的变化主要表现在宫城位置的变化上。[1]

徐苹芳先生认为东周列国都城的普遍形制是"两城制"，即以宫庙为主的宫城和以平民居住区为主的"郭城"。两城有的并列，如郑韩故城和燕下都；有的是宫城处于郭城之一隅，如齐临淄和赵邯郸。这种以社会阶层来区划居住区的"两城制"的城市规划，是东周城市的第一个特点。[2]

许宏先生认为，战国时期，出现了将宫城迁至郭外或割取郭城的一部分作为宫城的新布局，即从内城外郭变为城郭并列的形式。列国都城可分两类：一是宫城在郭城之外，如临淄、郑城、邯郸城等；二是割取郭城的一部分为宫城，如曲阜城、燕下都等。[3]

前面已经提到，春秋时期的临淄齐国都城目前并没有发现宫城城垣遗迹，临淄齐故城西南角的小城是战国时期的田齐宫城。齐故城考古工作已经做了数十年，如果春秋时期有宫城的话并不难发现。因此，有理由认为，齐都临淄宫城与郭城之分是战国时期才出现的。

郑韩故城春秋时期的郑都宫殿建筑基址位于城内东北部或中北部，未发现宫城。韩灭郑后，"战国中期建了一道隔墙，强化了西城的防御，西城为小城，性质为宫城或王城"。[4] 可见，郑韩故城也是在战国时期才形成所谓宫城与郭城之分的"两城制"。

秦都雍城的使用年代主要为春秋中晚期至战国早期，筑城年代为春秋末年，城

---

[1] 李自智：《东周列国都城的城郭形态》，《考古与文物》1997年3期；李自智：《略论中国古代都城的城郭制》，《考古与文物》1998年2期。
[2] 徐苹芳：《中国古代城市考古与古史研究》，载徐萍芳著《中国历史考古学论丛》，台北允晨文化实业股份有限公司，1995年。
[3] 许宏：《先秦城市考古学研究》，北京燕山出版社，2000年。
[4] 马俊才：《郑、韩两都平面布局初论》，《中国历史地理论丛》1999年2期。

内没有发现宫城城垣遗迹，而宫殿、宗庙建筑从东至西均有发现，分布范围较大，可能在不同时期存在不同的政治中心。

曲阜鲁故城大致建于西周晚期，在大城中部略偏东北的周公庙附近发现了大片夯土建筑基址，范围达东西长550米、南北宽500米，在大片夯土建筑群基址的外围发现宽约2.5米的夯土墙基，一般认为属于鲁国的宫城城垣。[1] 但将该城垣视为曲阜鲁故城的宫城城垣存在一定问题。主要理由有如下：1. 所谓"宫城"城垣墙基宽仅约2.5米，与其他已经确认的列国宫城城垣相比，实在显得单薄。如战国时期临淄齐都城小城北城垣墙基最宽处竟然达到55米，西墙的墙基宽20—30米；郑韩故城中间隔墙为战国时期所建，墙基宽30米。曲阜鲁故城所谓"宫城"墙垣的规模与之相比相差甚远。2. 所谓宫城仅为一里见方的小城圈，与战国时期列国都城的小城面积相比，范围过小。3. 大片夯土建筑基址连接成片，并且与所谓宫城城垣相距很近。4. 在所谓"宫城"外之东、西、南、北都分布有大片的夯土建筑基址。总之，所谓曲阜鲁都的宫城很可能是一处宫殿建筑的墙垣而已，而非宫城城垣。

楚都纪南城大城的筑城年代在春战之交或战国早期。至于大城之中的宫城建筑年代不是很清楚，但不会早于大城的年代。也就是说，楚都纪南城的"两城制"亦形成于战国时期。

邯郸赵都的赵王城和大北城组成"两城制"，王城又由3座小城拼合而成。其始建年代均已进入战国时期。燕下都西城以隔墙为界，隔墙以北或可视为宫城，其年代属于战国无疑。

综上所述，东周列国都城建制中"独立宫城"的出现，即将宫城与郭城明确分开的所谓"两城制"是战国时期才普遍出现的。战国时期，列国间战争频繁，各国内部权力纷争也相当激烈，如"三家分晋""田氏代齐""韩灭郑""燕国子之之乱"等。列国为了强化君权，加强防卫，才促使了"独立宫城"格局的普遍出现。所谓"筑城

---

[1] 张学海：《浅谈曲阜鲁城的年代和基本格局》，《文物》1982年12期。不过，他在《齐鲁故城的基本格局和〈管子〉〈考工记〉的城建思想》一文中还对"战国鲁城已分割中南部、西南部为宫城"的说法进行了否定，参见《张学海考古论文集》，学苑出版社，1999年。

以卫君、造郭以守民",也就是说"两城制"即独立宫城的出现是君主权力强化的一种表现,与法家的主张不无关系。从陵墓制度看,商周时期国君普遍实行的是一种"集中公墓制",即多代国君集中埋葬在一起,而到了战国时期逐步实行的是"独立陵园制",即每一代国君都有独立的陵园建制,且有高大的陵丘。[1] "独立宫城制"与"独立陵园制"大致同步流行,并具有相同的意义。

春秋时期没有独立的宫城,而大型夯土建筑基址(可能是宫室及宗庙等)分布面较广。这种分布形态有两种可能:一是大体同时的宫室、宗庙建筑可能并非集中于一处,而是一种相对分散的布局;二是时代早晚所致,随着时代与需求的变化,重新选址修筑新的宫室、宗庙建筑。近年,秦都雍城的钻探与发掘表明,雍城内大型夯土建筑基址分布面较广,多达数十处。据雍城考古队队长田亚岐告知,雍城内大型宫室建筑及宗庙集中分布至少有三大片,其中城东的瓦窑头、城中的马家庄、城西的姚家岗为集中分布的区域,年代有早晚之分,结合文献记载,可能与秦国宫室建筑及宗庙的多次迁址有关。

至于多城组合形式,如晋都新田,大小不等的城竟然多达10个,这可能是晋国"宫室弱而六卿强"在城市建制上的一种特殊表现。而赵都邯郸赵王城(宫城)布局与晋都新田相似,不排除二者之间有着某种理念上的传承关系。至于燕下都以东城为主,西城遗迹很少,后者可能是为了军事防卫训练而建造的。

(二) 筑城理念:《考工记》营国制度问题

人们在讲到春秋战国列国都城时,往往会联想到《周礼·考工记》所记载的匠人营国制度:"匠人营国,方九里,旁三门。国中九经九纬,经涂九轨。左祖右社,面朝后市,市朝一夫。"这段话翻译过来就是:都城城垣边长九里,各有3座城门。城内纵横各有9条大道,每条大道宽度可容纳9辆车。宫城居中,左侧是宗庙,右侧是社稷,前面是外朝,后面是市场。外朝和市场的面积各为一夫之地(一夫受田百亩)。

---

[1] 赵化成:《从商周"集中公墓制"到秦汉"独立陵园制"的演化轨迹》,《文物》2006年7期。

关于《考工记》的作者和成书年代，学界有不同看法。具体到《考工记》营国制度的年代问题主要有以下三种观点：1. 西周说，代表人物为贺业钜先生，其专著《考工记营国制度研究》认为"匠人营国"专述西周时代的城邑建设。[1] 2. 西汉说，代表人物为李锋先生，他在《〈考工记〉成书西汉时期管窥》一文中认为，两周时期的都城布局与《匠人·营国》中的内容相去甚远，西汉都城长安城是中国社会大一统后新建的都城，其"旁三门""左祖右社，面朝后市"等布局特征与《考工记》中记载的都城布局规划思想完全相同，作者由此推断《考工记》记述的都城布局规划完全是按照西汉长安城的布局附会加工而成的，其形成年代当在西汉时期。[2] 3. 新莽说，武廷海、戴吾三先生认为"匠人营国"是新莽时期以西汉都城长安为蓝本，糅入当时宇宙观念而描绘的都城布局理想蓝图。[3]

从考古发现看，已发掘的 10 多座西周至春秋战国时期的列国都城布局总体上与《考工记》营国制度差距很大，我们只是在曲阜鲁故城、楚国江陵纪南城这种近似方形的都城中找到某些与《考工记》营国制度略微相似的元素，但整体上仍有很大的距离。如城的大小、城门的设置、道路的规划、宗庙与社稷的安排等均有不同。因而，《考工记》营国制度作于西周乃至春秋时期的可能性很小。

今天所见到的《考工记》是《周礼》的一部分。《周礼》原名《周官》，西汉时，河间献王刘德献《周官》，因"冬官"篇佚缺，补以《考工记》；西汉末《周官》被列为经而属于礼，故有《周礼》之名。《周礼》之成书不会晚至西汉或新莽时期，大致在战国后期，而《考工记·匠人》仅数十字，也不大可能为后补。吴良镛先生曾指出：《考工记》营国制度所描述的只是"理想的原则"，是一种"理想城"。高崇文先生在《中国古代都城礼制文化的形成》一文中也认为：包括城郭规划礼制、宫城规划礼制和宗庙社稷规划礼制，虽无任何一座（先秦）都城和它完全相符，但纪南城、鲁故城都比较接近于《考工记》所载的都城规划形制。可见，《考工记》营国制度很可能是儒家在鲁国都城布局的基础上加以总结提炼而形成的

---

[1] 贺业钜：《考工记营国制度研究》，中国建筑工业出版社，1985 年。
[2] 李锋：《〈考工记〉成书西汉时期管窥》，《郑州大学学报》1999 年 2 期。
[3] 武廷海、戴吾三：《"匠人营国"的基本精神与形成背景初探》，《城市规划》2005 年 2 期。

一种都城布局的理想模式。[1] 我们赞成这种观点。《考工记》在汉代被纳入儒家经典《周礼》之中,而这种整齐划一、尊卑有序的营国制度体现了儒家的治国理念,因而对后代都城规划产生了较大影响。汉长安城乃至隋唐长安城可能部分受到《考工记》营国制度的影响,而元大都乃至明清北京城则大致是参照《考工记》匠人营国制度来规划设计的。

实际上,东周列国都城的设计与营建另有一种理念,这就是《管子》的营国思想。《管子·乘马》:"凡立国都,非于大山之下,必于广川之上,高毋近旱而水用足,下毋近水而沟防省。因天材,就地利,故城郭不必中规矩,道路不必中准绳。"《管子》一书记录管仲学派的思想及言行事迹,大约成书于战国时期,西汉刘向最后编定《管子》一书,共八十六篇,今本实存七十六篇。《管子》的营国思想是"因天材,就地利",强调"城郭不必中规矩,道路不必中准绳"。尽管《管子》成书较晚,大部分列国都城的建造当在《管子》之前,但《管子》"因天材,就地利"的营国思想很可能是对列国都城建制的一种客观反映。

东周列国都城形制与布局的多样性,正是基于列国都城所处的自然环境、地理位置、地形地貌的不同。此外,政治、经济、军事各种因素也起到了重要作用。不过,东周列国都城因为其所处的时代、文化背景相同,因而其建制也存在许多共性。

(三)都城与陵墓:城墓关系问题

东周列国都城国君的陵墓在春秋时期一般埋葬于都城以内,战国时期一般埋葬于城外,如临淄齐故城中姜齐国君大墓埋葬在城内东北部,战国田齐国君埋葬在城外较远处的牛山一带。郑韩故城中郑国国君大墓埋葬在城内,韩国国君陵墓则埋葬在城外。但也不尽然,晋国国君的大墓不仅在城外,且距离新田都城较远。甘肃礼县大堡子山发现的春秋早期秦公大墓位于城内,但雍城春秋时期的秦公大墓

---

[1] 高崇文:《中国古代都城礼制文化的形成》,《揖芬集——张政烺先生九十华诞纪念文集》,社会科学文献出版社,2002年。

就埋葬在雍城城外,战国时期的秦国国君埋葬在咸阳都城外,有的距离咸阳城较远。战国时期的燕国可能国力相对较弱,国君及贵族大墓在燕下都城内。

［本文原名"东周列国都城建制诸问题"（与耿庆刚合著,笔者为第一作者）,载上海博物馆编（宋建、陈杰主编）：《"城市与文明"学术研讨会论文集》,上海古籍出版社,2016年。此次重刊略有修订。］

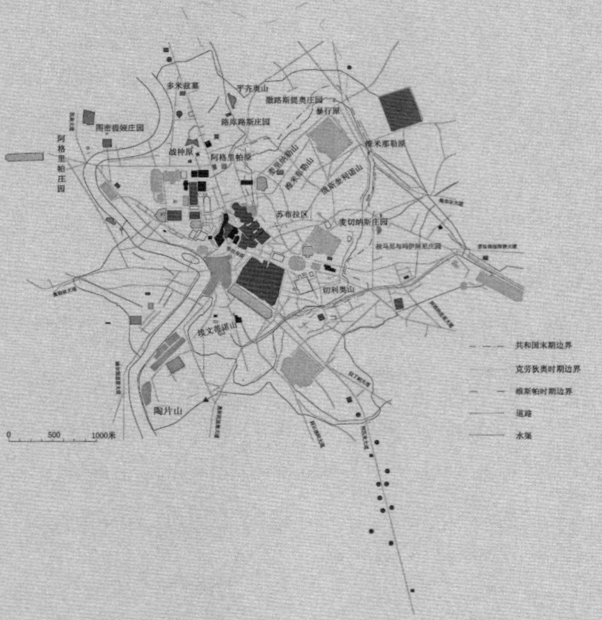

多米兹墓
平齐奥山
撒路斯提奥庄园
路库路斯庄园
阿格里帕庄园
战神原
阿格里帕原
奎里纳勒山
维米那勒山
俄斯奎利诺山
维米那勒原
苏布拉区
麦切纳斯庄园
拉马尼与玛伊阿尼庄园
切利奥山
埃文蒂诺山
陶片山
0
500
1000米
共和国末期边界
克劳狄奥时期边界
维斯帕时期边界
道路
水渠

8
汉长安城与罗马城
—— 东西方跨文明比较考古学研究的力作

放在我面前的这部书稿是周繁文的博士学位论文经进一步修订而成的学术专著,现将由社会科学文献出版社出版。我作为周繁文在北京大学考古文博学院就读期间的硕博导师,理应写几句话,一是简单介绍一下她的学习经历,二是就该博士论文的选题、写作以及这部著作的学术意义谈点看法。

周繁文高中毕业于深圳市南头中学,是 2000 年深圳高考语文单科状元。她喜爱历史与文学,高中时的诗歌和散文曾被结集出版。这部诗文集我曾读过,虽不免中学生的稚嫩与趣味,但足以体现其古典知识的素养及文辞表达功力。也许出于对历史的偏好,进而萌发了对考古的喜爱,繁文遂以第一志愿报考了广州中山大学考古专业。

称得上是学霸的周繁文于 2004 年秋被推荐保送进入北京大学考古文博学院继续深造,初为硕士,后转为硕博连读,专业方向为秦汉考古。其间于 2008—2010 年受到国家留学基金委"国家建设高水平大学公派研究生项目"的资助,前往意大利罗马第三大学进行联合培养。2012 年 6 月于北京大学毕业并获历史学博士学位,之后回到母校中山大学,任教于人类学系考古专业。

作为考古专业的学生,除了完成必修课及选修课外,田野考古实践是必不可少的。繁文本科期间曾参与重庆市巫山县大昌古城遗址(2001)、忠县甘井沟遗址及崖脚墓地(2002—2003)、忠县石匣子墓地(2004),广东省河源市龙川县荷树排遗址(2003)、揭阳市面头岭遗址(2004)的田野考古发掘及室内资料整理工作。研究生期间曾参与甘肃省天水市礼县大堡子山遗址(2006)、意大利那不勒斯库玛古城下城遗址(2009)的田野考古发掘。

2004年秋繁文进入北京大学后,在我的建议下,初步将研究重点拟定为"两汉时期长江以南地区汉文化发展进程研究"。围绕这一题目,她大致用了两年时间完成了大部分资料的搜集与研读。然而,一个偶然的原因,有关繁文的研究侧重点及博士论文选题似有重新考虑的必要。自2006年开始,中国和意大利文化主管部门决定于2008年首先在北京世纪坛合作举办"秦汉—罗马文明展"。作为两国建交50周年纪念大展,我作为特邀专家之一、杭侃老师作为策展人,参与了展览策划的全过程。在此过程中,我们认识到,秦汉和罗马是古代东西方具有代表性的两大文明,将这两大文明所取得的辉煌成果放在一起展览尽管意义重大,但展览是短时的,如果能以此为契机,推动两大文明更深入的比较研究则更为重要。而这种比较研究,在史学、法学、文学、艺术等领域已展开较多,而考古学领域还较少。周繁文作为中国考古学秦汉考古方向的博士研究生,如果能参与这一具有重大学术意义及挑战性的研究选题,则无论是对学科,还是对本人,都将大有裨益。然而,要大幅度改变既定研究重点和博士论文选题方向,需要具备一定的条件:一是要具有胜任这项研究的能力,二是需要前往意大利学习语言和罗马考古。关于第一点,周繁文作为学霸,其能力毋庸置疑。第二点,国家留学基金委正在推进"国家建设高水平大学公派研究生项目",如果能争取到去意大利两年的研究资助,这一选题就有可能完成。恰好,中国文物保护研究院詹长法先生也是"秦汉—罗马文明展"的特邀专家,他曾在意大利长期工作,并有着广泛的联系与交流,他推荐并联系了罗马第三大学古典学者Daniele Manacorda教授。Daniele Manacorda教授欣然接受并给予了热情帮助,申请国家留学基金委两年资助如愿成功。

按照要求,博士论文开题需要在去意大利之前完成。考虑到秦汉与罗马文明涉及内容多、领域广,选择合适的切入点很重要,而都城形态与模式最能代表文明的特质,于是选取了汉长安城与罗马城这两大都城作为比较研究的重点。开题前后,刘绪、高崇文、林梅村、秦大树、杭侃、杨哲峰、韦正等多位老师给予了充分肯定并提出了宝贵的建议。在进行初步的语言培训及完成汉长安城资料的搜集与整理后,繁文踏上了去意大利学习与研究的行程。

在意大利两年的学习与生活,其难度可想而知,一是要过语言关,二是并非单纯学习而是担负着繁重的研究任务。到罗马三大后,繁文可以说是夜以继日,在Manacorda教授的指导下,系统学习了罗马历史与考古,完成了相关资料的搜集。也正是出于他的建议,繁文改变了原本只对都城考古遗迹进行比较的研究思路,而在每章具体比较尤其是小结中加入了包括城市管理、行政和军事架构、人口构成和城市生活、社会经济、宗教信仰、生死观等体现"人"的方面的内容。

2010年秋回到北大后,她大体用了一年时间完成了论文的初稿写作。写作过程及预答辩时得到了魏正中、魏坚、王子今、王建新、韩国河、高崇文、林梅村、杭侃、滕铭予、杨哲峰等老师的指导和帮助,答辩时又蒙刘庆柱、信立祥、朱凤瀚、白云翔、高崇文、杭侃等老师提出进一步的修改意见及建议。

2012年秋博士毕业回中山大学任教后,由于教学任务繁重,特别是连续两年承担带学生田野考古实习的任务,加之生养孩子,论文的出版暂时被搁置。这期间,在中山大学给本科生及研究生开设《古典考古学》课程,繁文能够进一步系统研读罗马考古,并有充分时间修改加工论文。在这部学术著作正式出版之前,繁文应中国社科院历史所余太山先生特邀,写作了科普本《长安与罗马:公元前后三世纪欧亚大陆东西帝国的双城记》,作为余太山先生主编的"丝瓷之路博览"丛书系列中的一种,2016年由商务印书馆出版。科普本的出版得到了较好的反响,被《北京青年报》评为"2016年度读者喜爱的书",被中国图书评论学会评为2016年4月"中国好书",入围央视2016年"中国好书",入选国家图书馆"第十二届文津图书奖"社科类推荐图书。人民日报、光明日报社的《博览群书》月刊、《中国图书评论》等诸多媒体都刊登了书评。

下面我想就这部著作的学术意义谈点看法。

就中国考古学界而言,比较研究尽管一直被重视,但多侧重于微观层次,或者多涉及东亚文化圈,而宏观层次尤其是跨大文化圈、跨东西方文明的比较研究则相对较少。此前,北京大学邹衡先生和哈佛大学张光直先生联合指导的蒋祖棣的博士学位论文,曾对中国商周文明和南美玛雅文明进行过系统的比较研究,取得了重要的学术成果。由此表明,这种跨地域、跨文明的比较研究不仅可行而且意义重大。实质上,在当今世界不同文明日益广泛联系与交流的背景下,任何文明只有在比较的基础上才能获得彼此认知和相互理解,因而从考古学层面开展跨地域、跨大文明的比较研究,不仅必要而且具有迫切性,这也是考古学科未来发展的方向之一。就秦汉文明和罗马文明而言,可以从多个层面展开比较研究。然而,一个国家的都城往往是政治、经济、文化的中心,都城的建制、形态与布局最能体现出文明的特质。以汉长安城和罗马城的比较研究为切入点,进而管窥秦汉文明和罗马文明的特质及异同,不仅具有历史意义,而且具有现实价值。

所谓比较考古学,特别是跨地域、跨文化圈、跨大文明的比较研究,应当说具有相当的难度,弄不好就会流于资料的罗列和泛泛而谈,如果是这样,就失去了比较研究的意义。就秦汉文明与罗马文明而言,他们之间的联系很少,各自有不同的发展道路,表现在都城方面则属于不同的形态。如何能够在纷繁复杂的海量资料中提炼出有比较价值的精华,并上升到文明模式的思考,进而给人以思想启迪,这才是这部著作所应追求的目标。

应当说这部著作达到了预期目标。在对汉长安城与罗马城的比较中,作者准确地把握和提炼出两者诸多的异同点。例如汉长安城与罗马城建城理念、建城过程的巨大差异,公共空间多少与性质的巨大差异等。其实,如果没有这样的比较研究,我们从来没有觉得这是问题,一切都是客观存在、理所当然。然而,当我们读过这部著作后,方能明白所有存在并不是偶然的,而是文明模式决定了都城的形态。也就是说,这部著作最可贵之处在于,并没有将研究只停留在汉长安城与罗马城之间单纯的比较上,而是进一步总结和提炼出不同都城形态产生的背景与原因。

秦汉帝国为中央集权制的大一统国家,建立的秩序是一元化的,郡(国)县权力归于中央,中央权力归于皇帝与官僚集团。罗马帝国的元首虽然实权很大,但在形式上仍然并存有元老院等宪政机构,共和制的传统和影响一直存在,帝国境内尤其是意大利半岛以外的行省拥有相当的自治权,帝国的秩序具有多元化倾向。这部著作将秦汉帝国的政治架构定义为"集权制",而罗马帝国相对而言则是"分权制",都城形态乃至模式的差异在很大程度上来自政治架构的差异:集权制的都城模式有绝对而唯一的中心,核心是保障权力安全,城市的布局规划等级和秩序的意识很强,公共空间较为缺失。而分权制的都城模式则拥有多元中心,重视不同政治理念的表达和需求,公共空间发达。

从文明的角度来说,汉长安城都城模式是内陆农耕文明稳定秩序特质的反映,汉长安城本身是一座封闭型、专制型的城市。而罗马的海洋商业文明特质使其呈现外向、开放的特性,加之宗教地位突出,罗马城宗教性与世俗性并重,是一座外向型、开放型的城市。

长安城和罗马城各自具有的特质,对于其帝国疆域内的城市形态具有一定的示范作用,对帝国之前和之后的城市模式也有承前启后的意义,因此这种都城模式也体现在两大文明体系内其他城市形态之中。

综上所述,这部著作在比较考古学研究领域是成功的,并具有启迪性。但需要指出的是,秦汉文明与罗马文明所涵盖的内容很多,可资比较研究的领域也很广泛,希望繁文能够将这一研究继续进行下去,期待取得更大的学术成果。

[本文原名"长安城与罗马城——东西方跨文明比较考古学研究的力作",为周繁文博士所著《长安城与罗马城——东西方两大文明都城模式的比较研究》(社会科学文献出版社,2017年)一书的前序。此次重刊作了个别技术性修订。]

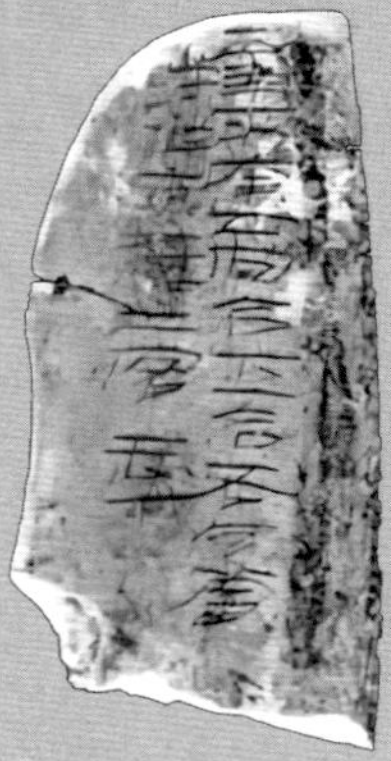

9
汉长安城未央宫三号建筑与骨签性质初探

汉长安城未央宫三号建筑及其所出土的数万片有字骨签是近年来我国重大考古发现之一。有关该遗址及骨签的正式报告尚未刊行,但已有数篇简讯、简报发表。[1] 此外,《简报》执笔者之一的李毓芳先生还撰写有《汉长安城未央宫骨签述略》[2]《略论未央宫三号建筑与汉代骨签》[3] 两篇论文,进一步对三号建筑遗址和骨签作了概括性的介绍并论证了其性质。

关于三号建筑和骨签的性质,李文认为:

> 骨签不属于器物的"标签"或"标牌",它们应是郡国工官(也有少数中央职能部门)向中央政府或皇室"供进之器"的记录。把这些延续上百年的骨签集中放在专门建筑的地方保存起来,显然是具有档案资料的性质。
> ……
> 关于骨签的制作和刻写,应是管理骨签的中央官署,并非生产物品、提供器物的产地工官。

正是基于以上对骨签性质的推论,李文进而把三号建筑的性质也说成是:"管理全国工官的官署"(《简报》同)、"一座保存特种宫廷(或国家)档案的官署"。此外,李文还从三号建筑遗址的布局特点及其他出土物补充论证了这一观点。

---

[1] 中国社会科学院考古研究所汉城工作队:《汉长安城未央宫第三号建筑遗址发掘简报》,《考古》1989年1期。
[2] 李毓芳:《汉长安城未央宫骨签述略》,《人文杂志》1990年2期。
[3] 李毓芳:《略论未央宫三号建筑与汉代骨签》,《文博》1993年2期。

我在仔细拜读《简报》和李毓芳先生的论文后,觉得有关三号建筑和骨签的性质仍有讨论的必要。首先,我认为:骨签正是器物的"标签"或"标牌"。其一,骨签本身的大小、形制就是最好的说明。骨签一般长 5.8—7.2 厘米,宽 2.1—3.2 厘米,厚 0.2—0.4 厘米,也就是说它很小,作为"标签"或"标牌"正合适,如作为"供进之器"的记录,作为国家档案性质的资料,既不便于管理,又容易丢失。众所周知,汉代凡账物往来大都记载于竹木简牍之上,如居延等地发现的数万枚汉简中有相当部分就是属于物进物出的账簿性质。地方尚且如此,作为国家的档案资料,记于这小小的骨签上,实难想象。此外,骨签上"腰一侧有一半月形凹槽……原来的骨签绝大多数应是两个一对,包括了两种类型。每对骨签由半月形凹槽位置相反的两个骨签组成。两个骨签背对背捆放,捆签的绳子通过半月形凹槽"。这种形制,显然是作为"标签"或"标牌"系于器物之上的。其次,从骨签的文字内容来看,也具有"标签"或"标牌"的性质。这批骨签,"主要是属于郡国工官有关的内容,此外还有少量与中央有关部门,如卫尉、光禄、太仆、考工等机构有关"。关于郡国工官的骨签,李文将其分为两种:第一种记载有年代、工官或官署名称、各级官吏或工匠的名字,字数一般二至四行,少者十余字,多者三四十字不等;第二种多为物品代号、编号、数量、名称规格等,一般为一行,字数少者三字,多者六至七字。试举例如下:

第一种:

1. 三年河南工官令定丞立广作府民工罘造
2. 始元五年颍川工官护工卒史春令口丞福橡广作府啬夫陵工右审工茂工石造

第二种:

1. 甲四千七百三十二
2. 力八石
3. 服六石
4. 射三百五十四步

以上内容格式,与以往发现的大量的汉代工官生产的漆器款识、铜容器、兵器铭刻等何其相似,这正是秦汉时期"物勒工名,以考其诚"制度的反映。当然,骨签的"物勒工名"大概指的不是单件器物,或是一批或一捆。李文还说"两种骨签在数量上应相同",那么每对骨签或许应包括前述两种内容,这样,既有工官或官署的名称、各级监造者和工匠的名字,又有编号、数量、名称规格等。毋庸置疑,这种骨签当与具体的器物紧密相关。(图9-1)

以上仅就骨签本身的大小、形制及其内容作了初步讨论,要判定其确属于系于物品上的"标签"或"标牌",还应结合出土情况进行分析,也就是必须弄明白未央宫三号建筑的性质。因发掘资料尚未全部发表,现只能就《简报》和李文所提供的情况择其要略加分析。

三号建筑遗址四周筑有围墙,除南墙宽2.7米外,其余三面各宽1.5米。围墙内形成一座大院,平面为长方形,院落东西134.7米、南北宽65.5米,院内面积8822.85平方米。又分为东西两院,东西院南北各建有两排房屋(共计12间,另有门房3间),除了具有"门房"性质的F1、F7、F8,其他房屋规模较大,最大的F3占地面积达215.04平方米,最小的F5占地面积也有109.2平方米。东西两院南排房屋为二层楼式建筑。李文称:该建筑是一座规模大、封闭性强的建筑院落,外面与大院相通的正式门户实际上只有东西院南门各1座,并置有门房。另东院北门虽可通向外边,但属于到院外水井取水的生活用门,为了加强警戒,亦置门房。李文还说:

> 不仅建筑结构本身封闭严密,在院墙附近发现的大量铠甲片和一些铁蒺藜,在建筑遗址内出土的陶弹丸、镞和弩机及其部件等,也都反映出第三号建筑有着严格的防卫措施。官署建筑周围布下蒺藜,建筑之内还有士兵守卫,大量的远程兵器——弹丸、镞和弩机的发现,说明这里防范严密。

关于骨签的出土情况,李文称:

> 主要在F2—F6、F9—F15中(包括其附近),出土了大量的骨签,总数约六

170　周秦汉考古研究

1. 3:07916　　2. 3:00070　　3. 3:08181

4. 3:01802　　5. 3:08194　　6. 3:00040

7. 542-367-1　　8. 770-484　　9. 324-123

图 9-1　未央宫三号建筑出土骨签举例

万多枚。它们大多分布在上述房屋的墙壁附近,这些骨签原来很可能放置在靠墙而立的架子上。东西院南排房屋之上的二层楼,也应系为放置骨签之处。

从《简报》和李文所描述的情况看:这座建筑为封闭性结构,防范严密,出有大量远程兵器,骨签发现于除门房外各房屋内,且大多分布在房屋的墙壁附近。这样的建筑布局与防范措施,根据我的理解,与其说是"管理全国工官的官署""保存特种宫廷(或国家)档案的官署",倒不如说是一座存放武器的仓库,即"武库"更为合适;相反,如作为官署建筑,这种封闭性结构显然是不适宜的。从这座建筑的布局看,与以前在未央宫和长乐宫之间发掘的武库较为相似,这一点,李文已作了对比分析,此不赘述。李文还说:

> 作为一座官署,出土的"长生无极"、"长乐未央"、"千秋万岁"、"延年益寿"文字瓦当也是一个很好的佐证。上述瓦当,在当时一般用于官署或皇室建筑。

其实,以前发掘的武库遗址中也出土有多件与此相同的文字瓦当,[1]这类文字瓦当并非只有官署性质的建筑才能使用。关于三号建筑出土的兵器,李文称"出有大量的远程兵器",《简报》则说"出土了许多汉代兵器,它们种类繁多,但每类兵器为数并不多"。《简报》未报道兵器的具体数字,大概所出兵器可能不如以前发掘的武库兵器数量多,这是《简报》和李文判定三号建筑性质的主要原因之一。(图9-2)

从发现的兵器多为远程兵器看,三号建筑似以存放这类武器为主。我们再从骨签的内容看,亦与兵器有关。已发表的骨签中,只见有河南工官和颍川工官的骨签。大家知道,河南工官和颍川工官的兵器生产是很有名的,据杨琮先生的统计,传世和出土的河南工官有铭铜弩机(包括三号建筑已发表的5件)已有23件。[2]此外,第二类骨签中像"力八石""服六石""射三百五十四步"等可肯定为远程兵器;

---

[1] 中国社会科学院考古研究所汉城工作队:《汉长安城武库遗址发掘的初步收获》,《考古》1978年4期。
[2] 杨琮:《"河内工官"的设置及其弩机生产年代考》,《文物》1994年5期。

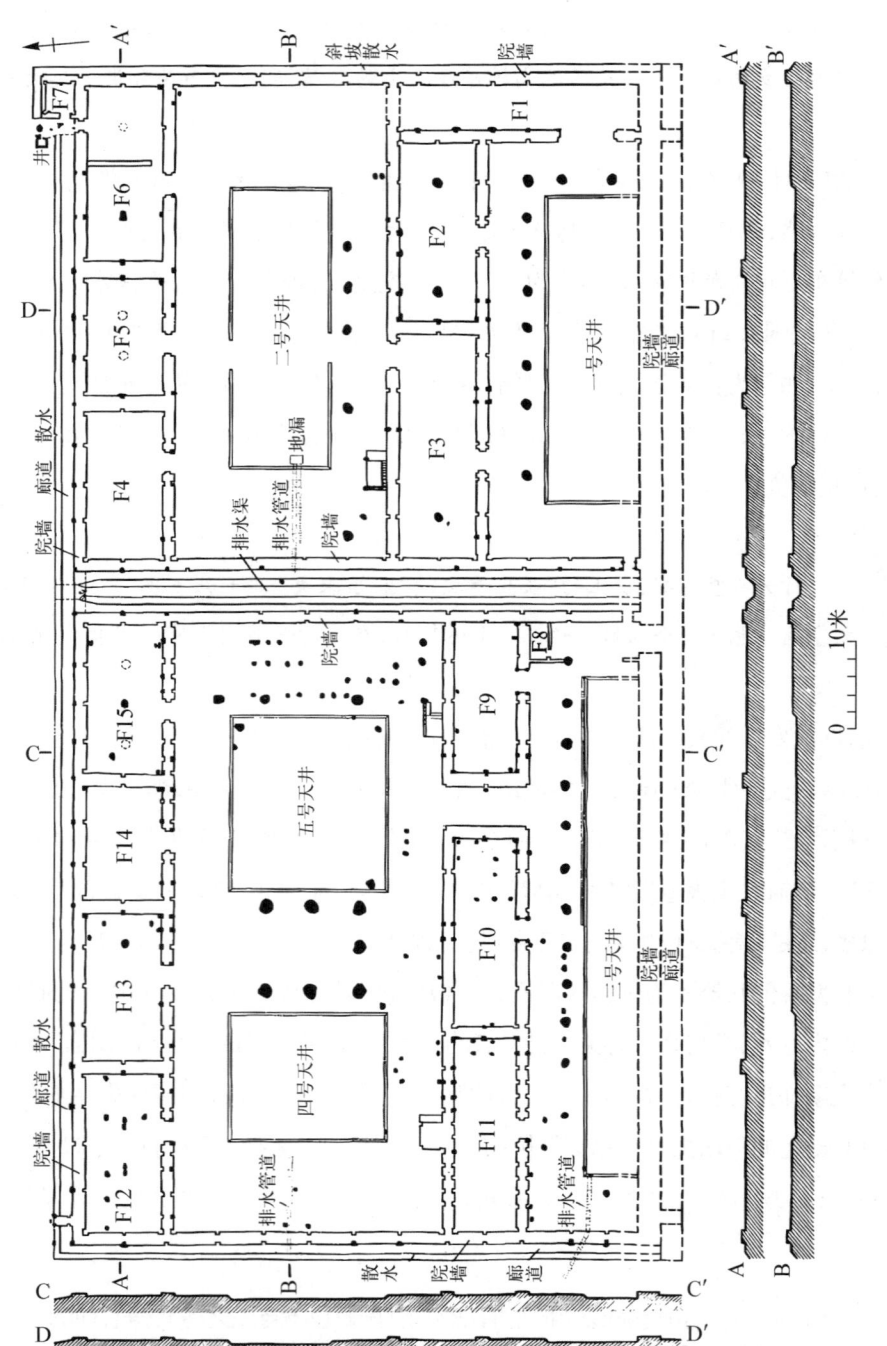

图 9-2 未央宫三号建筑平面图

带有编号性质的骨签一般数字较大,如"甲四千七百三十二""丙万五百一""丁万二千五百二十九"等,亦为远程兵器镞、弩机之类。骨签文字的内容与出土兵器类别是相吻合的。其中是否有广汉工官和蜀郡工官的骨签? 如若没有,也有助于说明三号建筑是存放武器的仓库,而非"管理全国工官的官署"建筑。这是因为,西汉时期广汉工官和蜀郡工官的产品主要是漆器,自然不会出现在这里。总之,三号建筑应是一座武库(或府库)性质的遗址(当然,可能还保存有其他物品)。像武库这样的建筑,在汉长安城中恐非一处,《三辅黄图》等书记载汉长安城中有"武库"和"灵金内府",可能分属两处的武库或府库。位于未央宫和长乐宫之间的武库,大概属于国家常备军或京师屯卫军所有,而三号建筑似为皇室或宫廷禁卫军的武库。当然,这座武库较以前发现的规模小,在未弄清确切名称之前,不妨暂称为"小武库"。

如前所说,骨签是系于物品上的"标签"或"标牌",这从骨签出土时"大多分布在上述房屋的墙壁附近""原来很可能放置在靠墙而立的架子上""似乎根据骨签文字内容的不同,分门别类存放的,有的按时代、有的按物品种类"等情况来看,与以前发掘的武库中兵器放置亦大致相同。这些骨签原来是兵器(可能还有其他物品)上的"标签"或"标牌",当兵器被取走后,系于上面的骨签被留下了。由此可见,骨签绝不是单独、刻意保存的。像这样的骨签,其作用主要是"物勒工名",一旦离开原来的器物,其保存价值并不大,即便保存,只需要不大的一所房屋就完全能够容纳,无须修建如此规模、如此森严的建筑来专门保管。

作为一种"物勒工名"的"标签"或"标牌",骨签理应属于生产和提供物品的产地工官(少数为中央生产部门)所为,但三号建筑遗址中除了出土5万多片刻字骨签外,还有1万多枚无字骨签,这一类骨签具有怎样的性质呢? 李毓芳先生正是根据这批骨签进而认定所有骨签的"制作和刻写,应是管理骨签的中央宫署,并非生产物品、提供器物的产地工官"。中央宫署在制作这种骨签时,也必有生产部门所提供的蓝本,也就是说原来器物之上应系有竹质或木质"标签"或"标牌",只是不够规范或不易保存;再由中央宫署即武库的管理者(并非管理骨签的中央宫署)依照原来内容统一制作。即便如此,骨签属于器物的"标签"或"标牌",这一基本性质仍是不能否定的。我认为骨签由生产部门直接制作的可能性或许更大。骨签所反映的内容与产地工官"物勒工名"制度相合。中央职能部门制作骨签无非是为了管理武器,而管理只需记载产地、来源、类别、规格、数量就可以,似不必涉及工匠名字等细微末节。至于无字骨签,这一问题还有待于全部资料披露后再作进一步的研究。

综上所述,未央宫三号建筑应是"武库(或府库)"性质的遗址,而骨签属于系于武器(或包括其他器物)之上的"标签"或"标牌"。应当说明的是,因为全部资料尚未发表,仅作一孔之见,供参考。

(本文原名"未央宫三号建筑与骨签性质初探",载《中国文物报》1995 年 5 月 14 日。此次重刊增补了两幅图。)

10
中国早期长城的考古调查与研究

中国长城的建置始于战国,终于明代,而战国、秦、汉长城又被称作早期长城。早期长城的文献记载大都相当简略,后世治长城史家虽稽古钩沉,不遗余力,然终难明了其状。幸好,这些长城虽历经两千多年风风雨雨,然大部仍有遗迹可寻。

探寻古长城的工作自 20 世纪初即已开始,但在五六十年代以前只是一些局部的、零星的考察。六七十年代以来,史地、考古学者开始进行较大规模的实地调查和发掘。目前,对早期长城的基本情况已经掌握,本文即对这些工作略加回顾并概述其发现与研究成果。

一、魏河西长城和秦"堑洛"长城

战国时期齐、楚、魏、赵、燕、秦都筑有长城。迄今调查工作较多的有魏河西长城、赵北长城、燕北长城和秦昭王长城。史载魏长城有三,其中魏南长城、硖石长城调查尚少,姑且不论。关于魏河西长城,《古本竹书纪年》周显王十年(前 359)记载:"龙贾帅师筑长城于西边。"又《史记·秦本纪》:"楚、魏与秦接界,魏筑长城自郑滨洛以北,有上郡。"这道长城,1955 年和 1959 年,中国社会科学院考古研究所黄河水库考古工作队勘查了今华阴、大荔段,并对华阴段魏长城进行了钻探和试掘。[1] 20 世纪 70 年代中期,史念海除了进一步考察华阴、大荔段外,又在澄城、合阳、韩城发现了魏长城遗迹(这一段,20 世纪 30 年代张荝衡曾考察过[2]),并由此

---

[1] 中国社会科学院考古研究所陕西工作队:《陕西华阴、大荔魏长城勘查记》,《考古》1980 年 6 期。
说明:本文所引地名均以该勘查为准,下同。
[2] 张荝衡遗稿:《梁惠王西河长城考》,《人文杂志》1958 年 6 期。

复原出魏河西长城的起讫点和走向：其南端起于今华阴县城西南、华山南麓朝元洞东南 150 米处，临长涧河西岸而下，北渡渭河后循洛河东岸北上，于许原北长城村附近趋向东北，经澄城县东南、合阳县西北，至韩城县城南的黄河之滨。[1]

这个复原图中，华阴县长涧河下游至渭河一段已无遗迹可循，而渡渭河后沿洛河东岸北上至大荔县东高城村及大荔县城西北长城村至澄城县城南长城头段尚未发现长城遗迹。故而，陈孟东、刘合心对此长城走向提出疑问，认为：华阴段长城抵渭河后没有向东北绕行，而是直接渡渭河穿越大荔县的沙苑，过洛河后经党川村沿洛河东岸北去；至长城村后也没有向东北绕行朔大峪河而上，而是滨洛水东岸一直北上；再沿今孔走河北行至黄龙山下东折，与前述合阳、韩城段长城相连。[2] 对此，辛德勇、李诚经考查，否定了沙苑存在长城，并再次肯定澄城县城附近的长城遗迹为魏长城。[3] 前几年，齐鸿浩、袁继民在澄城县与黄龙县交界线上又新发现了一段长城遗迹。这段长城西起自澄城县与黄龙县交界处的孙堡村北约 1 公里处山顶部，东南断续延伸至澄城县的关则口，而关则口段长城可与合阳、韩城段魏河西长城相接。[4] 这一发现，再次为史念海的复原图提供了佐证。

史念海的复原图与传统的看法，即魏河西长城滨洛河而上一直到达洛河中游，有很大的距离。但从长城遗迹的走向，当时秦、魏的攻守形势等方面考虑，其复原是可信的。当然，要最后确定这条长城的走向，还应再深入调查那些尚不明了的地段。

关于魏河西长城的建置年代，《古本竹书纪年》系于周显王十年，即魏惠王十九年（前 351）。《史记》之《魏世家》《六国年表》亦同。然《秦本纪》则列在秦孝公元年（前 361）。史念海以为：秦孝公元年，秦始图强，未具见形迹，魏国何以先筑长城以防之，当以《六国年表》及《魏世家》为是。又引陈梦家《六国纪年》，《六国年表》《魏世家》所载长城事皆后移一年，应作魏惠王十八年和秦孝公九年。

---

[1] 史念海：《黄河中游战国及秦时诸长城遗迹的探索》，《中国长城遗迹调查报告集》（以下简称《长城报告集》），文物出版社，1981 年。
[2] 陈孟东、刘合心：《魏国西长城调查》，《人文杂志》1983 年 6 期。
[3] 辛德勇、李诚：《论魏国西长城的走向——与陈孟东、刘合心同志商榷》，《人文杂志》1985 年 1 期。
[4] 齐鸿浩、袁继民：《陕西澄城县、黄龙县交界处战国魏长城》，《考古》1991 年 3 期。

还有一种说法,认为魏河西长城分两次筑成:据《秦本纪》,秦孝公元年,先筑"滨洛"段长城;据《魏世家》,魏惠王十九年再筑"塞固阳"段,即今澄城、合阳、韩城段长城。[1]

史书记载,洛河附近还有一条长城,这就是所谓秦的"堑洛"长城。这条长城,《史记·秦本纪》中只记有"堑洛,城重泉"几个字,故治长城史者很少提到它。据史念海调查,这条长城已大部圮毁,只有零星段落似有遗迹可求。根据这些遗迹并结合后代史地、方志记述,史念海也大致勾画出其走向:其南端起于华阴县东南小张村,跨沙渠东达于渭滨,渡渭后基本沿洛河西岸而上,北端到达今白水、黄陵县境。其中在蒲城县铃铒镇附近洛河拐弯处则在洛河东岸(大荔县党川村至长城村段),魏河西长城曾利用了这段秦长城。[2]

史念海所说的"堑洛"长城南端部分,与魏长城位置正相对,在长涧河东岸。但呼林贵、夏振英经调查发现:"所谓跨沙渠东达于渭滨的那条长城实乃几座不同的古城残垣断断续续的连接而已。"自西而东分别是阴晋故城、汉末镇远将军所建之定城、西汉京师仓城遗迹。呼林贵等曾长期从事华仓遗址发掘,对这一带的情况是很熟悉的,故其调查结论应当可信。呼、夏二位亦考察了长涧河西岸的魏长城遗迹,并从这段长城的地理位置、构筑特点以及当时秦、魏疆界形势诸方面分析,认为这段长城原应是秦"堑洛"长城的一部分,后为魏国所利用。[3]

近年,史念海又在蒲城县阿坡村洛河西岸新发现了一小段"堑洛"长城遗迹,据说,从其走向看正与洛河对岸长城村长城遗迹可以衔接,似乎进一步证明了党川村至长城村段原来确是秦"堑洛"长城的一部分。此外,据黄陵县文化馆所提供的资料,那里也发现了一段长城。史念海认为当是"堑洛"长城的北端。[4] 秦"堑洛"长城大部分地段尚不明。据说,洛河两岸沟壑纵横,水土流失严重,长城遗迹难以寻找。有人就"堑洛"字意作了解释,认为是铲削洛河岸边的山崖,只是在必要的

---

[1] 辛德勇、李诚:《论魏国西长城的走向——与陈孟东、刘合心同志商榷》,《人文杂志》1985年1期。
[2] 史念海:《黄河中游战国及秦时诸长城遗迹的探索》,载前揭《长城报告集》。
[3] 夏振英、呼林贵:《陕西华阴境内秦魏长城考》,《文博》1985年3期。
[4] 史念海:《洛河右岸战国时期秦长城遗迹的探索》,《文物》1985年11期。

段落才筑城。所以,这道长城的修筑方法可能与其他长城多有不同,因而遗迹颇难发现。

二、赵北长城

战国中期,赵国为了抵御北方游牧民族的入侵,筑有北边长城。《史记·匈奴列传》载:"而赵武灵王亦变俗胡,服习骑射,北破林胡、楼烦,筑长城,自代,并阴山,下至高阙为塞。"赵北长城的考古调查始于20世纪60年代,[1]其后又有许多学者作了考察。基本弄清了这道长城的走向及建筑特点。[2]

这道长城经过调查的地段:东起于今内蒙古之兴和,从兴和北部西行过集宁、卓资到呼和浩特市北,再向西至包头市西北。赵北长城筑于阴山下,古代的阴山即今阴山山脉的大青山和乌拉山。在今大青山南坡山脚下,长城倩影清晰可见,有的地方长达数十公里接连不断。自呼和浩特至包头附近,长城大部分为夯土建筑,少数地段用石砌筑,基宽3.5—4米。在长城沿线及以南数公里范围内,散布着许多烽台、城障遗址。

赵北长城经大青山和乌拉山段已无问题,但东西两端的起止点尚有争论和疑问。《匈奴列传》说自"代"至"高阙"。代地或认为在河北蔚县境,或曰在张家口一带与燕北长城衔接,但内蒙古兴和以东段尚未调查,赵北长城东端起点仍是疑问。关于"高阙"地望,传统的观点认为在今内蒙古临河县北的狼山口(石兰计山口)。但严宾、何清谷提出疑问,其理由主要有三:其一,今之狼山古称阳山,而战国秦汉时期的阴山实指大青山和乌拉山,史载高阙在阴山不在阳山,所以狼山口不会是高阙;其二,赵国的西北边界距狼山口相距200公里以上,赵国不可能在那么远的地方设置军事要塞;其三,现存的赵长城遗迹只到乌拉山西段,由此往西以至狼山口

---

[1] 盖山林、陆思贤:《内蒙古境内战国秦汉长城遗迹》,《中国考古学会第一次年会论文集》,文物出版社,1979年;《阴山南麓的赵长城》,载前揭《长城报告集》;李兴盛、郝利平:《乌盟卓资县战国赵长城调查》,《内蒙古文物考古》1994年2期。

[2] 内蒙古大学蒙古史研究室(唐晓峰):《内蒙古西北部秦汉长城调查记》,《文物》1977年5期;李兴盛、郝利平:《乌盟卓资县战国赵长城调查》,《内蒙古文物考古》1994年2期。

的广阔地域绝无赵长城的痕迹。何清谷经考察提出：高阙应在乌拉山西段,今乌拉特前旗宿垓乡张连喜店的乌拉山大沟口。[1] 在此不远处有赵长城遗迹和城址。此说以考古调查为基点,理应肯定,但与《水经注》的记载似有较大距离,故仍需进一步研究。

赵北长城沿线发现的文物多为战国时赵国所有,这道长城秦、汉时期似未曾利用。

三、燕北长城

《史记·匈奴列传》载:"燕亦筑长城,自造阳至襄平,置上谷、渔阳、右北平、辽西、辽东郡以拒胡。"这道长城,自20世纪70年代始,由河北、内蒙古、辽宁等省、地、县的考古工作者进行了多次详细调查,大体走向已经究明。[2]

在今河北北部、内蒙古昭乌达盟、辽宁西部发现有三道东西走向的早期长城:最北的一道为秦始皇长城,中间一道即燕北长城,最南边的为汉长城。燕北长城在内蒙古昭乌达盟及辽西段较为清楚,这段长城从昭乌达盟喀喇沁旗姜家湾子村开始,向东经赤峰县南部过老哈河进入建平县北部,然后深入到敖汉旗中部,再东经北票县的最北端到达阜新县。

燕北长城在内蒙古昭乌达盟及辽西地区与其北的秦始皇长城构成大体平行的复线形式,两者相距约四五十公里。但在辽东,目前所发现的长城线索似乎只有一条,其遗迹在新宾县的苇子峪、本溪县的桦皮峪以及宽甸、丹东一线均有发现。特别是新近在宽甸县城到长甸河口北部山区中发现了一条石筑长城,其东端起于鸭绿江畔的秋果壁的腰岭子,与朝鲜平安北道的大宁江—昌城江段长城的北端东仓郡隔江相望(朝鲜境内的长城南端在清川江畔)。辽东新发现的这段长城被认为

---

[1] 严兵:《高阙考辨》,《历史地理》第二辑,1982年;何清谷:《高阙地望考》,《陕西师大学报》1986年3期。
[2] 郑绍宗:《河北省战国、秦、汉时期古长城和城障遗址》,布衣阿林:《河北省围场县燕秦长城调查报告》,项春松:《昭乌达盟燕秦长城调查报告》,均载前揭《长城报告集》;李庆发、张克举:《辽西地区燕秦长城调查报告》,《辽海文物学刊》1991年2期。

是燕、秦、汉长城的东段遗迹。[1]

燕北长城在昭乌达盟以西的河北境内远不如其以东清楚。前述喀喇沁旗姜家湾子村以西则进入达拉明山地，这一带山峦起伏、林木茂密，目前尚未找到长城遗迹。由此向西50公里进入河北省围场县。当地考古工作者在围场县中部的夹皮川公社边墙村一带发现了一段长城遗迹，依其走向当与喀喇沁旗姜家湾子村的燕北长城衔接，其西南遗迹断续不清，调查者认为有一部分为秦长城所利用。再向西进入丰宁县、沽源县境，有群众称为"二道边"的长城遗迹，可能为燕北长城。此外，在张北、赤城之间也有"二道边"。[2] 有关燕北长城的西起点，《史记·匈奴列传》说是"造阳"，但"造阳"之地甚广，论者也有不同说法。如果张北、赤城之间的"二道边"可确定为燕北长城，那么，此距西端点当已很近，因为再向西不远赵国的长城也已延伸至此。

燕北长城的建筑方法同其他战国长城相似，有土筑和石筑两种，石筑底宽约4米，建筑在丘陵、高山之上。土筑稍宽一些，底宽约5米多，用黑土筑造，城外有壕。这道长城，从喀喇沁旗姜家湾子村至阜新段200公里的沿线附近，发现各类城障遗址16处。大者如老哈河两岸的"冷水塘城"和"马家湾城"，前者东西长320米、南北宽260米，夯土筑造，当为控制老哈河的屯兵要塞。较小者边长约30—40米，筑在长城线上，即所谓的障坞一类。还有一种建筑在长城线北侧山顶上的圆形石台（仅发现2座），被称为瞭望台。燕北长城的城障分布，不像其北的秦长城那样每隔十数里就有1座，而是集中分布在喀喇沁旗姜家湾子村至建平县小王家一段，其他地段较少，可见这一段是重点防区。燕北长城未见烽燧遗址的报道，这种城障分布是否为这一长城的特点，还有待研究。但可以肯定，它同其南的汉长城烽台林立的状况是两种不同的类型。

燕北长城的建筑年代，一般认为在燕昭王时期（前311—前279）。长城沿线发现的文物也多为燕国所有，如饕餮纹、山形纹、兽面三环纹半瓦当及明刀钱等都是

---

[1] 李庆发、张克举：《辽宁西部汉代长城调查报告》，《北方文物》1987年2期。
[2] 郑绍宗：《河北省战国、秦、汉时期古长城和城障遗址》；又见郑绍宗：《战国秦汉时期古长城的发现与研究》，《河北师范学院学报》1981年1期。

很典型的,其他陶、铁器与燕下都出土的同类器物亦相似。此外,在长城沿线的山头上还发现不少石城或石头砌成的圆形居住遗址,内含夏家店上层文化遗物,有人认为即是东胡族的遗留。燕人"袭破走东胡,东胡却千里",才有筑长城之举,这些遗迹、遗物的发现,也为筑长城的年代提供了佐证。

四、秦昭王长城与秦始皇长城起首处

秦昭王长城遗迹保存较好,所做调查工作也较多,可以说是战国长城中最为清楚的一条。这道长城,早在20世纪30年代初,史学前辈顾颉刚就到甘肃岷县、临洮考察过。[1] 70年代中后期,史念海分两次考察了若干段落。80年代后期,彭曦曾历时二年,行程万余公里,其中徒步考察2 000多公里,后撰有《战国秦长城考察与研究》一书,可谓该长城调查与研究的基石之作。[2] 此外,历年来,甘肃、宁夏、陕西等省、地、县的文史、考古工作者也分别调查了各自所在地的这道长城遗迹。[3]

经调查的这道战国秦长城,西起今临洮县城北三十里墩杀王坡,由此向东经甘肃省中部的渭源、陇西、通渭、静宁,穿越宁夏南部的西吉、固原、彭阳,再复入甘肃省陇东的镇原、环县、华池,然后经陕西北部的吴旗、志丹、靖边、横山、榆林、神木,而到达内蒙古准格尔旗东北十二连城附近的黄河岸边,历经4省区18个县(旗),全长约1 775公里。此外,从靖边南部向东分出一条支线,经由安塞、子长、子洲、绥德5县,长约255公里。

这道长城的施工技术有如下三个特点:一是利用内高外低之地形,施工"下堑

---

[1] 顾颉刚:《甘肃秦长城遗迹》,《史林杂识初编》,中华书局,1963年。
[2] 史念海:《黄河中游战国及秦时诸长城遗迹的探索》,载前揭《长城报告集》;又见《鄂尔多斯高原东部战国时期秦长城遗迹探索记》,载前揭《长城报告集》。
[3] 宁夏自治区博物馆、固原县文物工作站:《宁夏境内战国秦汉长城遗迹》,载前揭《长城报告集》;陈守忠:《甘肃境内秦长城遗迹调查及考证》,《历史教学问题》1984年2期;甘肃省定西地区文化局长城考察组:《定西地区战国秦长城遗迹考察记》,《文物》1987年7期;陕西省考古研究所陕北考古队、榆林地区文管会:《神木县窟野河上游秦长城调查记》,《考古与文物》1988年2期。

上夯",或完全堑削为墙,约占全线长度的40%;二是巧用河沟,即筑有夯土城墩而不筑夯土墙,利用河沟崖岸地形为城,只在少数沟口或浅沟处才筑有夯土墙壁,此类约占全长的20%;三即筑有夯土城墙,均见于缓坡和平坦的台、原地段,但在不宜堑削的河谷陡坡和起伏大的山坡上亦有宽厚的夯土墙。此外,在陕北介于沙漠和黄土丘陵的某些地段,长城的建造因地制宜,宜土则土、宜石则石,或土石混用,墙体也稍窄一些。

长城沿线还发现为数众多的城墩、障塞、烽台遗址。据调查,每公里最少有城墩3—4个,全长近1 800公里,估计约有6 300—6 500个。从残留的瓦片可知,原有屋室建筑。城墩是守望之设,但在一定的距离内和长城转弯处,城墩多特别高大,应该兼作烽燧之用。障塞的分布,每3—5公里必有1个,其面积根据所处位置的重要程度而有不同,小者3 000—5 000平方米,大者可达10 000平方米。从调查看,障塞多数没有垣墙,但有大量瓦片密集分布,是利用长城内侧的山梁或河谷台地,就自然地形,周围施以堑削而成。关于烽燧,沿线内侧距长城1—2公里的范围有一线烽燧,间距多在2—3公里。又有内传烽燧,都筑在较大河流之间的分水岭上,相距多为3—5公里。据调查,长城内侧的遗址,不论大小,其中必有一个烽燧,其形状与城墩不同,皆为圆柱体。

在这些城墩、障塞、烽燧遗址及长城沿线发现了大量战国时期秦国的卷云纹瓦当以及筒瓦、板瓦、陶器残片等,为判明这道长城的年代提供了依据。

有关秦昭王长城的文献记载,见于《史记·匈奴列传》:"秦昭王时,义渠戎王与宣太后乱,有二子,宣太后诈而杀义渠戎王于甘泉,遂起兵伐残义渠。于是秦有陇西、北地、上郡,筑长城以拒胡。"这道西起陇西,经宁夏南部、陕北到达内蒙古黄河边上的长城,其走向恰在陇西、北地、上郡的外围地带,当为秦昭王长城无疑。

对于这道长城的基本走向及属性,目前的看法大体一致,但对其起点,则因关联着秦始皇长城的起首处问题,而有争论。《史记·蒙恬列传》载:"秦已并天下,乃使蒙恬将三十万众北逐戎狄,收河南。筑长城,因地形,用制险塞,起临洮,至辽东,延袤万余里。"这里的临洮,秦、汉时在今岷县境,而今之临洮,当时为陇西郡治狄道。故过去治长城史者均把秦始皇统一后之长城起点标定在今岷县境,又以为秦始皇长城西端沿用了秦昭王长城,于是,也定秦昭王长城起于岷县。但自20世纪30年代始,许多史地、考古工作者在岷县一带进行了多次考察,未发现有长城遗迹存在,却在今临洮县城北15.6公里的三十里墩洮河岸边的杀王坡发现了长城的起首处。三十里墩的长城遗迹正与通向渭源的秦昭王长城连为一体。于是,许多学者主张秦昭王长城以及秦始皇长城起首处都应在临洮而非岷县。[1] 但也有学者认为:秦昭王长城起于临洮而秦始皇长城起首处还应在岷县,并说岷县至临洮虽未筑长城垣墙,但似有城障、墩、堡遗迹可循。[2] 还有一种看法:秦始皇长城起于岷县,但并没有溯洮河而上,而是西经今临潭、卓泥,北上入康乐县境,再经和政、临夏,到达积石山县一带的黄河边,然后不筑城垣,"因河为塞",出甘肃、过宁夏、入内蒙古。[3] 从考古调查看,秦昭王长城起于临洮,当可肯定。至于秦始皇长城起首处,似也应与秦昭王长城相同,亦起于临洮。

五、秦始皇长城

中国早期长城,当以秦始皇统一后所筑之长城最为著名,它"起临洮、至辽东,延袤万余里"。始筑于秦始皇三十三年(前214),历时九年,动用数十万人力,方才完成。

这道长城大体可分为三大段:西北段、北段和东北段。关于西北段,《史记·匈奴列传》载:"后秦灭六国,而始皇帝使蒙恬将数十万之众,北击胡,悉收河南地,因河为塞,筑四十四县城临河,徙谪戍以充之。"又《秦始皇本纪》三十三年云:"西北斥逐匈奴,自榆中并河以东属之阴山,以为三十四县,城河上为塞……"按照《史记》的记载,这段长城自临洮(依《蒙恬列传》"起临洮"语)经榆中(今兰州)沿黄河

---

[1] 临洮师范(孙益民)、临洮博物馆(王楷):《万里长城西部起首于今临洮辩》,《兰州学刊》1982年1期;王宗元、齐有科:《秦长城起首地——"临洮"考》,《西北师范大学学报(社会科学版)》1992年3期;陈守忠:《甘肃境内秦长城遗迹调查及考证》,《历史教学问题》1984年2期。
[2] 景生魁:《秦长城西端遗址探索》,《社会科学》(甘肃)1988年3期。
[3] 巩如旭:《秦始皇万里长城首起处遗迹求索》,《西北史地》1984年2期。

而上到达阴山之下九原之地(今乌拉山西段、包头以西),即尽将新扩的河南之地囊括其中。但令人费解的是,迄今为止,在这一漫长的地段很少发现长城遗迹。有学者认为"秦长城当已陷入流沙之中"。[1]但这种说法似只能勉强解释贺兰山至阴山山脉之间的一段,而其他地段仍无着落。或许,这段长城正如早年张维华指出的那样:"此地本有黄河流贯其中,足以为塞,始皇又立县置城,徙谪戍守,自可为一边矣。若以实际情形论之,此一地带,似未筑有长城,纵于扼险之地,立有障塞,亦未必互相连贯,故称之曰边则可,称之曰长城则未妥。"[2]

秦始皇长城的北段和东北段,过去多以为是在原赵、燕旧长城的基础上增补、修缮,加以利用而已,其实不然,经历年调查已经证实绝大部分段落是新筑的。有关北段长城,《史记》中有几处提到。《秦始皇本纪》载:"又使蒙恬渡河取高阙、陶(阳)山、北假中,筑亭障以逐戎人。"这里的阳山即今狼山。这段长城,西起于今乌加河西北、内蒙古杭锦后旗境内的阿贵山,向东蜿蜒于狼山的崇山峻岭之中,经乌拉特中后联合旗,东入乌拉山、大青山北麓。在乌拉山、大青山的这段长城是从固阳北面的昆都河上游向东,至武川县东南。再向东,长城遗迹断断续续,大致北过集宁市最后到达兴和县北。[3]

位于狼山中的这段长城保存较好,多用石块砌筑,基宽约3.5米、顶宽3米、残高2.3—3.5米。在长城南侧较平缓的山坡上,大约每隔300—500米就有一个石砌烽台,有的烽台旁又相联一个石墙圈的院落。乌拉山、大青山北麓地势较为平坦,长城多为夯土筑造。在大青山里面的一些山口,还有石构或土石混筑的长城遗迹,据说与上述延续不断的长墙不同,是专门用作封住通山要道的。

秦始皇长城的东北段,在内蒙古中部。除了这道秦长城外,在乌兰察布盟的中部和东部、锡林郭勒盟的南部,还有一道长城遗迹。这段长城一直向东,与前述昭乌达盟、辽西北线长城相接,故也是秦始皇统一后所筑之长城。其遗迹最西点发现

---

[1] 史念海:《黄河中游战国及秦时诸长城遗迹的探索》,载前揭《长城报告集》。
[2] 张维华:《中国长城建置考》(上编),中华书局,1979年。
[3] 盖山林、陆思贤:《内蒙古境内战国秦汉长城遗迹》,《中国考古学会第一次年会论文集》,文物出版社,1979年;内蒙古大学蒙古史研究室(唐晓峰):《内蒙古西北部秦汉长城调查记》,《文物》1977年5期;李兴盛、郝利平:《乌盟卓资县战国赵长城调查》,《内蒙古文物考古》1994年2期。

于察哈尔右翼后旗赵家房子村南,再向西可能到达四子王旗中南部。这段长城向东,经过商都县、化德县,越过河北省的康保县,复至内蒙古的太仆寺旗、正蓝旗和多伦县,到达河北围场县。自此再向东,与燕北长城大体平行,(在燕北长城以北约四五十公里处)经昭乌达盟赤峰县北、敖汉旗和哲里木盟的奈曼旗南部至辽宁省阜新县。这段长城,自围场县以西,调查尚少,只是勾画出了大体走向,详细情况尚不明了。其东段已有数篇调查报告发表,比较清楚。[1] 从昭乌达盟喀喇沁旗至阜新段为土筑和石筑两种。在长约200公里的长城沿线南侧发现城障遗址11处,相距约15—20公里,均为夯筑方形,大者边长约150—180米,小的边长约50—90米,南墙中部开门。此外,还发现两处圆形瞭望台址。

关于围场至阜新段这一段长城的始筑年代,一般都认为是秦始皇统一后所筑,这从长城沿线采集到的秦代文物可证,如曾出土过带有秦统一诏书的铁权和陶量等。但长城附近也出有许多燕国文物,如赤峰县撒水坡城址内出土有明刀钱及山形纹半瓦当,某些陶质生活用器如釜、盆、甑、豆也具有燕文化的特征。对此作何解释?也曾有人认为这一段为燕筑,燕长城采用了复线的形式。[2] 但以当时燕的国力,在很近的地方连筑两道长城,这点值得怀疑。那么,对这段长城沿线的燕国文物是否可以这样理解:此地虽在燕北长城以外,但相距很近,燕人常在此活动,留有燕国文物是很自然的事情。再则,秦在此筑长城及屯兵防守,所征民卒多数应为当地燕人,其生活习俗、文化传统不可能一下子消失,反映在日用器皿方面,具有燕文化特征也不足为怪。当然,对这段长城的始筑年代,只有通过考古发掘才能最后判明。

这段长城遗迹自阜新向东延伸至何处?前文在述及燕北长城时曾提到,在辽东地区似只发现了一道长城遗迹,被认为是燕、秦、汉长城遗迹。史书记载,秦始皇

---

[1] 盖山林、陆思贤:《内蒙古境内战国秦汉长城遗迹》,《中国考古学会第一次年会论文集》,文物出版社,1979年;郑绍宗:《河北省战国、秦、汉时期古长城和城障遗址》,布衣阿林:《河北省围场县燕秦长城调查报告》,项春松:《昭乌达盟燕秦长城调查报告》,均载前揭《长城报告集》;李庆发、张克举:《辽西地区燕秦长城调查报告》,《辽海文物学刊》1991年2期。
[2] 中国社会科学院考古研究所:《新中国的考古发现与研究(秦汉长城遗迹的调查)》,文物出版社,1984年。

长城已达今朝鲜平壤附近,因而,中国辽东地区及朝鲜境内发现的长城遗迹大概在秦代仍沿用的是燕北长城,但要最后弄清,还需做更多的调查。[1]

六、汉长城

汉王朝立国初至文景之世,国力尚弱,加之吸取秦朝滥用民力之教训,遂以"休养生息"为基本国策,面对日益强大的匈奴,采取"和亲"政策,以延缓其攻势。至汉武帝时,府库充盈、国家鼎盛,于是一改旧策,大事征伐,逐匈奴于塞外,筑长城以拒之。

汉武帝所筑之长城,当时称为障塞亭燧,也称边塞。依其地理方位,也可分为三大段,即河西长城、武帝外城、东北段长城。

1. 河西长城(包括敦煌以西至新疆段)

令居塞 武帝元狩中筑,陈梦家订为元鼎六年(前111)。《史记·大宛列传》云:"而汉始筑令居以西,初置酒泉郡,以通西北。"《汉书·张骞传》语同,而注引臣瓒曰:"令居,县名也,属金城,筑塞西至酒泉也。"汉代的令居,在今永登县境,其确切位置,据说在今永登县中堡乡以北,清水河村庄浪河西岸的罗成滩。[2] 而酒泉郡治,即今酒泉县。这道边塞,陈梦家推测:自令居(永登境)北行,经张掖、休屠、武威折而西,经山丹至今张掖县,俱傍龙首山南,"因山为塞";自张掖西北沿甘州河(即黑河,古称羌谷水)西北行经今临泽、高台、镇夷营而至毛目(鼎新),皆"因河为塞",东北为合黎山。[3] 但有的史地学者曾怀疑其存在。[4] 这道边塞的西段,据20世纪30年代前西北科学考察团的调查:自镇夷而至毛目沿甘州河东岸皆有烽台,而在毛目南约5—12公里间除烽台外尚有塞墙的遗迹。[5] 然这一段也可能是

---

[1] 参见叶小燕《中国早期长城的探索与存疑》一文第八节(《文物》1987年7期)。
[2] 醒吾:《甘肃境内的汉长城》,《西北师范大学学报(社会科学版)》1990年3期。
[3] 陈梦家:《汉武边塞考略》,《汉简缀述》,中华书局,1980年。
[4] 1975年中华地图学社出版的《中国历史地图集》即未标出。
[5] 参见陈梦家:《汉武边塞考略》,《汉简缀述》,中华书局,1980年。

居延塞的延伸(毛目南为黑河,北为额济纳河)。令居塞东段遗迹,经甘肃省永登县文化馆调查已有发现。大体在永登县中部的庄浪河川和东南的咸水河川,纵贯南北,分布在黄土山梁和河谷阶地上,其走向与明长城大致相同,但部分段落有较大的差异。其构筑方法,可分为堑壕、筑墙、利用沟崖河谷为边。堑壕是在山梁西侧顺山势开挖一堑壕,有的地段还平行开挖两道堑壕。永登境内的令居塞,大多采用此法。筑墙的地段,大多是山梁平缓、开阔平坦的地方。其筑法是在平地上起筑土墙,两层黄土之间夹入一层草土,与明长城显著不同。以沟崖河谷为边,是在沟壑陡深、地势狭窄、形势险要之处,利用自然地形形成天然屏障。这些地段,未发现长城遗迹。此外,还发现有烽燧遗迹,其构筑方法也是夯土加草或杨柳枝。还有一些明代烽燧是在汉代烽燧遗迹上增筑的。[1]

顺便提到,在今永登西南方,由兰州市区西面的河口(庄浪河入黄河处)南岸的青石关起,沿着黄河向西,经八盘峡、盐锅峡、刘家峡至永靖县与青海省交界处的川城,再向西入青海省的民和县、乐都县,有一条烽燧线连绵不断,有人认为是汉代的遗迹。[2] 但据甘肃省一些考古工作者考察,认为应是明代所筑。

酒泉至玉门塞　《史记·大宛列传》《汉书·张骞传》及《汉书·西域传》均有"酒泉列亭障至玉门"的记载。其年代,当在设置河西四郡之后,陈梦家考订为元封四年(前107)。这段边塞,西起于酒泉郡治东北,今金塔县的临河(北大河或肃州河)末流、毛目(鼎新)以西,即东与额济纳河居延塞遥相衔接。由此向西横穿金塔县全境,西入玉门市,沿北石河南岸西行,至北石河汇入疏勒河处入安西县境,再沿疏勒河继续向西,进入敦煌县,最后到达敦煌县西北汉玉门关(今小方盘城一带)以西的榆树泉沼泽为止。

地处河西走廊西段的这道边塞,因地广人稀、气候干燥,盐碱特重,有的地段塞墙及城障烽燧遗迹保存很好,有的烽燧仍高十米以上,甚至备用"积薪"、攀登绳索等也遗留至今。有关这道长城的调查和发掘,自20世纪初即已开始,工作多集中

---

[1] 醒吾:《甘肃境内的汉长城》,《西北师范大学学报(社会科学版)》1990年3期。
[2] 醒吾:《甘肃境内的汉长城》,《西北师范大学学报(社会科学版)》1990年3期。

于今敦煌县段。1906—1918 年和 1913—1915 年,斯坦因曾先后两次考察,并有详细测绘。此外,还挖掘了数处长城烽燧遗址,获得汉代简牍 789 枚。[1] 1944 年,阎文儒、夏鼐对小方盘城以东的敦煌烽燧遗址进行了考察与试掘,共出土汉简 830 枚左右。[2] 1979 年甘肃省的考古工作者完成了敦煌县境 69 座烽燧遗址的调查,并发掘了马圈湾烽燧遗址。除出土各种实物 300 余件外,还出有简牍 1 217 枚。马圈湾烽燧遗址主要由烽燧和坞两部分构成。烽燧呈长方形,底基 7.6 米×8.35 米,残高 1.87 米,为三层土墼加一层芦苇叠砌。其中的"坞",早期筑于烽燧东侧,坞墙与烽燧相连,夯筑;晚期被火焚后,又在南侧增筑。通过这些调查与发掘,对敦煌地区的汉代都尉、候官、候长、燧长与城、障、坞、燧的关系,对汉代的塞墙、天田、烽燧的规模、布局、结构、建筑方法和职能等,都有了进一步的明确认识。所出汉简中,涉及玉门关的资料,为探索西汉玉门关与玉门关后的确切位置提供了新线索。[3]

近年,甘肃省文物考古工作队又对位于敦煌市与安西县之间、安敦公路南侧 1.5 公里处的汉代邮驿"悬泉置"遗址进行了发掘。该遗址面积达 22 500 平方米,仅揭露了西半部分,就出土铜、铁、木、漆、纸等 16 大类 2 650 余件,简牍 15 000 余枚。这批简牍的内容与以往有所不同,多为邮驿文书,为研究长城沿线及边郡邮传制度等提供了珍贵的资料。[4]

居延塞 《史记·匈奴列传》载"使强弩都尉路博德筑居延泽上",《汉书·武帝纪》"筑居延",均指筑居延塞。所筑当在太初年间,陈梦家考订为太初三年(前 102)。这段边塞,因居延汉简的出土,早已闻名于世。自然,所做考古调查和发掘也较多。这里,仅择其要略述如下。

1930—1931 年间,前西北科学考察团沿额济纳河所做的考察,初步摸清了沿河

---

[1] 斯坦因:《中亚与中国西域考古记》(Aurel Stein. Serindia, Detailed Report of Exploratations in Central Asia and Westernmost China. Oxford, 1921);斯坦因:《亚洲腹部考古记》(Aurel Stein. Tnnermost Asia, Detailed Report of Exploratations in Central Asia, Kansu and Eastern Iran. Oxford, 1928)。参见向达译:《斯坦因西域考古记》,中华书局、上海书店,1987 年。

[2] 阎文儒:《河西考古杂记》,《文物参考资料》1953 年 12 期;夏鼐:《新获之敦煌汉简》,载夏鼐《考古学论文集》,科学出版社,1961 年。

[3] 甘肃省博物馆、敦煌县文化馆:《敦煌马圈湾汉代烽燧遗址发掘简报》,《文物》1981 年 10 期。

[4] 悬泉置遗址发掘队:《汉悬泉置遗址发掘获重大收获》,《中国文物报》1992 年 1 月 5 日 1 版。

两岸塞墙、城、障、烽燧遗迹的分布状况,并获汉简1万余枚。[1]

1972年秋,甘肃省博物馆、酒泉地区文教局组成居延考古队,沿额济纳河南起金塔双城、北至居延海作了踏察。[2]

1973—1974年,在前次调查的基础上,对"肩水金关""甲渠候官"和"第四烽燧"三处遗址进行了发掘,获得汉简近2万枚。这次发掘,使我们对汉代烽燧建筑的形制有了一个比较完整的认识。出土的汉简均为科学发掘所得,其内容也较20世纪30年代所出更为丰富。甲渠候官遗址为居延都尉西部防线甲渠塞之长——甲渠候的官衙,它由障、坞(即候官)和烽台两部分构成。障、坞相连,障是一座土坯方堡,基方23.3米、厚4—4.5米,墙残高4.6米,砌法是内、外壁皆三层夹一层芨芨草;坞,北连障墙,方47.5米×45.5米,东墙开门,门外有一曲壁。坞四周埋设尖木桩,即史书和汉简所谓的"虎落""强落"。坞内有房37间。烽台为夯土筑,方形,基方4.8米×5米,残高0.7米。肩水金关是一座烽塞关城,由关城、坞和烽燧组成。关城的关门是2座对峙如阙的长方形夯土楼橹,上面曾有过桥或门楼等建筑。楼橹两侧有土坯关墙。[3]

1976年,再次对额济纳河下游、居延北部地区进行了广泛调查,并作了较详细的记录、测绘、摄影工作。[4]

汉代的居延泽即今内蒙古额济纳旗的进素图海子。这道边塞,起自居延西,索果淖尔南,沿额济纳河(古弱水)西南斜行至毛目,长达900汉里。这里大部分"因河为塞",沿河岸的亭障多为土坯所作,少数为版筑;而地处高原的卅十塞所属烽台多用石版代替土坯。烽台的间距约为1 300—2 000米。烽台之间当有塞墙相连,但多数地段保存不好或已无遗迹可循。如甲渠塞所辖一段,约有一半还保存塞墙遗迹,为两道砾石堆起的塞墙基址,宽为3米。沿线发现的城、障、烽台遗址174

---

[1] 参见陈梦家:《汉简缀述》,中华书局,1980年。
[2] 甘肃居延考古队:《居延汉代遗址的发掘和新出土的简册文物》,《文物》1978年1期。调查报告待刊。
[3] 甘肃居延考古队:《居延汉代遗址的发掘和新出土的简册文物》,《文物》1978年1期。
[4] 甘肃居延考古队:《居延汉代遗址的发掘和新出土的简册文物》,《文物》1978年1期。

处(其中城址 6 处、障址 10 处),但据所出汉简当远不止这个数。

敦煌至盐泽亭燧 盐泽又称盐水、蒲昌海,即今罗布泊。敦煌起塞至此,则在李广利伐大宛之后,即武帝太初四年(前 101)后。陈梦家以为在天汉元年(前 100)。《史记·大宛列传》《汉书·西域传》皆言其事,"自贰师将军伐大宛之后,西域震惧,多遣使来贡献,汉使西域者益得职,于是自敦煌西至盐泽,往往起亭"。此段边塞调查尚少,1930—1934 年西北科学考察团黄文弼曾在今罗布淖尔北岸孔雀河末流叫作"土垠"的平滩上发现了 1 座所谓汉烽台遗址,并获得西汉木简 70 余枚及其他文物。木简最早为汉宣帝黄龙元年(前 49),最晚为成帝元延五年(前 9)。[1]

盐泽以西亭燧 1941 年斯坦因由营盘西北沿库鲁克塔格山南麓、孔雀河北岸,西北经沙漠至库尔勒,在 170 公里以上的古道上发现绵延的烽台,一直到库车西北为止。[2] 烽台的建筑结构,与甘肃境内的相同。此段亭燧遗迹史载未详。但据《汉书·西域传》,武帝征和中曾议在西域轮台屯田、起筑亭燧之事,然未能实行。至昭帝时,"以扜弥太子赖丹为校尉将军,田轮台";此后,宣帝时遣卫司马使护鄯善以西诸国,后又使郑吉并护北道,置都护,治乌垒城;元帝时又置戊己校尉,屯田车师前王庭。由此可见,此段亭燧大约筑于昭、宣之世,主要是为了保护丝路北道交通以及维持对西域诸国的控制权。

除上面所述外,近年在河西走廊的肃北新发现了一段汉长城,似未见记载,还有待于进一步确定。[3]

2. 武帝外城

《史记·匈奴列传》载:"太初三年(前 102)汉使光禄徐自为出五原塞数百里,远者千余里,筑城障列亭至庐朐,而使游击将军韩说、长平侯卫伉屯其旁。"这道长

---

[1] 黄文弼:《罗布淖尔考古记》,中国西北科学考察团丛刊之一,国立北京大学出版,1948 年。

[2] 斯坦因:《中亚与中国西域考古记》(Aurel Stein. *Serindia, Detailed Report of Explorations in Central Asia and Westernmost China.* Oxford, 1921);斯坦因:《亚洲腹部考古记》(Aurel Stein. *Tnnermost Asia, Detailed Report of Explorations in Central Asia, Kansu and Eastern Iran.* Oxford, 1928)。参见向达译:《斯坦因西域考古记》,中华书局、上海书店,1987 年。

[3] 王守业、窦步青:《嘉峪关外新发现之汉代长城遗迹》,《西北史地》1984 年 2 期。

城出五原塞北,故当时又称之为外城。它位于今阴山山脉以北的蒙古高原上,由两道大体平行的城垣构成。西端遗迹发现于中蒙边境的内蒙古潮格旗西北部的乌力吉公社,向东穿越潮格旗、乌拉特中后联和旗,到达达茂联合旗。再向东遗迹不明,可能入武川县西部,尔后与大青山北麓的原秦始皇长城会合。由潮格旗乌力吉公社向西延伸至蒙古人民共和国境内,最后可能与同年所筑的额济纳河居延塞相连。

这两道长城遗迹保存较好,所筑方法相同。在草原地带多为夯土筑造,已风化为一道土垄,自然基宽4—5米;在山丘上是用较大的石块垒砌两壁,中间再填碎石筑成,一般基宽3.5米、顶宽2.5—3米,有的段落高2—2.5米。两道城垣之间相距仅数公里或二三十公里。在南面一道长城的内侧,散布有石筑或夯土筑的城障和烽台,每个城障之间相距约10公里,离长城约50—200米。烽台间距约2.5公里。经调查的城障已有10余座,已发掘1座,均略作方形,大者边长约450米,小的边长约130米。这些城有一个共同的特点,即在四个城角都筑有斜向外方的类似"马面"的建筑,只有一个城门开在南墙或东墙正中,并有瓮城,或有城壕。已发掘的障城属小型城障,被称作朝鲁库伦,石筑。所出遗物主要是西汉中期的,其中包括1枚武帝早期五铢。由此可证,该长城确为汉武帝时期所筑。[1]

3. 东北段长城

徐自为所筑的这两道塞外长城,其东端很可能与秦长城相接,并曾利用燕、秦长城作为其东北疆域的防线。但在这一区域,在前述燕、秦长城以南数十公里、明长城以北,又新发现了一道汉长城。其东段遗迹发现于今河北省丰宁、滦平、承德境内。这里有几条较短的烽台线,大都是每隔2公里筑烽台1座,不筑城墙。这些烽台向东北延伸至承德县志云公社双庙梁,后进入昭乌达盟宁城县、喀喇沁旗,再向东北入辽宁省建平县中部,折而向东南到达榆树林子公社的卧佛寺汉城,再往东

---

[1] 盖山林、陆思贤:《内蒙古境内战国秦汉长城遗迹》,《中国考古学会第一次年会论文集》,文物出版社,1979年;内蒙古大学蒙古史研究室(唐晓峰):《内蒙古西北部秦汉长城调查记》,《文物》1977年5期;李兴盛、郝利平:《乌盟卓资县战国赵长城调查》,《内蒙古文物考古》1994年2期;又见盖山林、陆思贤:《潮格旗朝鲁库伦汉代石城及其附近的长城》,载前揭《长城报告集》。

与敖汉旗老虎山下的一段长城相连。[1]

在昭乌达盟和辽西一段,长达250余公里,走向清楚。沿线发现120多座烽台,也有塞墙相连。塞墙为石筑或土石结合,有城壕。这道长城最为突出的特点是烽台密布,一般隔1.5公里左右,远的隔约2公里。烽台用夯土筑成,现为圆丘形,原应为梯形,底宽10米多,顶宽7米多。沿线发现6座城障遗址,均建于长城南侧,夯土筑成,稍大者边长200—250米,小的150—170米。另有黑城子城较大,东西长1 800米、南北宽800米、城墙残高1—2米。1976年试掘过,出土物与辽阳三道壕西汉村落遗物相同,并发现新莽铸钱作坊遗址。此城被认为是汉右北平郡治平刚。这道长城,史籍未载。调查者认为,应是汉武帝元朔二年(前127)"弃造阳地以予胡"后所筑。其说可信。

以上略述了20世纪以来中国早期长城的考古调查、发掘与研究成果,但这里所涉及的还主要是长城的年代、起讫点、走向及基本建筑型式等,对长城沿线已经发现的大量古城址与古墓葬很少或尚未提到。就古城址来说,仅在今阴山山脉以南,黄河以北的河套平原和土默川平原,就有几十座之多,时代从战国延续到汉。其中,有的为屯兵驻军之地,有的则是当时郡县治所。它们与长城密切地联系在一起,共同构成一套完整的防御体系。对于这些古城址与古墓葬自当另文探讨,此不赘述。除此之外,河西长城沿线发现的数万枚汉简,是研究长城建置的宝贵资料,这一方面已是硕果累累,非本文所能容纳。

从目前长城调查所获得的资料来看,若干道长城的大体走向已基本廓清,较之前人仅从书本上得到的认识已有巨大进步,但还存在许多疑点。例如,某些长城的起点、终点多还不太清楚;有些长城的国别和时代也需要进一步的甄别;长城沿线的城障烽燧分布规律究竟如何?等等。叶小燕的《中国早期长城的探索与存疑》一文,提出了八个方面有待探讨的具体问题。要弄清这些问题,自然还有待于今后的工作。

---

[1] 郑绍宗:《河北省战国、秦、汉时期古长城和城障遗址》,《中国长城遗迹调查报告集》,文物出版社,1981年;李庆发、张克举:《辽宁西部汉代长城调查报告》,《北方文物》1987年2期;又见内蒙古自治区原昭乌达盟文物工作站:《昭乌达盟汉代长城遗址调查报告》,《文物》1985年4期。

就考古调查、发掘本身来说,也有有待于改进的地方。如有的考察报告中,哪些是经过实地踏查的,哪些是推测的,似不明确。有的调查似缺乏田野考古应有的程序要求,如必要的照相、绘图、测量及详细记录等。当然,因为长城非常之长,且多修筑在高山峻岭、人迹罕至的地方,要想完全遵循程序要求是很困难的。但今后在条件允许的情况下,还是应当努力做好记录。此外,目前的长城调查,多还是采用分散的、单一的方式,今后有必要统一部署、全面规划,多学科、多手段地进行,还应加强长城关键地段以及重要的城障遗址的发掘。

长城是祖先留给我们的一份珍贵的历史文化遗产,而长城考古学则是打开这份遗产宝库的金钥匙。现在这项工作虽迈出了一大步,但任重道远,愿学界同仁共同担当起这一历史赋予我们的责任。

(本文原名"中国早期长城的考古调查与研究",载《首届长城国际学术讨论会论文集》,吉林人民出版社,1995年。此次重刊作了少量技术性订正。)

鑿通石門

11
蜀道形成与发展的历史文化背景
——从陕南的考古发现谈起

战国秦汉以降,关中通往陕南穿越秦岭的道路主要有四条,即褒斜道、陈仓道、傥骆道、子午道;而陕南通往四川,西有金牛道,南有米仓道。这些道路统称为蜀道。蜀道多缘山因河而行,由于山高水险,相当多的地段在山崖上凿石架木修筑,故称栈道。褒斜栈道南口的石门古隧道留下了汉以来百余通摩崖石刻,其中以东汉《石门颂》和北魏《石门铭》最为有名。这些石刻,不仅记载了重要的历史事件及道路的修筑、兴废情况,而且给我们留下了难得的古代书法艺术珍品。石门摩崖石刻因蜀道的修筑而缘起,而蜀道的形成与发展乃是陕南、巴蜀与关中文化交往的结果。因而,考察陕南远古与古代文化的发展脉络及其与诸邻文化的关系,则可加深我们对石门石刻内涵的理解以及蜀道源流兴衰的认识。[1]

一、陕南地理环境与历史沿革

陕南,即陕西省秦岭以南地区。习惯称谓上的陕南包括今汉中、安康、商洛三地区,但商洛之地与蜀道无涉,故这里略而不论。陕南北靠秦岭、南依大巴山,长江最大的支流汉水发源于宁强县的嶓冢山,自西而东,流经本区。汉水两岸形成大小不等的冲积阶地、盆地,其中以汉中盆地最为广袤。河谷阶地、盆地的北南两侧即为秦岭山地和大巴山地。由于高耸的秦岭对来自蒙古高原高气压冷气流起到的巨大屏障作

---

[1] 关于蜀道形成的考古学考察,以前已有学者论述过,但因比较简略,有些问题尚未涉及,加之近年又有许多新资料发表,故有必要再作探讨。参见呼林贵、李恭:《由考古发现谈关中与陕南交通的形成》,《文博》1995年2期。

用,且受挟带水汽的东南季风的影响,陕南温和多雨,属亚热带湿润季风气候;农作物主要品种区别于秦岭以北的旱地农业,稻作农业发达。陕南有文字可考的历史大约可追溯到商代,从甲骨文和城固、洋县出土的青铜器群看,商时期陕南属于古巴蜀文化区。

西周时期陕南东部为庸国等方国之地;西部为古褒国,西周亡国之君周幽王宠幸的褒姒即为褒国人。此外,西周末年,郑桓公被犬戎所杀,部分郑人迁往汉中一带,筑有南郑邑。

春秋至战国早期陕南东部属楚;西部一度属秦,后属蜀。《史记·秦本纪》秦惠文王后元九年(前316):"司马错伐蜀,灭之,……十二年(前312)……庶长疾攻楚汉中,取地六百里,置汉中郡。"陕南遂纳入秦国版图。秦统一后仍置汉中郡,两汉沿袭未改,其郡治在西城,即今安康。楚汉之际,刘邦被封为汉王,"王巴蜀汉中,都南郑",故刘邦立国称"汉",汉朝、汉族、汉语得名亦与汉中有关。三国时陕南为蜀汉之地,诸葛亮曾屯兵汉中,多次由汉中出兵北伐曹魏,故汉中的三国遗迹与传说颇为丰富。

陕南北通关中,西南连接巴蜀,东可达鄂湘,其地理位置恰好处在中原偏西部南北分界线上,因而也是中国古代南北文化的交汇地之一。陕南与中国古代政治、经济、文化的中心——关中毗邻,因而自新石器时代以来,其文化面貌多与关中相似;同时,又与四川、湖北的古代文化不无关系。

二、史前陕南文化及其与诸邻文化关系所见蜀道的初创

陕南最早的人类活动足迹可追溯到旧石器时代早期,今南郑县的梁山、龙岗一带经多次考古调查,发现有丰富的打制石器和古动物化石,但尚未找到人类化石遗骸。梁山旧石器中的石器特点及打制技术,显示出与关中蓝田以及华北旧石器的相似性,二者之间或许有着某种文化联系。[1]

---

[1] 阎嘉祺:《陕西汉中地区梁山龙岗首次发现旧石器》,《考古与文物》1980年4期;阎嘉祺、魏京武:《陕西梁山旧石器之研究》,《史前研究》1983年1期;陕西省考古研究所汉水考古队:《陕西南郑龙岗寺新出土的旧石器和动物化石》,《史前研究》1986年Z2期;黄慰文、祁国琴:《梁山旧石器遗址的初步观察》,《人类学学报》1987年3期;王幼平:《汉水流域旧石器工业的特点及成因》,《韩中考古学研究》(二),韩·中考古学研究所,1995年。

新石器时代的文化遗存在陕南有着广泛的分布。早在20世纪60年代初,西乡李家村就发现了早于仰韶文化的新石器时代早期遗存,这种遗存最初被称为"李家村文化",[1]后来又在西乡何家湾、[2]南郑龙岗寺[3]等地也有发现,经进一步研究确定为老官台文化李家村类型。[4] 老官台文化最早发现于关中东部的华县老官台,而李家村类型的陶器从器形、陶质、纹饰上看与关中西部的老官台文化宝鸡北首岭下层类型更为接近,其年代也相当(碳十四测年为前7100—前6900)。当然,李家村类型也具有某些地方特点。西乡李家村等地的发现表明,早在新石器时代早期,陕南与关中就有了文化交往。

属于新石器时代晚期的文化遗存,在西乡何家湾、南郑龙岗寺等处被发现,而以龙岗寺的发掘最为重要。[5] 龙岗寺为一处保存基本完整的新石器时代氏族公共墓地,20世纪80年代初陕西省考古研究所在此进行了大规模的发掘,发现仰韶文化半坡类型墓葬423座、灰坑158个,其埋葬习俗及随葬陶器与西安半坡、宝鸡北首岭等遗址所出十分相似,如尖底瓶、圜底钵、深腹平底绳纹罐以及彩陶中的人面纹、鱼纹都是很典型的。龙岗寺仰韶文化半坡类型与关中同时期遗存明显的一致性,或许表明龙岗寺的先民是从关中迁徙过来的。其迁徙所走的道路,因其距离褒谷口最近,故以褒斜道或是陈仓道方向过来的可能性较大。《华阳国志·序志》引《蜀纪》言"三皇乘祇车出谷口",秦宓曰:"今之斜谷也。"三皇所处的时代,大约正相当于新石器时代晚期。这条记载虽然带有传说性质,但从陕南新石器文化与关中相似的情况看,这一传说或有所据。当然,那时的褒斜道只不过是沿河而行、

---

[1] 廖彩樑:《陕西西乡李家村新石器时代遗址》,《考古》1962年6期;陕西省社会科学院考古研究所汉水队:《陕西西乡李家村新石器时代遗址一九六一年发掘简报》,《考古》1962年6期;魏京武:《李家村新石器时代遗址的性质及文化命名问题》,《中国考古学会第一次年会论文集》,文物出版社,1979年。

[2] 陕西省考古研究所汉水考古队:《陕西西乡何家湾新石器时代遗址首次发掘》,《考古与文物》1981年4期。

[3] 陕西省考古研究所:《龙岗寺——新石器时代遗址发掘报告》,文物出版社,1990年。

[4] 严文明:《黄河流域新石器时代早期文化的新发现》,《考古》1979年1期;魏京武:《李家村文化再探讨》,《中国考古学研究论集——纪念夏鼐先生考古五十周年》,三秦出版社,1987年。

[5] 陕西省考古研究所:《龙岗寺——新石器时代遗址发掘报告》,文物出版社,1990年。

遇山而越的羊肠小道，还不能称其为栈道。龙岗寺仰韶文化半坡类型除了与关中同时期文化关系密切外，随葬品中的少量白陶及有的墓随葬"灵龟"的习俗，似又暗示与湖北大溪文化曾有过某种接触。

晚于仰韶文化半坡类型，即属于铜石并用时期，即大体相当于中原龙山时代的文化遗存在陕南也有许多发现，除前述南郑龙岗寺外，还见于西乡红崖坝、[1]汉阴阮家坝、紫阳白马石和马家营等处遗址中。[2] 陶器有碗、盆、罐、豆等，以磨光黑陶和红胎黑皮陶为特征。这些特点除具有中原龙山文化的某些因素外，其主体面貌则与四川发现的同期遗存更为接近。此外，还与江汉平原石家河文化也有某些相似之处，有学者把这一类遗存称为"白马石类型"。[3] 看来，这一时期的陕南与关中的联系较为松弛，而与四川的往来更为密切，或许是蜀地先民开始了向陕南的迁徙，自然，蜀地通向陕南的交通道路也就有了雏形。

三、商周时期陕南历史文化的变迁及蜀道的发展

商时期陕南有非常重要的发现，这就是为考古学界所特别关注的城洋铜器群。历年来，在城固、洋县交界处的湑水河沿岸大约14个地点，先后征集到26批、654件商代青铜器。这些青铜器中有鼎、簋、鬲、尊、罍、瓿、卣、壶、盘、觚、爵、斝、觥等礼容器类；戈、钺、戚、矛、镞、刀等兵器类；以及弯形器、人形面具、饰件等。[4] 其中的青铜礼容器特征与中原商式铜器相似，但数量较少，仅占总数的10%；绝大多数的兵器及其他器类则与四川广汉三星堆等地发现的古蜀文化非常接近。不仅如此，前些年西北大学考古专业又在铜器群发现地点的城固五郎庙、宝山、六陵渡发掘了

---

[1] 陕西省考古研究所汉水考古队：《陕西西乡红岩坝新石器时代遗址调查与试掘》，《考古与文物》1982年5期。

[2] 陕西省考古研究所、陕西省安康水电站库区考古队：《陕南考古报告集》，三秦出版社，1994年。

[3] 魏京武：《陕南巴蜀文化的考古发现与研究》，《三星堆与巴蜀文化》，巴蜀书社，1993年。

[4] 祝培章：《陕西城固县发现的青铜器》，《文博》1966年1期；唐金裕、王寿芝、郭长江：《陕西省城固县出土殷商铜器整理简报》，《考古》1980年3期；王寿芝：《陕西城固出土的商代青铜器》，《文博》1988年6期；赵丛苍：《城固洋县铜器群综合研究》，《文博》1996年4期。

居住遗址，从出土的陶器看，也与川西古蜀文化基本一致。[1] 这就表明城洋铜器群所代表的文化属于古蜀文化范畴，但又与中原商王朝或者说与关中广泛分布的商文化有着某种联系。[2]

关于城洋铜器群文化的国别与族属，许多学者认为可能是川西古蜀人中的一支东迁后所建立的某一文献失载的方国，这种推论是有道理的。城洋铜器群所代表的文化，年代上限可至夏代，下限大约不晚于殷墟三期，即已接近商代末年，此后，这支古蜀文化便神秘地消失了。然而，无独有偶，关中西部的宝鸡市附近发现的西周"强国"文化显示出与城洋蜀文化的某种渊源关系。今宝鸡市渭河以南的茹家庄、竹园沟等地自20世纪70年代以来，已发掘了数十座西周早中期的"强国"国君及其贵族的墓葬，此外还发现有居住遗址。[3] "强国"属于西周初年分封的一个诸侯方国，其青铜礼器可能为周人工匠所做，故其形态同于周文化，但还有部分器物明显具有浓厚的蜀文化色彩，如铜尖底罐以及数量很多的陶尖底罐、三角形直内铜戈等与城洋蜀文化相似。此外，一种持物小铜人的造型又与广汉三星堆发现的铜人接近。"强国"文化的这些特点被认为，该文化属于古蜀文化的一支受周王朝分封而在此建立的方国。《尚书·牧誓》《史记·周本纪》等文献记载，武王伐纣时曾有"蜀"人参加，这支伐商蜀人似乎不大可能从遥远的川西平原一带跋涉而来，而城洋湑水河沿岸青铜器群所代表的蜀人分支距离关中较近，联系到城洋铜器群至商代末年突然神秘消失的现象，参加周人灭商战役的"蜀"很可能就是城洋铜器群所代表的蜀人。灭商后，该支蜀人受到周朝的分封，在宝鸡新建立了"强国"（有学者认为"强国"与古蜀传说中的"鱼凫"有关[4]），其文化也受到周文化的巨大影响，但还保留了部分自己的文化传统。从"强国"所在的宝鸡古称陈仓的情形看，这支蜀人北上所走的道路当以陈仓道的可能性较大。但众所周知，陈仓道（又

---

[1] 赵丛苍：《城固洋县铜器群综合研究》，《文博》1996年4期。
[2] 李伯谦：《城固铜器群与早期蜀文化》，《考古与文物》1983年2期；刘士莪、赵丛苍：《论陕南城、洋地区青铜器及其与早期蜀文化的关系》，李绍明等主编：《三星堆与巴蜀文化》，巴蜀书社，1993年。
[3] 卢连成、胡智生：《宝鸡强国墓地》，文物出版社，1988年。
[4] 高大伦：《三星堆器物坑饰"鱼凫"纹金杖与强国墓地"鸭首"形铜旄》，《中国文物报》1998年。

称故道)的南段与褒斜道是部分重合的。

陕南西周时期的考古学文化迄今尚未被发现,只在勉县老道寺征集到 1 件从当地出土的西周晚期铭文铜鼎。这一带属古褒国范围,因而为探索古褒国遗迹提供了线索。[1] 安康附近也曾出土 1 件有名的西周铜器"史密簋"。[2] 陕南东部除前述庸国外,可能还有其他封国。西周铜器的出土至少表明,那时陕南与关中的周王朝仍保持着密切联系。

春秋时期的陕南古文化亦不明了。从文献记载看,其东部属楚,西部属蜀。战国时期,秦蜀、秦楚之间的战争纷起,蜀道特别是通向关中的北道利用率大为提高,并且有的道路已开凿为可通行车马的栈道。陕南这一时期的考古资料也反映了这种错综复杂的文化关系。

属于巴蜀文化的墓葬曾发现于汉中褒河区石英砂厂,有 3 座,为土坑竖穴小型墓,随葬品中的陶器、铜兵器等与四川战国巴蜀墓相同。[3] 从随葬品的时代特征看,似属于秦设汉中郡以前的巴蜀人的墓葬。安康地区的紫阳白马石村也发现 8 座巴蜀文化墓葬,但年代稍晚,属于秦设汉中郡以后巴蜀人后裔的遗存。[4]

安康市东北旬阳县城北的战国墓,随葬陶器为鼎、敦、壶、盘、匜,其组合及器形的风格,表明属于战国中期楚墓,大致为公元前 312 年庶长疾"攻楚汉中,取地六百里,置汉中郡"以前的楚人墓。[5]

秦设汉中郡之后的秦人墓也有发现。汉中市北郊杨家山发现的 1 座墓葬,随葬铜鼎、鍪、蒜头扁壶,陶茧形壶、彩绘钫等,皆为关中秦墓常见的器物,其时代大致为秦代。[6] 安康城南郊一里坡发掘了 7 座战国晚期至秦代的秦人墓,其中保存较好者人骨架葬式为典型的秦式屈肢葬,随葬品也具有明显的秦文化特征,但其中也

---

[1] 汉中市博物馆(刘长源):《勉县出土西周师船父鼎》,《考古与文物》1982 年 1 期。
[2] 李启良:《陕南安康市出土史密簋》,《考古与文物》1989 年 3 期。
[3] 何新成:《汉中市石英砂厂清理三座战国墓》,《文博》1987 年 6 期。
[4] 陕西省安康水电站库区考古队(孙秉军、王炜林):《陕西紫阳白马石巴蜀墓发掘简报》,《考古与文物》1987 年 5 期。
[5] 旬阳县文化馆:《陕西旬阳发现战国楚墓》,《文物》1987 年 5 期;张沛:《旬阳又发现两座战国楚墓》,《文博》1991 年 5 期。
[6] 何新成:《汉中杨家山秦墓发掘简报》,《文博》1985 年 5 期。

出土有陶釜架、陶樽形器、高柄豆（灯）等楚式器物。[1] 陕南秦人墓的发现，表明秦设汉中郡后曾移民于此，而安康秦人墓中的楚文化因素正是楚文化与秦文化融合的一种表现。

四、两汉陕南文化与中原文化的统一性及蜀道的繁荣

两汉以降，陕南的考古发现较为丰富，且文化面貌呈现出与关中乃至中原文化较大的一致性，这既是统一国家形成后在文化上的反映，同时又表明陕南通往关中的道路达到繁荣发达阶段。两汉以降，栈道的屡次修筑，不仅文献多有记载，褒斜道石门历代石刻更是实物见证。当然，汉中与四川的文化联系也是很密切的，两汉以降汉中文化的某些地域特点正与四川基本一致，便是很好的说明。

下面我们只分析陕南两汉时期的考古发现，以说明两汉陕南文化与关中乃至中原文化的统一性及地域性。两汉既明，汉以后的情形大致如此，毋庸赘言。陕南西汉时期的墓葬已发现数十座，但经过科学发掘的仅数座。位于汉中市以北约4千米的安中机械厂曾钻探出20多座西汉土坑墓（已发掘了其中的3座），[2] 南郑龙岗寺发掘1座，[3] 安康县城南黄土梁发掘2座，[4] 其年代均为西汉前期，即下限不晚于汉武帝元狩五年（前118）发行五铢钱之年。这几座西汉前期墓均为有棺无椁或无棺无椁的中小型土坑墓。随葬品中，铜容器类有鼎、鍪、钫、蒜头壶；陶器类有鍪、罐等；另有半两钱、铜兵器、铁器等。陕南西汉前期墓的墓葬形制、随葬品与关中同期墓基本相同。这表明，在秦汉统一后，陕南与关中的文化联系得到了进一步加强。

属于西汉后期的墓葬在汉中市北石马坡一带曾有较多发现。20世纪60年代

---

[1] 李启良：《陕西安康一里坡战国墓清理简报》，《文物》1992年1期。
[2] 赵化成：《陕西汉中市清理两座西汉前期墓》，《考古与文物》1982年2期。另在该地发掘的1座墓资料未发表，现存汉中市博物馆。
[3] 陕西省考古研究所（杨亚长）：《陕西南郑龙岗寺汉墓清理简报》，《考古与文物》1987年6期。
[4] 安康地区文管会：《黄土梁两汉墓葬清理》，《考古与文物》1991年1期。

后期修建阳安铁路,曾挖掘出大量保存较好的古墓木材,鉴于当时的特殊情况,未能进行科学发掘。80年代初因施工在此发现1座残墓,惜已遭破坏。笔者曾与汉中博物馆的何新成前往调查,仅征集到1件滑石猪,现藏汉中市博物馆。从墓葬葬具为木椁结构及这件滑石猪看,其时代大约属西汉后期。汉中西汉后期仍流行木椁墓,这与关中及中原已开始盛行砖室墓不同,而与四川、湖北、湖南相似,其中的原因除与四川同期文化有着某种联系外,还与陕南木材资源丰富有关。

新莽时期的墓见于勉县金寨,该墓为单室小砖券顶墓。[1] 大约从新莽前后开始,陕南已经使用砖室墓,与关中及中原趋于一致;随葬品中的模型明器发达,也与中原相同。

陕南东汉时期的墓葬分布广泛,已知的地点有数十处之多,经科学发掘的也有近百座,如勉县老道寺、[2]勉县红庙、[3]汉中铺镇砖厂、[4]南郑龙岗寺、[5]汉中城东七里店、[6]安康城南黄土梁[7]等处。此外,在城固、[8]石泉、[9]汉阴、[10]平利、[11]旬阳[12]等地调查发现和征集到许多汉代文物。

陕南东汉墓总括起来有如下特点:1. 多为中小型砖室墓。东汉时期全国范围内普遍流行砖室墓,陕南亦同步发展。2. 随葬品中主要器类与关中及中原地区大

---

[1] 郭清华:《陕西勉县金寨新朝墓葬》,《文物》1984年4期。
[2] 郭清华:《陕西勉县老道寺汉墓》,《考古》1985年5期;郭清华:《陕西勉县老道寺四号汉墓发掘简报》,《考古与文物》1982年2期。
[3] 唐金裕、郭清华:《陕西勉县红庙东汉墓清理简报》,《考古与文物》1983年4期。
[4] 汉中市博物馆(何新成):《陕西汉中市铺镇砖厂汉墓清理简报》,《考古与文物》1989年6期。该地点M1原报告认为是西汉墓,但从发表的随葬品看与其他墓相同,当为东汉墓。
[5] 陕西省考古研究所(杨亚长):《陕西南郑龙岗寺汉墓清理简报》,《考古与文物》1987年6期。
[6] 汉中市博物馆1979年发掘,因被盗,随葬品很少,资料未发表。
[7] 安康地区文管会:《黄土梁两汉墓葬清理》,《考古与文物》1991年1期。
[8] 王寿芝:《城固出土的汉代桃都》,《文博》1987年6期;郑荣、苟保平:《城固出土汉代画像砖选介》,《文博》1990年2期。
[9] 李域铮:《石泉县首次发现汉鎏金蚕》,《文博》1986年2期。
[10] 丁义前:《汉阴出土一批汉代铜器》,《文博》1989年1期。
[11] 李启良、施昌成:《陕西平利县发现汉画像砖墓群》,《文博》1993年2期。
[12] 张沛:《陕西旬阳出土的汉代铜尺和铜钟》,《考古与文物》1987年2期;张沛:《陕西旬阳出土汉代煤精狮》,《文博》1988年6期;徐信印、鲁纪亨:《陕西旬阳发现一枚汉代银印》,《文物》1985年12期。

体相同。3. 具有陕南地方特点的随葬品主要有：独角兽（镇墓兽），陶陂池、水田模型明器，铜摇钱树。这几种器物在关中及中原地区很少见，而在四川地区较流行。应当特别提到的是，汉中铺镇砖厂东汉晚期 M5 出土的 1 件铜质摇钱树树干中部塑造有 1 尊盘腿而坐的佛像，类似的佛像在四川东汉墓中也曾发现。东汉佛教图像在陕南的发现，为中国早期佛教南传路线的研究增加了新资料。

五、简短的结论

从考古发现看，自新石器时代早期开始，陕南首先与关中地区有了文化往来，自然，从那时起穿越秦岭的原始道路也就相应地出现了。其后，铜石并用时代至商周时期又与四川有了交通联系，同时仍与关中保持着密切接触。战国时期，随着铁器的广泛使用以及秦国势力的扩张，原有的古道路进一步发展为凿石架木可通行车马的栈道。自战国中期陕南并入秦国版图后，至两汉时期，文化的交流与道路的使用进入繁盛阶段，陕南与关中乃至于中原文化已融为一体。陕南远古及古代文化发展的脉络正体现了蜀道形成与发展的历史轨迹。诚然，目前汉中的考古发现空白点还很多，许多问题，特别是战国以前蜀道交通的具体情形还不清楚，这有待于今后新的发现和研究的深入。

[本文原名"蜀道形成与早期发展的历史文化背景——从陕南的考古发现谈起"，载汉中市博物馆主编：《纪念"石门颂"镌刻 1985 周年国际书法展暨学术研讨会》（专刊），1999 年 2 月。此次重刊作了少量技术性订正。]

叁

农业手工业

公元前 5 世纪中叶以前中国人工铁器的发现及其相关问题

论冶铁术的发生及其使用对中国古代社会发展进程的影响问题

春秋战国时期铁器的应用和生产的发展

东周燕代青铜容器的初步分析

也谈汉"阳信家"铜器的所有者问题

汉"建元""元光""元朔"诸器辨伪
　　——兼及武帝前期年号问题

广汉西蜀纪年镜与广汉工官

中国纪年铭神兽镜综论
　　——兼谈日本三角缘神兽镜问题

12
公元前5世纪中叶以前中国人工铁器的发现及其相关问题

考古发现证明,中国是东亚诸国中使用人工冶炼铁器最早的国家,但中国的冶铁技术发生于何时？这一问题经长期讨论但未能解决。近年来,中国广义的中原地区(东亚区域)公元前5世纪中叶前(战国初年以前)人工铁器的诸多发现,为探讨这一问题提供了契机。[1]

一、关于中国古代冶铁技术发生时间的讨论

中国冶铁技术起源于何时？这一问题在学界有过长期的讨论,总的来说大致经历了三个阶段。

第一阶段:20世纪50年代以前,主要是通过考证古代文献记载进行初步探索。最早涉及这一问题的是地质学家章鸿钊先生,他在20年代所写的《中国铜器铁器时代沿革考》一文中,提出中国铁器时代起源时间为春秋战国之际。[2] 40年代范文澜先生编著有《中国通史简编》一书,认为"似乎殷周已有铁"。[3] 日本学者梅原末治先生的《中国青铜时代考》,也主张殷代已知用铁。[4]

---

[1] 中国的历史纪年,从西周共和元年(前841)起,才有比较确凿的编年记载。在此之前的夏、商以及西周的开始年代只有大致的推算。本文涉及的有关年代如下:夏代(约前21—前16世纪)、商代(约前16—前11世纪中叶)、西周(约前11世纪中叶—前771)、春秋(前700—前476)、战国(前475—前221)。以上每一朝代的早、中、晚三期之分,大体取其平均值。

[2] 章鸿钊:《中国铜器铁器时代沿革考》,《石雅》附录,中央地质调查所印行,1927年12月。

[3] 范文澜主编:《中国通史简编》,1941年5月于延安初版,笔者所据为1949年9月版,新华书店发行。

[4] (日)梅原末治:《中国青铜时代考》,胡厚宣译本,1936年,49—50页。

第二阶段：20世纪50—70年代后期，随着考古发掘的广泛开展，地下埋藏的铁器不断被发现，把地下出土的铁器与中国古代文献记载结合起来进行研究，是本阶段的特点。此外，运用现代技术对出土铁器进行科学检测，使人们的认识更加深入。但这一时期考古发现的人工铁器至多属于战国以降（前5世纪初叶以后），而最早的人工铁器至多可追溯到春秋晚期（前6世纪中叶至前5世纪初叶）。因此，对于中国冶铁术的发生时间仍存在着较大的分歧，归纳起来主要有商代说、西周说、春秋后半期说。

商代说、西周说者，除钩稽古代文献记载外，所依据的考古资料主要是：传为1931年河南浚县辛村西周早期墓中出土的铁刃铜钺和铁援铜戈，这两件铁制品后流入美国；[1] 1972年河北省藁城县台西村商代中期墓中出土的1件铁刃铜钺；[2] 1976年北京平谷县刘家河商代中期墓中发现的铁刃铜钺。[3] 基于这几件铁器的出土，不少人认为中国在商代或西周早期已有人工冶炼铁。[4] 直到80年代后期，还有人引用这些资料，甚至将中国人工铁器的出现提早到唐尧虞舜时代（中国古史的传说时代，约公元前21世纪前）。[5] 其实，这是一种误解，因为以上几件铁器均为陨铁制品，而非人工冶炼铁。河南浚县铁器，1971年美国发表了金相学鉴定报告，断定为陨铁。[6] 藁城的铁刃铜钺，最初检验认为刃口部分是古代熟铁，后经全面的科学鉴定，确定刃部是用陨铁加热锻成的。[7] 北京平谷刘家河的铁器，经鉴定也同样属于陨铁制品。[8] 人类认识陨铁自然是一个进步，但它同人

---

[1] R.J. Gettens. *Two early Chinese Bronze Weapons With Meteoritic Iron Blades*. 1971.
[2] 河北省博物馆文物管理处：《河北藁城台西村的商代遗址》，《考古》1973年5期。
[3] 北京市文物管理处：《北京市平谷县发现商代墓葬》，《文物》1977年11期。
[4] （日）梅原末治：《中国出土の一群の铜利器に就いて》，见《京都大学人文科学研究所创立廿五周年论文集》，1954年；河南省文物研究所：《藁城台西商代遗址》，文物出版社，1985年；杨宽：《中国古代冶铁技术发展史》，上海人民出版社，1982年；胡瀔咸：《试论殷代用铁》，《安徽师范大学学报》1979年4期。
[5] 骆宾基：《关于铁在中国出现的年代》，《上海社会科学院学术季刊》1988年3期；赵恩语：《华夏何时开始使用金属》，《安徽史学》1989年2期。
[6] R.J. Gettens. *Two early Chinese Bronze Weapons With Meteoritic Iron Blades*. 1971.
[7] 李众：《关于藁城商代铜钺铁刃的分析》，《考古学报》1976年2期。
[8] 张先得、张先禄：《北京平谷刘家河商代铜钺铁刃的分析鉴定》，《文物》1990年7期。

工冶炼铁是不同的。就全世界而言，古代许多民族人工冶炼铁之前，都曾使用陨铁制品。[1] 商周时期陨铁制品的发现，表明中国古代先民至迟在商代中期对铁已有了初步认识，但它与冶铁术的发生不应混为一谈。

有关中国古代冶铁术的发生时间，考古学界的认识还是比较清醒的，其代表学者是黄展岳先生。早在50年代后期，黄先生就对战国两汉铁器作了全面考察，主张中国人工冶炼铁发生时间为春秋时期。[2] 70年代中期又发表了《关于中国开始冶铁和使用铁器的问题》一文，改定为春秋后半叶，即公元前六七世纪。应当说，基于当时的考古发现，这一观点是比较审慎的。[3]

第三阶段：80年代以来，早于公元前5世纪中叶以前，特别是公元前9—前7世纪中国广义的中原地区人工铁器有了较多发现，学界又展开了新的讨论。引发这一讨论的，首先是对中国新疆地区的铁器有了新的认识。新疆地区的铁器历来发现较多，但传统的观点都认为是汉武帝时张骞通西域后由中原地区传入的。在新疆地区从事多年考古工作的陈戈先生，首先撰文指出新疆地区的人工铁器在公元前10世纪至前5世纪已比较普遍使用。[4] 该论点是建立在大量考古发现和若干碳十四年代测定基础之上的，故已被考古学界所认可。但新疆地区属于中亚，在公元前2世纪以前尚不属于中原华夏范畴，那么，中国中原地区的人工铁器发生时间又在何时呢？

陈戈先生的上述论文撰写于80年代后期，当时中原地区春秋早中期（公元前七八世纪）的铁器发现还甚少（有的已发现，但尚未公布资料），而西周晚期（公元前9世纪中叶至前8世纪初叶）的铁器尚未发现，但他已指出中国中原地区人工铁器的发生时间应早到西周时期。与陈戈先生文章发表大体同时，张宏明先生也认为中国铁器时代应早至西周晚期。进入90年代，中原地区公元前八九世纪人工铁

---

[1] 参见《早期铁器时代》，《中国大百科全书·考古学》，中国大百科全书出版社，1986年，638页；又见华觉明：《陨铁、陨铁器和冶铁术的发生》，《科技史文集》第9集，上海科学技术出版社，1982年。

[2] 黄展岳：《近年出土的战国两汉铁器》，《考古学报》1957年3期。

[3] 黄展岳：《关于中国开始冶铁和使用铁器的问题》，《文物》1976年8期。

[4] 陈戈：《新疆出土的早期铁器——兼谈我国开始使用铁器的时间问题》，《庆祝苏秉琦考古五十五年论文集》，文物出版社，1989年，425页。

器有了突破性的发现,人们已不再怀疑中国人工铁器的发生时间至迟应为西周晚期。[1] 唐际根先生对此作了全面的考察,不仅指出中原地区人工铁器发生的时间可以追溯到西周中期(公元前10世纪中叶至前9世纪初叶),同时还推论中原地区冶铁术有可能源于中亚的新疆地区。[2] 关于后者,早于唐先生,已有人提出过。[3] 唐先生的论文发表后,近年新发现并且已经发表的公元前9至前6世纪的人工铁器数量又有成倍增长,那么,现在再来讨论中国中原地区冶铁术的发生时间及其起源地问题,可利用的考古资料就更为充分了。

二、中国中原地区公元前5世纪中叶前人工铁器的发现

中国中原地区目前发现的最早人工铁器,出土于河南省三门峡市上村岭虢国大墓。早在20世纪50年代,这里就发掘了200多座虢国墓葬。[4] 90年代初又陆续发掘了几座虢国国君和高级贵族的大型墓葬。这几座大墓多未被盗掘,随葬品极为丰富。最早发掘的2001号大墓首先发现了1件铜柄铁剑(或称玉茎铜芯铁剑),[5] 其后,又在2009号大墓中发现了1件铁刃铜戈和3件铁工具。[6] 铜柄铁剑经北京科技大学冶金史教研室检验,确定为人工冶炼的块炼铁(锻铁)。[7] 其他几件铁器尚未检验,大概也应是人工铁制品。关于虢国的建国年代,包括这两座大墓的年代,学界有不同看法:发掘者及较多学者主张地处三门峡市一带的虢国

---

[1] 张宏明:《中国铁器时代应起源于西周晚期》,《安徽史学》1989年2期。
[2] 唐际根:《中国冶铁术的起源问题》,《考古》1993年6期。
[3] 罗丰:《近年来以陇山为中心甘肃地区春秋战国时期北方青铜文化的发现与研究》,载内蒙古文物考古研究所编:《中国北方民族考古文化国际学术研讨会论文集》,1982年。
[4] 中国社会科学院考古研究所编著:《上村岭虢国墓地》,科学出版社,1959年。
[5] 《虢国墓地再次出土大量珍贵文物》,《中国文物报》1991年1月6日1版;河南省文物研究所等:《三门峡上村岭虢国墓地M2001发掘简报》,《华夏考古》1992年3期。
[6] 《虢国墓地发掘又获重大发现》,《中国文物报》1992年。
[7] 《虢国墓地再次出土大量珍贵文物》,《中国文物报》1991年1月6日1版;河南省文物研究所等:《三门峡上村岭虢国墓地M2001发掘简报》,《华夏考古》1992年3期。

始建于西周晚期,公元前655年为晋国所灭,[1]大墓的年代为西周晚期(前9世纪中叶至前8世纪初);但也有部分学者认为该地的虢国是公元前771年随周平王迁都洛阳而由陕西宝鸡地区迁于此地的(灭国年代与前说相同),大墓的年代为春秋初期(前8世纪中叶)。[2] 我比较倾向于前一种意见,因为暂且不去考证古代文献记载,就文化遗存的特点来说,整个虢国墓地确有相当部分遗存应属于西周晚期,50年代发表的《上村岭虢国墓地》发掘报告已有肯定的结论,这两座大墓出土的各种随葬品也明显具有西周晚期的特点。

除虢国大墓的铁器外,中国中原地区年代相对偏早的人工铁器,则以陕西关中(包括邻近的甘肃省东部)地区的秦国发现最多,总计有6批30件。

1. 陕西陇县边家庄春秋早期秦墓出土铜柄铁剑1件;[3]
2. 陕西长武县春秋早期秦墓出土铁匕首1件;[4]
3. 甘肃灵台县景家庄春秋早期秦墓出土铜柄铁剑1件;[5]
4. 陕西凤翔县南指挥村春秋晚期偏早的秦公1号大墓出土铁铲、铁锸、铁斧;[6]
5. 陕西凤翔县秦都雍城马家庄春秋中晚期宗庙建筑遗址出土铁锸;[7]
6. 陕西宝鸡市益门村春秋晚期偏早秦墓出土铁器达23件之多,有金柄铁剑3件、金环首铁刀13件、金方首铁刀2件、金环首料背铁刃刀2件。[8]

---

[1] 唐际根:《中国冶铁术的起源问题》,《考古》1993年6期;中国社会科学院考古研究所编著:《上村岭虢国墓地》,科学出版社,1959年;《虢国墓地再次出土大量珍贵文物》,《中国文物报》1991年1月6日1版;河南省文物研究所等:《三门峡上村岭虢国墓地M2001发掘简报》,《华夏考古》1992年3期;又见杜迺松:《虢国墓地新出铜器》,《中国文物报》1991年2月10日3版;马承源:《虢国大墓参观记》,《中国文物报》1991年3月3日3版;张长寿《虢国墓的新发现》,《中国文物报》1993年3月17日3版;姜涛:《虢国墓地的再发掘与认识》,《中国文物报》1991年12月8日3版。
[2] 李学勤:《三门峡虢国墓新发现与虢国史》,俞伟超:《上村岭虢国墓地新发现所揭示的几个问题》,两文均载《中国文物报》1991年2月3日3版。
[3] 陕西陇县图博馆发掘资料。参见张天恩:《秦器三论——益门春秋墓几个问题浅谈》,《文物》1993年10期。
[4] 袁仲一:《从考古资料看秦文化的发展和主要成就》,《文博》1990年5期。
[5] 刘得祯、朱建唐:《甘肃灵台县景家庄春秋墓》,《考古》1981年4期。
[6] 韩伟等:《秦都雍城考古发掘研究综述》,《考古与文物》1988年5、6期合刊。
[7] 陕西雍城考古队:《凤翔马家庄一号建筑遗址发掘简报》,《文物》1985年2期。
[8] 宝鸡市考古工作队:《宝鸡市益门村二号春秋墓发掘简报》,《文物》1993年10期。

以上几批铁器中,陕西陇县边家庄及长武县的两件铁器尚未作检验;甘肃灵台景家庄的铜柄铁剑因锈蚀过甚,检验未获结果。但从外形观察,这几件铁器以及虢国大墓的铜柄铁剑及其他多件秦国铁器为证,属人工铁器应无问题。秦公1号大墓的铁器为铸铁,属于人工铁器是很明显的。益门村墓所出铁器中的金柄铁剑,经多种方法检验,确定为人工冶炼的块炼铁。[1]

秦国发现的数十件铁器,尽管没有相应的碳十四年代测定数据,其年代为春秋早期至晚期偏早(前8世纪中叶至前6世纪中叶),应是完全可信的。因为目前已发现秦国墓葬1000多座,有关秦墓、秦文化的分期编年已经建立了可靠的标尺,根据墓葬或遗址同出的其他随葬品可确定铁器的年代。需要说明的是,有关凤翔秦公1号大墓的年代,最初新闻界发布的消息称其为两周之际,故前述张宏明、唐际根先生均加以引用。其实这个年代是错误的,后来的发掘结果表明,该墓墓主为秦景公,其在位年代为公元前576—前537年,铁器的年代大致在此范围内。宝鸡益门村墓的年代,原报告定在春秋晚期偏早,但有可能提早到春秋中期偏晚(前6世纪前半叶)。

与河南西部、陕西关中邻近的山西南部也发现了年代偏早的人工铁器。1984年,北京大学考古系在山西省曲沃县天马—曲村晋国早期都城遗址春秋中期偏晚(前6世纪初叶)的地层中发现1件残铁块,经中国科学技术大学冶金史教研室检验为铸铁,这是迄今中国中原地区经过科学检验的最早的人工铸铁器。此外,在同一遗址春秋晚期地层中还发现1件残铁块,经检验为块炼铁。[2] 发掘者对地层中同出陶器经过了慎重分析而最后确定这两件铁器的年代,因而其年代是可靠的。

在其他地区,年代相当于春秋晚期(前6世纪中叶至前5世纪初叶)的人工铁器有更多的发现,据不完全统计,至少有以下10批。

1. 江苏六合县程桥春秋晚期吴墓出土的铁条、铁块。经检验,铁条为块炼铁,而铁块为白口铸铁。[3]

---

[1] 白崇斌:《宝鸡市益门村M2出土春秋铁剑残块分析鉴定报告》,《文物》1994年9期。
[2] 发掘资料待刊,承蒙发掘者刘绪先生见告,谨此致谢。
[3] 南京博物院:《江苏六合程桥二号东周墓》,《考古》1974年2期;江苏省文管会、南京博物院:《江苏六合程桥东周墓》,《考古》1965年3期;鉴定结果见李众:《中国封建社会前期钢铁冶炼技术发展的探讨》,《考古学报》1975年2期。

2. 湖南长沙春秋末年楚墓出土的铁锸(原作铁锛、铁削数件)。[1]

3. 湖南长沙识字岭 314 号春秋晚期楚墓出土的铁锸,为铸铁。[2]

4. 湖南常德德山 12 号春秋晚期楚墓出土的 1 件铁削。[3]

5. 湖南长沙龙洞坡 52·826 号春秋晚期楚墓出土的铁削。[4]

6. 湖南长沙杨家山 65 号春秋晚期楚墓出土的铁鼎、铁削、钢剑。经鉴定,铁鼎为铸铁,钢剑为块炼铁渗碳钢。[5]

7. 湖南长沙窑岭 15 号春秋末年楚墓出土的 1 件铁鼎,经鉴定为铸铁。[6]

8. 河南淅川下寺春秋末年楚墓出土的玉柄铁匕首,因锈蚀,未作鉴定。[7]

9. 江陵楚都纪南城南垣水门遗址出土的春秋晚期的 1 件铁铲、1 件铁镰。[8]

10. 山东临淄郎家庄春秋末期齐墓出土的 1 件铁削。[9]

以上铁器,凡经过检验的均为人工冶炼铁,其他虽未经检验,但也应属于人工铁器无疑。

此外,可确定为春秋战国之际或战国初期(前 5 世纪中叶)的人工铁器,目前已发现十数件,其分布范围更广,不赘述。战国中期以降,中国中原地区人工铁器已进入普遍使用阶段。[10]

---

[1] 湖南省博物馆:《长沙楚墓》,《考古学报》1959 年 1 期。其中第一期墓约 10 座,出铁器的约三五座,每墓出 1 件,黄展岳先生定第一期墓为春秋末年,参见黄展岳:《关于中国开始冶铁和使用铁器的问题》,《文物》1976 年 8 期。

[2] 中国社会科学院考古研究所:《长沙发掘报告》,科学出版社,1957 年。原定为战国,黄展岳先生改定为春秋末年,见注⑩。

[3] 湖南省博物馆:《湖南常德德山楚墓发掘报告》,《考古》1963 年 9 期。

[4] 长沙铁路车站建设工程文物发掘队:《长沙新发现春秋晚期的钢剑和铁器》,《文物》1978 年 10 期。

[5] 顾铁符:《长沙 52·826 号墓在考古学上诸问题》,《文物参考资料》1954 年 10 期。又参见 R.J. Gettens. *Two early Chinese Bronze Weapons With Meteoritic Iron Blades*. 1971.

[6] 长沙铁路车站建设工程文物发掘队:《长沙新发现春秋晚期的钢剑和铁器》,《文物》1978 年 10 期。

[7] 河南省文物研究所等:《淅川下寺春秋楚墓》,文物出版社,1991 年。

[8] 湖北省博物馆:《楚都纪南城的勘察与发掘》(上),《考古学报》1982 年 3 期。

[9] 山东省博物馆:《临淄郎家庄一号东周殉人墓》,《考古学报》1977 年 1 期。

[10] 华觉明:《中国古代钢铁技术的特色及其形成》,《中国冶铸史论集》,文物出版社,1986 年。

三、中国中原地区冶铁术的发生时间及其起源地域问题

从中国广义的中原地区公元前 5 世纪中叶以前人工铁器的发现来看,有以下几个特点:

1. 与战国中期以降铁器普及后的状况相比,公元前 5 世纪中叶以前人工铁器发现的地点、数量,相对还较少,因而尚属于中国人工铁器的早期阶段。

2. 多数铁器出土于具有较高身份的贵族墓葬或都城遗址中,这表明铁器在当时是上层统治阶级专属的奢侈品,而非为一般平民百姓所拥有。

3. 年代偏早的人工铁器多是铜铁、金铁或玉铁的复合制品,并且多作为礼仪兵器或是随身携带的武器,可见铁器在当时是十分珍贵的。

4. 从铁器的形态来看,都是当时常见的具有中原特点的器形,说明这些铁器是当地加工制造的,并非由其他地域输入。

5. 年代相对较早的铁器均发现于中国中原偏西的河南西部、山西南部、陕西关中及甘肃东部地区。

6. 铁器品种中,不仅有块炼铁(锻铁)制品,还有铸铁器。

中国中原地区公元前 5 世纪中叶以前,特别是公元前八九世纪人工铁器的发现,改变了以往一般认为中国冶铁术发生于春秋后半期(公元前六七世纪)的传统看法。现今中国学界已不再有人怀疑中国冶铁术的发生时间至迟应在西周晚期(前 9 世纪中叶至前 8 世纪初叶),亦有可能早到西周中期(前 10 世纪中叶至前 9 世纪初叶)。当然,也有人认为可能更早一些,但从已有的发现看,铁器在当时还是一种稀有金属器,似也暗示距离最初掌握冶铁技术的时间还不算很久。此外,河南浚县辛村西周早期墓出土的铁器仍为陨铁制品,似乎表明那时中国中原地区冶铁术尚未发生。关于中国中原地区冶铁术的发生时间,学界已有了比较一致的看法。现在的问题是,中国中原地区冶铁术是独自发明的呢,还是由其他地域传入的?这在中国学界还未取得共识。当然,现在要得出最后的结论,似乎还为时过早,但根据已有的发现至少可以作出一些有益的探索。

众所周知,在世界冶铁史上,西亚的冶铁术起源较早。过去一般认为冶铁术是公元前14世纪由西亚赫梯人发明的,但据最新发现及研究,西亚的冶铁术在公元前19世纪以前就发生了。[1] 此后,逐步向周围地区传播,首先波及北非、欧洲、南亚、中亚。中国新疆地区公元前10世纪至前5世纪人工铁器已较为普遍,而新疆最早的人工铁器据碳十四年代测定可早至公元前十一二世纪或更早。新疆地区的冶铁术当是由西亚传入的。

中国新疆地区的人工铁器明显早于且多于中国中原地区,而中国中原地区年代相对偏早的人工铁器又多发现于偏西的河南西部、山西南部、陕西关中及甘肃东部地区。那么,一种符合逻辑的解释便是:中国中原地区的冶铁技术有可能源于西亚、中亚。唐际根等先生对此已有推论。以下我想从另一个角度就此问题再作一些探讨。

中国新疆地区与中原内地的联系,在汉武帝时的张骞通西域以前就已发生了。河南安阳殷墟发掘的妇好墓出土的750件玉石雕刻品,据鉴定,全部是新疆昆仑山出产的和田玉。[2] 甘肃灵台白草坡发掘的1座西周早期墓中出土的1件青铜"人头銎钩戟",戟上人头为高鼻、深目的白种人形象。[3] 陕西扶风周原西周宫殿遗址出土了两件属于西周中期的蚌雕人头像,也明显具有白种人的特征。[4] 据考证,这几件人头像有可能是居住于中国新疆地区的吐火罗人(Tokhara)。[5] 秦文化墓葬中,自西周中期以降就流行一种蜷屈特甚的屈肢葬,似与西亚、中亚广泛流行的屈肢葬葬俗不无关系。[6] 总之,新疆与中原地区的文化交流很早就已存在,西亚、中亚的冶铁术有可能经由古丝绸之路首先传入中国中原偏西地区,而后,再向中国东、南地区扩散。当然,要最终解决这个问题,就必须找到古丝绸之路上冶铁术传

---

[1] 孔令平、冯国正:《铁器的起源问题》,《考古》1988年6期。
[2] 中国社会科学院考古研究所:《殷墟玉器》,文物出版社,1982年。
[3] 甘肃省博物馆文物队:《甘肃灵台白草坡西周墓》,《考古学报》1977年2期。
[4] 尹盛平:《西周蚌雕人头像种族探索》,《文物》1986年1期。
[5] 林梅村:《开拓丝绸之路的先驱——吐火罗人》,《文物》1989年1期。
[6] 赵化成:《寻找秦文化渊源的新线索》,《文博》1987年1期。关于秦墓屈肢葬问题,过去我认为是受甘肃青海地区青铜文化葬俗的影响所致,但迄今为止,这一区域青铜文化中屈肢葬的发现很少,其来源可能与中亚、西亚屈肢葬葬俗有关。容另文探讨。

播的中间环节,而现在也有一些考古线索可循。

甘肃省河西走廊东端的民勤、金昌、永昌县市一带广泛分布着一种考古学文化,被称为沙井文化。沙井文化是 20 世纪 20 年代初由瑞典人安特生（J. G. Andersson）发现的。70 年代末至 80 年代初,甘肃省考古工作者在永登县榆树沟、永昌县三角城等地调查了城址并发掘了数百座墓葬,同时也发现了多件铁器。

1. 1979 年永昌县三角城城址东北角地表下 30 厘米处出土 1 件残铁锸。[1]

2. 1979 年在永昌县三角城城址的灰坑中出土 1 件铸铁器。[2]

3. 1979 年在永昌三角城西的蛤蟆墩发掘 20 座墓葬。其中,M7、M9 各出土 1 件残铁刀。[3]

4. 1980 年在永登县榆树沟墓葬出土 2 件铲形器、3 件锥形器、多件小型管状饰。[4]

5. 1980 年在永昌三角城东的西岗发掘 447 座墓葬,资料尚未发表,据说在 M164、M199、M227 各出 1 件铁刀,M233 出 1 件铁器,不辨器形。[5]

6. 1981 年在永昌三角城东北的柴湾岗发掘 113 座墓葬,资料未发表,其中 M103 出土 1 件铁剑。[6]

以上铁器均未经专门的技术检验,但从出土数量及形态观察,为人工冶炼铁应无问题。

关于沙井文化的年代,据李水城先生最新研究,可分为甲、乙两组,甲组早于乙组。乙组有 9 个碳十四年代测定数据,经树轮校正,年代范围在公元前 1310(840)—前 789(409)年之间,其中有两墓所选标本系下葬前曾用过的废弃木料,故这两墓数据偏早,若舍弃之,其余标本年代则在公元前 900(789)—前 540(409)年之间(约

---

[1] 甘肃省博物馆文物工作队、武威地区展览馆:《甘肃永昌三角城沙井文化遗址调查》,《考古》1984 年 7 期。

[2] 甘肃省文物考古研究所:《永昌三角城与蛤蟆墩沙井文化遗存》,《考古学报》1990 年 2 期。

[3] 甘肃省文物考古研究所:《永昌三角城与蛤蟆墩沙井文化遗存》,《考古学报》1990 年 2 期。

[4] 甘肃省博物馆文物工作队:《甘肃永登榆树沟的沙井墓葬》,《考古与文物》1981 年 4 期。

[5] 李水城:《沙井文化研究》,《国学研究》第二卷,北京大学出版社,1996 年。

[6] 李水城:《沙井文化研究》,《国学研究》第二卷,北京大学出版社,1996 年。

相当于中原地区的西周晚期至春秋晚期）。甲组遗存尚无碳十四数据，但可推知，其年代约为公元前 10 世纪（约相当于西周早中期）。甲组遗存发掘较少，未发现铁器；前述永昌县三角城址、墓葬以及永登县榆树沟墓葬出土的铁器均属于乙组。[1]

由于沙井文化的大部分发掘资料尚未发表，更为细致的分期编年未能进行，我们无法知道每件铁器的准确年代，但大致在公元前 9 世纪至公元前 5 世纪的沙井文化中有一定数量的人工铁器则属事实。

此外，还应引起重视的是，以陇山为中心的甘宁地区（甘肃东部、宁夏中南部）春秋战国时期被称为"杨郎类型"的北方系统青铜文化中也发现有铁器，主要是一种铜柄铁剑。[2] 据罗丰先生 80 年代初的统计，这种铜柄铁剑已发现有 8 件，[3] 近年又有多件发现。[4] 罗丰先生所列举的铜柄铁剑Ⅰ—Ⅲ式，其时代定在春秋时期，因而他认为铜柄铁剑属于北方系统青铜文化的一个特征性器类，并且进一步推论这一文化的冶铁技术当早于中原，可能由西亚、中亚传入。不过，北方系青铜文化的分期编年尚未很好地解决，已发现的多数铜柄铁剑年代似乎偏晚，大致为春秋晚期至战国时期，但可认为早于春秋晚期的这一器类应当是存在的。

沙井文化以及陇山东西两侧甘宁地区北方系青铜文化中的铁器，年代虽与前述中原地区出土者大体相当，但鉴于铁器当时的珍贵程度，不大可能是由中原地区传入的。沙井文化中较多见小件铁器，如小刀、锥、管饰等，与新疆铁器中多见小件铁器的情况相似，似表明与新疆地区的铁器存在着某种联系。甘宁地区北方系青铜文化中的铜柄铁剑，与前述中原地区的铜柄、金柄或玉柄铁剑形态明显不同，

---

[1] 李水城：《沙井文化研究》，《国学研究》第二卷，北京大学出版社，1996 年。
[2] 许成、李进增：《东周时期的戎狄青铜文化》，《考古学报》1993 年 1 期。
[3] 罗丰：《近年来以陇山为中心甘宁地区春秋战国时期北方青铜文化的发现与研究》，载内蒙古文物考古研究所编：《中国古代北方民族考古文化国际学术研讨会》，油印本，1992 年 8 月。
[4] 正宁县后庄村一被破坏的墓葬中出土 1 件铜柄铁剑，铁剑身已残断，另宁县袁家村一残墓中出土 1 件铁矛，见刘得祯、许俊臣：《甘肃庆阳春秋战国墓葬的清理》，《考古》1988 年 5 期；庆阳城北出土 1 件铜柄铁剑，见庆阳地区博物馆等：《甘肃庆阳城北发现战国时期葬马坑》，《考古》1988 年 9 期；宁夏固原县余家村残墓出土 1 件铜柄铁剑，见延世忠：《宁夏固原出土战国青铜器》，《文物》1994 年 9 期；宁夏固原杨郎墓地出土 1 件铜柄铁剑，见宁夏文物考古研究所等：《宁夏固原杨郎青铜文化墓地》，《考古学报》1993 年 1 期。

应是当地加工制造的。沙井文化以及陇山东西两侧甘宁地区北方系青铜文化,其地理位置正处于丝绸之路的东段,是西亚、中亚冶铁术传入中原地区的必经之路,因而,今后应给予更多的重视。

应当说明的是,假若中国中原地区冶铁技术确实是由西亚、中亚传入的话,那么,也只是一种原始的块炼铁(锻铁)技术。这种技术传入后,与中原地区发达的青铜冶炼技术相结合,很快又发明了铸铁技术。山西省曲沃县天马—曲村晋国都城遗址出土的铸铁器、凤翔秦公大墓的铸铁工具和长沙楚墓的铸铁鼎(前6世纪初叶至前5世纪初叶)以及战国时期铸铁制品的大量使用,便是明证。而在西亚、欧洲等地,尽管块炼铁技术出现较早,但铸铁技术却是晚到公元14世纪前后才发生。中国及其他东亚诸国,冶铁技术反而领先于西方1 000多年甚至2 000年之久。

诚然,要最终确定中国中原地区冶铁术的来源问题,还有待于今后更多的发现和全面的研究。

(本文原名"公元前5世纪中叶以前中国人工铁器的发现及其相关问题",本是笔者应邀出席1996年10月23—26日在韩国汉城召开的"东亚铁器文化国际学术大会"提交的论文,正值西北大学考古专业建立四十周年,谨将中文稿刊出,以感谢母校培育之恩。因考虑到国外一般读者可能对中国历史和考古发现不够熟悉,故介绍性的内容及年代方面的注释稍多一些,敬请国内同行谅解。载《考古文物研究——纪念西北大学考古专业成立四十周年文集》,三秦出版社,1996年。此次重刊作了个别技术性修订。)

13
论冶铁术的发生及其使用对中国古代社会发展进程的影响问题

一、引言

40多年前,郭沫若先生写过一篇《希望有更多的古代铁器出土》的著名文章,他写这篇文章的目的,是想要通过铁器这一新的生产力要素的出现来阐明中国古代社会发展阶段亦即古史分期问题,也就是希望为他所主张的"战国封建论寻求解决问题的一个关键因素"。[1]

郭沫若先生文章发表的那个时代,新中国的考古学才刚刚起步,田野考古发掘中发现的铁器数量还很有限。时至今日,40多年过去了,在考古工作者的辛勤努力下,有关中国古代铁器的实物资料已有相当数量的积累,同时也在自然科学工作者的积极参与下,古代铁器中的许多重要物品已得到科学的鉴定。现在,我们不仅可以说中国古代铁器的发生与发展历程已经基本明晰,而且也能够回答郭沫若先生所关心的问题了。

在讨论问题之前,首先应当明确三个概念。

其一,关于时间概念。本文所谓古代是指先秦时期,秦汉及其以后冶铁术的发展与铁器的普遍使用比较清楚,且与本文讨论的主题关系不大,故不再赘述。

其二,关于地域概念。本文所论主要是指广义的中原地区,即以黄河、长江中下游为中心的广大地区。至于新疆、甘肃中西部、宁夏等西北边地,尽管铁器的出

---

[1] 郭沫若:《希望有更多的古代铁器出土——关于古代分期问题的一个关键》,《奴隶制时代》,人民出版社,1954年。

现也较早,但属于另外的课题,本文仅略有涉及。

其三,关于铁器概念。非人工冶炼铁即陨铁与冶铁术发生以后的人工铁器属于性质不同的两种铁制品,本文在没有注明的情况下所说的"铁器"一般指人工冶炼铁。

表13-1 广义中原地区(西周晚期至春秋早期)出土铁器统计表

出土地点		铁器名称	数量	年代	鉴定	资料出处
河南三门峡上村岭虢国墓	2001	铜柄铁剑	1	西周晚期	块炼铁	《文物》1998.2
	2009	铁刃铜戈	1	西周晚期	块炼铁	
		铜柄铁戈	1	西周晚期	陨铁	
		铜柄铁刀	1	西周晚期	陨铁	
		铜柄铁锛	1	西周晚期	陨铁	
陕西陇县边家庄秦墓		铜柄铁剑	1	春秋早期		《文物》1993.10
陕西长武县秦墓		铁匕首	1	春秋早期		《文物》1993.10
甘肃灵台县景家庄秦墓		铜柄铁剑	1	春秋早期	块炼铁	《考古》1981.4
山西曲沃曲村晋国绛都遗址		残铁片	1	春秋早期	块炼铁	《文物》1998.2

二、先秦时期铁器的发展历程及其用途的考察

笔者曾于1996年写过一篇题为"公元前5世纪中叶以前中国人工铁器的发现及其相关问题"的论文。在那篇论文中,主要是就中国古代冶铁术的发生时间及其起源地域问题进行了探讨,所涉及的铁器资料仅限于公元前5世纪中叶以前(战国以前)。[1] 最

---

[1] 赵化成:《公元前5世纪中叶以前中国人工铁器的发现及其相关问题》,《考古文物研究——西北大学考古专业成立四十周年文集》,三秦出版社,1996年。该文中有关虢国大墓出土的3件陨铁,曾推测为人工铁器,今据最新鉴定结果,应予以改正。

近，《文物》新发表了韩汝玢先生的《中国早期铁器（公元前五世纪以前）的金相学研究》一文，从自然科学角度对中国早期铁器进行了深入探讨，文中还公布了经过金相学检验的一批新的铁器资料。[1] 韩文在资料收集方面增加了战国早期的铁器，此外属于春秋时期的铁器也较笔者前文有所补充，但仍有一些遗漏。为方便讨论问题，我们按照铁器的年代先后，重新编定了统计表（表13-1、表13-2）。表中所列主要是广义的中原地区的早期铁器资料。至于新疆、甘肃中西部、宁夏、内蒙古等西北地区的早期铁器，因属另外的课题，暂不列入。

这批中国早期铁器资料，是经过数十年考古发掘积累起来的，尽管将来肯定还会有新的发现，但它已经能够反映中国古代人工铁器早一阶段的发展概况，如果再加上战国中晚期的铁器资料，在秦汉以前，中国古代人工铁器的发展历程大致经历了三个发展阶段：初始期、发展期、广泛使用期。其时间大致为：西周晚期至春秋早期为初始期；春秋中期至战国早期为发展期；战国中晚期即进入广泛使用期。

（一）初始期——西周晚期至春秋早期

中国广义的中原地区目前所见最早的人工铁器出土于河南省三门峡市上村岭虢国大墓，时代为西周晚期（偏晚阶段）。其中，2001号大墓发现了1件铜柄铁剑（或称玉茎铜芯铁剑）；2009号大墓发现有铜柄铁刀、铜柄铁锛、铜柄铁戈、铜柄铁刻刀各1件。[2] 经检验，铜柄铁剑和铜柄铁刀确定为人工冶炼的块炼铁渗碳钢（锻铁），其他三件是用陨铁作刃的铜铁复合器。[3]

西周晚期虢国大墓陨铁制品与人工冶炼铁共存，是值得注意的现象。在此之前，中国古代用陨铁的历史，向上可追溯到商代中期，这就是大家所熟知的河北省

---

[1] 韩汝玢：《中国早期铁器（公元前五世纪以前）的金相学研究》，《文物》1998年2期。
[2] 河南省文研所等：《三门峡上村岭虢国墓地M2001发掘简报》，《华夏考古》1992年3期；《虢国墓地发掘又获重大发现》，《中国文物报》1992年2月2日。
[3] 韩汝玢：《中国早期铁器（公元前五世纪以前）的金相学研究》，《文物》1998年2期。

表 13-2 广义中原地区（春秋中期至战国早期）出土铁器统计表

出土地点	名称、数量	年代	鉴定结果	资料出处
山西曲沃曲村晋国绛都遗址	残铁片 1、铁条 1	春秋中期	白口铸铁	《文物》1998.2
陕西凤翔秦公 1 号大墓	铁铲 1、铁锸 1、铁斧 1	春秋晚期偏早		《考文》1988.5.6
陕西凤翔秦都雍城马家庄宗庙遗址	铁锸 1	春秋中晚期		《文博》1990.5
陕西宝鸡益门村 2 号墓	金柄铁剑 3、金环首铁刀 13、金方首铁刀 2、金环首料背铁刃刀 2	春秋晚期偏早	金柄铁剑 1 件，鉴定为块炼铁	《文物》1993.10
湖北江陵楚郢都南垣水门遗址	铁铲 1、铁镰 1	春秋晚期		《学报》1982.3
湖南长沙龙洞坡 52·826 号楚墓	铁削 1	春秋晚期		《文参》1954.10
湖南长沙杨家山 65 号楚墓	铁鼎 1、铁剑 1、铁削 1	春秋晚期	白口铸铁块炼铁	《文物》1978.10
湖南长沙识字岭 314 号楚墓	铁锸 1	春秋晚期		《长沙发掘报告》
湖南长沙楚墓	铁锸 1、铁削 3—5 件	春秋末年		《学报》1959.1
河南淅川下寺楚墓	玉柄铁匕首 1	春秋末年		《文物》1980.10
湖南常德德山 12 号楚墓	铁削 1、铁钁 1	春战之际		《考古》1963.9
湖南长沙窑岭 15 号楚墓	铁鼎 1	春战之际		《文物》1978.10
湖南资兴旧市楚墓	削 2、刮刀 1、锄 6、锛 1	战国早期		《学报》1983.1
湖北江陵太晖观楚墓	锥 1	战国早期		《考古》1973.6

（续表）

出土地点	名称、数量	年代	鉴定结果	资料出处
湖北江陵楚纪南城	铁斧 1	战国早期		《纪南城》
江苏六合程桥 M1（吴墓）	铁丸 1	春秋晚期	白口铸铁	《考古》1965.3
江苏六合程桥 M2（吴墓）	铁条 1	春秋晚期	块炼铁	《考古》1974.2
江苏苏州吴县 僭尼山 M7	铁铲 1	春秋晚期	块炼铁	《文物》1998.2
山东沂水齐墓	铁削 1	春秋中晚期		《考古》1988.3
山东临淄 郎家庄齐墓	铁削 2	春战之际	块炼铁	《学报》1977.1
山西长治 分水岭 M14	铲 3、凿 1 以及斧、镢等 5	战国早期		《学报》1957.1
山西长治 分水岭 M12	锤 1、凿 1、镢 4、斧 5	战国早期	镢 1，为脱碳铸铁	《学报》1957.1
河南陕县 后川 M2040	金质腊首 铁短剑 1	战国早期		《陕县后川东周墓》
河南洛阳 中州路 M2717	铜环首铁削 1	战国早期		《洛阳中州路》
洛阳水泥厂	锛 1、铲 1	春战之际	脱碳铸铁、韧性铸铁	《学报》1975.2
河南登封王城岗	铁器残片（似铲）	春秋晚期		《登封王城岗与阳城》
河南登封告城 东周阳城遗址	镰 1、锄 1、锥 1	战国早期		
河南登封阳城 铸铁遗址	镢 6、锄 6、削 1，熔炉壁、范、鼓风管残片等		镢 5、锄 1，脱碳铸铁	
河南新郑 南岗 M7	铁片 1	春秋晚期	白口铸铁	《中原》1993.1
四川荥经	斧 1	春战之际		《考古》1984.12

说明：上表资料出处简称：《学报》—《考古学报》；《考文》—《考古与文物》；《中原》—《中原文物》；《文参》—《文物参考资料》；《纪南城》—《楚都纪南城考古资料汇编》。

藁城县台西村、北京平谷县刘家河商代中期墓出土的铁刃铜钺各1件,[1]以及河南浚县辛村西周早期墓出土的铁刃铜钺和铁援铜戈。[2]

由于这几件铁器的出土,不少人曾认为中国在商代或西周早期已有人工冶炼铁,但随着近年来人们认识的深化,这种误解已经基本消除。商周时期陨铁制品的发现,表明中国古代先民至迟在商代中期对铁已有了初步认识,但它与冶铁术发生后的人工铁器是性质不同的两码事。

广义的中原地区可确定为春秋早期的人工铁器如表13-1所列,多发现于关中及邻近的甘肃东部的秦国地区。甘肃灵台县景家庄秦墓的铜柄铁剑,经检验为块炼铁渗碳钢;[3]陕西陇县、长武县出土的铜柄铁剑、铁匕首未经检验,但器形与景家庄墓所出相似,也应是人工铁器。[4]

秦国以外地区,属于春秋早期的铁器,目前仅见于山西南部曲沃县天马—曲村晋国都邑遗址地层中,发现的1件铁器残片,经检验为块炼铁。[5]

初始期的铁器有如下特点:

1. 虢国大墓陨铁制品与人工冶炼铁共存,似乎暗示着中国古代人工铁器的最初发生时间当与此时相距不远,也许就是西周晚期,或将来至多可追溯到西周中期。

2. 发现的铁器均为块炼铁制品,表明冶铁技术尚处在初始阶段。

3. 分布地域仅限于中国广义的中原偏西地区(春秋中晚期仍以该区域发现最多),这可能与块炼铁技术由西亚、中亚传入有关。[6]

---

[1] 河北省博物馆文物管理处:《河北藁城台西村的商代遗址》,《考古》1973年5期;李众:《关于藁城商代铜钺铁刃的分析》,《考古学报》1976年2期;北京市文物管理处:《北京市平谷县发现商代墓葬》,《文物》1977年11期;张先得、张先禄:《北京平谷刘家河商代铜钺铁刃的分析鉴定》,《文物》1990年7期。

[2] R.J. Gettens. *Two early Chinese Bronze Weapons With Meteoritic Iron Blades*. 1971.

[3] 刘得祯、朱建唐:《甘肃灵台县景家庄春秋墓》,《考古》1981年4期。

[4] 陕西陇县图博馆发掘资料,尚未正式发表。参见张天恩:《秦器三论——益门春秋墓几个问题浅谈》,《文物》1993年10期。

[5] 韩汝玢:《中国早期铁器(公元前五世纪以前)的金相学研究》,《文物》1998年2期。关于山西曲村遗址出土铁器的年代,笔者《公元前五世纪中叶以前中国人工铁器的发现及其相关问题》一文中有误,应予以更正。

[6] 韩汝玢:《中国早期铁器(公元前五世纪以前)的金相学研究》,《文物》1998年2期。

4. 除曲村出土的 1 件铁器残片外,其余的均为铜铁复合制品,且多发现于身份较高的王公贵族墓中,表明铁器在当时是非常珍贵的稀有金属器。

5. 发现数量稀少,用途单一,除了曲村出土的 1 件铁器不明器形外,其余的均为随身携带的短兵器。

(二) 发展期——春秋中期至战国早期

春秋中期的铁器发现数量仍较少,分布地域也还是局限于中原偏西地区;但春秋晚期至战国早期,铁器数量不仅有了较大增长,分布地域也大大扩展,冶铁技术进一步发展。

就分布地域而言,除了关中的秦国地区仍出土较多外,黄河中游的三晋两周地区,长江中下游的楚国、吴越国地区也有一定数量的发现。

秦国境内发现的铁器,宝鸡益门村墓是比较特殊的,一次出土数量达 20 件之多,有金柄铁剑 3 件、金环首铁刀 13 件、金方首铁刀 2 件、金环首料背铁刃刀 2 件。其中,金柄铁剑经检验,为块炼铁制品。这 20 件铁器均为金铁复合器,并且全是随身携带的短兵器。[1] 关于益门村墓的年代,简报认为属于春秋晚期偏早,笔者曾写过一篇小文,推论墓主可能与戎人君长有关,其年代或可早到春秋中期偏晚。[2] 凤翔秦都雍城发现的几件铁器,器类与益门村墓不同,皆为铁工具。其中,属于春秋晚期偏早的秦公 1 号大墓出土有铁铲、铁锸、铁斧;雍城马家庄春秋中晚期宗庙建筑遗址出土有铁锸,均未经检验,但从器形观察,可能属铸铁制品。[3]

山西曲沃县天马—曲村晋国遗址属于春秋中期的地层中,发现铁条和铁器残片各 1 件,经检验为白口生铁。[4] 这是迄今中国中原地区经过科学检验的最早的人工铸铁器。

---

[1] 宝鸡市考古工作队:《宝鸡市益门村二号春秋墓发掘简报》,《文物》1993 年 10 期;白崇斌:《宝鸡市益门村 M2 出土春秋铁剑残块分析鉴定报告》,《文物》1994 年 9 期。

[2] 赵化成:《宝鸡市益门村二号春秋墓族属管见》,《考古与文物》1997 年 1 期。

[3] 袁仲一:《从考古资料看秦文化的发展和主要成就》,《文博》1990 年 5 期;韩伟等:《秦都雍城考古发掘研究综述》,《考古与文物》1988 年 5、6 期合刊;陕西雍城考古队:《凤翔马家庄一号建筑群遗址发掘简报》,《文物》1985 年 2 期。

[4] 韩汝玢:《中国早期铁器(公元前五世纪以前)的金相学研究》,《文物》1998 年 2 期。

长江中下游的湖北、湖南、江苏出土的早期铁器,没有发现春秋晚期以前的,其年代多属于春秋晚期偏晚或战国早期。三晋两周地区除前述曲村遗址的发现外,其他多属于春战之际或战国早期。这些铁器中,既有块炼铁,也有铸铁。值得注意的是,河南洛阳水泥厂铁锛、登封阳城及山西长治铁䦆、湖北大冶铁斧等,为铸铁脱碳制品;另外,与洛阳水泥厂铁锛同出的铁铲为韧性铸铁,这是将白口铸铁经退火处理后得到的新产品,其出现意义重大。正如韩汝玢先生所指出的那样:"中国古代工匠发明用液态生铁铸成工具、农具,并创造出改善铸铁脆性的退火工艺,为广泛使用生铁成为可能,退火处理是重要的技术条件。"正因为有了这项重要发明,战国中期以后冶铁业才大大发展起来,铁器的广泛使用才成为可能。

这一时期的铁器,按照器类用途大体可分为五大类:

第一类:短兵器类,属于随身携带品,亦是身份的象征,与战国中晚期新出现的用于实战的戈、戟、矛等铁制长兵器不同,共计约 23 件。

第二类:工具类,包括文书工具或木工工具,有削、刮刀、锥、凿、斧、锛、锤等,共计约 35 件。

第三类:挖土工具或农具类,有䦆、锄、镰、铲、锸等,共计约 40 件。

第四类:容器类,仅有鼎 2 件。

第五类:杂器类,熔炉壁、铸范、鼓风管残片及不明器形的铁条、铁丸、残铁片等,约 10 余件。

此外,韩文所列举信阳长台关 1 号楚墓出土有 5 件铁带钩,属于服饰器类,但该墓的年代应为战国中期。

以上统计数字并不见得很准确,但大致能够看出各种铁器所占的比例关系。其中,短兵器类约占 20%,工具类约占 33%,挖土工具或农具类约占 36%。考虑到短兵器类大多发现于益门村墓,所以后两者今后的发现应高于上述比例。

关于工具类,其中"削"可能为文书工具,用来刮削竹木简牍;其他如斧、凿、锛等显然是木工工具。这些工具多出土于贵族墓葬中,一般不属于随葬品,很可能是加工木椁葬具后的遗留。

关于挖土工具或农具类,这里我们没有把它们单纯称为农具类,是因为其本身具有多重用途,即它们既可以作为农具,又可作他用。这些铁器也多发现于贵族墓葬或都城遗址中,且发现的总量较少,因而它们当中的相当部分与其说作为农具使用,倒不如说是用来修筑城池、宫殿,挖坟造墓的可能性更大。

综上所述,春秋中期至战国早期的铁器也可概括为以下几个特点:

1. 冶铁技术有了重大突破,春秋中期出现了白口铸铁;春秋晚期至战国早期,通过退火工艺,得到性能较好的脱碳铸铁和韧性铸铁。铸铁及铸铁脱碳工艺的出现具有划时代的意义,它为日后中国铁器的进一步发展奠定了基础。

2. 出土铁器的地点尽管较初始期增多,但仍非常有限,在相当广大的区域多还是空白;铁器数量总计不过 100 余件,冶铁遗址迄今只发现 1 处。显而易见,当时的冶铁业规模还很小,铁器尚未普及。

3. 多数铁器发现于都城遗址或是具有一定身份的贵族墓葬中,表明铁器在当时仍主要是统治阶级专用品,而不为一般平民百姓所拥有。

4. 与初始期相比,铁器使用范围扩大,新出现了铁工具、铁农具、铁容器等,但铁器品种中,仍有一定数量的铜铁、金铁、玉铁复合短兵器。至于都城遗址或是贵族墓葬中出土的农具类,不见得就主要用于农业生产,而很可能是修筑宫殿、挖墓掘土的用具。

(三)广泛使用期——战国中晚期

考古资料表明,战国中晚期的铁器在广义的中原地区随处可见,与此前相比,发现的地点、数量呈数十倍增长,以至于很难统计准确数字。仅据雷从云先生于20世纪70年代末的统计,战国中晚期的铁器出土地点已遍及 18 个省市,而且一次性出土多达近百件。[1] 冶铁技术方面,已能够按照不同需要采取不同工艺制造铁器,前述铸铁退火技术更加成熟;块炼铁经反复锻打渗碳,性能大为提高。铁器品种方面,工具类、农具类不仅数量占有绝对优势,而且分工更加细化。如农具类,有

---

[1] 雷从云:《战国铁农具的考古发现及其意义》,《考古》1980 年 3 期。

开垦荒地、挖掘沟壑用的竖銎铁䦆、方孔铁䦆；翻土用的铲（镈）、一字型锸、凹字型锸；中耕用的六角锄、五齿耙；收获用的镰；铁犁铧也已经出现。此外，容器类、生活用器类也常常用铁来制造。战国晚期还出现了一定数量的用于实战的铁兵器。总之，战国中晚期，广义的中原地区铁器已经进入普遍使用阶段，在手工业、农业生产中发挥着重要作用。

三、铁器的使用对中国古代社会发展进程的影响问题

郭沫若先生在撰写《希望有更多的古代铁器出土》一文时，战国中晚期的铁器已经出土不少，如河南辉县固围村战国中期大墓出土铁器和河北兴隆县寿王坟村出土战国晚期工具铁范两大批铁器资料已经发表；此外，在河南郑州、湖南长沙、山西、东北等地也出土有零星铁器。对此，郭沫若先生都曾引用，并且结合文献记载论定"战国时代普遍使用铁器是不成问题的，铁的出现必然还远在春秋以前"。

郭沫若先生的这些看法，有些方面可谓有先见之明，但总的来说与他所希望看到的却有相当大的距离。首先，铁器的普遍使用不应笼统归为战国时期，而是从战国中期开始的，明确这一点至关重要。其次，人工铁器的出现如郭沫若所言确在春秋以前，但目前至多可追溯到西周晚期偏晚，而从铁器发现的总体情况估计，其最初发生当不早于西周中期。其三，春秋时期的铁器数量还很少，远不如郭沫若先生所希望看到的那样多。

人工冶铁器在中国广义的中原地区自西周晚期发生之后，由于统治者的垄断、人们认识的局限以及技术方面的原因等，经历了300多年漫长的发展过程，直到战国中期才达到普遍使用的阶段（诚然，这与世界其他地区相比，仍然是很快的）。弄明白人工铁器在中国发展的基本情况，才能够回答其对中国古代社会发展进程究竟有多大影响这一问题。

要说到铁器的出现与使用对中国古代社会发展进程的影响问题，其最基本、也是需要最先弄明白的是：铁器在农业生产中的应用问题，再进一步讲，也就是铁器与中国古代土地私有化进程的关系问题。

关于中国古代土地私有化的进程及其具体途径,尽管史学界有不同看法,但其经历了一个较长的发展过程并且是通过多种途径实现的,则不会有多大问题。对此,林甘泉先生曾进行周密而细致的考察,他说道:"中国古代土地私有化历史过程的肇始可以上溯到西周中期甚至更早一些,它经历过了漫长而曲折的道路,终于形成了非劳动者和劳动者两种不同的土地私有制。秦始皇统一六国之后'使黔首自实田',这在一定意义上可以看作是全国范围内土地私有化过程的完成。"土地私有化的具体途径有两种:一是"公社农民的份地变为个体小农的私有土地";二是"田邑转让、军功赏田和私田的垦辟"。[1]

在土地私有化的进程中,铁器究竟扮演了怎样的角色呢? 林甘泉先生认为:

> 铁器的使用和推广,使得农民个体家庭有可能依靠全家的力量垦辟荒地,从而扩大了耕地面积。……这种由各家自行垦辟的耕地,不同于国家授给的份地,它们从一开始就具有私有的性质,并且作为一种催化剂,大大加速了份地的私有化。由于许多农民家庭实际占有的土地已经超出原先份地的面积,这就使得井田经界日益遭到破坏。

除林先生外,包括郭沫若在内的许多学者也都表示过大致相同或相似的看法。从理论上讲,中国古代土地私有化进程中铁器确曾起到一定的作用(尽管这种作用非常有限),但问题是:铁器的这种作用究竟是从什么时候开始的?

郭沫若先生将其放在春秋时代。他在《奴隶制时代》一书的首篇即《中国古代史分期问题》一文中说过:

> 促进了这一变革的还有一个重要因素,那便是春秋年间铁器登上了舞台。这种新工具的发明和使用,比起前人的木耜、石锄来,效力会远远超过。这就

---

[1] 林甘泉:《中国古代土地私有化的具体途径》,《文物与考古论集——文物出版社成立三十周年纪念》,文物出版社,1986年。

大大提高了农业生产力,其必然的结果也就迅速地使私有的黑田超过了有限的井田,因此破坏了旧有的生产关系。奴隶制与封建制的更替只发生在春秋、战国之交,铁的使用更是一个铁的证据。[1]

我们在前面已经指出,积数十年时间,中国广义的中原地区经过科学发掘的西周晚期至战国早期的墓葬已达数千座,城址与村落遗址的揭露也有相当大的面积,但铁器的发现不过100余件。这100余件铁器中,除去战国早期的不算,属于西周晚期至春秋时期(包括春战之际)的不过五六十件,请看下面的统计表(表13-3)。

表13-3 西周晚期至春战之际铁器类别数量统计表

兵器类			工具类			挖土或农具类				不明器形
短剑 9	刀 17	戈 1	削 11	斧 2	锛 2	钁 1	锸 4	铲 5	镰 1	7
27			15			11				7

说明:虢国墓出土的陨铁不在统计中;陕西长武出土的铁匕首归入短剑类;登封王城岗出土的铁残片据称似铲,归入铲类。

表13-3中,短兵器类占有相当数量,多为铜铁、金铁、玉铁复合制品,属贵族专用;文书及木工工具类次之;剩下的可称为农具的铁器仅11件。前面已经分析过,这些所谓铁农具从出土状况看多半是为王公贵族修宫殿、造陵墓所用,真正用于农业生产的微乎其微。显然,铁器在春秋时期是比较珍贵的,其必然为上层统治阶级所垄断,普通民众是难以得到的。包括郭沫若在内的许多学者在论及铁器使用时,多引用《国语·齐语》载管仲所说"美金以铸剑戟,试诸狗马;恶金以铸锄夷斤欘,试诸壤土",或据《管子·海王》篇今铁官之数曰:"一女必有一针一刀,……耕者必有一耒一耜一铫,……行服连轺辇者必有一斤一锯一锥一凿"的记载,便以为管仲所处的春秋时期齐国已经普遍使用铁器。其实,所谓"美金""恶金"皆指青铜;而《管子》一书为后人假托,其所反映的顶多是战国中晚期齐国的情况。从考古

---

[1] 郭沫若:《中国古代史的分期问题》,《奴隶制时代》,人民出版社,1954年。

发现看，迄今为止齐国地区发现的早期铁器还相当地稀少，所见仅山东沂水春秋中晚期墓以及临淄郎家庄春战之际墓中各出的 1 件铁削，且还不属于农具类。[1] 如果在春秋时期齐国已经普遍使用铁器，不会有如此少量的遗留。

或有人认为，战国以前的铁器发现较少，是由于下述原因造成的：铁器容易生锈，不易保存；铁器可以回收利用；铁器一般不用于随葬；等等。当然，这种情形的确存在，但只要我们看到战国中晚期的铁器有那么多的发现，便不难明白，上述几点理由并不能否定铁器在春秋时期还处在早期阶段，还远未达到普及这样一个基本事实。正如考古资料所揭示的那样：西周、春秋乃至于战国早期，大量的生产工具，特别是农业生产，还主要靠木、石、骨器以及部分青铜农具来完成，铁器在当时基本上不用于或者说很少用于普通民众的土地开垦与农田耕作。由此可见，要说铁器在春秋时期对农业生产的作用，对于土地私有化的影响，乃至于对中国古代社会发展进程所起的促进，也就可想而知了。

郭沫若先生曾说过：

> 由奴隶制转变为封建制的主要关键当在生产力的发展上去追求。生产力提高了，使旧的生产关系不能相适应，因而突破了旧有的关系而产生新的关系。
> ……
> 是什么因素把生产力提高了，而且划时代地提高了呢？

他回答道：

> 在古代，铁的出现和使用是值得特别重视的一个关键的因素。

郭沫若先生所主张的、占有统治地位的、并被写进中小学教科书的"战国封建论"，

---

[1] 沂水县博物馆：《山东沂水发现一座东周墓》，《考古》1988 年 3 期；山东省博物馆：《临淄郎家庄一号东周殉人墓》，《考古学报》1977 年 1 期。

在所谓生产力动因方面,就是建立在这样一种推测基础之上的。然而,遗憾的是,数十年来的考古发现所积累的铁器资料,并不能为这一"关键的因素"提供证据。

以郭沫若先生为代表的"战国封建论"之所以把铁器的出现看得如此之重要,其理论基础是建立在所谓"生产力决定生产关系"这一命题之上的。其实,社会变革的复杂性已经对这一命题提出挑战。就拿中国铁器时代的划分来说,如以人工铁器的出现为标志,大致应为两周之际;而以铁器的广泛使用为标志,则应是战国中期。因而,我们很难用铁器时代的到来去对应社会变革的发展阶段。就像工业时代,全世界仍存在着许多不同的社会制度一样,也很难把生产力同社会制度等同起来。

就中国古代社会的发展阶段亦即古史分期而言,如综合各方面的特点,我们认为战国仍处在过渡时期,而秦汉才是新时代的开端。作为中国封建社会(暂用这一习惯称谓)的重要标志,即土地的私有化,虽然从西周中晚期就开始了,但春秋终末远未达到完成阶段,直到战国中晚期,许多国家仍不同程度地发生着变革,"秦始皇统一六国之后'使黔首自实田',这在一定意义上可以看作是全国范围内土地私有化过程的完成"。(前引林甘泉语)再从政治制度、观念形态等方面看,秦汉以来都发生了重大转折,并影响了中国尔后两千年。因而,以秦汉作为新时期的开端,可能更符合历史实际。当然。这篇文章并不能就这一问题展开讨论,我们只是从铁器的出现与使用这一角度出发,进而对传统的观点提出疑义而已。

[本文原名"论冶铁术的发生及其使用对中国古代社会发展进程的影响问题",载北京大学中国传统文化研究中心编:《文化的馈赠——汉学研究国际会议论文集(考古学卷)》,北京大学出版社,2000年。此次重刊作了个别技术性修订。]

14
春秋战国时期铁器的应用和生产的发展

春秋战国是一个大动荡、大变革与大发展的时代。仅就物质文明而言,钢铁冶炼技术的发明和铁器的推广使用,大型水利灌溉工程的修建和农业技术的进步,铜器、漆器等新工艺的采用和手工业生产的繁荣,金属铸币的广泛使用和商品贸易的发达,凡此种种,奠定了这个时代社会转型与发展的物质基础。

一、冶铁技术的发明与铁器的使用

在人类文明史上,冶铁技术的发明和铁器的推广使用具有划时代的意义。这是因为铁器具有石器、铜器所不具备的优良性能,铁器的使用极大地改变了人们的生产、生活方式,成为推动社会进步的重要原动力。那么,中国古代何时掌握了冶铁技术?冶铁技术又取得了哪些重要成就?铁器的使用对人们的生产、生活乃至于社会的进步又产生了怎样的影响?这些曾经困扰学界多年的重大问题,基于考古发掘积累的大量的实物资料,并经考古学家和冶金史专家的潜心研究,现在已经能够比较清晰地回答了。

地球上除存在少量来自天外的陨铁外,并没有可供直接使用的自然铁。在自然界,铁总是与其他物质紧密地结合在一起,这就是人们所说的铁矿石。地球上的铁矿石蕴藏量极为丰富,但要经过人工冶炼后才可以使用。由于铁的熔化温度远高于铜,所以冶铁技术的发明要晚于铜的冶炼。不过,在掌握冶铁技术之前,人类对铁已经有了初步认识,也即陨铁的加工使用。在世界历史上,许多古代民族都曾使用陨铁制品。中国境内最早的陨铁器则发现于河北藁城县台西村商代中期遗址和北京平谷县刘家河商代中期(前14—前13世纪)墓葬中,即各发现了1件铁刃铜钺;[1]年代稍晚的则有1931年在河南浚县辛村西周早期墓中出土的1件铁刃铜钺和1件铁刃铜戈。[2] 上述陨铁制品经电子显微镜观察,确定刃部是用陨铁煅成的。陨铁的使用,表明至迟在商代中期,中国先民对铁已有了初步认识,但它与人工冶炼铁是两回事。[3]

根据考古发现,世界上最早的人工冶炼铁大约出现于公元前2500—前2300年的西亚一带,[4]而中国目前所见最早的人工铁器则发现于河南省三门峡市上村岭虢国大墓,时代为两周之际(前8世纪前半叶)。其中,编号为2001号的大墓中出土了1件铜柄铁剑(或称玉茎铜芯铁剑);编号2009号的大墓出土有铜柄铁刀、铜柄铁锛、铜柄铁戈、铜柄铁刻刀各1件。这5件铁器,铜柄铁剑和铜柄铁刀经检验,确定为人工冶炼铁,其他3件则是用陨铁作刃的铜铁复合器。[5] 两周之际虢国大墓人工铁器与陨铁器共存是值得注意的现象,联系到前面所说的商代中期和西周早期只发现了陨铁器,似乎暗示着中国古代人工铁器的最初发生时间当距此不远,可能就是西周中晚期。

略晚于虢国大墓,属于春秋时期的铁器实物多见于秦国境内,主要有以下几批:甘肃灵台县景家庄、陕西陇县边家庄、陕西长武县春秋早期偏晚秦墓,各出土1件铜柄铁剑;[6]凤翔雍城春秋晚期偏早的秦公1号大墓,出土铁铲、铁锸等铁制品12件;凤翔雍城马家庄春秋晚期宗庙建筑遗址出土铁锸等;[7]宝鸡益门村春秋晚期偏早墓出土有金柄铁剑3件、金环首铁刀13件、金方首铁刀2件、金环首料背铁

---

[1] 李众:《关于藁城商代铜钺铁刃的分析》,《考古学报》1976年2期;张先得、张先禄:《北京平谷刘家河商代铜钺铁刃的分析鉴定》,《文物》1990年7期。

[2] R. J Gettens et al., *Two Early Chinese Bronze Weapons with Meteoritic Iron Blades*, Washington D.C., 1971.

[3] 参见华觉民:《陨铁、陨铁器和冶铁术的发明》,《科技史文集》9集,上海科学技术出版社,1982年。

[4] 孔令平、冯国正:《铁器的起源问题》,《考古》1988年6期。

[5] 河南省文物研究所等:《三门峡上村岭虢国墓地M2001发掘简报》,《华夏考古》1992年3期;韩汝玢:《中国早期铁器(公元前5世纪以前)的金相学研究》,《文物》1998年2期。

[6] 刘得祯、朱建唐:《甘肃灵台县景家庄春秋墓》,《考古》1981年4期;陕西陇县图博馆发掘资料,参见张天恩:《秦器三论——益门春秋墓几个问题浅谈》,《文物》1993年10期。

[7] 陕西雍城考古队:《凤翔马家庄一号建筑群遗址发掘简报》,《文物》1985年2期;韩伟等:《秦都雍城考古发掘研究综述》,《考古与文物》1988年5、6期合刊。

刃刀2件，总计达23件之多。[1] 秦国出土的这几批铁器中，甘肃灵台县景家庄秦墓的铜柄铁剑、宝鸡益门村墓的金柄铁剑，经检验为块炼铁渗碳钢制品，秦公1号大墓出土的铁锸、铁铲为人工铸铁器。此外，与秦国邻近的山西省南部曲沃县天马—曲村晋国都邑遗址春秋早期地层中曾发现1件铁器残片，经检验为块炼铁；另属于春秋中期的地层中发现铁条和铁器残片各1件，经检验为人工铸铁器。[2]

年代稍晚一些，即属于春秋晚期或春战之际的人工铁器还发现于南方的楚国、东南的吴越国等地，主要有江苏六合县程桥春秋晚期吴墓出土的铁条、铁丸，河南淅川下寺春秋晚期楚墓出土的玉柄铁匕首，湖南长沙杨家山春秋晚期楚墓出土的钢剑，湖南长沙识字岭春秋晚期墓出土的铁锸，湖南长沙龙洞坡春秋晚期墓出土的铁削，湖南常德德山春秋晚期墓出土的铁削等。这几批铁器，经鉴定均为人工冶炼铁。[3]

从以上所列举的中国内地人工铁器的出土情况看，时代从两周至春秋战国并未中断，而降至战国时期，发现铁器的地点、数量急剧增加，至战国中期已进入广泛使用铁器阶段。由此可知，中国古代至迟在两周之际已经掌握了人工冶铁技术。值得注意的是，中国铁器较早的发现多集中在广义的中原偏西地区，即河南西部、陕西关中、山西南部、甘肃东部这一大片相连的区域，这一现象是值得深思的。前面说过，在世界冶铁史上，西亚很可能是人工冶铁技术的最早发明地域，此后逐步向周围地区传播，首先波及南亚、中亚、欧洲。近年来，中国新疆地区公元前1000—前500年左右的古墓中也发现了较多的铁制小件物品，由此联系到中国内地的发现，一些学者推测，中国冶铁技术（块炼铁技术）可能源于西亚，经中亚，通过古丝绸之路传入中国内地。[4] 这种可能性是存在的。不过，新疆的铁器多未经鉴定，年代也需要进一步斟酌。所以这一问题的解决，还有待于更多的发现和更深入的研究。

---

[1] 宝鸡市考古工作队：《宝鸡市益门村二号春秋墓发掘简报》，《文物》1993年10期；白崇斌：《宝鸡市益门村M2出土春秋铁剑残块分析鉴定报告》，《文物》1994年9期。
[2] 韩汝玢：《中国早期铁器（公元前5世纪以前）的金相学研究》，《文物》1998年2期。
[3] 韩汝玢：《中国早期铁器（公元前5世纪以前）的金相学研究》，《文物》1998年2期。
[4] 陈戈：《新疆出土的早期铁器——兼谈我国开始使用铁器的时间问题》，《庆祝苏秉琦考古五十五年论文集》，文物出版社，1989年；唐际根：《中国冶铁术的起源问题》，《考古》1993年6期。

假如说，中国内地的冶铁技术最初确实是从西亚经中亚传入的，那也只是最原始的块炼铁（熟铁）技术，在掌握这种技术之后的很短时间内，中国先民凭借发达的青铜冶炼工艺，不仅迅速提高了块炼铁的技术水平，使之成为渗碳钢，而且很快就发明了铸铁（生铁）技术。山西南部曲沃县天马—曲村晋国都邑遗址的铁器、凤翔秦公大墓出土的铁锸、铁铲等，即为生铁铸件。此后，冶铁技术不断进步，在相当长的时期内处于世界领先地位。[1]

纯铁的全熔温度为1537℃，铜只有1083℃，冶铁较冶铜困难得多，因而发生的时间就晚一些。但铁矿石的冶炼在较低的温度下也可以得到能够使用的铁，这种铁就是块炼铁。块炼铁的炉体构造简单，容积较小，冶炼时把矿石和木炭分层放在一起点火熔炼，由于没有或只使用简单的鼓风设备，炉温比较低（大约为900℃），铁矿石不能熔化为铁水流出，只能炼出半熔状态的海绵状铁块，取出后再经锻打剔除杂质。块炼铁含碳量低（少于0.1%），质较软，但延展性好，可锻打，是为锻铁（也称熟铁）。世界上最早出现的人工铁都是块炼铁，中国春秋至战国早期发现的人工铁器中，多数也是这种块炼铁制品。因为块炼铁中含有较多的杂质，故需要反复锻打。值得注意的是，中国工匠在不太长的实践过程中，最先发明了锻钢技术——块炼铁渗碳钢技术。虢国大墓出土的铜柄铁剑和铜柄铁刀、灵台县景家庄秦墓出土的铜柄铁剑和宝鸡益门村墓出土的金柄铁剑、长沙杨家山春秋晚期楚墓出土的铁剑，经检验，均为块炼铁渗碳钢制品。战国时期块炼铁渗碳钢则发现更多，技术也更趋成熟。这种渗碳钢工艺是将块炼铁置于锻炉内的木炭火中，在900℃以上长时间加热（3—5天），或在锻造时反复长时间加热，使碳分子逐渐渗入块炼铁内，温度越高，渗碳越快，再经反复锻打，杂质含量下降，这样就能得到性能较好的低碳钢。这种工艺其实就是汉代所谓"百炼钢"的前身。块炼铁渗碳钢比较适合于制造兵器和部分手工业工具，如河北易县燕下都战国晚期墓（M44）出土的铁剑、铁铤等兵器，就是块炼铁经渗碳处理制成的低碳钢。不过，由于块炼铁产量低、性能也不是

---

[1] 赵化成：《公元前5世纪中叶以前中国人工铁器的发现及其相关问题》，《考古文物研究——西北大学考古专业成立四十周年纪念》，三秦出版社，1996年。

很稳定，像燕下都M44一次出土数十件铁兵器还是不多见的，当时战争中还是以铜兵器为主，如秦始皇兵马俑坑出土的兵器绝大部分都是青铜制品，直到西汉中期以后发明了"炒铁"技术，铁兵器才逐步取代铜兵器，成为战场的主角。[1]

所谓铸铁，就是将铁矿石熔化成铁水然后浇铸成型铁制品，中国古代称之为"生铁"。铸铁是用竖炉来冶炼的，现代则用高炉。铸铁冶炼的关键是要有性能优良的鼓风设备，中国古代使用一种被称为"橐"的皮质大风囊，这不仅见于先秦两汉文献记载，还在汉代画像石冶铁图像中有逼真而形象的反映。有了这样的鼓风设备，炉温才能提高，从而使铁矿石完全熔化，液体的铁水可以从炉体下部的出铁口流出，而铁矿石中的杂质（比铁水轻）会浮在上面，可从渣口排出。这样一座竖炉，由顶上不断加进木炭和矿石，下面可连续出铁水，而铁水可以像浇铸铜器一样直接铸造成型器物，其效率自然是块炼铁法无法比拟的。中国古代冶铜技术相当发达，鼓风设备出现很早，故在掌握块炼铁技术后很快就冶炼出了铁水。山西天马—曲村遗址春秋中期地层中的铁器残片、凤翔秦公1号大墓、马家庄遗址出土的春秋晚期偏早的铁工具，江苏六合县程桥春秋晚期墓出土的铁丸，经检验，均为铸铁器。至于战国时期的铸铁制品则发现更多，铁被广泛用来铸造农具和手工业工具。铸铁制品在中国出现于公元前6世纪，而在欧洲大约要晚到公元14世纪水力鼓风设备发明后铸铁才发生。比起世界其他地区，中国古代铸铁技术差不多早了将近2 000年，这确实是一件了不起的成就。

铸铁硬度高，缺乏延展性，不能锻打，但可直接铸造器物。与块炼铁相比，铸铁更适合制造工具和农具，其产量和效率远远高于块炼铁，因而铸铁工艺发展很快。春秋至战国早期铸铁还发现较少，但已能铸造成型的器物。除前述秦公大墓外，长沙新车站战国早期楚墓中出土了生铁铸造的铁鼎，洛阳水泥制品厂战国早期灰坑中出土的铁䦆、铁锸也是生铁铸造的。其中的铁䦆表面还经过柔化处理（也称退火处理），而铁锸经过柔化处理后进一步成为韧性铸铁。所谓柔化处理，就是把铸铁

---

[1] 华觉民：《中国冶铸史论集》，文物出版社，1986年。关于冶铁技术方面的内容均请参见该书，以下不再注出。

件置于特殊的炉体中,在较低温度下(约稍高于 727℃),经过一定时间的退火,可改变生铁的脆性,生铁表面就会变得柔韧。这种柔化处理再进一步发展,即增高温度(约 900℃)、延长时间(约 3—5 天),铸铁件可以转化成韧性铸铁(或称之为展性铸铁)。其原理是通过长时间的加热,铸铁中的碳分子将改变分布状态,即原来呈均匀的化合状态的碳分子分解为小石墨片,这些小石墨片聚集在一起成为团絮状石墨,从而使生铁具有一定的柔韧性。韧性铸铁的发明是柔化处理工艺发展的结果,当然,柔化处理工艺最初都是凭经验来进行的,以后匠人逐步能够较好地把握处理。这种韧性铸铁在战国中期以降得到了广泛使用,如 1957 年长沙出土的铁铲,铜绿山出土的战国中晚期六角锄,燕下都 M44 出土的战国晚期铁锸、铁锄等,都是柔化处理后得到的韧性铸铁件。汉代冶铁遗址中曾发现一种退火炉,可能就是对铸铁件加热退火用的。这项技术发展到汉魏时期,则通过退火得到脱碳钢件。

中国在公元前 5 世纪前半叶所掌握的这项技术,具有重要意义。正如冶金史专家韩汝玢所指出的那样:"中国古代工匠发明用液态生铁铸成工具、农具,并创造出改善铸铁脆性的退火工艺,使广泛使用生铁成为可能,退火处理是重要的技术条件。"[1]正因为有了这项重要发明,战国中期以降冶铁业才大大发展起来,铁器的广泛使用才成为可能。而在欧洲,韧性铸铁的出现是在公元 1700 年以后。

此外,战国时期还发明了淬火工艺,如燕下都出土的铁兵器中就使用了这种工艺。淬火是一种热处理工艺,是将高温状态下的铁制品全部或部分置于水中,从而大大提高铁件的硬度,以克服块炼铁质软的缺陷。中国古书中有"清水淬其锋"的记载,说的就是这种工艺。

战国时期的铸铁在铸造成型工艺方面也有很大发展。铸造铁器使用的主要是泥范,郑韩故城和登封阳城发现了大量铸造铁器的泥范。泥范的使用直接继承了青铜铸造技术。河北兴隆县于 20 世纪 50 年代发现了一批战国铁范,有双镰范、锸范、锄范、车器范等。[2] 铁范可以使铸件形态稳定,又可连续使用,对于提高劳动

---

[1] 韩汝玢:《中国早期铁器(公元前 5 世纪以前)的金相学研究》,《文物》1998 年 2 期。
[2] 郑绍宗:《热河兴隆发现的战国生产工具铸范》,《考古通讯》1956 年 1 期。

生产效率很有用。但铁范铸造器物,冷却速度太快,铸件脆性加大,所以不如泥范应用广泛。

二、铁农具的广泛使用与农业生产的发展

秦汉以前中国内地人工铁器的发展历程,如按照发现的地点、数量(实际上也就是铁器的产量和使用广泛程度)以及技术水平来划分的话,大体经历了三个发展阶段:两周之际至春秋中期可称为初始期,春秋晚期至战国早期是为发展期,战国中期以降则进入广泛使用期。应当指出的是,过去在资料很少的情况下,人们从理论上推断春秋时期铁器已经广泛用于农业、手工业生产,并促进了生产力的发展,从而导致社会大变革的发生等等。事实上,春秋至战国早期有限的铁器基本掌握在上层统治者的手中,往往被用作防身的短兵器,少量的铁工具则多被用来修筑城池、宫殿、陵墓之类,真正用于农业和手工业生产的机会很少,所以还谈不上对生产力有多大促进作用,更遑论成为社会变革的决定性因素。人工铁器在两周之际出现后,由于统治者的垄断、人们认识的局限,以及技术方面的原因等,经历了300多年较长的发展过程,直到战国中期才达到广泛使用的阶段。然而,这与世界其他地区相比仍然是很快的。[1]

在铁农具使用之前,农业生产主要依靠木、石、骨、蚌农具,青铜可以制造有用的工具和武器,但并不能排挤掉木石农具,这一点只有铁才能做到。因此,铁农具的使用是农业生产领域的一场重大革命。铁农具广泛用于农业生产,首先使得开垦荒地变得容易起来,从而扩大了耕地面积;其次使得农业生产从粗放经营向精耕细作方向发展,提高了农作物单位面积的产量;再次使得大型水利灌溉工程的修建成为可能,增强了农业抵御自然灾害的能力。

从考古发现看,战国中晚期铁农具使用已很普遍。例如:河南辉县固围村魏

---

[1] 参见赵化成:《论冶铁术的发生及其使用对中国古代社会发展进程的影响问题》,载北京大学中国传统文化研究中心编:《文化的馈赠——汉学研究国际会议论文集(考古学卷)》,北京大学出版社,2000年。

国大墓一次出土铁器160多件,其中铁农具就有58件。[1] 河北兴隆县一次出土铁范87件,大多为农具范。[2] 河南新郑韩国铸铁作坊遗址出土陶范300余件,其中农具范占60%以上,出土铁农具200多件,占全部铁器的63.5%。[3] 战国铁农具的种类主要有镢、铲、锸、锄、耙、镰等。另外,斧、锛虽为手工业工具,但与农业关系密切,可用于垦荒时砍伐树木等。镢有长条形、二齿形、三齿形,主要用来开垦荒地、深翻土地、挖掘沟洫等;铲、锸是翻土的工具,发现最多,锸有一字型和凹字型(木质部分腐朽后留下的铁口),这种工具很可能是古书记载的"耒、耜"之类;锄有空首布形和六角梯形,可用于播种、松土、锄草、保墒等;耙为整地工具,发现较少;镰则是收获工具。从这些农具种类看,农业生产的主要环节,如翻土、整地、中耕、除草、收割等,都已使用了铁农具。《管子·海王》篇有这样的记载:"今铁官之数曰:一女必有一针一刀,若其事立;耕者必有一耒一耜一铫,若其事立;行服连轺辇者必有一斤一锯一锥一凿,若其事立。不尔而成事者,天下无有。"《管子·轻重》篇也说:"一农之事,必有一耜、一铫、一镰、一耨、一椎。"《管子》成书于战国,所记为战国中晚期齐国的情形,至于中原其他国家当不会比齐国落后。[4]

这里,还应当特别提到的是,铁犁铧也已经出现,所见多是一种"V"字型的铁铧冠。春秋战国文献中曾见到一些关于"铁耕"或"犁耕"的零星记载,不过,总体上讲,战国时期牛耕还不普遍,西汉前期的《淮南子·原道》还说"织者日以进,耕者日以却"。这里的"却"是退却的意思,是用耒耜的一种耕法,如果用犁耕就要往前进。可见那时还大量使用耒耜来翻地,牛耕的推广使用要到汉武帝以后。

春秋时期,各国的水利工程建设已经有了一定的规模。如春秋末年吴国曾在长江、淮河间开凿运河,称为"邗沟",邗沟的开凿便利了交通和农业灌溉。相传春秋楚庄王时令尹孙叔敖曾在今安徽寿县城南60里处建造了1座大型陂塘蓄水工程——芍陂。芍陂利用丘陵起伏的自然地形,建造蓄水长堤,集防洪、灌溉功能于

---

[1] 中国科学院考古研究所:《辉县发掘报告》,科学出版社,1956年。
[2] 郑绍宗:《热河兴隆发现的战国生产工具铸范》,《考古通讯》1956年1期。
[3] 李京华:《河南古代铁农具》,《农业考古》1984年2期。
[4] 雷从云:《战国铁农具的考古发现及其意义》,《考古》1980年3期。

一身,与当今水库功能相似。春秋时期类似的水利设施当有许多。战国时期,由于铁器的广泛使用,大型水利工程建设有了更大的发展,著名的如西门豹引漳灌邺,李冰修筑都江堰,郑国修建郑国渠等。[1]

魏国在魏文侯时,邺县(今河北磁县东南邺镇)县令西门豹兴建引漳灌邺的水利工程,开凿了十二条渠,用灌溉冲洗含有过多盐碱成分的"恶田",使之变为能种稻粱的良田,成为改良土壤的典范。魏国迁都大梁后,又在大梁周围兴修水利,著名的"鸿沟"将黄河和淮河连接起来。后又进一步开凿济、汝、淮、泗的水道交通网,既便利交通,又可用于农业灌溉。据《史记·河渠书》记载,战国时期中原各诸侯国所开凿的运河还有很多。

战国时期,最著名的水利工程要数"都江堰"。岷江沿途高山深谷,水流湍急,每年夏秋水量骤增,成都平原因此经常水患成灾。秦昭襄王时蜀守李冰总结了以往的治水经验,因势利导,兴修变水害为水利的"都江堰"工程。在灌县以西的岷江中开凿与玉垒山相连的离江堆,在离江堆上游修筑了分水坝,把岷江水分为郫江(内江)和检江(外江)两支,并筑水门调节两江水量,从而把岷江水分散,既可免除泛滥的水灾,又便利了航运和灌溉。都江堰水利工程的修建,不仅解决了岷江水患问题,并且修建了120个渠堰灌溉,受益农田100多万亩,所谓"水旱从人,不知饥馑,时无荒年,天下谓之天府也"(《华阳国志·蜀志》),成都平原从此成为富饶的"天府之国"。这项伟大的水利工程历经两千多年不衰,至今仍发挥着作用。

秦国的关中盆地是先秦农业最发达的地区,但也常常罹患水旱灾害。秦王政初年,韩国派水利专家郑国赴秦鼓动秦王兴修水利工程,意欲疲秦自保。当工程进行将半时,秦国识破韩国疲秦阴谋,但郑国辩解说:"始臣为间,然渠成亦秦之利也。""秦以为然,卒使就渠,渠就,用注填阏之水,溉泽卤之地四万余顷,收皆亩一锺,于是关中为沃野,无凶年,秦以富强,卒并诸侯,因命曰郑国渠。"(《史记·河渠书》)20世纪70年代考古工作者对郑国渠遗址进行了勘察,郑国渠干渠线主要布

---

[1] 参见《中国水利史稿》(上册),水利电力出版社,1979年;杨宽:《战国史》(增订本),上海人民出版社,1998年。

于渭北平原二级阶地的最高线上,因而使干渠南部的整个灌区可以进行自流灌溉。渠修成后,不仅解决了渭河支流泾河的水患问题,而且使渭北平原变为沃野,有力地促进了关中农业的发展。[1]

铁农具的广泛使用,水利灌溉工程的修建,使得农业生产的基本条件出现了根本变化,农业生产逐步改变过去的粗放经营而向精耕细作方向发展。《吕氏春秋·任地》篇说:"五耕五耨,必审以尽。其深殖之度,阴土必得,大草不生,又无螟蜮。"《孟子·梁惠王上》也提到"深耕易耨"。看来,当时已经充分认识到"深耕"对农作物生长的重要性。铁工具中的铲、锸以及犁铧都是用来深翻土地的工具。"易耨"则是中耕除草。《管子·度地》篇云:"大暑至,万物荣华,利以疾耨,杀草薉。"表明当时不仅懂得了中耕除草的必要性,而且能够把握最佳时机。有关农作物的病虫害,当时也能够采取一些应对措施。《吕氏春秋·不屈》篇说:"蝗螟,农夫得而杀之,奚故?为其害稼也。"前面提到深耕土地的作用之一也是为了祛除"螟蜮"。

战国时期还创造了农作物的畦种法。《吕氏春秋·任地》篇说:"上田弃亩,下田弃甽。"把低地做成高垄和低沟,利用沟间排水,高垄播种植物,这叫作"下田弃甽";相反,把高地做成高垄和低沟,利用沟间播种,利用高垄挡风保墒,叫作"上田弃亩"。垄要广而平,沟要小而深,苗要成行,行间留隙,才能风通苗旺。[2]

施肥至迟在春秋时期就已经出现,战国时期已较为普遍。战国诸子的篇章中,关于施肥粪田的记载有很多。《荀子·富国篇》说:"掩地表亩,刺草植谷,多粪肥田,是农夫众庶之事也。"韩非说到农夫用力田亩时"必且粪灌"(《韩非子·解老》)。除粪肥外,还使用了绿肥。《荀子·致仕篇》说:"树落则粪本。"《周礼·地官·草人》:"草人掌土化之法以物地,相其宜而为之种。"似已经认识到不同的土质使用不同的绿肥。

农业生产的发展产生了像《管子》的《度地》《地员》和《吕氏春秋》的《任地》《辩土》《审时》这样的农学著作。这些著作不仅是当时农业生产技术水平的总结,

---

[1] 郑洪春:《略论秦郑国渠汉白渠龙首渠的工程科学技术》,《考古与文物》1996年3期。
[2] 参见杨宽:《战国史》(增订本),上海人民出版社,1998年。本章农业技术方面多参考了该书,下同。

同时也是农业生产发展的理论指导。此外，在《汉书·艺文志》农家类中还收录有《神农》二十篇、《野老》十篇等先秦农学专门著作，但大都已经佚失不存。

当时的粮食作物有所谓"五谷""六谷"。五谷有稷、黍、麦、稻、菽。稷又称"粟"，就是小米，中原及北方地区种植十分普遍，易于管理，是为五谷之长。黍就是黍子，去皮后称为黄米，是仅次于稷的农作物。麦有大麦、小麦之分，小麦有春小麦、冬小麦之别，战国时期黄河流域、长江流域都已普遍种植。稻为南方最主要的粮食品种。菽就是豆，有大菽、小菽之分，大菽就是今天的大豆，又称荏菽或戎菽，属于东北山戎所栽培的品种，春秋时期传入中原。战国时期成书的《禹贡》是一部先秦地理百科全书，它将当时的华夏分为九州，并描述了各州的土壤、农作物、特产等，其中提到主要是今黄河流域和北方地区的豫州、青州、兖州、幽州、并州也适宜种植稻谷，可知当时的产稻区域远较现在为广，这也说明先秦时期北方气候较现在温暖湿润。《战国策·东周策》说："东周欲为稻，西周不下水。"说明今河南洛阳一带当时也种植水稻。关于农作物的产量，因地理条件和生产水平的不同，各地有很大的差别，但可以明确知道，战国时期的粮食产量的确有了很大的提高。《孟子·万章下》记载当时百亩之获为："上农夫食九人，上次食八人，中食七人，中次食六人，下食五人。"是说收获的粮食，除了养活农夫一家人之外，还可养活更多的非农业人口。

除粮食作物外，当时经济林木的栽培也有了很大的发展。春秋战国时期的纺织手工业很发达，其中一个重要原因就是比较重视栽桑养蚕。《禹贡》叙述九州方物中以蚕桑为贡物的有豫州、兖州、徐州、青州等。其实不仅黄河中下游地区蚕桑业发达，就连东北的燕国以及赵国的北边代地也"田畜而事蚕"（《史记·货殖列传》）。至于长江流域，《禹贡》只提到荆州有蚕桑，但考古发现楚国的丝绸织物品种繁多，工艺精湛（详下文），其蚕桑业比中原更发达。战国时期的一些错嵌铜器花纹中常见采桑图，这可能是后妃劝农蚕桑礼仪活动的一种写照。《孟子·梁惠王上》记载孟轲游说魏惠王时说："五亩之宅，树之以桑，五十者可以衣帛矣。"由此可见，从最高统治者到知识阶层乃至普通民众，都对蚕桑十分重视。

与丝绸产业得益于蚕桑种植相似，漆器手工业的发达也依赖于漆树的栽培。

漆器的历史十分悠久,距今7 000年前浙江河姆渡文化就有漆器出土。春秋战国时期的漆器手工业空前繁荣,考古发现的漆器制品不仅数量多,而且十分精美,尤以南方楚国为最。漆树本是野生的,但在西周时期就知道人工栽种。春秋战国时期有许多民间漆园,各国均对其征税。国家也经营漆园,庄周就"尝为蒙漆园吏"。

果树栽培在当时十分普遍。当时的果树,南方主要是橘、柚,北方主要是枣、栗。《周礼·地官·场人》:"场人掌国之场圃,而树之果蓏、珍异之物,以时敛而藏之,凡祭祀、宾客,共其果蓏,享亦如之。"这属于官营性质的场圃业。其实,传统的自给自足经济都是农民既种粮食,也种经济作物,因而当时的场圃业可能以分散经营为主。

三、新技术的采用与手工业生产的繁荣

春秋战国是我国青铜时代向铁器时代的过渡时期,铁器的出现使得青铜器生产的中心地位开始发生动摇,但青铜器并未退出历史舞台,相反在工艺技术、产品质量、器类器型等方面都发生了新的变化,达到了新的高度。与三代青铜器相比,这一时期的青铜器逐步贴近大众生活,出现了铜镜、铜灯、铜带钩等与日常生活密切相关的新器类和新器型,铜器生产规模和产量也急剧扩大;花纹装饰方面,清新活泼的人物、动物活动场景登上舞台,并且愈来愈流行无纹素面铜器;技术方面,广泛地使用了错金银、鎏金银和刻纹等手法,用这些手法制造出来的青铜器变得华丽无比。至于其他手工业领域,诸如漆器、纺织、制盐、制陶、皮革以及综合门类的建筑、造车、造船等方面,都获得了极大的发展。

早在商代和西周时期,我国青铜铸造业就相当发达,降至春秋战国,无论是在采矿技术、铸造成型技术,还是在铜器装饰工艺方面都有了新的进步。当时的采矿业多是由官府控制的,长江中下游南岸的湖北大冶铜绿山、江西瑞昌铜岭、安徽铜陵金牛洞都发现了大型采矿遗址。铜绿山采矿遗址中,属于西周时期的矿井端面还较小,一般为50×50厘米^2;春秋时期竖井端面一般为60×60厘米^2,平巷的端面为60×100厘米^2;战国时则增大为竖井端面100×100厘米^2,平巷120×150厘米^2。

西周至春秋矿井的深度一般为 20—40 米。战国至西汉可达 50—60 米。在竖井、平巷都采用了木构架支护，并在矿石提升、矿井照明、井巷排水、矿井通风等方面都有了一系列较为先进的采矿技术。[1]

失蜡法是一种精密铸造技术，也称熔模法。其方法可能是将蜂蜡加松香加油脂调制而成，精心雕琢成所需要的器形，是为蜡模（如果需要，可将多个蜡模熔接组合起来，形成一个完整的个体）；用调制过滤好的细泥浆逐次淋浇蜡模，并预留好多个浇口，使其成为泥质的模型；模型晾干后入窑烘烤，内部的蜡模融化后从浇口流出，从而形成型腔；趁热从浇口注入冶炼好的铜液，待铜液凝固后再清除掉模壳，即获得精美的铸件。春秋以前的铜器都是用"范铸法"铸造的，河南淅川下寺春秋晚期楚墓出土了我国最早的失蜡法铸造铜器——铜禁，稍晚则有湖北随县擂鼓墩曾侯乙墓（前433）出土的一组两件成套组合的尊盘。下寺铜禁的禁体、附兽的头花和尾花、足首的尾花等均为失蜡法铸造，而附兽的身和舌、足兽身和舌仍是范铸法成型的。其中，禁体共分 25 块，逐块制作，各块的透空立体花纹，是由框梗、拱梗、直梗、花梗、撑梗、连纹梗组成，各块蜡模制作后再熔接成完整整体。至于头花、尾花与兽的组合，兽与禁体的组合，则采用了钎焊法。[2] 曾侯乙墓出土的尊盘玲珑剔透、精美绝伦，其器口、器身外围弯曲缠绕的透空饰物是由表层细条状纹饰和内部多层次的铜梗组成，并无锻打、铸接和焊接的痕迹，如不是采用失蜡法铸造则无法完成。[3]

失蜡法是一种新的铸造工艺，而金银错嵌铜器则是一种表面装饰工艺新技术。简单的镶嵌工艺早在商代和西周时期就已经出现，一般是在青铜器或是象牙雕刻物件上镶嵌绿松石。春秋战国时期则发明了一种全新的错嵌工艺技术，从而使青铜器变得璀璨夺目，华丽无比。这种工艺技术是先在铜器的铸范上预留纹饰凹槽，待器物铸成后，再在凹槽内镶嵌金、银、红铜、铅等金属丝条，然后敲打牢固，最后反复打错磨光。由于青铜的颜色较暗，而金银等色泽鲜艳，从而形成富丽堂皇、屈曲

---

[1] 刘诗中：《中国先秦铜矿开采方法研究》，《中原文物》1995 年 4 期。
[2] 李京华：《淅川春秋楚墓铜禁失蜡铸造法的工艺探讨》，《文物保护与考古科学》第 6 卷 1 期，1994 年。
[3] 湖北省博物馆：《曾侯乙墓》，文物出版社，1989 年。

流畅的美丽花纹。当然,也有人认为一些花纹很细的错金银铜器可能是在器物铸成后,用钢刀将花纹图案刻成宽窄不同的燕尾槽,再错嵌金银丝而成的。这种错金银工艺始见于春秋中晚期南方的兵器上,为一种错金的"鸟书"文字。战国时期则在铜器上施以大面积的金银错图案,并迅速在中原地区推广。这种铜器的工艺复杂,金银材料昂贵,是王室或是高级贵族才能享有的高档铜器。20世纪20年代在洛阳金村被盗掘的东周王室大墓出土了一批错金银铜器,可惜多已流失海外;90年代在河北平山战国中山王𧃒墓中发现10多件错金银铜器,保存完好,其中动物造型的错金银铜器最为精美,是国宝级的文物。错嵌工艺中还有一类错嵌红铜或铅质的青铜器,虽然不如错金银铜器华丽,但其花纹流畅,题材丰富,也颇为人们所称奇。

鎏金银铜器也是一种表面装饰工艺。鎏金银工艺的基本原理是把金(银)碎片溶解在水银中,制成泥膏状金(银)汞剂,然后涂抹在铜器表面,再在炭火上烘烤使汞蒸发,金(银)则滞留于铜器表面,呈现出金黄或银白色,再经刷洗、压光即成。这种工艺至迟在战国时期就已经出现,主要应用于带钩等小件器物上。汉代则逐步流行对大件铜器通体鎏金,被称为"金涂""金银涂"或"黄涂"。

战国时期还新出现一种槌制的薄胎红铜器,其上往往錾刻细线条的纹饰图案,称之为刻纹铜器。刻纹内容有各种神话人物或鸟兽、宫殿建筑、宴乐歌舞等。这种铜器刻纹工艺最早出现在南方吴越地区,后来逐渐传播到中原各地。刻纹铜器的出现与铁工具的使用密切相关。[1]

盐是人们生活的必需品,春秋战国时期各地的盐业生产相当发达,其获取食盐的途径也多种多样。《周礼·天官·盐人》:"盐人掌盐之政令,以共(供)百事之盐。祭祀,共其苦盐、散盐;宾客,共其形盐、散盐;王之膳羞,共饴盐,后及世子亦如之。"所谓散盐即指海盐,苦盐可能是未经加工的湖盐,形盐可能是结晶的矿盐或井盐,饴盐或许是精炼的盐。齐国是海盐的生产大国。"齐带山海,膏壤千里,宜桑麻,人民多文采、布帛、鱼盐,临淄亦海岱之间一都会也。"(《史记·货殖列传》)齐

---

[1] 淮阴市博物馆:《淮阴高庄战国墓》,《考古学报》1988年2期。

国在春秋时期就实行盐业专卖，不过战国后期齐国的私营盐业也有了很大的发展。此外，燕国、鲁国也生产海盐。山西南部自古就是湖盐的重要产地。《史记·货殖列传》说战国时"猗顿用盬盐起"而致富。所谓盬盐，就是《周礼·天官·盐人》所说的苦盐，即产于河东(今山西南部)的湖盐。巴蜀地区主要使用一种来自地下的盐卤水熬煮而成的盐，盐卤水自流或打井抽取。重庆忠县甘井沟的瓦渣地、中坝为东周时期专业制盐遗址。两地都发现堆积很厚、数量极大的煮盐容器——花边口沿陶釜等陶器残件，中坝遗址还发现储卤池、窑灶等典型制盐遗迹。汉代忠县设有盐官，继续从事盐业生产。[1] 四川自贡汉代井盐十分发达，战国或更早当已经开始生产。其实，当时全国产盐的地方还有许多。

我国的漆器出现很早，新石器时代的河姆渡文化就有发现，商周时期有了一定的发展，但目前发现的数量较少，这也说明这种贵重的物品为贵族所独占，产量较小，工艺也较为原始。漆器的第一次兴盛繁荣在春秋晚期至战国时期，尤以南方的楚国最为发达。自20世纪20年代以来，在湖北、湖南、安徽、河南的楚国地域，出土了大量的漆器制品，大件的有屏风、虎座飞鸟鼓架、床榻、几案、棺椁、镇墓兽等，小件的有耳杯、鼎、豆、盒、壶、盘、卮、奁等器皿。其中江陵望山1号楚墓的彩绘透雕座屏，江陵雨台山出土的虎座飞鸟鼓架、彩绘木雕蟠蛇漆卮，都是其中的艺术珍品。其实，当时各国的漆器手工业都有一定的规模，只是因为北方地区古墓保存条件不好，发现较少而已。

造船业也可看作一种特殊的漆木器行业，虽然这方面的遗迹发现较少，但文献的描述还是给我们留下了很深的印象。《史记·张仪列传》说张仪建议造船伐楚："大船积粟，起于汶山，浮江已下，至楚三千余里，舫船载卒，一舫载五十人与三月之食，下水而浮，一日行三百余里。"由此可见当时造船能力之一斑。

中国蚕桑丝绸的历史虽然远可追溯到远古时代，但直到春秋战国时期才获得了巨大的发展，并开创出无比繁荣的局面。人们熟知马王堆汉墓精美的丝织品，但

---

[1] 孙华：《四川盆地盐业起源论纲——渝东盐业考古的现状、问题与展望》，《盐业史研究》2003年1期。

却不知这些丝织品无论是工艺技术,还是花纹图案都与楚国的丝织品一脉相承。近年来,在湖北、湖南的楚国墓葬中经常有丝织品出土,尤其是江陵马山1号楚墓丝绸宝库的发现,更让人们领略到楚国丝织品品种之丰富、色彩之艳丽、图案之精美。[1] 楚国丝织品的种类主要有绢、绨、纱、绮、锦、绦、罗、刺绣等,汉代以后的主要品种这时几乎都已具备。绢是一种平纹织物,一般较为细薄,主要用于衣衾或其他物件的衬里。绨是一种比较厚的平纹织物,《汉书》中多处提到"绨袍""绨衣"。纱也是一种平纹织物,孔径大而稀疏。罗是绞经网孔状织物。绮一般为素色的提花织物,或有彩条纹绮。锦为平纹地经线提花织物。马山1号墓出土的锦花纹繁多、色彩丰富。其中的三色舞人动物纹锦结构紧密,织造时使用了143个提花综,反映了当时已经有了相当先进的提花织机和熟练的织造技术。绦是用丝编织的窄带,用于装饰衣物的边缘,马山的针织绦带结构复杂,除横向连接组织外,还有提花技术的使用,把我国针织技术的起源时间提早到公元前3世纪左右。刺绣用绢和罗为地,其上绣出各种花纹图案,楚国刺绣以龙凤图案最为常见。马山1号墓只不过是一座小型墓葬,墓主身份也不高,因其保存完整,才留下了这么丰富的丝织品,可见楚国的纺织业该有多么发达。其实,不仅是长江流域的楚国如此,中原各国的丝绸业也不一定比楚国逊色,只是因为北方墓葬中的有机物保存不好,难以发现而已。

四、官营手工业的发展与私营手工业的兴起

商代和西周时期,手工业生产的重要领域基本上是由官府控制的,春秋战国时期虽然发生了一定变化,但无论是传统的铸铜、纺织、造车,还是新兴的冶铁、砖瓦、漆器等行业,总体上仍以官营手工业为主。不过,春秋晚期以降私营手工业发展很快,特别是战国中晚期私营手工业迅速崛起,成为这个时代的特点之一,也是社会转型的重要标志。

---

[1] 陈跃钧、张绪球:《江陵马砖一号墓出土的战国丝织品》,《文物》1982年10期;湖北荆州地区博物馆:《江陵马山一号楚墓》,文物出版社,1985年。

考古发现列国都城中普遍有大面积的铸铜、冶铁、制陶等手工业作坊遗址,出土的铜器、漆器、砖瓦上的大量铭文也表明了其官营属性。各国官营手工业生产和管理机构名称不尽相同,但一般都分为中央和地方经营两大类。秦和三晋、楚国或有"大府""少府",它们既是手工业生产和储藏部门,同时又是管理机构。秦国兵器中许多为"寺工"所造,寺工当是秦中央主造兵器的机构之一。三晋兵器多由武库制造,都城和地方武库或有左、右、上、下之分(详下文)。钱币铸造各国稍有不同,三晋、齐国的铸造权属于中央和地方,秦国、楚国和东西周等由中央政权所有,《秦律》严禁民间私铸钱币。冶铁业方面,战国时期列国普遍设有铁官。《华阳国志·蜀志》记张若在成都时"置盐、铁、市官并长丞……"《史记·太史公自序》和《汉书·司马迁传》都提到司马昌为"秦主铁官"。云梦睡虎地秦简《秦律杂抄》中记有"左采铁""右采铁"职官,另秦封泥中有"铁兵工丞"等。至于制陶业,官营也占有很大比重。如从秦陶文看,大体可分为中央官署制陶作坊、市府经营制陶作坊两大类。其中,中央制陶作坊的陶文主要见于秦都咸阳及秦始皇陵。秦始皇陵塑造陶俑、陶马的陶工人名前冠以"宫"字,如"宫朝""宫得"等。宫字为中央官署"宫水"的省称,宫后一字为官吏或工匠名;有的名前冠以"大"或"右"字,如"大连""右司空尚""右司""右齐""右师"等。大为"大匠"之省文,汉代有将作大匠一职,主领皇室土木建筑工程。砖瓦和陶容器上也多有中央官署制陶作坊的陶文,如"左司空""左司高瓦""左胡""右司空""右角""右尚""右司"等。《汉书·百官公卿表》:"少府,秦官。掌山海池泽之税,以给共养,有六丞。属官有尚书……左右司空……"陶文证明战国秦已有左右司空。陶文中又有"右水""左水""宫水""寺人""大水",都是烧造砖瓦的中央官署名。属于市府经营的制陶作坊出土的陶器和砖瓦上,有咸阳及其他市府经营的制陶作坊的印记。这一类陶文一般称为市亭陶文。其中属于咸阳市亭的陶文印记有"咸阳市""咸亨亭久""咸阳成申""咸原小婴""咸邑如顷""咸阳巨剽"等,属于其他县邑市亭的陶文有"安陆市亭""杜亭""平市""栎市""丽亭""焦亭""犬亭"等。[1]

---

[1] 袁仲一:《秦代陶文》,三秦出版社,1987年。

春秋战国时期的列国手工业生产与管理机构因时代早晚不同,名称繁多,较为复杂,各国之间也有较大差别,这里只是举一些例子,说明春秋战国时期官营手工业还占有主导地位。这种官府对手工业的控制,乃是正在发展中的中央集权制在生产领域的具体体现。

商代、西周和春秋时期,贵族常常因某种值得炫耀的事而铸造铜器并在上面勒铭以示纪念,这种青铜器的铸造一般批量小,属于贵族个人或家族所有,铭文的特点或可称之为"物勒主名"。战国时期,列国之间战争频繁,兵器、战车等战略物资的生产尤为重要。为此,各国的官营手工业在不遗余力地增加产量的同时,更加注重质量的提高,从而逐步形成一整套保证产品质量的"物勒工名"管理制度。其中,以秦国和三晋的兵器铸造中的"物勒工名"制度最为完善。秦国的兵器生产,中央监造者为相邦,郡级为郡守;主造者为工师、令丞、士上造、工大人等;直接制造者则称为"工",工后为人名。秦国中央监造的兵器如:"五年,相邦吕不韦造,少府工室令丞冉,工九。"(秦王政五年)。以吕不韦名义监造的兵器发现较多,已有10多件。地方监造的兵器如:"七年,上郡守间造,漆垣工师婴,工鬼薪带。"(背面:高奴,平周)该器为秦昭王七年所造。上郡铸造之兵器已发现多件(上郡乃秦国北方军事重地);鬼薪为刑徒刑名。三晋兵器由中央和县一级武库作坊制造。中央一级由相邦、守相、邦司寇等监造,县级则由令、司寇监造;主造者为工师、冶尹等;直接制造称为"冶",其后缀以工名。此外,齐国、燕国、楚国也有自己的兵器手工业生产管理机构。这种由监造者、主造者、造者所形成的责任管理制度,有效地保证了产品的质量。从考古发现看,战国兵器不仅数量庞大、种类繁多,而且质量很高。"物勒工名"制度在战国时期应用比较广泛,不仅在兵器上,在其他领域如铜容器、漆器、砖瓦等方面也都有体现。这项制度为汉代所继承,成为中国古代一项重要的手工业生产管理制度。

与商代、西周时期的手工业相比,春秋战国时期的官营手工业的生产规模有了极大的扩展,产量也大幅度提高。如前所述,列国都城以及一些大的地方城市中普遍有大面积的铸铜、冶铁、制陶等手工业作坊遗址。如山西侯马晋国都城铸铜遗址面积很大,出土的数万件陶范包括了礼器、兵器、乐器、工具、车马器等在内的各种器具；河南新郑仓城村韩国铸铁作坊遗址占地达150万平方米,小面积的试掘即发现了残炉基底、烘范窑以及数百件铸铁泥范和铁制品。从兵器和钱币等铭文看,各国以冶铸为中心的官营手工业一般都有多个地点,并且铸造的兵器数量都比较大。如秦国的冶铸地点有雍、栎阳、咸阳、高奴、漆垣等,魏国有梁、宁、共、阴晋、宅阳等,赵国有邯郸、武平、兹氏、安阳等,韩国则有郑、新城、阳人、虢等,由此可见各国冶铸手工业生产规模之一斑。前述"物勒工名"制度也正是适应这种大批量、规模化生产的需要而产生的。此外,规模化生产的另一个标志是分工细致,成书于战国时期的《考工记》记载：攻木之工有七种,攻皮之工有五种,设色之工有五种,刮摩之工(玉石)有五种,搏埴之工二种,而造车之工更集多工种于一身。规模化生产的同时需要标准化配合。《考工记》记载："金有六齐,六分其金而锡居一,谓之钟鼎之齐；五分其金而锡居一,谓之斧斤之齐；四分其金而锡居一,谓之戈戟之齐；叁分其金而锡居一,谓之大刃之齐；五分其金而锡居二,谓之削杀矢之齐；金锡半,谓之鉴燧之齐。"《考工记》有关不同器类使用不同金(即铜)锡配方的记载,既是长期实践的经验总结,又是标准化生产的一种要求。秦始皇陵出土的铜车马,其中铜车的金属合金主要成分为铜、锡、铅,铜约82%—86%,锡8%—13%,铅0.12%—3.76%,这个合金比大体符合《考工记》"五分其金而锡居其二"的规定。此外,铜车马铸造工艺按标准化的要求,将各个部分分别铸造,然后采用嵌铸、焊接、铆接、镶嵌、套接、子母扣连接、套接、钎接等,将3 462个零件组成一个整体。铜车的车辐30根,也合于《考工记》"辐条三十根,以象日月也"的记载。四匹铜马,其身高、身长、重量、各部分的尺寸等大致相当,也是标准化的产物。[1] 诚然,春秋战国时期各个国家的情况不同,特别是度量衡制度有一定的差异,但战国后期已经在许多方面逐渐靠拢,而秦统一后,车同轨、书同文、统一货币等,实际上也是标准化战略的进一步发展。

简单的产品交换和贸易早在史前时代就已经发生。进入文明时期,生产的扩

---

[1] 秦始皇兵马俑博物馆等：《秦始皇陵铜车马发掘报告》,文物出版社,1998年。铜车马的埋藏年代或已经进入秦统一以后,但其铸造年代或可能早至战国。此外,战国时已经达到这样的铸造工艺高度应无问题。

大和专业分工的细化,导致贸易的进一步扩大。但总的来说,春秋中叶以前主要是一种"工商食官"(《国语·晋语》)制度,手工业生产控制在官府手中,生产的产品主要是满足贵族的需要,较少用于交换。大约从春秋中期开始,各国出现了以商品生产为目的的私营手工业者,所谓"百工居肆,以成其事"(《论语·子张》)。当然,也有专门从事货物贩运和商品交换的专业商人,他们"负任担荷,服牛辂马,以周四方,料多少,计贵贱,以其所有,易其所无"(《管子·小匡》),促进了经济的发展。春秋晚期至战国早期,商品交换继续扩大,金属铸币的出现也正是适应了这种需要。这期间,大商人也出现了。相传越国范蠡弃官经商,"十九年之中三致千金",其子孙继续经营,财富积至巨万。周人白圭"乐观时变,故人弃我取,人取我与。夫岁孰取谷,予之丝漆;茧出取帛絮,予之食"。以至于后世称范蠡为商圣,尊白圭为"治生之祖"(《史记·货殖列传》)。稍后,鲁之穷士"猗顿用盐盐起",而赵国邯郸郭纵"以铁冶成业",两人皆"与王者埒富"。战国后期至秦代,富商大贾开山冶铸,围海煮盐,囤积居奇,贱买贵卖者更是多有其人:"蜀卓氏之先,赵人也,用铁冶富,秦破赵,迁卓氏。""程郑,山东迁虏也,亦冶铸,贾椎髻之民,富埒卓氏。""宛孔氏之先,梁人也,用铁冶为业。秦伐魏,迁孔氏南阳。"鲁人曹邴氏"以铁冶起,富至巨万"。齐人刀间用奴虏,"使之逐渔盐商贾之利",从而"起富数千万"(《史记·货殖列传》)。不过,中国古代的统治者一直存在着一种以农为本,以商为末的观念。战国后期"重农抑商"是其一贯的政策。商鞅佐孝公变法,其中的内容之一就是增加关税,加重商人负担,压低商人社会地位,迫使商人怯法弃商,返田归农。韩非更把商人斥为"五蠹"之一,贬低工商业的作用和商人的地位。不过,这些富商大贾社会地位虽不是很高,可实际经济收益不亚于王侯将相,所以趋势者仍大有人在。实际上,私营工商业的发展是对传统"工商食官"制度的根本否定,对于推动社会生产的发展、经济的繁荣有着十分重要的作用。

随着手工业、商业的兴盛,人口集中的都城和地方性工商业城市数量大增,"千丈之城,万家之邑相望"(《战国策·赵策》)已成普遍的现象。比较大的城市,如《史记·货殖列传》说洛阳"东贾齐、鲁,南贾梁、楚",吕不韦"封为文信侯,食河南洛阳十万户",足见洛阳人口之多、商业之繁盛。韩的大县宜阳:"城方八里,材士十万,粟支数年。"(《战国策·东周策》)至于齐的都城临淄,更为繁华:"临淄之中七万户……甚富而实,其民无不吹竽鼓瑟,击筑弹琴,斗鸡走犬,六博蹴鞠者;临淄之途,车毂击,人肩摩;连衽成帷,举袂成幕,挥汗成雨;家敦而富,志高而扬。"(《战国策·齐策一》)这个描写虽不免夸张,但也绝非凭空乱说。此外,齐的即墨、莒、薛,赵的邯郸、蔺、离石,魏的安邑、大梁,韩的郑、阳翟,秦的咸阳、栎阳,楚的郢、陈、寿春,宋的定陶等,都是当时有名的大城市。迄今为止,考古调查发现的战国城址较前代增加了数十倍,其中除都城外,数量更多的是地方郡县以及边关城址。都城中,齐国的临淄、赵国的邯郸、燕国的下都、楚国的江陵纪南城、秦国的咸阳、韩国的郑韩故城等,面积都超过二三十平方公里。城内文化层堆积极为丰富,不仅有宫殿建筑高台基址,还有各种手工业作坊和市场遗迹、一般平民居住遗址等,反映了城市人口的众多和经济的繁荣。

(本文原名"春秋战国时期铁器的使用和生产的发展",载袁行霈等主编的《中华文明史》第一卷第五章《铁器的应用和生产的发展》,北京大学出版社,2006年。今重刊略有修订。)

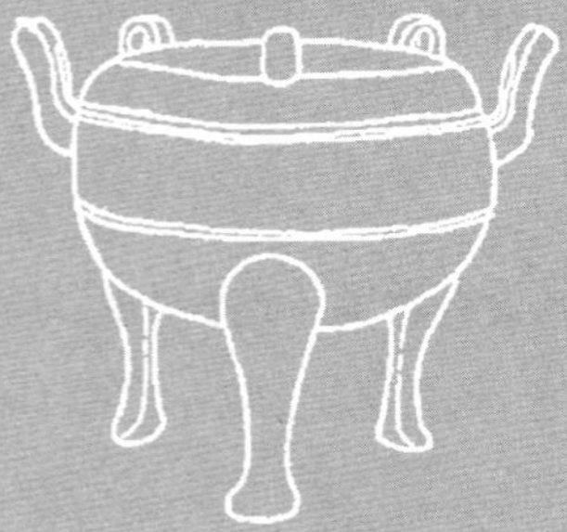

15
东周燕代青铜容器的初步分析

东周时期,地处我国北方地区的燕、代,是两个相邻的诸侯方国,其文化面貌较为相似。从已有的考古发现看,燕、代在青铜容器的造型、纹饰等方面独具特点,或可称之为"燕代式"铜器。

东周燕国的青铜容器传世品早有著录,[1]但经过科学发掘并成组出土者则首推20世纪50年代初在唐山贾各庄的工作。[2] 此后,又陆续在易县燕下都、[3]怀柔县城北、[4]顺义县龙湾屯、[5]通县中赵甫、[6]三河县大唐迴和双村[7]的燕墓中有发现。此外,北京市和河北省的一些市县博物馆、文化馆中还有许多征集品。

代国的青铜容器主要指1923年以来山西浑源李峪村一带陆续发现的数批青铜器群。对这些青铜器的年代和国别,尽管有不同看法,但断为代器不会有多大问题。

东周燕代青铜容器,就成组合的器物来说,还不够丰富。但已有的发现,已能够大体反映出基本文化特点。本文从东周燕代青铜容器的形制分类、演变特征、年代分组以及文化因素等方面试作初步分析。

---

[1]《西清古鉴》卷28·42录有"郾侯库豆",吴荣光《筠清馆金文》卷五·8及吴式芬《捃古录金文》卷二·66录有"郾侯库彝(簋)"。"库"字,郭沫若等释为"载",即燕成侯载,其说见《两周金文辞大系图录考释》,科学出版社,1957年。

[2] 安志敏:《河北省唐山市贾各庄发掘报告》,《考古学报》1953年Z1期。

[3] 河北省文化局文物工作队:《1964—1965年燕下都墓葬发掘报告》,《考古》1965年11期。

[4] 北京市文物管理处等:《北京市出土文物展览简介》第16页《怀柔城北战国墓》。

[5] 程长新:《北京市顺义县龙湾屯出土一组战国青铜器》,《考古》1985年8期。

[6] 程长新:《北京市通县中赵甫出土一组战国青铜器》,《考古》1985年8期。

[7] 廊坊地区文物管理所、三河县文化馆:《河北三河大唐迴、双村战国墓》,《考古》1987年4期。

一、东周燕国青铜容器的形制分析和年代考察

东周燕国青铜容器的主要发现地点已如前述,这里着重分析墓葬中成组合出土的铜容器,同时参考了单件出土物和某些征集品。

鼎 有三型,皆带盖。

A 型,附耳较直,盖上环钮或加禽兽饰,腹较圆,蹄足较粗。分三式:

Ⅰ式:盖顶平,附耳略外侈,腹较浅,蹄足较高。如唐山贾各庄 M18:7。(图 15-1,1)

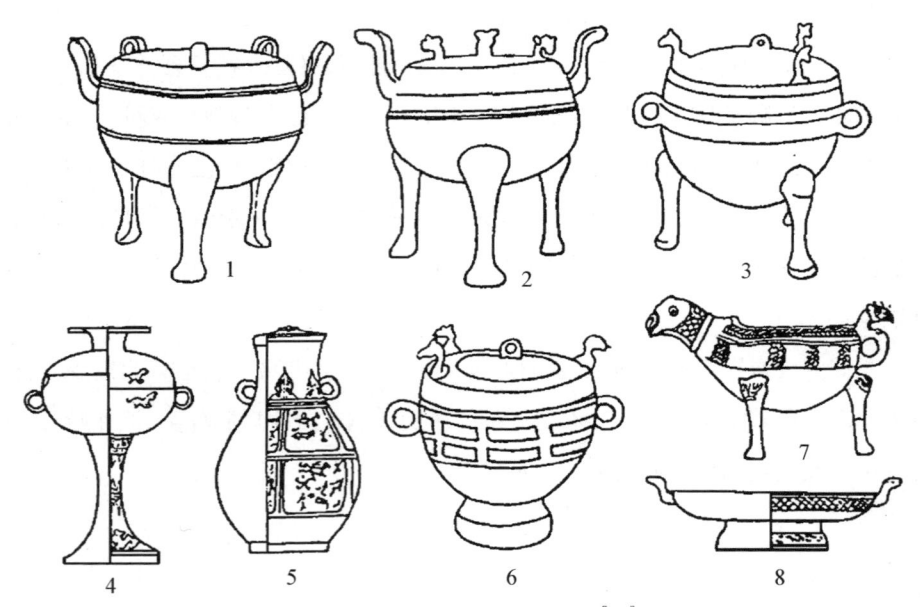

图 15-1 东周燕墓铜容器第一组[1]

1. AⅠ鼎(贾 M18:7) 2. BⅠ鼎(贾 M28:42) 3. CⅠ鼎(贾 M28:4) 4. AⅠ豆(贾 M18:8)
5. A 壶(贾 M5) 6. 簋(贾 M18:3) 7. 匜(贾 M18:4) 8. 盘(贾 M18:5)

Ⅱ式:盖顶隆起,附耳稍直,腹略深,蹄足稍矮。如通县中赵甫墓原Ⅰ、Ⅱ式鼎。其中原Ⅰ式鼎盖中心环钮,外围三兽饰;原Ⅱ式鼎为三环钮。(图 15-2,1、2)

---

[1] 器表纹饰部分省去,下同。

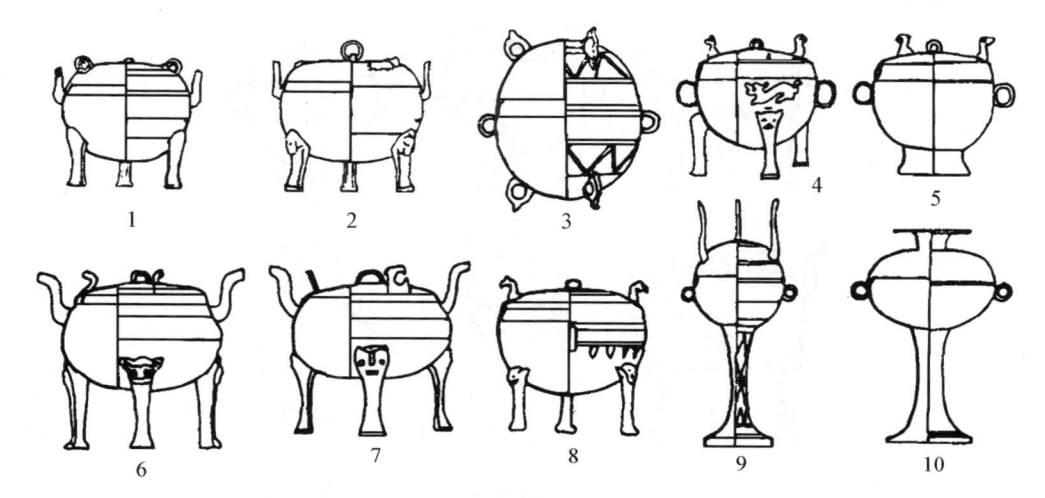

图15-2 东周燕墓铜容器第二组

1、2. AⅡ鼎(中) 3. 敦(中) 4. CⅡ鼎(双M1) 5. 簋(龙) 6. BⅡ鼎(龙)
7. BⅡ鼎(双M1) 8. CⅡ鼎(中) 9. B豆(中) 10. AⅠ豆(双M1)

Ⅲ式：鼎腹较浅，蹄足中细。如怀柔城北墓之鼎，纹饰不明。（图15-3,1）

B型，附耳外翻，盖上中心环钮，外围三禽兽饰或三矩形钮，腹较扁，蹄足较细，足根部饰兽面。分三式：

Ⅰ式：蹄足较高，腹扁圆。如唐山贾各庄M28：42。（图15-1,2）

Ⅱ式：蹄足较Ⅰ式矮，腹扁圆。如顺义县龙湾屯墓之鼎。（图15-2,6）另三河县双村M1之鼎和燕下都M31：1原Ⅰ式鼎盖周为三矩形钮。（图15-2,7；图15-3,4）

Ⅲ式：蹄足与Ⅰ式相仿，折腹。如三河县大唐迴M1之鼎，盖上为三矩形钮。（图15-3,7）

C型，环耳，盖上中心环钮，周有三兽饰，蹄足较细，足根饰兽面。分三式：

Ⅰ式：圆腹，蹄足较高。如唐山贾各庄M28：4。（图15-1,3）

Ⅱ式：圆腹，蹄足中高。如通县中赵甫墓原Ⅱ式鼎。（图15-2,8）

Ⅲ式：垂腹，蹄足较矮。如燕下都M31：2原Ⅰ式鼎。（图15-3,2）

鼎的演变总的特点是鼎腿由高变低。A型鼎腹由深变浅，C型鼎则由圆腹变为垂腹。鼎腹及盖一般都有纹饰，并以蟠螭纹为主，或加有凸弦纹、绹纹、垂叶纹等。

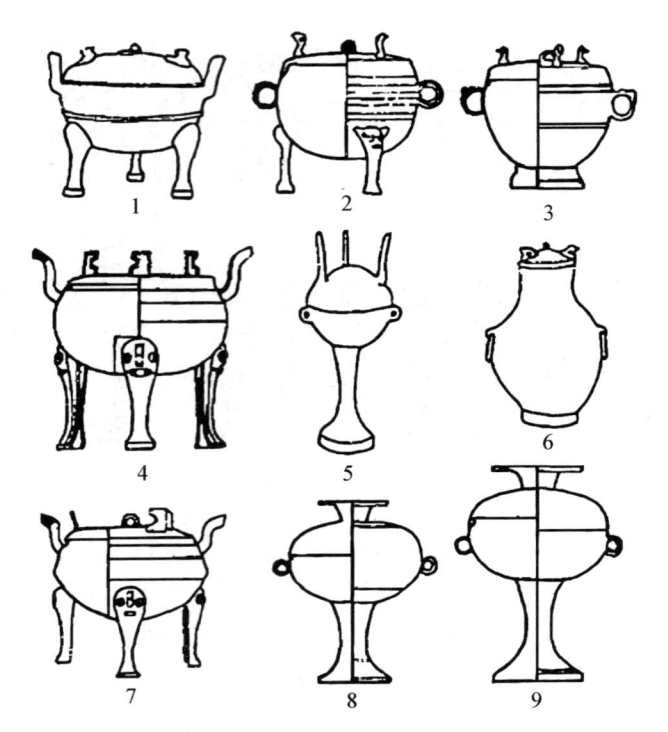

图 15-3 东周燕墓铜容器第三组

1. AⅢ鼎(怀) 2. CⅢ鼎(燕 M31∶2) 3. 簋(大 M1) 4. BⅡ鼎(燕 M31∶1) 5. B豆(怀)
6. B壶(怀) 7. BⅢ鼎(大 M1) 8. AⅡ豆(大 M1) 9. AⅡ豆(燕 M31∶3)

豆 有二型,皆带盖。

A型,盖上圆足手,扁圆腹,双环耳,高柄圈足。分二式:

Ⅰ式:圈足柄较高,捉手柄亦高。如唐山贾各庄 M18∶8。(图 15-1,4)又如顺义县龙湾屯墓之豆、三河县双村墓之豆。(图 15-2,10)

Ⅱ式:圈足柄较矮,捉手柄亦矮。如三河县大唐迴 M1 之豆。(图 15-3,8)又如易县燕下都 M31∶3。(图 15-3,9)

A 型豆纹饰多为红铜错嵌,一般饰于豆柄和捉手,也有饰于器身与豆盖的。纹饰有菱形纹、蟠螭纹、锯齿纹、三角形纹、涡纹等,往往几种纹饰组合在一起。

B型,豆盖腹扣合呈球形,盖上有三倒置的蹄足形捉手,环耳,高柄圈足。如通县中赵甫墓之豆,盖与腹饰涡纹、蟠螭纹、云角纹、绚纹,盖钮饰斜角云纹,圈足饰变形夔纹、贝纹、绹纹、蝉纹等。（图 15-2,9）又如怀柔县城北墓之豆。此型豆在仿铜陶礼器墓中常见，如燕下都 M16∶71 即此。

簠　横截面呈椭圆形，盖微鼓，上有环钮和三鸟形饰或兽形饰，腹较深而外鼓，圈足。成组合出土者有 3 件：唐山贾各庄 M18∶3、顺义县龙湾屯墓出土者、三河县大唐迴墓出土者。这三件簠形制相似。贾各庄与大唐迴墓之簠的盖和腹皆饰双绳结纹组成的横长方格，格内填较为致密的蟠虺纹，圈足底边饰一周绹纹。（图 15-1,6；图 15-3,3）顺义县龙湾屯墓出土者为素面，其腹似略垂。（图 15-2,5）

盘　成组合出土者仅唐山贾各庄 M18∶5 一件。附耳，高圈足。腹外表饰一带绹纹和斜方格雷乳纹，腹内中央有 3 个双兽互咬圆形纹，外绕 4 个龙形纹，更外则为 6 个兽形纹，口部唇上有 15 个纯铜菱形饰，圈足外饰蟠螭纹和 S 形纹。（图 15-1,8）

匜　成组合出土者也只有唐山贾各庄 M18∶4 一件。带盖，蹄足较高，前流后鋬均作鸟首形饰。腹外饰一周变形绳索纹及羽毛纹，腹内饰两个鸭形纹。（图 15-1,7）与此匜相似者还有 1970 年河北唐县北城子所出者。此外，在仿铜陶礼器墓中，匜是主要组合之一，但形态略不同。

壶　有二型。

A 型，颈环耳，带盖，鼓腹，矮圈足。如唐山贾各庄 M5 原 I 式壶，即为嵌镶狩猎纹壶。（图 15-1,5）壶腹部由双重结钮绳索纹构成十二方格，其间纯铜错嵌狩猎纹。另唐山贾各庄 M18∶2，未见图或照片，报告说与 M5 之壶形态相似。

B 型，腹环耳，带盖，鼓腹，圈足稍高。如怀柔县城北墓之壶（纹饰不明）。（图 15-3,6）此型壶在陶礼器墓中多见，皆有纹饰。

敦　全器呈橄榄形，上下对称，器身与盖各有 3 个环形，器身并有一对环形鋬耳。成组合出土者仅见于通县中赵甫墓。另唐山贾各庄 M6 出一件，同地还征集到一件。这几件敦的形制、纹饰基本相同。器身花纹为三角形纹、涡形绹纹，其间填以雷纹等。（图 15-2,3）

根据以上形制分类，各种器物组合关系见表 15-1。

表 15-1　东周燕国青铜容器组合关系

组合\单位	鼎A	鼎B	鼎C	豆A	豆B	壶	簋	敦	盘	匜
贾各庄 M18	I			I		(A)	√		√	√
贾各庄 M28		II	I	(I)						
贾各庄 M5				A						
中赵甫墓	II	II			√		√			
龙湾屯墓		II		I		√				
双村 M1		II	II	I						
怀柔城北墓	III				√	B				
燕下都 M31		II	III	II						
大唐迴 M1		III		II		√				

注：加( )者表示未见图或照片发表。

其中自上而下的顺序，大致为东周燕国铜礼器墓的早晚序列，若再细分，又可划分为三组。

第一组　唐山贾各庄三墓。

第二组　通县中赵甫墓、顺义县龙湾屯墓、三河县双村 M1。

第三组　怀柔县城北墓、燕下都 M31、三河县大唐迴 M1。

这三组，从器物的发展演变看，相互衔接较紧，其间没有大的缺环。

第一组　唐山贾各庄三墓年代，原报告定为战国初，北大《商周考古》讲义改定为春秋晚期。[1] 该组贾各庄 M18∶7 A I 鼎与洛阳中州路春秋晚期 M2729∶35 之鼎很相似，定为春秋晚期是合适的。

第二组　顺义县龙湾屯墓年代原定为战国，通县中赵甫墓原定为战国中晚期，三河县双村墓原定为战国早期。这几座墓所出铜容器也只有 A II 鼎可与中原所出铜容器相比。其中，中赵甫墓原 I 式鼎与山西长子东周墓 M1∶3 鼎的形制、花纹

---

[1] 北京大学历史系考古教研室商周组编著：《商周考古》，文物出版社，1979 年。

很相似，[1]中赵甫墓原Ⅱ式鼎与长子 M7：2 Ⅰ式鼎较相似，与洛阳中州路第四期 M2717 之鼎较接近。[2]但中赵甫墓之鼎较中州路 M2717 之鼎的鼎腿略高，花纹也更古朴，时代应略早。长子 M1 和 M7 年代原报告定为春秋晚期，洛阳中州路 M2717 年代为战国早期。从中原地区铜容器的发展序列看，长子两墓定为春战之际较合适（其中长子 M1 略早）。这样，第二组的年代大体上应为春战之际。

第三组　燕下都 M31 和大唐迥 M1 年代，原简报均定为战国早期。怀柔城北墓原定为战国时期。从铜容器的发展变化看，这几座墓的 AⅢ鼎、AⅡ豆、BⅢ鼎、CⅢ鼎已明显晚于第二组墓之铜器，但燕下都 M31 之 BⅡ鼎、怀柔城北墓之 B 型豆又同于第二组，故第三组年代较第二组略晚，均为战国早期偏晚或中期偏早。

二、浑源李峪村铜器群的年代、国别与文化因素分析

山西省浑源县李峪村 1923 年曾出土一批精美的青铜彝器，除上海博物馆收藏的一小部分外，其余大部分流落至美、法、日等国。这批铜器最初被认为是秦铜器。1936 年，梅原末治《战国式铜器的研究》一书，改定为战国时器。同书中森鹿三氏受梅原氏所托撰有《关于李峪村》一文，对浑源及李峪村的历史地理考证颇为详尽，但他最后把这批铜器推定为赵武灵王之器，即战国中期。[3]与日本梅原氏书出同年，容庚先生也编辑出版了《浑源彝器图》一书，该书对铜器的年代和国别未作专门考证，只在序中言为晋物也。[4] 1923 年之后，李峪村又有几批发现，主要为 1963 年张颔征集到 8 件铜器，1975 年夏和 1975 年 8 月清理的两座墓所出铜器，1978 年清理的 1 座墓所出铜器（除铜容器外，还有兵器、车马器等）。这些铜器墓的发现不仅增添了新的资料，而且进一步证明 1923 年的发现也应为墓葬所出。山西省考古研究所在报道上述几批新资料的同时，就李峪村青铜器的年代与国别提出了不同的看法：

---

[1] 山西省考古研究所：《山西长子县东周墓》，《考古学报》1984 年 4 期。
[2] 中国科学院考古研究所编著：《洛阳中州路》，科学出版社，1959 年，图版陆叁。
[3] （日）梅原末治：《战国式铜器の研究》，东方文化学院京都研究所，昭和十一年（1936）。
[4] 容庚：《浑源彝器图》，金陵大学中国文化研究所出版，民国 25 年（1936）。

> 李峪村青铜器的时代延续较长,应该有早晚之分……其上限早到春秋中晚期,下限可到战国中晚期……李峪村类型青铜器和燕文化是一致的,它是燕国的历史文物,浑源地区在春秋战国时代(至战国中期)属于燕国的版图。[1]

与上述诸看法不同,《中国大百科全书·考古学》"浑源彝器"条(高明撰)定为代国之器,年代为春秋末。[2] 以上关于国别的几种说法,笔者以为后一说较为可信,但因为受大百科全书辞条字数所限,议论过于简略,仍有再作讨论之必要。

浑源李峪村一带为古代国所在地,森鹿三氏考证颇详,此不赘言。代国于公元前475年为赵襄子所灭,赵襄子封其侄赵周为代成君。公元前228年秦攻破赵国,赵公子嘉出奔代,自立为代王,后六年为秦所灭。浑源李峪村一带从国别地属来看,公元前475年以前属代,此后至秦灭赵前属赵。此地从未属燕,因此李峪村铜器群不大可能属燕国所有。那么究竟属代还是属赵?目前尚无直接文字依据,故只能对铜器群的年代与文化内涵作深入分析,从而判别其国属等。

浑源李峪村1923年的发现,以梅原氏《战国式铜器的研究》收集较全。除兵器、车马器、杂器外,铜容器较完整者计22种33件。这些铜容器依其特点可分为三大类:(1)与中原式(三晋两周地区)铜器相同或相似者;(2)与燕式铜器相同或相似者;(3)独具特点者(也包括与北方少数族铜器相同器类)。

第一类　禽兽饰盖蟠螭纹鼎(原书图版一;本文图15-4,1。按:器名依原书所称,下同),怪兽饰盖蟠螭纹长形鼎(原图版二;本文图15-4,3),蟠螭花纹鼎(原图版三,1;本文图15-4,9),怪兽饰盖蟠螭纹鼎(原图版三,2;本文图15-4,2),双环座饰鬲、蟠螭纹甑(两器合为甗,原图版四,1;原图版八,1;本文图15-4,5、6),蟠螭纹鼎(残,存器身,原图版四,2),怪兽饰蟠螭纹有盖豆3件(2件残,存器身,原图版一〇;原图版九,2;原图版一六,1;本文图15-4,8),蟠螭纹牺形饰尊2件(原图版六,1;本文图15-4,14),蟠螭纹匜(原图版一一;本文图15-4,13)。

蟠螭纹水禽鱼鳖饰盘(原图版一三;本文图15-4,11),蟠螭纹画像盘(原图版

---

[1] 山西省考古研究所:《山西浑源县李峪村东周墓》,《考古》1983年8期。
[2] "浑源彝器"条,《中国大百科全书·考古学》,中国大百科全书出版社,1986年,216页。

图 15-4　李峪村铜容器第一类

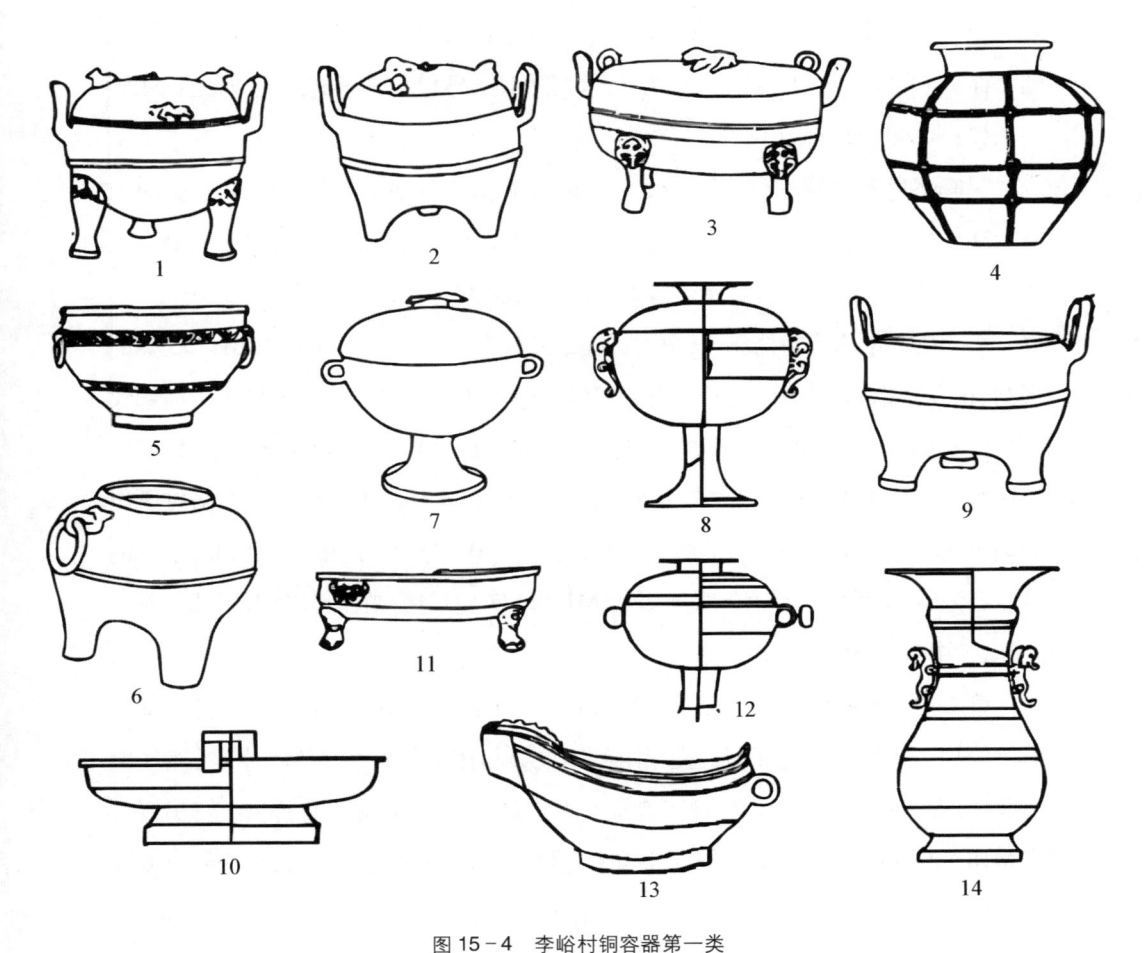

1.鼎　2、9.高鼎　3.长形鼎　4.罍　5、6.甑、鬲(甗)　7、8、12.盖豆　10、11.盘　13.匜　14.尊

一五；本文图 15-4,10)，结钮蟠螭纹罍 2 件(原图版一六,2；本文图 15-4,4)，有盖豆(原图版一九,4；本文图 15-4,7)。

第二类　兽首饰盖嵌珠错纹鼎 2 件(原图版五；原图版六,2；本文图 15-5,1、5)、水禽饰盖蟠螭纹敦(簋)2 件(原图版七；原图版一九,3；本文图 15-5,2、3)、凤盖蟠螭纹匜(原图版一二；本文图 15-5,4)、提梁附结钮纹壶(原图版一七；本文图 15-5,6)、结钮纹壶(原图版一八,1；本文图 15-5,7)、双环有盖壶(不带圈足,原图版一八,2；本文图 15-5,9)、双环有盖壶(带圈足,原图版一九,2；本文图 15-5,8)。

第三类　异形敦 2 件(原图版八,2;原图版九,1;本文图 15-5,11)、有盖角系器 2 件(原图版一八,4;原图版一九,1;本文图 15-5,12)、素纹有盖壶 2 件(原图版一八,3;本文图 15-5,13)。

另李峪村新出铜容器,发表线图或照片者只有 3 件,其中属于第一类的有 M2∶1 鼎(《考古》83·8;图版肆,1)、带盖豆(座残,同上,图 15-2,2;本文图 15-4,12),属于第三类的有双附耳簠形器 1 件(同上,图 15-2,1;本文图 15-5,10)。

第一类与中原式铜器相比,禽兽饰盖蟠螭纹鼎与山西长子东周墓 M1∶3 鼎的形制、花纹很相似。当然,此鼎也与燕器第二组 AⅡ鼎相似。又李峪村所出蟠螭纹甗(即双环座饰鬲与蟠螭纹甑组合)与长子 M7∶11、12 甗的形态相似。李峪村所出蟠螭纹豆与长子 M7∶63 豆较相似,唯其豆柄稍高,时代也应略早。李峪村所出蟠螭纹鼎和怪兽饰盖蟠螭纹鼎当为鬲鼎,与长子 M7 的两件鬲鼎形态相似,不同的是前者为附耳,后者为环耳。关于长子 M1 和 M7 的年代,前面已经叙及,约为春战之际,其中长子 M1 略早。

第二类与燕器相比,兽首饰盖嵌珠错纹鼎与第二组 BⅡ式鼎相似。鸟兽饰有盖敦(簠)与椭圆带盖簠相似。提梁附结钮纹壶与第一组贾各庄 M5 原Ⅰ式壶(即 A 型壶)形态相似,所不同者,前者有提梁无狩猎纹,后者无提梁有狩猎纹。另贾各庄 M18∶2 的 1 件壶,原报告未发表线图,据报告编写者安志敏所言,与李峪村发现的壶相似。[1] 李峪村所出这两件壶又与传世"杕氏壶"形态相似,唯"杕氏壶"多狩猎纹。"杕氏壶",郭沫若考定为燕器,时代约为春战之际。[2]

第三类的异形敦、有盖角系器,他处未见。1963 年张颔征集的簠形器(本文图 15-5,10),其名应为"鍑"。这种器在内蒙古等地多有出土,属于北方游牧民族的典型器类。刘莉《铜鍑考》一文,对其作了年代考订。张颔征集者与刘莉所分的Ⅲ式鍑相似,其年代不晚于战国初年。[3]

---

[1] 即前举带圈足双环有盖壶,此壶又见于《浑源彝器图》21、22,其一现藏上海市博物馆,《考古》1983 年 8 期再次发表,见原图版五∶4。
[2] 郭沫若:《两周金文辞大系图录考释》,科学出版社,1957 年,图次 193、录编 266、释文 227。
[3] 刘莉:《铜鍑考》,《考古与文物》1987 年 3 期。

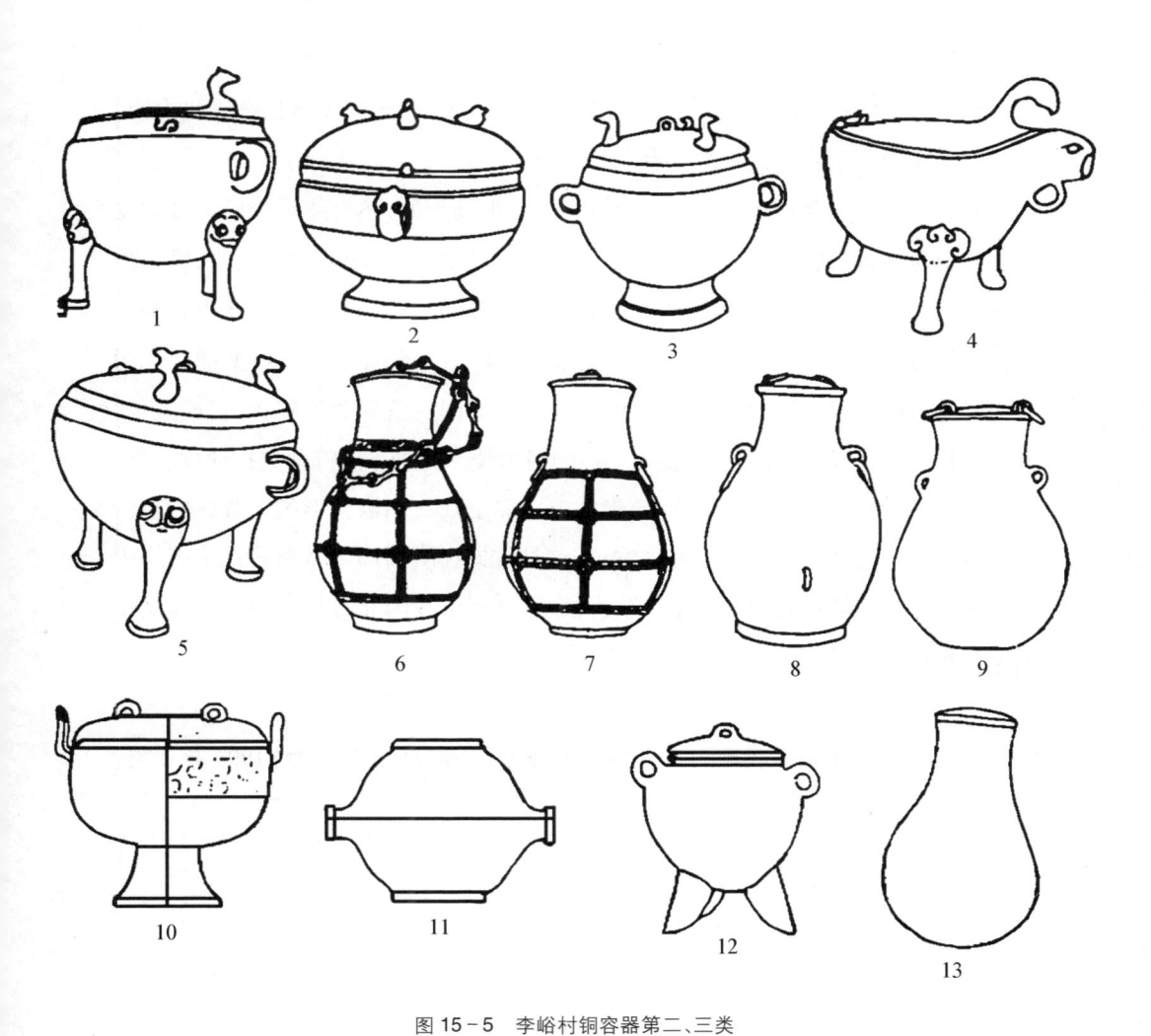

东周燕代青铜容器的初步分析　265

图 15-5　李峪村铜容器第二、三类
1、5. 鼎　2、3. 簋　4. 匜　6—9. 壶（以上为第二类）　10. 镇
11. 异形敦　12. 角系器　13. 无耳壶（以上为第三类）

　　从以上的比较可以看出,李峪村铜器群的年代若从考古学分期角度看,不会晚于战国初年。[1]《中国大百科全书·考古学》把年代定为春秋末是合适的,即不

---

[1] 关于春秋战国考古分界,采用北大《战国秦汉考古》讲义的说法,即公元前5世纪上半叶为战国开始年代。

晚于公元前475年赵灭代之时。这样,李峪村铜器群的国别也就非代莫属了。再则,从文化内涵看,第二类、第三类器在赵国基本不见,而第三类器在燕国也没有,这也有助于说明李峪村铜器群应为代国所有。

本文所作东周燕代青铜容器的分析当然是很初步的,还有待于今后更多的发现。东周燕代青铜容器从大类上说,与中原诸国基本一致,即同为鼎、豆、簋、壶、盘、匜的组合。但器形方面则特点十分突出。如燕器中,除A型鼎、盘,B型壶与中原式铜器较相似外,其他像内翻附耳高足鼎(B型鼎)、环耳高足鼎(C型鼎)、扁圆腹高足豆(A型豆)、球形腹高足豆(B型豆)、环耳圈足簋等造型别致,自成系统。花纹装饰方面,除流行与中原式铜器相似的蟠螭纹、绚纹等外,特别流行动物装饰。如鼎、豆、簋的盖上多塑有鸟形饰、兽形饰,豆、壶上往往错嵌兽形纹。贾各庄墓所出铜盘内还饰有几组互相咬尾的动物纹,这种纹饰在所谓鄂尔多斯式青铜牌饰中非常多见。东周燕代的铜容器花纹装饰,显然受到了我国北方草原地带青铜文化艺术风格的重要影响。

(本文原名"东周燕代青铜容器的初步分析",载《考古与文物》1993年2期。此次重刊略有修订。)

16
也谈汉"阳信家"铜器的所有者问题

1981年5月陕西兴平汉武帝茂陵一号无名冢一号从葬坑发掘出一批铜器,其中有16件刻"阳信家"铭文。[1] 先于这批铜器,1968年5月发掘的河北满城陵山2号汉墓所出著名的"长信宫灯"上也刻有"阳信家"铭文。[2] 此外,传世品中还见有"阳信家"铜鈰镂。[3]

关于"阳信家"铜器的所有者,学界存在不同看法。《满城汉墓发掘报告》认为:"长信宫灯"的最初所有者"阳信家"应即阳信夷侯刘揭之家。《文物》1982年第9期发表一号从葬坑简报的同时,刊载负安志《谈"阳信家"铜器》一文(以下简称负文),认为铜器的属主应是武帝之姊阳信长公主之家。[4]《文物》1983年第3期丰州撰文同意负文的意见,并作了补充考证(简称丰文)。[5]《考古与文物》1987年第3期刊登秦进才《汉"阳信家"铜器的最初所有者问题》一文(简称秦文),重申并详加考订"阳信家"铜器为阳信夷侯刘揭之家所有。[6]

以上意见,概言之可称为"阳信长公主之家说"和"阳信夷侯刘揭之家说",笔者同意前说,兹论述如下。

---

[1] 咸阳地区文管会、茂陵博物馆:《陕西茂陵一号无名冢一号从葬坑的发掘》,《文物》1982年9期。
[2] 中国社会科学院考古研究所、河北省文物管理处:《满城汉墓发掘报告》,文物出版社,1980年。参见该书上编图一七三、一七四。
[3] 《陶斋吉金录》七;又容庚:《汉金文录》卷四·八。
[4] 负安志:《谈"阳信家"铜器》,《文物》1982年9期。
[5] 丰州:《汉茂陵"阳信家"铜器所有者的问题》,《文物》1983年6期。
[6] 秦进才:《汉"阳信家"铜器的最初所有者问题》,《考古与文物》1987年3期。

一

秦文不同意"阳信家"铜器为阳信长公主所有的主要理由是:《史记》《汉书》涉汉武帝之姊长公主的记载,称平阳主、平阳公主、平阳长公主的有 19 处,仅《汉书·卫青传》一处称阳信长公主,是为孤证;又说如淳注"本阳信长公主,为平阳侯所尚,故称平阳公主"也是牵强附会,与汉家尚主制度相违;《史记》《汉书》《后汉书》中没有一个汉家公主随所嫁丈夫家的侯爵称号而改称呼的。

秦文对汉代尚主制度的见解不能说没有道理,但未免过于绝对。《汉书·卫青传》关于"平阳侯曹寿(时)尚武帝姊阳信长公主"的记载,虽是孤证,却不能轻易否定。查《史记》《汉书》,公主与列侯用同一个封号的有 5 例,即平阳公主与平阳侯、南宫公主与南宫侯、隆虑公主与隆虑侯、鄂邑公主(也称鄂邑盖公主、盖长公主)与盖侯、平都公主与平都侯。这 5 例除去平都公主与平都侯所封时间不一致外,其他 4 例所封有一段时间是重合的。

先说鄂邑公主。鄂邑公主为武帝女、昭帝长姊,后因参与燕王旦谋反事自杀。《汉书》中因涉及重要事件,故记载较多。其中称鄂邑长公主、鄂邑公主 3 处;称鄂邑盖长公主、鄂邑盖主 3 处;称盖长公主、盖主 18 处。鄂邑公主何以又称鄂邑盖公主、盖长公主,据《汉书·武五子传》颜注引张晏曰:"食邑鄂,盖侯王信妻也。"颜注:"为盖侯妻是也,非王信,信者武帝之舅耳,不取鄂邑主为妻,当是信子顷侯充耳。"王先谦《汉书补注》:"信武帝舅,信子充疑不得取武帝女为妻,据表充子受嗣侯,以元鼎五年坐酎金免,则主当是受妻,受免侯后薨,主遂私近丁外人。"对于鄂邑公主为盖侯妇的张晏注等,秦文也是否认的。其根据是:清人夏燮《校汉书八表》卷六考证无顷侯充;再则《汉书·江都王刘非传》载,盖侯王信之子的夫人是江都王刘非的女儿,非鄂邑长公主。我以为:清人夏燮考证固然能自圆其说,然汉表明载盖侯有三代(史表二代),且有名有姓,后一代侯名又与史表不同,想是另有所据。对此,仍可存疑。至于盖侯王信之子的夫人是江都王刘非的女儿这一点,盖侯王信未必就只有一个儿子。即便取江都王刘非女儿的是袭封盖侯者,因江都王刘建与这位盖侯子妇兄妹乱伦,后刘建因禽兽行和谋反事自杀国除,事当株连这位夫人,那么盖侯另娶也是有可能的。总之,鄂邑长公主为某代盖侯所尚恐确有其事,不然,鄂邑长公主每每称鄂邑盖长公主、盖主之史实则无法解释。

再看南宫公主与南宫侯。对于此例,秦文看作是一种巧合,并以此证明平阳侯尚平阳公主也属同例。然秦文未曾注意到唐人注释中也有南宫侯尚南宫公主的记载。《史记·高祖功臣侯者年表》"芒侯"栏下《索隐》谓:"南宫公主,景帝女,初南宫侯张坐(生)尚之,有罪,后张侯耏申尚之也。"南宫公主初封号史佚,称南宫公主,当与南宫侯有关。

再就是隆虑公主与隆虑侯。隆虑公主是否为隆虑侯所尚史无记载,但从汉代封侯之制看,隆虑侯尚隆虑公主也是有可能的。汉代封侯、公主食邑除去关内侯和少数虚号侯外,大都实有其地,得治其民并衣食租税。[1] 上文所列"平阳""盖""南宫""隆虑"皆为汉县,故所封不当同时有二。如"平阳",既为平阳侯国,就不应再为平阳公主封邑。由此可见,称平阳公主、盖公主、南宫公主、隆虑公主都是由于为其侯所尚,更何况前三例古文献有载,且平阳公主、盖公主还存有原封号。总之,《汉书·卫青传》及如淳注关于平阳公主即阳信长公主的记载,是不能轻易否定的。

以上所作推论,是否就可认为汉代列侯尚主,公主则应随其夫改称号呢?非也。事实上,汉代公主一般不随其所嫁丈夫改称封号,秦文对汉代尚主制度的见解基本上是正确的。那么,何以解释前述公主与其夫同用一个封号呢?我以为,这里有个如何理解的问题。公主为列侯所尚,原封号并未改,只是世人在习惯上随其夫爵号称呼之,史家记述也从其习惯,故书史中既有原封号,也有随其夫的称号。南宫公主、隆虑公主因史载极其简略,所以原封号也就未被记入史载了。这种公主随其夫所称的情况,史书中只见于西汉,东汉则无,大概是东汉尚主制度更加规范化的原因吧。

---

[1] 参见(宋)徐天麟:《西汉会要》《东汉会要》。

二

上面所作分析，只能初步说明武帝姊称阳信长公主的记载是可信的，若要确定"阳信家"铜器为阳信长公主之家所有，还需对铜器铭文作进一步的分析。

武帝茂陵1号无名冢1号从葬坑所出16件"阳信家"铜器中，有几件铜器所刻铭文对于说明这批铜器的属主至关重要。其中一件（K025）鼎盖铭："阳信家铜二斗鼎，盖，并重十四斤四两，四年二月工官得指造，第十二，函池。"（原图六二：1）腹铭："阳信家容二斗，并重十六斤，第十七，黄山。"（原图六二：2）此鼎的盖与器非原配，而是补配的。这里，需要特别指出的是铭文中的"函池"和"黄山"。另外，所出温酒器2套，每套一炉一耳杯上也刻"函池"铭文（原图六五—六八）。

关于"黄山""函池"，负文以为："黄山"即黄山宫，《汉书·东方朔传》："初，建元三年，微行始出，北至池阳，西至黄山，南猎长扬，东游宜春。"《三辅黄图》："黄山宫在兴平县西三十里，武帝微行，西至黄山宫，即此也。"据考察，今陕西兴平县西三十里的马嵬坡附近，仍有西汉黄山宫遗址。（今作补充如下：《小校经阁金文》卷十一第四十页有"黄山鼎"，又卷十一第八十二页有"黄山第四镫"；《金石萃编》卷二十二第四页有"黄山"瓦，陈直先生皆以为是黄山宫之物。[1]）"函池"史无记载，根据鼎器所记"黄山"推测，"函池"也可能是"函池宫"。负文对"黄山""函池"的考释至确，可惜未再作深入分析。"黄山""函池"既是"黄山宫"和"函池宫"，这就牵涉到汉代皇帝、诸侯王、长公主、列侯居室的称名问题。

《尔雅·释宫》邢昺疏曰："古者贵贱所居皆得称宫……至秦汉以来乃定为至尊所居之称。"郝懿行《尔雅义疏》："古者贵贱同称宫，秦汉以来唯王者所居称宫焉。"从古文献记载和地下出土的实物来看，邢昺和郝懿行的疏解是正确的。秦汉以来，皇帝所居称宫自不必说，诸侯王、长公主所居亦可称宫。《史记》《汉书》《西京杂记》等书中有关诸侯王所居称宫的记载很多，如《西京杂记》言梁孝王作耀华

---

[1] 陈直：《三辅黄图校证》，陕西人民出版社，1981年，70—71页。

宫、河间献王筑日华宫(《三辅黄图》同)。《汉书》所谓诸侯蕃王"宫室百官,同制京师"已说得很明白。长公主的身份高于一般公主,其制度同于诸侯王。《后汉书·皇后纪》:"汉制:皇女皆封县公主,仪服同列侯;其尊崇者,加号长公主,仪服同蕃王。"长公主与诸侯王是同等级的,其所居自然可以称宫。列侯所居则不得称宫,称第室。《史记·高祖本纪》:"十二年,诏:……为列侯食邑者,皆佩之印,赐大第室。"又《史记·卫将军骠骑将军列传》:"天子为(去病)治第,令骠骑视之。"考古发现中,所出汉代铜器铭文有诸侯王称宫者(如山东省淄博市西汉齐王墓随葬器物坑出土的铜鼎和铜罍上刻有"南宫""北宫"铭文[1]),而绝不见列侯称宫。标明"黄山"字样的铜鼎器身和"函池"字样的铜鼎盖、温酒器既为"黄山宫"和"函池宫"之物,那么,铜器的属主至少应是诸侯王和长公主一级,而不会是列侯。话说至此,问题已很明白。"阳信家"铜器的所有者只能是阳信长公主,而非阳信夷侯刘揭之家。阳信长公主为景帝之女、武帝之姊,故称长公主。因其显赫的身份,自然可以在一段时间里居于像"黄山"这样的皇帝行宫中,并且在铜器上留下刻记。至于"函池宫",史佚其名,或为阳信长公主所居之宫也未可知。相反,秦文所主张的"阳信家"铜器属主阳信夷侯刘揭只不过是列侯一级,绝无居于皇帝行宫的殊荣,更无可能在铜器上留下此类标记。

"阳信家"铜器中还有一种铭文值得注意。1号从葬坑所出温手炉承盘2件,其中1件(K1:007)腹外侧刻款:"阳信家常(尚)卧铜温手炉承盘,重二斤四两。"(原图六)又温酒樽1件(K:015),壁外侧刻款:"阳信尚卧、尚从。"(原图六三)这里的"尚卧""尚从",秦文举列侯子可以称太子例,进而认为列侯也有此类称谓。我认为这种引申是没有根据的。考古发现的众多例证表明:皇帝、太后、诸侯王等有此类私府或私官,而于列侯一级绝不见。如1号从葬坑同出的"铜竹节熏炉"两处刻铭:"内者未央尚卧";《汉金文录》卷三载有尚浴府行烛盘,刻铭:"内者未央尚浴府乘舆金行烛盘";满城中山王刘胜墓所出铜盆2件,皆有"常(尚)浴"二字,另Ⅶ型Ⅱ式铜灯有"中山宦者常(尚)浴铜锭"刻铭;前举"长信宫灯"灯座上也有"长

---

[1] 山东省淄博市博物馆:《西汉齐王墓随葬器物坑》,《考古学报》1985年2期,图一二、一八。

信尚浴……今内者卧"字样；1982年发掘的徐州市石桥汉墓（为某代楚王和王后墓）出土的1件铜釜（M2：12）上刻铭"王家尚食"四字。[1] 所谓"尚浴""尚食""尚从"之类，《汉书·惠帝纪》"宦者尚食比郎中"语下颜注引应劭曰："尚，主也。旧有五尚，尚冠、尚帐、尚衣、尚席亦是。"又引如淳曰："主天子物曰尚，《汉仪注》：'省中有五尚，而内官妇人有诸尚也。'"从文献记载和考古发现来看，"尚食""尚浴""尚从"之类，是为皇帝、太后、皇后及妃嫔、诸侯王及王后等的私府或私官，由宦者所任。长公主同于诸侯王，亦当有之，而列侯无此称谓。

茂陵1号无名冢1号从葬坑所出16件刻有"阳信家"铭文铜器，大多数并不是什么精美之器，而是一般的生活用器。考古发现中，为他人占有之器往往是精美之物，且多为单件，或仅数件而已。像"阳信家"铜器这么多件，又出于一坑，而又说这些物品原非墓坑主人所有，则是难以理解的。故而，这批"阳信家"铜器并非他人之物，而就是墓坑主人所有，也就是阳信长公主之家所有。按照汉代大墓正藏与外藏之制，一号从葬坑当为正藏之外的外藏，即一号无名冢的陪葬坑。

三

由1号从葬坑所出"阳信家"铜器群可知1号无名冢当为阳信长公主之陵墓。据简报，1号无名冢在相列的5座无名封土堆中最大，这也与长公主的身份相当。但这里有个问题，即史书记载长公主与大将军卫青合葬，而现在已知卫青冢在另一处。《汉书·卫青传》："（青）与主合葬，起冢象庐山。"颜注："在茂陵东，次去病冢之西，相并者是也。"颜注关于卫青冢的位置来自《史记·卫将军骠骑将军列传》索隐引姚氏按语："冢在茂陵东北，与卫青冢并，西者是青，东者是去病……"卫青冢在去病冢之西，而阳信长公主所属1号无名冢在去病冢以东，两冢相距一千余米，这岂不是与《史记》《汉书》记载"（青）与主合葬"语矛盾？对此，前引丰州文解释为："可否假定公主先葬于1号无名冢处，后与卫青墓并列于庐山形的大冢下，原来的

---

[1] 徐州博物馆：《徐州石桥汉墓清理报告》，《文物》1984年11期。

器物仍埋在无名冢处，未作搬迁……"这种解释，虽也说得过去，但总觉勉强。我的看法正相反：既然1号无名冢由考古发现证明为阳信长公主之墓，那么姚氏所说卫青冢的位置未必可靠。卫青冢在武帝茂陵陪葬墓群中不算大，这与大将军卫青和阳信长公主的显赫身份似不相适应。另据简报，1号无名冢封土堆形似羊头，南端高大、北端低下，当地群众称为"羊头冢"。此冢两头高中间低，又似山形，如果说像庐山也未尝不可。再则，此冢恰似两墓并列的形态。西汉时期大墓合葬并不同穴，我推测1号无名冢原并不作山形，先薨的阳信长公主葬于此处，元封五年卫青卒，在旁又起一冢，两冢并列，时过境迁合为一冢。故司马迁不言起冢象庐山，而班固言之。此外，从1号从葬坑发掘简报所附坑位图可以看出，38个坑和4座小墓明显分属两组：K1—14、16—19，M1—4为一组；K15、20—34为另一组。这大概是1号无名冢为青与主夫妇合葬的一种反映吧。当然，这仅是一种推测，实际情况究竟怎样，还有待于今后的考古发掘来证实。

补记：

本文完稿于1989年8月，因故未能刊出，后又见到《考古与文物》1989年6期丰州先生新作《再论汉茂陵"阳信家"铜器所有者的问题》一文。丰文从历史文献角度论证平阳公主即阳信长公主这一点，与本文第一部分可谓不谋而合，但考虑到本文与丰文的分析各有侧重，且为使问题更加明确，今时仍维持原样，未作删改。此外，本文第二部分从分析"阳信家"铜器铭文入手，丰州先生未涉及；第三部分与丰州先生旧作的某些看法有所不同，特此说明。本文原名"也谈汉'阳信家'铜器的所有者问题"，载《考古与文物》1992年1期。此次重刊作了个别技术性修订。

17
汉"建元""元光""元朔"诸器辨伪
——兼及武帝前期年号问题

中国古代以帝王年号纪年始于西汉武帝,而此前(元鼎四年以前)诸年号系后来追记,这在《史记·封禅书》中说得很明白,且明清学者也多已论定。然近人陈直先生在《汉书新证》一书中据传世文物一反前论,认为汉武帝"建元""元光"诸年号并非追记,而当时已有之。其说如下:

> 《日知录》及《廿十史札记》皆以武帝"建元""元光"两年号为追记者,其实不然。《筠清馆金石记》卷五·三十九页有"高阳右军建元二年"戈,杭州邹氏藏"建元元年"砖,西安南郊曾出土有"建元四年长安高"陶尊(现藏西北大学历史系文物陈列室),又《小校经阁金文》卷十一、一百四页有"元光二年"尺。其非追记可知。[1]

对于陈直先生的说法,许多学者并不以为然。裘锡圭先生1974年发表的《从马王堆一号汉墓"遣册"谈关于古隶的一些问题》一文,在其注释中有过很好的论述。为使问题更加明朗,摘录如下:

> 武帝前期在当时亦无年号,建元至元鼎年号皆后来追加。观《史记·封禅书》自明,前人多已言之。《汉金文录》《小校经阁金文拓本》等书所著录汉器中记"元朔""元狩""元鼎"年号诸器,皆为伪作,字体卑弱,与武帝时真器迥然

---

[1] 陈直:《汉书新证》,天津人民出版社,1979年。

有别。又所谓建元弩机,建元乃建光之误释。《汉》2.5 上之中私府锺记"四元七年正月甲寅",疑四元即相当于元狩,器为元鼎元年未改元(指无年号之改元)时作,元鼎元年正月癸卯朔,甲寅为十二日。《封禅书》以元狩为三元,未数元朔,似误。[1]

贠安志先生在论及"阳信家"铜器时,亦申明武帝前期年号为追记。[2]

按理,这一问题并不成为问题,但事实并非如此。一些学者不仅相信陈直先生的说法,而且近年还新发表了所谓武帝前期的带有年号的文物,以证其说。

罗福颐先生曾指出陈直先生所据"高阳右军建元二年戈"属伪刻,"元光二年尺"为伪器,[3] 但罗先生在辨伪的同时却举出另外两件刻有"元朔"年号的器物,认定其非伪刻,并对武帝前期年号为追记提出疑义。[4] 此外,罗福颐先生在论及山东临沂银雀山 2 号汉墓出土的武帝"元光元年历谱"时,对于历谱首简书"七年历日"亦曰:"考《汉书·武帝纪》建元六年次年改元光元年,此简写七年,可能是抄此历时改元尚未公布,故写七年。"[5]

庞朴先生 1979 年发表的《"五月丙午"与"正月丁亥"》一文,引用了梁廷枏《藤花亭镜谱》著录的一面"赤汉元光元年"铜镜,文曰:"查元光为汉武帝年号,其元年当公元前 134 年。"[6] 看来是信其为真。

《文博》1985 年 4 期贾麦明先生撰文《我国现存最早的纪年陶壶》,发表了陈直先生所说的藏于西北大学文物陈列室的陶尊(壶),并支持陈直先生的意见。[7]

《江汉考古》1984 年 1 期丁安民先生《我国现存最早的纪年脊兽》一文,认为

---

[1] 裘锡圭:《从马王堆一号汉墓"遣册"谈关于古隶的一些问题》,《文物》1974 年 1 期。参见该文注释。
[2] 贠安志:《谈"阳信家"铜器》,《文物》1982 年 9 期。
[3] 罗福颐:《〈汉书新证〉书后》,《古文字研究》第 11 辑,中华书局,1985 年。
[4] 罗福颐:《临沂汉简所见古籍概略》,《古文字研究》第 11 辑,中华书局,1985 年。
[5] 罗福颐:《临沂汉简概述》,《文物》1974 年 2 期;又见罗福颐:《临沂汉简所见古籍概略》,《古文字研究》第 11 辑,中华书局,1985 年。
[6] 庞朴:《"五月丙午"与"正月丁亥"》,《文物》1979 年 6 期。
[7] 贾麦明:《我国现存最早的纪年陶壶》,《文博》1985 年 4 期。

1960年湖北沙市市郊徐家台遗址出土的一件刻有"元光元年"四字的筒瓦脊兽,是西汉武帝前期的建筑构件。[1]

陈直先生为秦汉史专家,罗福颐先生亦为辨伪大家,其意见当有一定影响。罗先生的文章发表于1985年,新发表的两件器物自刊载后距今也已十年有余,然未见有人提出异议,且后一器还有人相信并加以引用。[2] 此外,还有一些学者虽未直接讨论汉武帝前期年号问题,但从字里行间仍可看出他们相信武帝前期年号当时已有之。[3] 由此看来,这一问题仍有申辩之必要。这里先就以上所举未加辨伪或辨伪未详者略论如下。

1."建元元年"砖

陈直先生言为杭州邹氏藏,著录于何处不得而知。但从为数众多的出土实物看,纪年砖铭始于东汉。此器很可能断代有误。"建元"年号不限于武帝,十六国刘聪(315—316)、东晋康帝司马岳(343—344)、十六国前秦苻坚(365—385)、南朝齐高帝萧道成(479—482)亦有"建元"年号。湖南曾出土"建元元年"铜弩机,周世荣断为东晋康帝司马岳建元元年物。[4] 湖南益阳赫山庙城关基建工地墓葬亦出土有"齐故建元四年镇西参军事南阳张"墓砖。[5]

---

[1] 丁安民:《我国现存最早的纪年脊兽》,《江汉考古》1984年1期。此外,罗哲文先生曾撰《一件重要的汉代脊兽瓦件》,见《建筑理论及历史资料汇编》(1964年)第2辑17页。笔者未能查到原文,但从发表的时间及文章题目看,所指很可能为同一件器物。

[2] 郭清华:《陕西勉县老道寺汉墓》,《考古》1985年5期。该文在论及老道寺1号东汉中期墓所出土的陶四合院落模型明器时,引用了该纪年脊兽。

[3] 《湖北江陵凤凰山西汉墓发掘简报》(《文物》1974年6期)在论及9号、10号墓出土的无年号纪年木牍时称,"中国历史上的年号开始于汉武帝建元元年"。吴天颖先生《汉代买地券考》(《考古学报》1982年1期)一文,正确考订日本学者仁井田陞所说的西汉武帝"建元元年王兴圭买地铅券"为伪器,但吴先生在辨伪时仅指出券文干支记日与武帝建元元年十二月不合,未能说明武帝建元年号为追记这一关键问题。从该文的文意看,吴先生是相信武帝建元年号实有的。

[4] 周世荣:《湖南故国秦汉魏晋铜器铭文补记》,《古文字研究》第19辑,中华书局,1992年。

[5] 益阳地区文物工作队、益阳县文化馆:《湖南省益阳县晋、南朝墓发掘简况》,《文物资料丛刊》(八),文物出版社,1983年。

2."高阳右军建元二年造"铜戈

罗福颐先生已指出其为伪刻,但未作说明。《筠清馆金石记》卷五·三十九页仅著录摹本。"高阳右军"四字为六国古文,"建元二年造"五字为隶书。从书体观察,"高阳右军"似为原铸字,"右军"当释为"右库",此戈似为战国三晋兵器,"建元二年造"显系伪刻。

3."建元四年长安高"陶壶(罐)

据说20世纪50年代出土于长安未央乡。陶壶为青灰色,火候较高,素面,鼓腹,口稍外侈,矮圈足,肩部铭刻篆书"建元四年长安高"七字,分三行,竖向而书,各字大小不一。此器发表时照片不清,亦无拓本。承蒙西北大学赵丛苍先生惠赠照片,遂明其详。从器形观察,此壶与常见汉壶不同,应为陶罐,但汉代陶罐多为平底或凹底,有圈足者极为少见,因而为战国器的可能性较大(因未见原器,尚不能完全肯定),然刻铭绝非当时所为。汉代刻铭陶器,大都是在陶坯半干后刻划上去的,而此器是在烧制好后另加刻的。迄今,经科学发掘出土的西汉有文字陶容器已有相当数量,从未见有与此铭刻格式相似者。西汉陶容器文字大凡有三大类:第一类为戳印文字,多为"亭市"陶文,记亭市名、里名及人名,或仅有单字、双字地名及人名者。第二类为粉书或朱书文字,虚记容器内藏物,如"粟万石""麦万石"等。第三类为刻划文字,记器属主、容量,或刻吉语、陶工名、地名、数字符号等。如临潼骊山床单厂墓陶器刻铭"王氏九斗""宜春杨氏十斗、杨"等。[1] 后一类文字大多字迹潦草,随意刻划,并无一定格式。而此器刻铭呆板,与一般刻划文字风格全然不同。此外,纪年陶容器始见于西汉晚期至新莽时,西汉前期未见。此器刻铭格式颇类似前引南朝墓砖铭,或是十六国时前秦苻坚"建元"年间所刻,但亦有为今人伪刻的可能。

---

[1] 陕西省考古研究所配合基建考古队:《陕西临潼骊山床单厂基建工地古墓葬清理简报》,《考古与文物》1989年5期。

4. "元光元年"筒瓦脊兽

此器断代有误。"元光"年号,除汉武帝外,尚有东晋农民起义窦冲(393—394)、南朝刘浑(454)、金宣宗完颜珣(1222—1223)使用过。此筒瓦脊兽原作者称为岔脊蹲兽。蹲兽的使用,据古建筑专家祁英涛考证,唐代尚无例证,其出现"至迟应在宋初、五代或晚唐时期"。[1] 再从出土的汉代建筑模型明器陶院落、陶楼阁以及画像石、画像砖、壁画上的建筑图像看,未发现有脊兽的存在。此器筒瓦与脊兽之比例约合北宋《营造法式》之尺寸,形态亦与当时流行的脊兽相似。这里的"元光元年"当为金宣宗纪年(南宋宁宗嘉定十五年)。此时,今湖北沙市一带为金人所占领,金代建筑与北宋建筑大致相似,当地工匠以《营造法式》尺寸建房造器当在情理之中。

5. "赤汉元光元年"铜镜

镜铭曰:"赤汉元光元年,五月丙午日辰,太岁□□造,作尚方明镜。幽湅三商,周流无极,山海光明,长乐未央。贵且昌,宜侯王。□命长、生□官,位至三公,寿如东王父、西王母,仙人□□。"此器破绽百出,作伪手法并不高明。纪年镜始于新莽时,铭"赤汉"者未见。镜铭内容格式与西汉铜镜全然不同,显系仿照东汉铜镜款识拼凑而成。

6. "元光二年"铜尺

罗福颐先生亦指出其为伪器。铜尺长约14厘米、宽2厘米,分为十寸。隶书"元光二年五月青羊作"九字。此尺与汉尺定制(长约23厘米)相差甚远。铭文"青羊"系模仿东汉镜铭"青羊作镜"之语。

7. "元朔二年"铜鼎

此器现藏故宫博物院,罗福颐先生《临沂汉简所见古籍概略》一文附有摹本,

---

[1] 祁英涛:《中国古代建筑的脊饰》,《文物》1978年3期。

刻铭:"元朔二年十月八日李氏造。"罗先生断言:"此文字绝非伪作。"然此器书体风格、铭刻格式都有问题。书体为隶书,字体与常见的西汉前期隶书风格迥异,铭刻格式在西汉器中从未见过,带有铭刻的铜器以数记日始见于东汉。"李氏造"亦模仿东汉以后铜器款识。此铭为伪刻无疑。

8. "元朔三年龙渊宫"铜鼎

著录于容庚《汉金文录》、刘体智《小校经阁金文》等书中。器铭:"龙渊宫铜鼎容一斗五升并重十斤元朔三年工禹造守啬夫掾成今光尉定省。"盖铭:"龙渊宫第四十二。"此器伪刻当有所本,或是拼凑而成,以至于罗福颐先生亦认定"文字绝非伪刻"。然刻铭字迹轻浮,亦如裘锡圭先生指出的那样,显得卑弱无力。某些字的写法与汉器刻铭不类,如此器"朔"字作"朔",而它器均作"翔"。另《小校经阁金文》还著录有"龙渊宫行壶元朔二年正月造"之拓本,罗福颐先生曾断为伪器。[1] 该壶刻铭与"龙渊宫鼎"同出一人之手,此器与前器仅一年之差,刻铭格式却判然有别,可见同为伪刻。像这一类铜器,如见到原器,当不难识别。

除以上诸器外,《汉金文录》《小校经阁金文》等金石著作中所著录的武帝前期年号汉器还有:"元狩元年建昭宫"铜鼎、"建元元年"弩机等,已有人辨其伪或指出其年号误释,不赘述。

从上列诸器看,所谓汉武帝前期年号文物大多为传世品,而经考古工作者科学发掘的众多的纪年文物中,并未发现著有武帝前期年号者。相反,一些年代可断定为武帝前期的文物,都只有纪年而无年号。如山东临沂银雀山 2 号汉墓出土的汉初历谱,经考证已确定为武帝"元光元年历谱",其首简上书"七年历日",[2] 可见当时并没有"建元""元光"年号。又如汉武帝茂陵阳信长公主墓前陪葬坑出土的"阳信家"铜器,多数可断为武帝前期物,然只有纪年而无年号。[3] 可见,西汉武

---

[1] 罗福颐:《小校经阁金文伪铭录目(初稿)》,《古文字研究》第 11 辑,中华书局,1985 年。罗福颐先生在此文中亦将"龙渊宫"鼎列为伪铭,但在罗福颐《临沂汉简所见古籍概略》一文中却又特别加以肯定。
[2] 陈久金、陈美东:《临沂出土汉初古历初探》,《文物》1974 年 3 期。
[3] 负安志:《谈"阳信家"铜器》,《文物》1982 年 9 期。

帝前期年号为后来追记,当无疑问。

这篇小文,就不成问题的问题而发议论,实为大家所不为,然恐不识者误信,故不揣浅陋,略为申明,也可算作对此问题的一次清算。

（本文原名"汉'建元''元光''元朔'诸器辨伪——兼及武帝前期年号问题",载《文博》1996年4期。此次重刊作了个别技术性修订。）

18
广汉西蜀纪年镜与广汉工官

东汉铜镜中,铭文标明"广汉西蜀""广汉"或"西蜀"造作的纪年镜,迄今已见10面。其中,梅原末治的《汉三国六朝纪年镜图说》收录6面(以下简称《图说》),[1]梅原氏之后新征集和出土4面。兹按年代顺序将镜铭依原释文迻录如下,并略作补释。

1. 和帝元兴元年(105)环状乳神兽镜。铭曰(只录主铭,下同):

元兴元年五月丙午日天大赦,广汉造作尚方明镜。幽涷三商,周得无极,世得光明,长乐未英(央),富且昌,宜侯王,师命长,生如石,位至三公,寿如东王公、西王母、仙人子(乔),立(位)至公侯。[2]　　　　(《图说》图版五)

2. 和帝元兴元年变形四叶兽首镜。此镜现藏南阳市博物馆,何时出土不详。铭曰:

元兴元年五月丙午日,□□广汉西蜀造作尚方明镜,幽涷三商,长乐未,宜侯王,富且昌,位至三公,位师命长。[3]

---

[1] (日)梅原末治编著:《汉三国六朝纪年镜图说》,(京都)桑名文星堂刊行,昭和十七年(1942)。
[2] 《汉三国六朝纪年镜图说》图版伍录有两面元兴元年环状乳神兽镜:上图据钱坫《镜铭集录》所揭;下图为罗振玉《古镜图录》卷上第一器所藏拓影,而罗氏又是据潍县陈介祺藏品所拓。这两面铜镜花纹、字体有所不同。后者据傅大西《谈仿汉式铜镜》(《中国文物报》1989年9月8日3版)断为唐人仿制品。
[3] 崔庆明:《南阳市博物馆馆藏纪年铜镜》,《中原文物》1982年1期。

3. 和帝元兴元年环绕式神兽镜。此镜载《江汉考古》1984年3期,发表的照片模糊不清,据称新中国成立时出土于南阳地区西狭县,1982年送交南阳市博物馆。[1] 铭曰:

  元兴元年五月丙午日天大迹,广汉西蜀造作尚方明镜。幽涷三商,天王日月,位至三公,长乐未英(央),宜侯王,富且昌,师命长。

今按:"天大迹"一语,元兴元年环状乳神兽镜释作"天大赦",下文延熹二年环状乳神兽镜释作"天大述"。这三面铜镜所见照片、拓本中,此三字中后一字均不清楚。"天大迹""天大述"无解,当以"天大赦"为是。《后汉书·和帝纪》:"元兴元年四月庚午大赦天下,改元元兴。"镜铭五月丙午与四月庚午不和,但五月丙午为铸金吉日,镜铭常见,大都与实际月日不合。

4. 顺帝阳嘉元年(132)变形四叶夔凤镜。铭曰:

  □嘉元年五月丙午,造作广汉西蜀尚方明镜。和合三阳,幽涷白黄,明如日月,照见四方,师□(命)延年,长乐未央。买此镜者家富昌,五男四女为侯王,后买此镜居大市,家□掌佳名,□有八子□戊子。　　(《图说》图版六)

今按:铭文"□嘉元年",梅原氏据梁上椿《崖窟藏镜》补为"永嘉"。方诗铭《从出土文物看汉代工官的一些问题》一文,据钱大昕《十驾斋养新录》考汉冲帝"永嘉"年号,"嘉"实为"熹"之误,姑定为"阳嘉"。[2] 今从之。

5. 桓帝永寿二年(156)变形四叶兽首镜。铭曰:

  永寿二年正月丙午,广汉造作尚方明镜。□□□,富且昌,宜侯王,师命长。　　(《图说》图版八上)

---

[1] 崔庆明、王振行:《南阳出土元兴元年铜镜》,《江汉考古》1984年3期。
[2] 方诗铭:《从出土文物看汉代工官的一些问题》,《上海博物馆集刊》建馆三十周年特辑,上海古籍出版社,1982年。

6. 桓帝永寿三年(157)变形四叶兽首镜。此镜刊于《湖南考古辑刊》第四辑，1985年出土于湖南湘阴县城关镇第二纸板厂汉墓中。铭曰：

永寿三年□月丙午造作尚方今明镜。广汉西蜀。幽涷三商兮，周列无极，世得光明，贾人大富兮，师命长，□□□，长乐未央，宜侯王，富且昌兮。[1]

7. 桓帝延熹二年(159)环状乳神兽镜。铭曰：

延熹二年五月丙午日天大述。广汉西蜀造作明镜。幽涷三商，天王日月，位至三公兮，长乐未英(央)，吉且羊(祥)。　　　　　(《图说》图版九上)

如前述，"天大述"一语当为"天大赦"。延熹二年无大赦，但延熹元年和三年均有大赦，此处或取其吉祥之意。

8. 桓帝延熹三年(160)环绕式神兽镜。铭曰：

汉西蜀刘氏作镜，延熹三年五月五戌？□竟？□日中□□。寿如东王公西王母，常宜子孙，长乐未央，士至三公，宜侯王。　(《图说》图版九下)

这面铜镜与其他广汉西蜀纪年镜铭文款式不同，"汉西蜀"之"汉"似为朝代名，不是广汉之省，如"汉有善铜出丹阳"之"汉"的用法。

9. 灵帝熹平三年(174)变形四叶兽首镜。铭曰：

熹平三年正月丙午，吾造作尚方明镜，广汉西蜀。合涷白黄，周刻无极，世得光明，贾人大富，长子孙，延年益寿，长乐未央兮。　　(《图说》图版一四)

---

[1] 湘阴县博物馆(刘永池)：《湘阴县发现东汉永寿三年铜镜》，《湖南考古辑刊》第四辑，岳麓书社，1987年。

10. 灵帝中平四年(187)变形四叶兽首镜。此镜亦藏南阳市博物馆。[1] 铭曰：

> 惟中平四年，太岁在丁卯，吾造作尚方明镜，广汉西蜀。合浦□黄，□利无敬，世得光明，买此镜人，尚欢虞家，当臣□师侯大吉羊(祥)□。

此镜释文中的"合浦□黄，□利无敬"一句，当释作"合湅白黄，周刻无极"，与熹平三年变形四叶兽首镜语相同。

这10面铜镜中，铭文标有"广汉西蜀"者7面，"广汉"者2面，单称"汉西蜀"者1面。《华阳国志》："益州以蜀郡、广汉、犍为为三蜀。"汉代常称益州为西蜀或蜀汉，广汉郡亦可单称西蜀，故这里的"广汉西蜀"应指广汉郡。

这10面广汉西蜀纪年镜中，除延熹三年环绕式神兽镜标明"刘氏作镜"，似为私营作坊产品外，另9面铜镜的铸造者为官营还是私营，则有不同看法。《中国古代铜镜》一书的作者推为地方工官的产品。[2] 俞伟超先生编写的北京大学历史系考古专业《战国秦汉考古》讲义及李发林先生新著同名讲义也认为可能为工官所造。[3] 前引方诗铭文则主张是工官管理下的私营手工业作坊所铸造。此外，宋治民《汉代的铜器手工业》一文，也有同样的看法。[4] 以上两说，笔者同意前一说。但前一说诸家均未作具体分析。弄清楚广汉西蜀纪年镜的铸造者，对于认识汉代工官制度的发展变化是有积极意义的。为此，特讨论如下。

这9面广汉西蜀纪年镜尽管延续时间较长，但铭文的款式、内容却很相似，即先著年月日，而月日一般为"五月丙午"或"正月丙午"这样的铸金吉日，接下来多是"广汉西蜀造作"字样，然后为内容相似的吉祥溢美之词。这种款式与"刘氏镜"

---

[1] 崔庆明：《南阳市博物馆馆藏纪年铜镜》，《中原文物》1982年1期。
[2] 孔祥星、刘一曼：《中国古代铜镜》，文物出版社，1984年。
[3] 北京大学历史系考古教研室(今为考古系)：《战国秦汉考古》讲义，1973年8月(油印本)，第47页；李发林：《战国秦汉考古》，山东大学出版社，1991年，第345页。
[4] 宋治民：《汉代的铜器手工业》，《中国史研究》1985年2期。

的风格明显不同。值得注意的是，这9面铜镜中，有7面铸"造作尚方明镜"铭文。我们知道，汉镜中称"尚方作镜"者，未必都是尚方所铸造的铜镜。尚方为中央少府所辖，主作宫廷用器，设置在东汉都城洛阳城中。广汉西蜀所作尚方镜当然与真正的尚方镜不同，但这么多面同属一地，且款式、内容相似的铜镜都标明"尚方"，其意义是值得考究的。众所周知，"尚方"铭文铜镜中不乏冒牌货，但我们也注意到，东汉铜镜中明确标出私营铸造作坊姓氏（如"李氏""王氏"等）的铜镜，很少有"尚方"字样，上述"刘氏镜"也无此二字，笔者仅查到一例熹平七年神兽镜铭文有"暴氏作尚方明镜"（此类例证可能还有，但应很少）。由此可见，私家冒名作尚方镜也不是毫无忌讳的。因而，笔者推测广汉西蜀造作的尚方镜很可能是工官所为，并且是受朝廷尚方委托加工的。

地方工官为尚方作器在汉代是有先例的。《史记·周勃世家》记载："条侯子为父买工官尚方甲楯五百被可以葬者……"（《汉书·周勃传》同）陈直《汉书新证》："工官，疑指郡国工官而言。"前引方诗铭文解释为周亚夫子购买了地方工官为"尚方"制造的甲盾五百副。所谓"工官"，专指汉代中央设在某些地方的官府手工业生产与管理机构，因此方氏的解释是可信的。尚方的主要职责是"掌手工作御刀剑诸好器物"，同地方工官一样，既是生产部门，又是管理部门。就生产来说，尚方（另有考工）本身不可能制造全部或大部分宫廷用器，有相当部分应来自他处，特别是各地工官所制造的诸好器物，如周亚夫子购买"工官尚方"器，便是明证。此外，蜀郡和广汉郡工官生产的许多漆器、铜器等有"乘舆"字样，也可能是由尚方经手输入朝廷的。

另外还可为上述观点佐证的是，这9面广汉西蜀纪年镜，没有一面确证是出土于原产地及其附近的，相反出土地点明确的几面均见于他处，特别是洛阳和南阳出土有几面。阳嘉元年变形四叶夔凤镜传为1936年洛阳出土；元兴元年环绕式神兽镜出土于南阳地区西狭县；元兴元年和中平四年变形四叶兽首镜藏于南阳市博物馆，也应为南阳一带所出；永寿三年变形四叶兽首镜出土于湖南湘阴县；延熹二年环状乳神兽镜传1939年浙江出土。出土于南阳的3面和出土于洛阳的1面具有同等意义，因为南阳为东汉帝乡，其地多宗室贵戚。出土于洛阳和南阳的广汉西蜀铜镜或许是广汉工官为尚方所加工，进而由朝廷转赐或以其他方式而归于臣属的。以理推之，如广汉西蜀铜镜为私营作坊制造，并作为商品，似应多在当地销售，也应多出土于当地，但现在无一例可证。

如此说来，广汉西蜀纪年镜既为工官所造并输入朝廷。那么，有的镜铭为什么还铸出"买此镜者家富昌"之类的铭辞？笔者以为，东汉镜铭中大量的吉祥溢美之词，包括"买此镜者家富昌"之类的套语，是当时的风尚，并不证明其一定是私营作坊的产品。例如，那些铸造精良、铭文中有"尚方"字样的铜镜（为真正尚方铜镜的可能性较大），也有此类套语。[1] 当然，在东汉中晚期，工官产品也可作为商品出售。是否可以这样认为：广汉工官所铸造的铜镜除了输入朝廷外，少部分也可作为市场流通的商品，因而镜铭中有"买此镜者家富昌"之类铭辞？

我们知道，广汉郡工官同蜀郡工官一样，西汉至东汉早期以生产精美的漆器而闻名，但到了东汉中后期漆器生产就衰落了。《后汉书·和熹邓皇后纪》载："元兴元年其蜀汉扣器、九带佩刀，并不复调。"从朝鲜平壤、中国贵州清镇等地出土的蜀郡、广汉郡工官纪年漆器看，年代最晚为和帝永元十四年（102）。据此，王仲殊认为："这可能说明，蜀郡和广汉郡工官不再为宫廷生产漆器了。"[2] 但东汉元兴元年以后，广汉工官不仅作为管理机构，且作为生产机构依然存在。1957年成都天回山崖墓出土了一柄金错书刀，其铭曰："光和七年广汉工官□□□服者尊长，保子孙，宜侯王，□宜□。"[3] 这件金错刀为广汉工官的产品，光和为灵帝年号，七年即公元184年，晚于和帝元兴元年近80年。至于蜀郡工官，李发林曾根据东汉中期以后不见蜀郡工官的产品，而蜀郡私营手工业却较为发达这一点，推测蜀郡工官大概同毗邻的广汉工官已合并。[4] 我以为，这是很有见地的看法。元兴元年以后，广汉工官虽然存在，但是我们却极少见到明确标明为广汉工官的产品，这令人费

---

[1] 崔庆明：《南阳市博物馆馆藏纪年铜镜》，《中原文物》1982年1期。例如：东汉建宁元年变形四叶兽首镜，铸造精良，迄今文字清晰，黑色如漆，少有锈斑。铭文中有"丙午造作尚方明镜"和"买者大吉祥"语。

[2] 王仲殊：《汉代考古学概说》，中华书局，1984年。

[3] 四川省博物馆文物工作队（刘志远）：《成都天回山崖墓清理记》，《考古学报》1958年1期。

[4] 李发林：《战国秦汉考古》，山东大学出版社，1991年。

解。这是否暗示出,广汉工官在漆器生产衰落之后改为生产其他产品?蜀郡工官及广汉工官原本就有铸造铜器的传统,当漆器生产衰落之后,改为生产当时十分流行的铜镜,是很自然的事。但铜镜铭文中习惯不铸"工官"字样,致使我们不敢认定许多广汉西蜀铜镜就应是广汉工官的产品。此外,对于《后汉书·和熹邓皇后纪》所说"并不复调"一语,似也不可作绝对化理解。《后汉书·吕强传》曾记载汉灵帝时"帝多私蓄私藏……中尚方敛诸郡之宝"。以理推之,工官产品当在所敛之列。

还应说明的是,蜀郡、广汉郡工官除直接从事生产外,还兼有管理职能,或许还包括管理私营手工业的职能。前述方诗铭文曾引梅原末治《支那汉代纪年铭漆器图说》著录的一件漆器,款识为:"永平十二年蜀郡西工,夹贮行三丸,宜子孙,卢氏作。"永平为东汉明帝年号,十二年为公元69年,此时距元兴元年(105)尚差39年。这件漆器既有"蜀郡西工",又有"卢氏作"字样,似为工官管理下的私营作坊所造。但综合考察广汉西蜀纪年镜,恐怕还应是工官产品。

从上述10面纪年镜看,广汉西蜀铸镜业于东汉中晚期仍很发达,此后至汉末三国就衰落了。汉末建安年间和三国蜀汉期间未见有广汉西蜀纪年铜镜。[1] 与此相反,此时长江中下游的吴国铸镜业十分繁荣发达。这种状况的出现,除了当时的蜀汉政权在三国鼎立中国小力弱这一原因外,恐怕更有可能的是广汉西蜀铸镜业原本主要是官府即工官经营的,随着东汉王朝的覆灭而趋于衰亡。与之相对照,长江中下游的吴地在东汉时期私营铸镜业十分发达,至汉末三国时只不过继承了原来的传统而已。

[本文原名"广汉西蜀纪年镜综论",载北京大学考古学系编:《考古学研究》(三),科学出版社,1997年。本文收录广汉西蜀造作纪年镜10面,然近年新见以及此前遗漏未收的还有数枚。苏奎先生《东汉纪年蜀镜的初步考察》(《中国国家

---

[1] 甘肃天水曾发现1面双夔龙纹铜镜(刘大有:《甘肃天水县发现蜀汉铜镜》,《文物》1979年9期)。该镜非发掘品。镜铭隶书:"章武元年二月作镜,德扬宇宙,威振八荒,除凶辟兵,昭民万方。"章武为蜀汉刘备年号。此镜罗福颐在《商周秦汉青铜器铭文辨伪录》一文中断为伪器,其说可信。参见《古文字研究》第11辑,中华书局,1985年。

博物馆馆刊》2013年12期）一文收录15面，较本文多了5面。另刘小明、王绚先生《两汉铜镜铭文概述——以山东省博物馆藏铜镜为例》（《收藏家》2018年1期）一文刊布了山东省博物馆所藏的1面元兴元年广汉西蜀造作神兽镜，形制及铭文与本文"1.和帝元兴元年（105）环状乳神兽镜"相似。该镜制作精良，当为工官产品。］

19
中国纪年铭神兽镜综论
——兼谈日本三角缘神兽镜问题

"神兽镜"是中国东汉三国至六朝前期十分流行的一个铜镜品种,而日本古坟中也有大量的神兽镜出土,但日本出土者多是一种形制、纹饰颇为特殊的"三角缘神兽镜"。长期以来,因为三角缘神兽镜关系到中日文化交流的重大课题,中国和日本学者相继发表了若干论著,也提出了种种观点。日本学者富冈谦藏、[1]梅原末治、[2]小林行雄、[3]樋口隆康[4]等认为三角缘神兽镜是从中国输入的"魏镜",也称"舶载镜";森浩一、[5]古田武彦[6]等主张为"渡来人"在日本所造,即"国产说"。中国学者王仲殊则明确提出三角缘神兽镜是"中国吴的工匠在日本制作说"。[7] 此外,还有一些其他说法。总之,有关日本三角缘神兽镜问题,至今仍是众说纷纭,并且在短时间内还难以达成共识。[8] 我想,这一问题的最终解决,除了继续对日本

---

[1] 富冈谦藏:《古镜の研究》,丸善书肆,1920、1974 年日本临川书店再版。富冈氏尚未正式提出魏镜说,不过从他对"铜出徐州、师出洛阳"铭文的考证来看,其是主张魏镜说的。
[2] 梅原末治:《增补鉴镜の研究》,(原版)大冈山书店,1925 年;(增补版)临川书店,1975 年。
[3] 小林行雄:《古坟时代の研究》,青木书店,1961 年;《三角缘神兽镜の研究》,《京都大学文学部纪要》13,1971 年。
[4] 樋口隆康:《古镜》,新潮社,1979 年;《三角缘神兽镜综鉴》,新朝社,1992 年。
[5] 森浩一:《日本の古代文化——古坟文化の成立と发展の诸问题》,《古代史讲座》3,学生社,1962 年。
[6] 古田武彦:《ここに古代王朝ありき—邪马台国の考古学》,朝日新闻社,1979 年。
[7] 王仲殊发表的关于中国神兽镜和日本三角缘神兽镜的系列研究论文,多数登载于中国社会科学院考古研究所主办的《考古》杂志上。又参见王仲殊等共著:《三角缘神兽镜の谜》,角川书店,1985年;王仲殊:《中国からみた古代日本》,学生社,1992 年。
[8] 直到最近,日本学者车奇正彦仍撰文主张三角缘神兽镜为"舶载的魏晋镜",不仅如此,还认为仿制三角缘神兽镜也属于"舶载镜"。车奇正彦:《三角缘神兽镜は国产か舶载か—魏晋镜说の立场から》,见《图说·古坟研究最前线》(大冢初重编),新人物往来社,1999 年,28—35 页。

三角缘神兽镜进行深入研究外，还应当更全面地了解中国神兽镜的基本状况。

迄今为止，传世的和考古发掘出土的中国式神兽镜已有近千面，但目前还缺乏全面、系统的整理。笔者有志就这一课题展开研究，但该课题需要长时间的资料收集并进行统计分析。限于时间关系，这里先就中国神兽镜中的纪年铭镜进行初步的、综合性的考察。好在中国神兽镜中，有纪年铭文者数量很多，据不完全统计，约在 160 枚以上，所以纪年铭神兽镜基本上能够反映中国神兽镜的一般状况。需要说明的是，王仲殊已发表的多篇论文，对纪年铭神兽镜进行了很好的研究，但王仲殊的论文多是就某一专题展开的讨论，尚缺乏整体的表述。此外，近年又发表有新资料。因此，笔者拟在王仲殊研究的基础上，作进一步的归纳。我想，系统认识中国纪年铭神兽镜，将有助于加深学界对三角缘神兽镜来源问题的理解，从而促进这一历史悬案早日达成中日学者间的共识。

一、中国纪年铭神兽镜的著录简况

中国东汉三国六朝神兽镜的数量，现在还难以有精确的统计，这是因为中、日等国为数众多的研究所、博物馆以及私人收藏家手中，都还程度不同地藏有一定数量未发表的神兽镜。据估计，已发表的和未发表的神兽镜总数近千枚。不过，神兽镜中有纪年铭文者为人们所重视，因而绝大部分已公布于世。清代至民国期间，钱坫《浣花拜石轩镜铭集录》、罗振玉《古镜图录》、徐乃昌《小檀栾室镜影》、梁上椿《岩窟藏镜》等已对纪年铭神兽镜进行了著录，但数量还较少。[1] 日本学者从很早起就注重对中国纪年铭镜的收集与研究。1920 年，富冈谦藏的遗著《古镜的研究》一书中就专门讨论过汉至六朝的纪年铭镜。[2] 其后，又有多人致力于这方面的研究，但成就卓著者当推梅原末治。梅原氏于 1942 年汇集中国和日本所藏，著

---

[1] 钱坫：《浣花拜石轩镜铭集录》，1779 年；罗振玉：《古镜图录》，1916 年；徐乃昌：《小檀栾室镜影》，1928 年；梁上椿：《岩窟藏镜》，1941 年。
[2] 富冈谦藏：《汉代より六朝に至る年号铭ある古镜に就いて》，《古镜的研究》，丸善书肆，1920 年；临川书店再版发行，1974 年。

有《汉三国六朝纪年镜图说》(简称《图说》)一书,收录中国纪年铭镜 140 余枚,而其中的纪年铭神兽镜就多达 90 余枚,可谓集大成之作。[1] 不过,梅原氏所收录的纪年铭神兽镜大多是传世品。20 世纪 50 年代以后,随着新中国田野考古发掘的广泛展开,墓葬中出土的纪年铭神兽镜又有大量积累,一些博物馆相继出版了各自馆藏的铜镜图录。其中,《鄂城汉三国六朝铜镜》(简称《鄂城》)收录 24 枚,[2]《浙江出土铜镜》(简称《浙江》)收录 12 枚,[3]《上海博物馆藏青铜镜》(简称《上海》)收录 4 枚,[4] 其他还有《九江出土铜镜》[5]《洛阳出土铜镜》[6]《广西出土文物》[7]等也各著录有 1 枚纪年铭神兽镜。此外,还有 10 余枚藏于县市博物馆中的纪年铭神兽镜未正式发表,有的已为王仲殊论文所引用。与中国纪年铭神兽镜大量出土的同时,日本也有一批新出土或征集的纪年铭铜镜资料问世。1979 年樋口隆康《古镜》一书就收集有新见的纪年铭神兽镜;1995 年又发表《汉三国六朝纪年镜新集录》(简称《新集录》)一文,新汇集藏于日本各博物馆或私人手中的 17 枚纪年镜。[8] 以上尚不全面,但从笔者所能见到的各家著录看,东汉三国六朝纪年铭神兽镜的总数已有 160 多枚,这在铜镜家族中是十分突出的。

二、起始期:建安年以前的东汉纪年铭神兽镜

迄今见于发表的东汉纪年铭神兽镜 50 余枚,其中,自和帝元兴元年(105)至献帝建安元年(190)80 多年间仅发现 11 枚,而仅建安期间(24 年间)就多达 38 枚。建安后的东汉延康年有 2 枚。与纪年铭神兽镜较少的情况相似,建安年以

---

[1] 梅原末治:《汉三国六朝纪年镜图说》,(京都)桑名文星堂刊行,1942 年。
[2] 湖北省博物馆等:《鄂城汉三国六朝铜镜》,文物出版社,1986 年。
[3] 王士伦:《浙江出土铜镜》,文物出版社,1987 年。
[4] 陈佩芬:《上海博物馆藏青铜镜》,上海书画出版社,1987 年。
[5] 九江市博物馆(吴水存):《九江出土铜镜》,文物出版社,1993 年。
[6] 洛阳博物馆:《洛阳出土铜镜》,文物出版社,1988 年。
[7] 广西壮族自治区文管会:《广西出土文物》,文物出版社,1978 年。
[8] 樋口隆康:《古镜》,新潮社,1979 年;《汉三国六朝纪年镜新集录》,《橿原考古研究所论集》11,吉川弘文馆,平成六年(1994)。

前，出土的无纪年铭神兽镜也相对较少，而建安年及以后则数量大增。因此，以建安年为界，可将此前的东汉中后期（2世纪）看作是神兽镜的起始阶段，而建安年及以后的三国时代（3世纪）则进入繁盛期。再从东汉末年的政治形势看，建安年间曹操迁都许昌"挟天子以令诸侯"，汉室早已名存实亡，三国鼎足之势也已见端倪，所以，建安年间实际上已进入中国历史上的三国时代。对此王仲殊曾有专文指出建安年纪年铭神兽镜应属于三国镜的范畴，他的这一说法是很有道理的。[1]

建安年以前的东汉纪年铭神兽镜有11枚，其中，和帝元兴元年（105）2枚，桓帝延熹二年、三年（159、160）各1枚，永康元年（167）2枚，灵帝熹平元年（172）、二年（173）、七年（180）各1枚，中平四年（187）2枚。这11枚东汉纪年铭神兽镜尽管延续时间较长，但其形制、纹饰较为相似，多为求心式布局，即内区主纹神兽的头向以镜钮为中心向内安排。此外，在神兽纹饰中间还夹杂一种突起的小圆圈，即被称为环状乳的纹样。这种环状乳的风格在后来的铜镜中已相对少见。从非纪年铭神兽镜看，东汉后期还有重列式神兽镜，而建安年间及三国时代重列式神兽镜颇为发达，这应是东汉后期奠定的基础。从东汉纪年铭神兽镜的铭文内容来看，一般多"富且昌、宜侯王""位至三公、长乐未央""寿如东王公、西王母"等吉祥溢美之词，重列式神兽镜则为"黄帝除凶、伯牙弹琴"之类的套语。

关于东汉后期纪年铭神兽镜的产地，目前只有熹平七年镜是1972年湖北鄂城鄂钢焦化工地51号墓出土，其余均为传世品，因此仅从出土地点较难判断其产地。但元兴元年、延熹二年、延熹三年4枚镜中都有"广汉西蜀"或"广汉西蜀造作"铭文，可确知为蜀地的产品。广汉西蜀造作的铜镜，除4枚神兽镜外，还有元兴元年、永寿二年、永寿三年、熹平三年、中平四年造作的兽首镜以及阳嘉元年夔凤镜。笔者曾于1997年写过一篇《广汉西蜀纪年镜综论》的小文，论证广汉西蜀纪年镜为广汉郡工官的产品。[2] 在那篇文章中我曾指出，广汉西蜀所铸造的纪年铭镜多属工

---

[1] 王仲殊：《建安纪年铭神兽镜综论》，《考古》1988年4期。
[2] 赵化成：《广汉西蜀纪年镜综论》，北京大学考古系编《考古学研究》（三），科学出版社，1997年。

官所为,随着东汉工官制度的消亡而衰落,东汉末至三国时代的蜀地已很少见到当地铸造的纪年铭铜镜,而长江中下游吴地一带的铸镜业则十分繁荣发达。不过东汉末建安年间及三国时期吴地铸镜业特别是神兽镜的发达,理应在东汉时期已经奠定了基础。前述湖北鄂城鄂钢焦化工地51号墓出土的熹平七年纪年铭神兽镜,以及传绍兴出土的中平四年神兽镜表明,东汉时期江南吴地也铸造神兽镜。此外,《浙江》《鄂城》等铜镜图录中著录有20多枚无纪年铭东汉神兽镜。这些神兽镜多数为墓葬出土,从同出的其他器物可大致知道其年代。总之,东汉中后期南方吴地为神兽镜的主产地,则是毋庸置疑的。我们注意到,广汉郡和吴郡所铸造的神兽镜纹饰略有不同,后者在平缘部分往往装饰画纹带,而前者少见,广汉西蜀铜镜中也不见重列式神兽镜。

三、繁盛期:建安年及三国时代的纪年铭神兽镜

建安年及三国时代中国神兽镜进入繁盛期,目前已经发现并且发表的纪年铭神兽镜达100余枚。其中,属于建安年间的有38枚(201—219),即建安六年、七年各3枚,八年、九年各1枚,十年17枚,十四年、十九年、二十年各1枚,二十一年、二十二年各2枚,二十四年6枚。其中,建安十年最多,二十四年次之。这38枚建安纪年铭神兽镜中,有28枚为重列式神兽镜,其余为对置式和求心式布局。有纪年铭的重列式神兽镜在建安年以前尚未发现,但《浙江》《鄂城》等书中收录有多枚东汉无纪年铭重列式神兽镜,此后的吴国纪年铭神兽镜中,这类镜仍相当流行,两晋时期已很少见到。建安纪年铜镜的铭文大致有两大类:建安十年及以前多为"吾作明镜,幽涑宫商,周列容象,五帝三皇,白牙弹琴,黄帝除凶,朱鸟玄武,白虎青龙"这样的程式化四字铭辞,正与汉末流行的四言诗风格一致;建安十四年及以后,镜铭有了较大变化,又恢复七言或七言以上的铭辞,内容也相对庞杂。

关于建安纪年铭神兽镜的产地,王仲殊于1988年曾有专文讨论。在他所收集的30枚建安镜中,出土地点明确的有9枚,分别出土于湖北鄂城、浙江余姚、浙江

绍兴、安徽芜湖、江苏镇江,皆属南方吴地。[1] 王仲殊未收集的8枚建安纪年铭神兽镜中,1枚出土于浙江新昌,1枚出土于浙江衢州,亦属吴地。此外,建安二十一年神兽镜铭文有"会稽作"字样,标明为吴地铸镜中心之一的会稽山阴所作。也就是说,目前所能见到的出土地明确的建安纪年铭神兽镜皆为长江中下游的吴地所出。因此,王仲殊于10多年前就已指出的建安纪年铭神兽镜全属吴地产品的观点,现在看来仍然是正确的。建安纪年铭神兽镜中有的标明了工匠的姓氏,其中有"示氏造"4枚、"朱氏造"3枚,说明吴地铜镜铸造业主要由私人作坊经营,这与建安年以前的"广汉西蜀"镜多为工官铸造有很大的不同。

三国纪年铭神兽镜中,可确定为魏国年号者10枚(不包括日本三角缘纪年神兽镜),绝大部分为"黄初"纪年。其中,黄初二年4枚同向式神兽镜两两同型;黄初三年3枚,有2枚为同型镜;黄初四年3枚,皆为同型镜。这10枚黄初年号纪年铭神兽镜中,现藏于日本泉屋博物馆的黄初二年镜传为长沙出土;藏于鄂城博物馆的2枚黄初二年镜均为鄂城鄂钢工地墓葬出土;日本所藏的1枚黄初三年镜传为绍兴出土;黄初四年镜中也有1枚是鄂城所出。从铭辞看,日本泉屋博物馆所藏黄初二年2枚同型镜为"武昌元作";鄂城出土2枚黄初二年镜为"扬州会稽山阴师唐豫命作镜",黄初四年五月3枚同型镜均为"会稽师鲍作"。据王仲殊考证,吴县、武昌、山阴皆为三国时期吴地著名的铸镜中心。[2] 总之,无论是从出土地,还是从铭辞所反映的铸镜中心来看,这10枚黄初纪年铭神兽镜,无疑都属于吴地的产品。对此,王仲殊在他的多篇论文中已有过精辟的分析。但"黄初"为魏国年号,为什么吴国的工匠使用魏国年号?对此,王仲殊指出:黄初二年及黄初三年十月之前吴国尚称臣于魏,并被册封为吴王,黄初三年十月吴抗魏,遂自立年号称黄武元年,但直到七年后的黄龙元年,吴国孙权才称帝。所以在吴地所产纪年神兽镜中,吴国无年号之前奉魏为正统,使用黄初年号是很自然的。"黄初四年三月,魏文帝自江北撤军,两国关系有所缓和,故吴国工匠在此年五月所作铜镜中又使用魏的'黄初'年

---

[1] 王仲殊:《建安纪年铭神兽镜综论》,《考古》1988年4期。
[2] 王仲殊:《吴县、山阴和武昌——从铭文看三国时代吴的铜镜产地》,《考古》1985年11期。

号,这是不难理解的。"[1]我们注意到黄初四年3枚同型镜产于会稽山阴而非武昌,山阴距离都城武昌有较远的距离,在古代信息不够畅通、工匠文化水平有限的情况下,只向后延续一年使用习惯上的年号也不足为怪,这种情况在历朝历代都是有的。当然,在使用魏国黄初二年、三年年号的同时,吴国铜镜也开始使用本国的黄武年号,黄初二年、三年镜铸造于武昌的可能性较大。关于这一问题,我们还可以换一个角度来看。如果说使用魏国黄初年号的神兽镜属魏镜,为什么黄初年以后,中国境内很难再见到魏国年号的纪年铭神兽镜,而其他镜类,如兽首镜等则有甘露、景元等纪年? 此外,魏国纪年镜一般为"右尚方"所作,即属中央工官性质,与吴地铜镜(包括黄初纪年镜在内)皆为私营铸镜作坊所制作,有很大的差别。这里,需要说明的是,梅原末治《汉三国六朝纪年镜图说》收录有1枚"正始五年"画纹带环状乳神兽镜。此镜原为罗振玉所藏,后归日本守屋孝藏氏所有。该镜铭文极为简略,与传统格式有较大的差别,王仲殊已指出其为伪作的可能性很大。此外,1951年日本大阪府和泉市黄金冢古坟曾出土1枚"景初三年"画纹带同向式神兽镜,[2]但这枚神兽镜为东渡的吴匠师"陈氏"在日本所作,与岛根县神原神社古坟出土的"景初三年"三角缘神兽镜属相同性质,故可排除为魏镜的可能性。正是因为有这两枚黄初年之后的魏国年号纪年铭神兽镜的存在,一些日本学者以为魏国也铸造神兽镜。[3] 但考虑到神兽镜在北方地区极为少见,仅凭这枚有疑问的"正始五年"镜和已经肯定是在日本制作的"景初三年"镜,就断定魏国也铸造神兽镜,则是不妥当的。具有魏国年号的纪年铭神兽镜,其产地国别问题涉及魏国是否铸造过神兽镜,进而关系到魏国皇帝赐给日本邪马台国女王卑弥乎铜镜百枚究竟是何种镜类这一重大问题,因而需要从总体上来把握,而不能凭似是而非的孤证下结论。

与魏国不见神兽镜的情况相反,吴国神兽镜则是大量的,仅纪年铭神兽镜就有80多枚。其中,黄武11枚、黄龙5枚、嘉禾1枚、赤乌9枚、建兴6枚、五凤2枚、太

---

[1] 王仲殊:《"黄初"、"黄武"、"黄龙"纪年镜铭辞综释》,《考古》1987年7期。
[2] 末永雅雄ら:《和泉黄金冢古坟》,综艺社,1954年。
[3] 如主张"特铸说"的冈村秀典以此作为魏国曾铸造神兽镜的根据之一,见《三角缘神兽镜と传世镜》,白石太一郎编著《古坟》,吉川弘文馆,1989年。

平13枚、永安18枚、甘露1枚、宝鼎6枚、凤凰3枚、建衡1枚、天纪3枚。吴国从自有年号的黄武元年(222)开始至天纪四年(280)吴亡,其间经历了半个多世纪,大多数年号的纪年铭神兽镜都有发现。当然,以上数字并不是很准确,但已经反映了吴国神兽镜的发达程度。再从考古发现看,据王士伦统计,神兽镜主要出土于浙江省的绍兴、新昌、宁波、浦江、武义、瑞安、安吉,湖北省的鄂城,江苏省的南京、江都、泰州、无锡,江西省的南昌,湖南省的长沙、浏阳、常德,广东省的广州,广西壮族自治区的金州、贵县,安徽省的芜湖等地,这些地方在三国时期均为吴地。[1] 而神兽镜铭文中经常出现的会稽山阴、武昌、吴县则为吴地铸镜中心,这些地方也是神兽镜出土最为集中的地区。总之,包括建安、黄初纪年铭神兽镜在内,三国时期中国南方长江中下游的吴地属于神兽镜的唯一产地应当不成问题。至于北方地区偶尔发现的少量无纪年铭神兽镜,极有可能是从南方流传过去的。

这70多枚纪年铭神兽镜中,重列式神兽镜有16枚,其余则为求心式、对置式布局。重列式神兽镜虽不如建安年间那样发达,但仍是当时最主要的镜类。三国吴地神兽镜的图像,按照铭文的记载,主要是道教所崇拜的神仙以及附属的仙禽异兽。神仙类如天皇、五帝、西王母、东王公、南极老人、伯牙等;仙禽异兽类有辟邪、天禄、巨虚、蛩蠊、狮子以及青龙、白虎、朱雀、玄武四神等。东汉后期及三国时期道教糅合先秦两汉道家、神仙、巫术于一体,正式成为中国本土发展起来的宗教。但东汉末年黄巾起义被镇压后,北方一带的道教势力受到沉重打击,从三国吴地流行的饰道教内容的神兽镜看,道教在长江中下游地区获得了重新发展的机会,因而吴地神兽镜是研究南方道教文化的重要资料。

四、渐衰期:六朝时期的纪年铭神兽镜

这里所谓的六朝,是指西晋、东晋及南方的宋、齐、梁、陈。据不完全统计,目前所见属于六朝时期的纪年铭神兽镜有25枚,其中西晋20枚、东晋4枚。此外,梅

---

[1] 王士伦:《浙江出土铜镜》,文物出版社,1987年。

原末治《图说》著录有 1 枚被认为是南齐建武五年的画纹带同向式神兽镜。该镜铸造精良，尺寸较大，铭文铸于方格之上，每格 4 字，总计 56 字，可惜大部分铭文不能释读，梅原氏辨别出"建武五年""晋侯册命""宋国太□"等铭辞，他将此镜定为南齐。如果此镜铭文释读不误，这是迄今所见最晚的一枚纪年铭神兽镜。不过，从目前所见最晚的东晋太和四年（366）纪年铭神兽镜，至南齐建武五年（498），在长达 132 年间未再发现纪年铭神兽镜，为何南齐建武五年忽然又冒出 1 枚纪年铭神兽镜来？《图说》收录有 1 枚东晋"建武□年"求心式神兽镜，这枚所谓南齐建武镜是否也属于东晋？不过，东晋建武只有二年而无五年，故这枚铜镜的铭文释读及年代判定仍存疑。

从神兽镜的总体情况看，东晋以后的南朝纪年铭镜已极为少见，但无纪年铭神兽镜在墓葬中还有少量出土，其中一部分属于前代的遗留，一部分为当时铸造，但南朝的神兽镜质量较差。如果撇开南朝神兽镜不算，自西晋武帝司马炎泰始元年（265）至东晋废帝元熙二年（420），在两晋长达 155 年间，只发现 23 枚纪年铭神兽镜，且大多数集中在西晋较早时期。很显然，与三国时期的繁盛相比，神兽镜正逐渐走向衰落。

目前所见两晋纪年铭神兽镜多为西晋初期的泰始（7 枚）、太康（10 枚）、元康（2 枚）年间。其中，泰始六年、泰始七年、泰始八年各 1 枚，泰始九年 2 枚，泰始十年 2 枚，太康元年（280）2 枚（270—280），皆为吴国亡国前所作，与吴国的 3 枚凤凰元年（272）镜，天纪元年、二年、四年（277—280，各 1 枚）镜属于同一时期。西晋泰始纪年铭神兽镜与吴国纪年镜同时存在，王仲殊认为："泰始年间，晋武帝的军队占领占据了长江北岸的吴的许多领地。当时，吴的将领和官员颇有率众降晋的。因此，传世镜中有西晋泰始纪年铭平缘神兽镜，这是不足为怪的。"[1]这一说法，自然是有道理的。不过，这时的北方地区也发现有纪年铭神兽镜，如洛阳市涧西技校墓M4 曾出土泰始八年神兽镜，河南省淇县高村曾出土泰始九年神兽镜。当然，我们不能仅从这两枚神兽镜的出土地点就推出北方西晋王朝也铸造神兽镜。这是因

---

[1] 王仲殊：《日本三角缘神兽镜综论》，《考古》1984 年 5 期。

为,自始至终北方地区就很少发现神兽镜,这从北方各省市出版的许多铜镜图录中很少收录神兽镜就可看出。事实上,吴末晋初的泰始、太康年间以及吴国亡国后的元康年间,神兽镜仍是由南方吴地铸造的。如浙江金华出土的太康二年对置式神兽镜与《图说》收录的一枚同范镜有"吴郡工清羊造作之镜"铭辞,便是明证。至于东晋的纪年铭神兽镜,当然也是在原南方吴地制造的。但《图说》著录有1枚"□初四年五月壬申朔十四日"纪年铭神兽镜,"初"字前一字不能识,梅原氏根据干支推为西秦太初四年。考虑到北方地区从未铸造过神兽镜的史实,故这枚"□初"年号镜很难肯定就是西秦的。

五、中国神兽镜与日本三角缘神兽镜的关系问题

如前所述,中国纪年铭神兽镜从2世纪初的东汉和帝元兴元年(105)开始,经过汉末建安年间及三国时期(3世纪)的繁荣,至六朝前期(3世纪后期至4世纪前中)已接近尾声,先后延续了近400年的时间。这期间,最初的神兽镜产地有二,即蜀地和吴地,至汉末三国时期蜀地不再铸造神兽镜,而北方的魏国也不曾制作神兽镜,故南方吴地成为神兽镜的唯一产地。两晋时期,神兽镜仍然由南方生产,但其规模远不及前朝发达。总之,王仲殊所主张的中国神兽镜(除广汉西蜀镜外)全属长江中下游吴地产品的观点,是完全可信的。

与中国神兽镜的流行时代不同,日本学者一般认为三角缘神兽镜多见于4世纪的古坟前期,迄今,已发现300多枚(不包括所谓仿制三角缘神兽镜)。因为三角缘神兽镜中有"景初三年(239)""景初四年(240)""正始元年(240)"6枚纪年铭镜,可知其至迟在三国较早阶段(3世纪中期)就已经开始铸造了。但三角缘神兽镜的铸造年代与古坟的埋藏年代有较大的差距,考虑到日本三角缘神兽镜并非日常所用的化妆具,而是用来随葬的"宝物",其埋藏年代似不应相距太远,因而,是否可以考虑将某些古坟的年代提前一些? 当然,这是一个牵扯面很广的问题,非本文所能论及,这里只是提出一种可能性,仅供参考。

日本三角缘神兽镜以三角缘为特征、尺寸较大(多在20厘米以上)、有"笠松

形"花纹等,与中国平缘式神兽镜有较大的差别。此外,中国神兽镜盛行纪年铭,而日本三角缘神兽镜中纪年铭镜甚少。对此,中国和日本学者的看法是基本相同的。问题是,一些日本学者坚信三角缘神兽镜就是魏国皇帝赐给邪马台国女王卑弥乎的铜镜,因而主张其为"魏镜",一些学者又提出"特铸说"。然而,中国神兽镜皆为吴地制作,魏国并不曾铸造神兽镜,中国境内也从未发现过 1 枚日本三角缘神兽镜。所以,日本三角缘神兽镜不可能是从中国输入的"魏镜",所谓"特铸说"也只是一种猜想,不仅缺乏根据,在逻辑上也不通。因此,我基本同意王仲殊提出的日本三角缘神兽镜是"吴的工匠在日本制作"这一观点。不过需要补充的是,我并不认为全部三角缘神兽镜皆为东渡的吴的工匠所作。也就是说,是否存在倭人在向东渡的吴国匠师学习后独立铸造出质量较好的三角缘神兽镜的可能呢? 或者说,三角缘神兽镜最初或由倭人铸造,而东渡的吴的工匠只是入乡随俗一起铸造罢了。我的理由有如下几点:

其一,据日本学者对三角缘神兽镜系谱与分期的研究,其制作年代约为 3 世纪 40 年代到 90 年代。[1] 也就是说在长达半个多世纪之中,难道所有的三角缘神兽镜都是由东渡的吴国工匠制作的吗? 日本三角缘神兽镜出土地点较广,以京畿为中心,西起九州,东至群马县,几乎见于除北海道以外的日本各地,尽管铜镜可以流传至较远的地方,但也可能存在着多处铸造地点。如此,要说这些三角缘神兽镜全都由东渡的吴国工匠所作,似不尽合理。

其二,值得注意的是,目前所见 300 多枚三角缘神兽镜中有纪年铭文的只有"景初三年""景初四年""正始元年"镜共 6 枚,并且均为吴国匠师陈氏所作,其后未见有其他纪年铭的三角缘神兽镜出现。这是否表明,倭人自己铸造三角缘神兽镜一般并不用纪年铭,因为对他们来说,要搞清楚中国的年号变化是一件不容易的事情,所以干脆就不再使用,这就造成大量的三角缘神兽镜不见纪年铭。相反,如果三角缘神兽镜全部是由东渡的吴国工匠所作,吴国工匠对于中国发生的事情总保有一份关心,魏晋时期日本列岛诸国与中国的交往且是很频繁的,吴国工匠应当

---

[1] 福永深哉:《三角缘神兽镜的系谱和性格》,(日)《考古学研究》第 38 卷第 1 号,1991 年。

或者总能知道中国所发生的变化，应当铸造出哪怕一两枚其他年号的纪年铭铜镜，但迄今大量的三角缘神兽镜中无年号镜占有绝对多数。

其三，日本三角缘神兽镜中，铭辞出现"铜出徐州，师出洛阳"者已有多枚。"铜出徐州"一语，王仲殊认为当指广义的徐州刺史部，而非小范围的徐州。这是有道理的。至于"师出洛阳"，则认为"那只是一种矜夸的虚辞"。从总体上讲，也是有道理的。但为什么东渡的吴国匠师明知自己师出吴门，却在制作三角缘神兽镜时要违背事实，说自己"师出洛阳"呢？总觉得这里似乎有那么一点难以讲通的地方。我想，这也是有的日本学者不能接受王仲殊观点的一个重要原因。换一种解释，即三角缘神兽镜最初由东渡的吴国匠师铸造，但也有倭人工匠参加进来，而倭人工匠经过一定时期的学习后，也许能够独立铸造质量较好的同类镜。倭人自己在铸造三角缘神兽镜时说出"铜出徐州，师出洛阳"的话语，则是完全可以理解的。这是因为当时的日本诸国，一般只和北方的魏国有正式的外交来往，并且奉魏国为正统。而他们对于从中国来的工匠究竟是吴是魏并不是很在意，所以由他们口中说出"铜出徐州，师出洛阳"，似乎更合情合理。

其四，早于三角缘神兽镜的日本弥生时代，已经能够大量铸造个体较大、器形复杂、质量较高的铜铎，也就是说，那时已经完全掌握了青铜冶炼技术。但为什么到了古坟时代，反而就不能独立铸造出技术并不是很复杂的三角缘神兽镜呢？日本古坟中经常出土青铜箭镞，有的至今表面光洁可以照人，质量相当好。这类箭镞应当是由倭人自己铸造的。既然倭人可以铸造出高质量的箭镞，为什么就不能铸造出质量较好的三角缘神兽镜呢？

其五，日本弥生时代，除了铸造小型仿汉式镜外，也曾铸造直径在20厘米以上的大型仿汉式镜或直径在40厘米以上的特大型仿汉式镜。如福冈县平原遗迹（平原王墓）发现38面仿制镜，其中超大型内行花纹八叶镜5面、大型"大宜子孙"铭内行花纹镜和方格规矩四神镜6面。[1] 此外，古坟时代初期或前期也出土有大型仿汉式镜，并且也有三角缘镜。这种大型或超大型镜并非中国传统，而是倭人的喜

---

[1] 柳田康雄：《平原遺迹—平原王墓出土铜镜の観察総括》，《前原市文化財調査報告書》，2000年。

好。如此，倭人在较早时期就能制作质量较好的大型仿制镜，为何古坟时代就不能继承传统继续制作三角缘神兽镜？再则，如果说三角缘神兽镜全由东渡的吴国工匠所作（不包括较晚的所谓仿制三角缘神兽镜在内），此时的倭人工匠又铸造何种镜类呢？

总之，我在支持王仲殊观点的基础上，进一步认为一部分质量较好的三角缘神兽镜可能为东渡的吴国工匠与倭人合作制作，或者由倭人独立完成。如前所述，我还大胆推测，三角缘神兽镜也可能先由倭人制作，东渡的吴国工匠只不过是入乡随俗一起铸造罢了。这样解释，或许更能够说明为什么东渡的吴国工匠不去铸造自己所熟悉的中国式神兽镜，反而要标新立异重新想象出一种新的三角缘神兽镜来。相反，假如三角缘神兽镜首先是由倭人工匠制作的话，他们根据对中国神兽镜的理解和熟悉，按照自己的喜好，创造出既与中国神兽镜相似，但又有很大不同的三角缘神兽镜，这样的解释在逻辑上或许更合情合理一些。这就像日本的铜铎源自中国的古钟，但形制、纹饰又有很大不同；又如日本平城京仿照唐长安城修建，但不可能完全相同，道理是一样的。类似情况，还可以举出许多例证。

由于我对日本三角缘神兽镜并未进行细致的研究，因此这里提出的三角缘神兽镜为东渡的吴国工匠与倭人"共同制作说"，只是初步的认识，还有待今后的进一步研究。

［本文原名"中国纪年铭神兽镜综论——兼谈日本三角缘神兽镜问题"，载（日本）大阪经济法科大学亚洲研究所编《2000年前的东亚》，大阪经济法科大学出版部，2002年。此次重刊作了个别技术性修订。］

肆

艺术及其他

秦汉时期艺术的繁荣与发展

汉墓壁画的布局与内容
——兼论先秦两汉死后世界信仰观念的变化

汉画车名新考

略论中国古代的分封制
——以周秦汉时代为例

《赵正书》与《史记》相关记载异同之比较

海昏竹书《悼亡赋》初论

20
秦汉时期艺术的繁荣与发展

秦汉魏晋南北朝时期,以雕塑、绘画和书法为代表的艺术迎来了全面繁荣的新阶段,其数量之繁多、内容之丰富、技艺之水准,均达到令人惊叹的地步。这种局面的形成,既是数千年中华文明积淀的结果,又是社会转型和思想解放的产物。在此期间,外来佛教艺术的传入,进一步丰富了中华艺术的形式与内涵,促进了人文精神的觉醒,最终导致艺术由实用而自觉的历史性跨越,对后代艺术的发展产生了深远影响。

一、艺术新局面的开辟

新石器时代的彩陶艺术蕴含了一种质朴、自然之美,但所表现的题材和内容很有限。夏商周三代,文化艺术为上层统治者所垄断,在宗法制度和宗教巫术的双重作用下,青铜器多表现狞厉、神秘的神怪纹样。[1] 降至战国,社会发生了大的变革,人的自身价值开始受到重视,描写人间活动的画面逐步丰富起来,风格也趋向生动活泼。经过一定时间的积淀,到了秦汉魏晋南北朝时期,中国古代艺术,特别是雕塑、绘画和书法终于迎来一个光辉灿烂的新时代,成为中国古代文明史上的一个亮点。

秦汉魏晋南北朝时期的艺术实物资料,今天遗留下来的只是很少一部分。即便这样,其丰富程度仍让我们目不暇接,其美轮美奂足以使我们心旷神怡。其中,

---

[1] 李泽厚:《美的历程》(修订插图本),天津社会科学院出版社,2001年,参见该书第二章,47—64页。

不仅有像秦始皇陵兵马俑那样气势磅礴的陶塑群像、霍去病墓前那样灵动自然的动物石雕、马王堆汉墓那样奇幻诡谲的棺饰帛画、云冈龙门那样涤荡心灵的佛陀造像、敦煌莫高窟那样流光溢彩的洞窟壁画、书圣二王那样飘逸洒脱的书法神品等，还有数量极多、内容极为丰富的画像石、画像砖、墓葬壁画、明器俑像等。此外，人们居住的宫室建筑及其装饰彩画，日常生活中使用的各种器物造型，铜器、陶器、漆器以及织物上的花纹图案，作为中国书法艺术载体的简帛、碑刻、玺印等，千姿百态、异彩纷呈。这些艺术品形象地记录了那个时代人们对现实人间世界的感知领悟，对虚幻神灵世界的无限想象，同时也蕴含着人们对美的向往和追求。秦汉魏晋南北朝时期，中国古代艺术的内容和形式上承先秦、下启隋唐，其发展脉络经历了若干重大变化，这种变化概括起来有如下特点：一是造型艺术中以人为本艺术风格的形成；二是外来艺术的传入与本土化；三是从实用艺术向自觉艺术的转化。

如前所述，青铜器是夏商周三代最普遍、最具魅力的艺术载体，但其多是为祭祀祖先和神灵而制作的礼器，表面花纹以饕餮纹为大宗更显示出神秘恐怖的氛围，显然，这是一种在宗法制度与宗教巫术主宰下的神本艺术。大约从春秋战国开始，宗法世袭等级制度逐步解体，人对自我价值有了新的认知，一个显著的变化就是人的形象和人物活动画面逐渐多起来，到了秦汉魏晋南北朝时期便成为艺术造型的主流。如墓葬中十分盛行的武士俑、文吏俑、仪仗俑、侍者俑、劳作俑、歌舞俑等明器俑像，雕塑的是现实生活中形形色色的人。地上宫室以及地下墓葬所绘制的大幅壁画，则主要表现人的生活、生产场面。即便描绘神灵，也多半是拟人化的形象：如汉晋流行的西王母，已经从先秦古书中的"虎齿豹尾"转变为和蔼可亲的女性形象；华夏始祖伏羲、女娲，除了拖着长长的蛇尾外，其他与人无异；佛教造像中的佛祖、菩萨，也都是人的化身。人们将自己的形象赋予神灵，不过是人的价值、人的至尊地位的另类表现而已。

第二个特点是外来艺术形式与题材的繁荣。两汉之际佛教传入中国内地之前，中国古代艺术基本上是独立发展的。佛教传入后，不仅佛教造像、佛教洞窟壁画等宗教艺术形式和内容逐步为人们所接受，而且慢慢渗透到世俗生活的各个层面。此外，摩尼教、祆教等也留下了艺术踪迹。佛教的内容和艺术形式是外来的，但在中国儒家主流文化的影响下也逐步中国化,从而形成具有本土特点的佛教艺术。

第三个特点是艺术的自觉。大约从东汉后期开始,特别是到了魏晋南北朝时期,传统儒家经学衰落,玄学兴起,导致了文学的自觉和艺术的自觉。先秦两汉时期的艺术品,尽管其中蕴含着人们对美的追求,但为艺术而艺术、为欣赏而创作的艺术品并不多见。而东汉后期至魏晋南北朝时期则出现了专为欣赏而创作的书法作品以及书法理论,产生了像王羲之这样的书法大家;出现了文人创作的绘画和绘画理论,产生了像顾恺之这样的绘画大师。这种自觉艺术一经出现,便对中国后世艺术的发展与繁荣产生了深远影响,因而具有划时代的意义。[1]

二、建筑艺术的壮美与瑰丽

楚汉战争结束不久(高祖八年,前199),萧何主持修建的长安城未央宫之北阙、东阙、前殿、武库等建筑基本落成。前殿是未央宫内的"大朝正殿",因修建得高大雄伟,刘邦见状责问,萧何的解释是:"非壮丽无以重威,且无令后世有以加也。"(《史记·高祖本纪》)所谓"无令后世有以加也"只是一种托词,刘邦子孙如汉武帝等广建宫室、大修园林,早已是有过之而无不及了。其实,历朝历代帝王无不追求建筑规模的宏大和奢华,秦汉更是借其一统帝国的雄厚实力,在都城、宫殿、园林、陵墓的建造上追求大而美,从而形成了这一时代建筑风格的"大美气象"。[2]

秦都咸阳最初建造在渭北塬上,但到了秦统一前后,都城已扩展至渭河以南的广大地区,并按照"法天象地"的观念规划建设,形成"渭水贯都以象天汉,横桥南度以法牵牛"(《三辅黄图》卷一)的古代东方大都会。关于秦都咸阳及附近建筑的规模,司马迁在《史记·秦始皇本纪》中记载:"咸阳之旁二百里内,宫观二百七十,复道甬道相连,帷帐钟鼓美人充之。"《三辅黄图》卷一则说:"北至九嵕、甘泉,南至

---

[1] 李泽厚、刘纲纪主编:《中国美学史》(第1、2卷),中国社会科学出版社,1984、1987年;叶朗:《中国美学史大纲》,上海人民出版社,1985年。
[2] 仪平策:《中国审美文化史·秦汉魏晋南北朝卷》,山东画报出版社,2000年。

鄂、杜,东至河,西至汧、渭之交,东西八百里,南北四百里,离宫别馆相望联属。木衣绨绣,土被朱紫,宫人不移,乐不改悬,穷年忘归,犹不能遍。"[1]据多年的考古调查和发掘,秦都咸阳并无明确的大郭城范围,而是以规模巨大的朝宫、寝宫、后宫、官署等构成中心,近郊远县则离宫别馆星罗棋布。而朝宫、后宫建筑中以咸阳宫、六国宫殿、阿房宫等最为著名。咸阳宫为大朝正宫,"因北陵营殿,端门四达,以则紫宫,象帝居"(《三辅黄图》卷一)。当时的许多重大政治事件,如荆轲刺秦王、焚书坑儒等皆发生于此。秦咸阳宫遗址已经发现,发掘的三处夯土高台基址皆规模宏大,主体建筑为周有回廊的三层楼台式建筑,残存的墙壁上绘制有壁画,可以想见当时之壮丽奢华。六国宫殿为后宫之一,"秦每破诸侯,写放其宫室,作之咸阳北阪上,南临渭,自雍门以东至泾、渭,殿屋复道,周阁相属。所得诸侯美人、钟鼓以充入之"(《史记·秦始皇本纪》)。阿房宫在渭南上林苑中,按规划要成为秦帝国新的政治中心,达到"恢弘三百余里,离宫别馆,弥山跨谷,辇道相属,阁道通骊山八十余里,表南山之巅以为阙,络樊川以为池"的规模(《三辅黄图》卷一)。后因秦国速亡,这一蓝图并未实现,但阿房宫的朝宫建筑"前殿"等已有一定规模。"先作前殿阿房,东西五百步,南北五十丈,上可以坐万人,下可以建五丈旗。周驰为阁道,自殿下直抵南山。表南山之巅以为阙。为复道,自阿房渡渭,属之咸阳,以象天极阁道绝汉抵营室也。"(《史记·秦始皇本纪》)经考古调查,阿房宫遗址占地约15平方公里,至今保留在地面上的夯土台基还有20余处,其中以阿房宫前殿遗址规模最大。前殿基址为长方形的巨型夯土高台,东西横长约1 320米、南北宽约420米,最高处距地表尚存7—10米。这一规模,较之史书所记还要大。[2] 秦朝宫殿之瑰丽壮观,后世文人骚客每每称奇,它与秦始皇陵、秦万里长城共同构成秦代建筑的三大奇观。

秦都咸阳在秦末大火中被焚毁殆尽,秦万里长城也因岁月沧桑而成断壁残垣,但秦始皇陵那高大的坟丘仍巍然耸立,特别是兵马俑坑以及陵园建筑群的考古大发现,让我们在两千年之后仍感受到那种撼天动地的大美气象。司马迁在《史记·

---

[1] (汉末魏初)佚名撰,何清谷校注:《三辅黄图校注》,三秦出版社,1995年。
[2] 王学理:《咸阳帝都记》,三秦出版社,1999年。

秦始皇本纪》中这样写道:"始皇初即位,穿治郦山,及并天下,天下徒送诣七十余万人,穿三泉,下铜而致椁,宫观百官奇器珍怪徙臧满之。令匠作机弩矢,有所穿近者辄射之。以水银为百川江河大海,机相灌输,上具天文,下具地理。以人鱼膏为烛,度不灭者久之。"秦始皇陵的地宫尚未发掘,但考古调查和发掘证实,秦始皇陵的规模和埋藏远比史书记载的更加宏大和丰富。秦始皇陵区占地达56平方公里,以巨大陵丘为中心,设两重城垣,形成一个南北长、东西宽、面积达212万平方米的"回"字型陵园。陵园内外地面上建有巍峨壮观的寝殿、便殿、官署等建筑,地下更有数以百计的从葬坑、陪葬墓。其中,已经发掘的兵马俑坑、铜车马坑、马厩坑、石质甲胄坑、珍禽异兽坑、文官俑坑、百戏俑坑、铜鹤坑等无不规模巨大,埋藏丰富。其中的3座兵马俑坑总面积达20 780平方米,埋藏着近万尊真人、真马般大小的兵马俑。秦兵马俑乃至都城、宫殿、陵墓建筑的高大壮美,正是皇帝所要显示的威力的象征,是庞大帝国统治者的精神支柱。[1]

西汉立国初期,吸取秦亡之教训,实行与民休息的政策,在都城、宫室、陵墓、园林的建筑营造上有所收敛。但这只是相对而言,如初具规模的汉长安城就达36平方公里,其中的未央宫的面积是北京明清紫禁城的五倍多,朝宫前殿同样雄伟壮丽。汉长安城的大规模增修在汉武帝时期。汉武帝好大喜功,"土木之役,倍秦越旧,斤斧之声,畚锸之劳,岁月不息,盖骋其邪心以夸天下也"(《三辅黄图》原序)。汉长安城的宫室建筑除未央宫外,还有太后所居的长乐宫,妃嫔所居的北宫、桂宫、明光宫等。这些宫殿加起来就占去了全城三分之二的面积。[2] 遥想当年,长安都城巍峨耸立的城墙、鳞次栉比的宫殿、车水马龙的街道、熙熙攘攘的市场,是何等的气派与繁华。不仅如此,汉武帝还在长安城西南扩建上林苑。上林苑周回数百里,苑中开凿昆明池以象征滇池,筑方丈、瀛洲、蓬莱三岛以喻仙境,苑内楼台馆阁不计其数,其中的建章宫"前殿下视未央",其富丽堂皇甚至超过了未央宫。

西汉皇帝生前建筑如此,死后的陵墓依然奢靡。位于渭北黄土塬上的西汉帝

---

[1] 陕西省考古研究所等:《秦始皇帝陵园考古报告(1999)》,科学出版社,2000年。
[2] 中国社会科学院考古研究所:《汉长安城未央宫》,中国大百科全书出版社,1996年。

陵,从东向西延绵50余公里。每座帝陵皆筑有高大的坟丘,坟丘下建造规模巨大的地宫,内埋无数的珍宝。每座帝陵在地面还建有陵阙、寝殿、便殿等。陵园内外分布着数以百计的从葬坑,埋藏车马、人俑、畜禽俑等,象征着军队、官署、府库、仓廪。帝陵附近还有为数众多的皇亲国戚、功臣将相陪葬墓。总之,帝王们想把生前的荣华富贵尽可能地搬入地下,以供死后继续享用。西汉帝陵的陵园模式直接继承秦始皇陵而来,其规模虽不及秦始皇陵,但也十分可观。如近年做过较多调查和发掘的汉景帝阳陵,陵区占地约10平方公里,地下从葬坑多达数百个,埋藏着成千上万的人俑、动物俑、车马等。[1]

东汉以及魏晋南北朝时期,帝王们仍不遗余力地追求建筑的宏大与壮丽,但终因国力不及前朝而有所逊色。这一时期,建筑装饰的华美与瑰丽当更为突出,奠定了中国古代建筑"雕梁画栋"装饰美的雏形。中国古代建筑讲究艺术装饰,在商周就已现端倪。至秦汉魏晋南北朝,不仅文献多有记载,而且保存至今的地上、地下遗迹并不少见。前述《三辅黄图》一书描述秦代宫室建筑:"木衣绨绣,土被朱紫。"汉武帝增饰未央宫:"以木兰为棼橑,文杏为梁柱。金铺玉户,华榱璧珰。雕楹玉碣,重轩镂槛。青琐丹墀,左墄右平。黄金为壁带,间以和氏珍玉。风至,其声玲珑然也。"(《三辅黄图》卷二)可见,当时的建筑装饰不仅有雕梁画栋,还铺陈丝帛绨绣,缀挂美玉金饰,侈丽无比。诚然,这样的描述出自后代文人之手,难免有附会夸张之词,但从考古发现看,这种建筑装饰还是有可能的。广州南越王墓前室满绘仿丝绸图案的云气纹壁画;长沙马王堆汉墓棺椁(象征居室)上张挂和铺设大幅彩色帛画;东汉魏晋南北朝保留至今的地面石祠堂、石阙,以及数量可观的地下画像石墓、壁画墓、画像砖墓,其上华美的装饰正是生前宫室宅院的写照。此外,前述秦咸阳宫、汉长乐宫都曾发现大幅彩色壁画,其地面坚硬平滑并涂成朱色,恰是"木衣绨绣,土被朱紫"的真实反映;秦汉魏晋南北朝建筑遗址中经常出土纹饰精美的瓦当、花纹砖;中国古代建筑中的斗拱、飞檐、翘角、脊兽也已具雏形,由此可见当时建筑装饰的华丽之美。

---

[1] 陕西省考古研究所:《汉阳陵》,重庆出版社,2001年。

中国哲学讲究"天人合一",而中国古代建筑至迟在秦汉魏晋南北朝就已经形成了这种人与自然的和谐之美。这里,且不说皇家园林中亭台楼阁与山水池沼融为一体,即便是正式的朝宫建筑,也处处体现着园林化的布局。如未央宫本是大朝正宫,但宫内除有"台殿四十三"外,还有"池十三,山六"(刘歆《西京杂记》)。其中的"沧池"不仅面积大,还有明渠导引终南山之水经昆明池为其活水源头。秦汉魏晋南北朝建筑人与自然的和谐美还表现在"以人为本"的建筑理念上。前面所说的宫殿、园林都是人的居址或活动场所,而陵墓则是人死后的室宅,这与西方古典建筑中发达的神庙、祭坛类建筑明显不同。诚然,这一时代为郊天祀地、祭祖敬神也修建了许多礼制性建筑,但总体上与宫室建筑相比远为逊色。需要说明的是,早在周代,一些重要的礼制建筑如明堂、辟雍、宗庙等,既是祭祀场所,也是处理政务、日常居住之所,这种"人神共享"的建筑功能虽然在秦汉魏晋南北朝时期已经发生改变,但其中"以人为本"的建筑理念却被继承下来,形成中国古代建筑艺术的特色之一。

三、灿烂的汉画艺术

所谓汉画,除了壁画、帛画等一般意义上的绘画外,还包括平面雕刻的画像石(线刻、浅浮雕等)、画像砖(刻画或模印)。此外,漆器画、铜器画、陶器画、丝织品图案等也都属于汉画的范畴。两汉是绘画与平面雕刻艺术灿烂辉煌的时代,其数量之繁多、内容之丰富、艺术之水准均达到令人惊叹的地步。而汉画又是佛教传入之前的中国本土艺术,远古流传下来的和新创造的众多神话、仙话在这里被表现得淋漓尽致,现实社会生活的方方面面在这里得到最充分的展示。汉画艺术不仅在中国,而且在世界艺术史上都占有突出的地位。

汉画形式多种多样,其中最为突出的是帛画、墓葬壁画、画像石和画像砖。所谓帛画,是以丝织品为载体用各种颜色绘制出的物象画。它与一般丝织品的不同之处在于,后者的花纹是织造或印染而成的,多为重复出现的相似图案。尽管丝织品花纹也属于艺术的范畴,但它属于工艺美术,与帛画的原创性和独有性不同。迄今已经发现的战国两汉时期的帛画有 20 多幅,因有机物难以保存,多数只能观其片段。长沙马王堆 1 号、3 号汉墓覆盖在内棺棺盖上、长达两米多的彩色帛画保存完好,十分精美。两幅帛画内容大致相似,描写了天上、人间、地府诸情景,以表达墓主人升仙进入天国的愿望。观此帛画,那神秘诡谲的艺术氛围、灵动飘逸的艺术手法给人以无限的遐想,我们仿佛回到了楚汉辞赋所描写的那个光怪陆离的神话世界,在浪漫的楚汉艺术殿堂中遨游。

如果说帛画的发现数量还很有限的话,那么壁画、画像石、画像砖则可用艺术的海洋来形容。据不完全统计,已经发掘的汉代壁画墓有 40 多座,每座壁画墓的壁画面积小者数平方米,大者数十平方米。壁画墓出现于西汉中晚期,盛行于东汉,为汉代以后墓葬壁画乃至于佛教洞窟壁画的繁荣奠定了基础。

画像石呈现的是一种绘画与平面雕刻相结合的艺术。在雕刻图像之前,先用朱、墨或黄、白线条勾勒出图像的轮廓;雕刻成型后,还要在上面施以彩绘,但这种彩绘容易脱落,保留下来的不多。最近在陕北神木大保当等地新发现一批画像石,上面彩绘保留相当完好,画像的细部或不雕刻,而是用彩绘勾勒,可谓画龙点睛。[1] 汉画像石的绘画与雕刻是由民间专门的画师和石师来完成的。山东东阿县芗他君祠堂画像题记中,除把雕工简称为"师"(即"石师")外,还有"画师"之称,可见参与制作画像石的匠人有"石师"和"画师"的分工。总之,这种艺术,按成型技术来说,应属雕刻;依整体艺术风格,又似绘画,故习惯上称为画像石。[2] 汉画像石广泛存在于汉代墓室、石椁、石棺、石祠堂、石阙、石碑等建筑。它产生于西汉中晚期,盛行于东汉,迄今已发现的汉代画像石墓有数百座、石祠堂 20 多座、石阙 30 多处,画像石总量多达数千块。魏晋南北朝及其后已比较少见,其内容和风格也发生了很大变化。[3]

汉代画像砖有空心大砖和实心小砖两种。前者流行于西汉中原地区,后者常

---

[1] 陕西省考古研究所、榆林市文物管理委员办公室:《神木大保当——汉代城址与墓葬考古报告》,科学出版社,2001 年。
[2] 俞伟超:《中国画像石概论》,载《中国美术分类全集·中国画像石全集》第 1 卷,山东美术出版社,2000 年,3—27 页。
[3] 信立祥:《汉代画像石综合研究》,文物出版社,2000 年。

见于四川东汉墓中。空心大砖一般宽约半米,长度多在 1 米以上,其上或刻画,或模印物像。实心小砖一般 40 厘米见方,镶嵌于墓室墙壁上。

汉代墓葬壁画、画像石、画像砖的题材内容大致相似。但壁画、画像石的每一单位(墓葬、祠堂等)的内容和布局多有完整的构思,犹如连环画一样,系统地表达了墓主人和亲属的美好意愿。东汉王延寿所作《鲁灵光殿赋》曾详尽而生动地描绘了鲁国灵光殿壁画的情景:

> 图画天地,品类群生,杂物奇怪,山神海灵,写载其状,托之丹青,千变万化,事各缪形,随色象类,曲得其情。上纪开辟,遂古之初,五龙比翼,人皇九头。伏羲鳞身,女娲蛇躯。鸿荒朴略,厥状睢盱,焕炳可观。黄帝唐虞,轩冕以庸,衣裳有殊,下及三后,媱妃乱主,忠臣孝子,烈士贞女。贤愚成败,靡不载叙。恶以诫世,善以示后。

鲁国灵光殿可能为西汉鲁国的宗庙,其壁画内容与汉代墓葬壁画、画像石墓、画像石祠堂较为相似。但东汉和西汉有一定的差别。西汉时期多描绘天象神话,如太阳三足乌、月亮蟾蜍、星辰云气、伏羲、女娲、各种仙禽神兽等,并有墓主驱鬼升仙的场景。其构图飘逸灵动,极具浪漫色彩。如著名的洛阳卜千秋壁画墓:墓室顶部以日象、月象、云气、伏羲、女娲等构成天国氛围,女墓主手捧三足乌乘三头凤,男墓主持弓乘蛇,皆闭目飞行;墓主之前有西王母侍女迎接、方士导引,九尾狐、朱雀、飞龙、枭羊等仙禽神兽随同墓主飞行。此外,还在墓门上额绘人首鸟身的司命之神句芒像;后壁山墙正中绘打鬼的方相氏,及可辟邪的青龙、白虎等。整个画面从东到西,将墓主企求死后升仙进入天国的愿望表现得惟妙惟肖。大约从西汉晚期开始,汉画题材开始发生变化,进入东汉时期,宣扬儒家思想的历史人物和历史故事,如忠臣义士、孝子烈女等,反映墓主仕途经历、享乐生活的内容,如车马出行、庄园府第、家居宴饮、乐舞百戏等,显示大道升平的祥瑞图像,如嘉禾、比目鱼、连理枝等占有更大的篇幅,给人以重返人间的感觉。河北安平逯家庄壁画墓规模宏大,由八十多辆车组成的大幅车马出行行列,显示出墓主生前显赫的地位。其中的一幅庄园建筑图，表明墓主想要把生前的财富带入死后的世界。然而，东汉壁画墓、画像石墓、画像祠堂中的神话题材以及以西王母为表现的仙人世界及墓主升仙的场景仍颇为常见。在这里，现实与幻想融为一体，人间与天国完美结合，从而形成一个形象的天人合一的宇宙世界。

汉画无论是描绘天国仙境，还是表现人间世界，同样是龙腾凤舞、虎奔鹿走、鸟飞鱼跃、车行马啸，充满着动与力的宣泄、人与神的和谐。可见，汉画艺术具有现实主义与浪漫主义的双重特点。[1]

四、传统雕塑艺术的魅力

在秦始皇陵兵马俑发现之前，人们对中国古代雕塑的认识多停留在云冈、龙门等大型佛教造像之上，而对佛教传入之前中国传统的雕塑艺术关注较少。秦兵马俑的发现改变了世人的看法，原来在两千多年前秦代就已经出现了如此规模、如此生动的大型陶塑群像。其实，秦兵马俑的出现并不是偶然，雕塑艺术在中国有着悠久的历史和传承。辽宁牛河梁新石器时代红山文化大型女神塑像、浙江良渚文化精美的兽面玉雕、商周时期花纹繁缛的青铜重器、三星堆古蜀文明的面具铜像、战国中山王墓的错金虎鹿，许许多多精美的雕塑艺术品无不闪烁着中华先民的睿智、承载着美的传统。总之，当艺术和历史的积淀足够，秦始皇兵马俑这样大型的雕塑群像也就产生了。

秦始皇凭借其强大的经济和军事实力建立了大一统的中央集权帝国。为了显示"千古一帝"的威严，更为了在死后依然拥有至高无上的权力，他将一支强大的军队纳入地下。此时人殉已成为历史的陈迹，人们以为俑像替代生人可达到同样的效果，并且模仿得越是逼真，越具有生者的活力。因而秦始皇陵兵马俑才有如此多的数量，形体又似真人真马般高大，雕塑得又是那样的栩栩如生。

---

[1] 李泽厚：《美的历程》（修订插图本），参见该书第四章《楚汉浪漫主义》，天津社会科学出版社，2001年，112—133页。

秦始皇陵兵马俑坑总面积达2万多平方米。从已经揭露的情况估算,三个俑坑埋藏有战车130余乘,驾车的陶马500余匹,鞍马116匹,车兵、骑兵和步兵俑7000多尊。这些兵马俑按照真人真马般大小塑造,它们步伍严整,排列有序,组成浩浩荡荡的大型军阵,是秦国强大军队"带甲百余万、车千乘、骑万匹"的缩影。兵俑手执实战兵器,或站立,或跪射,或御车,或牵马,虽静犹动,似乎只要一声令下,即刻呼啸而出。秦陵兵马俑作为秦国军队的象征,首先表现的是军队的威武雄壮和步调整齐,因而显示的更多的是一种整体的美、宏大的美、力量的美。那百十为群、万千成阵的军马,凝聚着振山摇海之力,给人以心灵的强烈震撼。但秦俑又是若干匠人一个一个单独塑造出来的,其原形取材于秦军将士真人,来源于生活的真实。因此,在不破坏主题精神的前提下,也突出了个性的美,塑造了不同身份、不同年龄、不同姿态、不同性格特点的多种人物形象。秦俑细部刻画得非常成功,从发型、冠饰、眉毛、胡须到所穿的战袍、铠甲、行縢、踏鞋,无不细致入微。陶马的首、尾、躯干,肌丰骨劲,四肢棱角分明,神骏十分。

秦陵兵马俑是写实的,但也恰当地运用了夸张和概括的艺术手法,把圆雕、浮雕、线雕、彩绘有机地结合起来,取得了雕塑与彩绘相得益彰的艺术魅力。秦俑大型群塑,在艺术风格和艺术技巧上都开创了新的境界,形成了雕塑艺术的民族风格。[1] 在秦陵兵马俑发现之前,人们对希腊、罗马雕塑情有独钟,而秦陵兵马俑则带给人们一种全新的、具有东方色彩的艺术享受。

秦陵兵马俑是一座雕塑艺术的宝库,但这样的雕塑在秦始皇陵附近地下陪葬坑中还有多处,如早已闻名遐迩的铜车马,近年新发现的文官俑、百戏俑等。其中的百戏俑赤裸上身,下着短裙,或扛鼎,或角抵,或口技,姿态各异,造型独特,一反兵马俑凝重之氛围,而给人以清新的生活气息。

秦俑之后,两汉魏晋南北朝乃至以后的历朝历代都十分流行俑像陪葬。就质地而言,有陶俑、木俑、石俑、铜俑、铅俑、三彩俑等;就题材而言,有兵马俑、仪卫俑、侍者俑、百戏俑、奴仆俑、仙人俑、镇墓俑以及形形色色的动物俑等。这些俑像个体

---

[1] 袁仲一:《秦始皇陵兵马俑研究》,文物出版社,1990年。

大小虽无法与秦俑相比,但内容更加广泛,表现力更为丰富,其中不乏佳品。

继承了秦始皇陵的埋葬制度,西汉皇帝、诸侯王陵墓乃至一些大臣的墓葬中也随葬有大量的兵马俑或仪卫俑、侍者俑。汉景帝阳陵从葬坑多达数百座,其中埋藏的兵马俑、侍者俑甚至比秦始皇陵还多,但个体一般只有七八十厘米高。这些陶俑原来穿有丝绸、皮甲之类衣物,而今已经腐朽不存,出土时多为裸体。阳陵陶俑身材修长,人体比例掌握得比较准确,面相也显得安详、和谐。此外,阳陵从葬坑中还埋藏有多达数万的猪、牛、羊等家畜俑。阳陵之外,江苏徐州狮子山楚王陵从葬坑中也发现了数千尊小型兵马俑;徐州北洞山楚王墓甬道小侧室安放有数百尊彩绘仪卫俑;咸阳杨家湾大墓从葬坑中出土了3 000多尊高约七八十厘米的彩绘骑兵和步兵俑。这些兵马俑、仪卫俑虽不如秦俑那样高大,但也气势不凡,别具韵味。不过,这些高等级墓葬中成千上万的明器俑像,大都是模制而成的,虽然也辅助以手工刻画和彩绘,但难免有雷同之感。相反在一般汉墓中,因为俑的数量相对较少,往往为手工雕刻或捏塑而成,其艺术性似更胜一筹。这同汉画一样,真正的艺术根源来自民间。这些民间雕塑俑像中,最为成功者当推姿态万千的百戏俑。所谓百戏,包括舞蹈、奏乐、杂技、角抵、说唱等多种表演形式。如济南无影山西汉墓中出土的百戏彩绘陶俑,在一块长方形的陶版上塑造了奏乐、杂技、舞蹈以及旁观者10余人,表演者动感十足,欣赏者神情专注,再加上绚丽的彩绘,堪称一件难得的雕塑艺术佳作。东汉时期四川、云贵一带墓葬中常见一种说唱俳优俑,这种俑往往采用极度夸张的手法,将民间说唱艺人的形象塑造得惟妙惟肖。如成都汉墓中的一件击鼓说唱俑,上身赤裸,手舞足蹈,张口吐舌,挤眉弄眼,十分滑稽可爱。

魏晋南北朝是一个战乱频繁的年代,南北长期分裂,文化有所差异。北方多武士、骑兵、仪卫等俑像。他们或执坚披锐,或金革甲骑,给人以凛然的战士形象。南方则秀骨清像,与当时玄学的影响不无关系。总之,这个时代俑像制作精美,手法细腻,有许多独到之处。秦汉魏晋南北朝时期,地下随葬俑像十分盛行,而墓葬地上部分也流行大型石圆雕,代表了另一种粗犷、威严之美。霍去病是汉武帝时期战功卓著的青年将军,死后陪葬茂陵。其坟冢象征祁连山形,坟冢上下矗立着数十尊大型动物石圆雕,有跃马、伏虎、卧牛、蹲象、奔豕、立熊等,其中以"马踏匈奴"最为著名。这些石圆雕,大都借助石材原形,以简练的手法勾画轮廓,关键部位画龙点睛,人工痕迹不显,艺术造型灵性十足。霍去病墓动物石雕题材受到北方草原文化的直接影响,其风格质朴而简约,给人以自然天成的艺术享受。尽管霍去病墓动物石雕在中国雕塑史上占有重要地位,但当时坟墓前还不流行石雕像,该艺术风格未能得到传承。大约比霍去病墓晚了两个世纪,也就是东汉中后期,大墓坟前神道两侧立石阙、列雕像才逐渐流行起来,但题材风格则已大变。降至六朝隋唐宋元明清,墓前石雕群像逐步形成制度,成为帝王贵胄陵墓前必有的配置。东汉大墓前石雕多以天禄、辟邪配对,或有石狮、石虎、石人等。天禄、辟邪原形是中亚所产的狮子,添上翅膀成为有翼神兽,其形象如同汉画风格,以动感见长。魏晋南北朝大型陵墓前立石雕集中见于南朝,亦为天禄、辟邪、麒麟、狮子等。这些石兽均为整石雕成,高大威猛,气宇轩昂,但略显敦厚呆板,与汉代动感十足的雕刻属于不同的艺术风格。

在雕塑造型艺术中,青铜器是颇为独特的一类。中国古代青铜文明的鼎盛期在夏商周三代,但秦汉时期仍然取得了辉煌的成就,特别是在青铜器的装饰艺术方面,可以说达到了古代世界的高峰。[1] 秦汉以后,瓷器等成为生活用器的主流,青铜器失去了往日的光辉而退居次要地位。

如前所述,三代青铜器多是为祭祀祖先和神灵而制作的礼器,其装饰纹样以饕餮纹为大宗,显示出神秘恐怖的氛围。这种情况自春秋末年开始发生变化,降至秦汉,写实的人物、动物造型和纹样大量涌现,青铜器的种类与造型更加贴近生活,尤其是错金银、鎏金银、镶嵌、刻纹、漆绘等铜器新工艺的流行,使得青铜器变得富丽堂皇,美不胜收。

秦汉青铜造型艺术中,人物造型数量并不多。《史记·秦始皇本纪》说秦并天下:"收天下兵,聚之咸阳,销以为钟鐻,金人十二,各重千石,置廷宫中。"这一组青铜巨像早已不存,但秦始皇陵铜车马之御手俑也为青铜制作,虽然只有真人的一半大小,但借此也可领略秦代青铜人像的风采。汉代则常见一种"羽人"铜俑,其修眉

---

[1] 俞伟超:《秦汉青铜器概论》,载《中国美术分类全集·中国青铜器全集》,文物出版社,1998年。

长发、耳大下垂、体生羽毛，是当时神仙思想的反映。

秦汉青铜工艺中，马的塑造十分突出。秦始皇陵铜车马按真车真马的二分之一缩制而成，车的每一细小零件皆仿真制作，并辅以大量的金银装饰及彩绘，可谓极尽工巧之能事。铜马如同陶塑马俑一样，无论是形体还是细部刻画，都惟妙惟肖。此外，陕西兴平茂陵从葬坑出土的西汉鎏金大铜马、广西贵县风流岭西汉大铜马、四川绵阳何家山东汉崖墓大铜马，各具特色。然而，汉代最经典的铜马出自甘肃武威雷台东汉墓，人们习惯称之为"马踏飞燕"。作品整体造型为一凌空飞奔的骏马，马三蹄腾空，一蹄踏燕，借飞燕之疾速衬托骏马之神驰，整个作品洋溢着灵动、劲健之气。

生活用器是秦汉青铜器中的主要种类，包括铜容器、铜镜、铜灯、铜熏炉等。容器类有鼎、壶、钫、盆、尊等，除当时大量生产的素面铜器外，那些装饰华丽的错金银铜容器、鎏金铜容器、漆绘铜容器、细线纹铜容器等高级细工青铜器中，具有美学价值的青铜艺术品绝不在少数。如河北满城西汉中山王刘胜墓出土的鎏金银蟠龙纹壶、陕西右玉鎏金浮雕动物纹铜尊、广西贵县罗泊湾汉墓漆绘人物花纹铜盆等，都是其中的精品。而秦汉青铜器中，灯的种类最为丰富，且造型奇巧，装饰华美。铜灯中有人物灯、雁足灯、水禽灯、连枝灯、树形灯、盒形灯。河北满城西汉中山王后窦绾墓出土的鎏金"长信宫灯"为一宫女托灯形象，灯的照光可转动调节方向，宫女袖道则是排烟通路，不仅精巧实用，而且通体鎏金，华丽无比。同墓出土的"朱雀灯"，灯体为一展翅欲飞的朱雀，足踏蟠龙，喙衔灯盘，动感十足。江苏邗江东汉墓出土的错银牛灯，造型神似。秦汉铜器中，还有一类居家熏香的常用器具——博山炉，也制作得极为考究。其炉盖一般铸成参差错落、重叠起伏的山峦状，其间饰以珍禽、异兽、仙人和云气纹样。陕西兴平茂陵附近出土的鎏金竹节博山炉、满城西汉中山王刘胜墓出土的错金银博山炉，造型别致，通体鎏金错银，极为富丽堂皇。

以上所说的秦汉青铜器都是中原作品，而秦汉时期周边少数民族则有自己独特的青铜文化，其中以云南滇池区域青铜文化最具代表性。滇池周围青铜文化高度发达，其中各式各样的贮贝器、透雕牌饰、生产工具、兵器独具特色。贮贝器盖上雕塑成群的人物、动物,表现了祭祀、纳贡、战争、生产等活动,物象纷繁多样,布局错落有致。

[本文原名"秦汉时期艺术的繁荣与发展",载袁行霈等主编《中华文明史》(1—4卷)(北京大学出版社,2006年)第二卷第九章,北京大学出版社,2006年。本章内容为秦汉魏晋南北朝艺术,共分七节,其中的第四节《魏晋南北朝绘画与画论》及第七节《书法艺术与书论》由张欣老师撰写,第六节《佛教雕塑与洞窟壁画艺术》由齐东方老师撰写。这里选取的一、二、三、五节为笔者所撰写,收入本集时题目略有调整。原书统一配图,这里不再附图。]

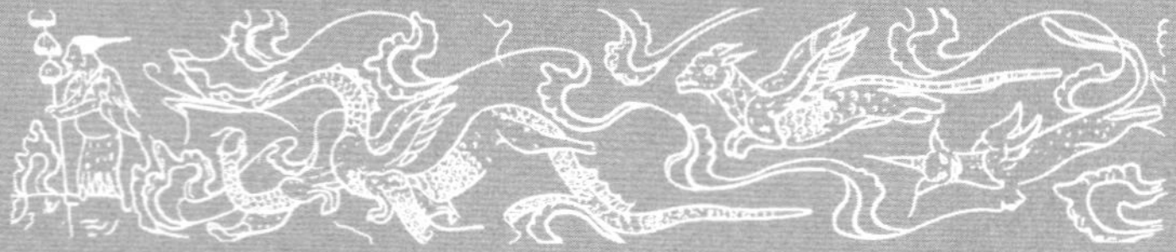

21
汉墓壁画的布局与内容
——兼论先秦两汉死后世界信仰观念的变化

壁画、画像石、画像砖并列为墓葬汉画的三大艺术形式,而壁画所具有的色彩鲜明、形象逼真的艺术魅力,为其他表现形式所不及。墓室内保留下来的一幅幅汉画真迹,在中国乃至世界美术史上都占有重要的位置。从考古学角度看,壁画形象地展示了那个时代人们对死后世界的幻想与祈祷、对现实世界的感受与写照,是研究汉代社会方方面面的宝贵资料。

汉墓壁画的发现可追溯到20世纪20年代洛阳旧城以西八里台一座西汉空心砖墓被盗掘,墓内发现了壁画,部分绘有壁画的空心砖现藏美国波士顿美术馆。[1] 30年代后期,辽宁金县、辽阳等处几座东汉至魏晋时期的壁画墓相继被日本人发掘。[2] 五六十年代以来,随着考古发掘在全国范围内的展开,各地的汉代壁画墓不断被揭露出来,据不完全统计,迄今见于报道的已有30多座。

有关汉墓壁画的研究,各发掘报告在介绍资料的同时也作了很好的探讨,一些专题论文对壁画内容进行了深入考证,这些探讨与考证对于认识壁画的基本内涵无疑具有重要意义。然而,汉墓壁画的综合研究与其他汉画形式相比还较薄弱。有鉴于此,本文拟在前人研究的基础上,对两汉墓葬壁画布局与内容的变迁加以考察,进而再探讨这种变迁所反映的先秦两汉死后世界信仰观念的变化。

---

[1] 苏健:《美国波士顿美术馆藏洛阳汉墓壁画考略》,《中原文物》1984年2期;(美)方腾、吴同著,汤池译:《今藏美国波士顿美术馆的洛阳汉墓壁画》,《四川美术学院学报·当代美术家》1986年3期。

[2] (日)森修等:《营城子》,东亚考古学会,1934年;李文信:《辽宁北园壁画古墓记略》,《国立沈阳博物院筹备委员会汇刊》1947年1期。

一、汉代壁画墓的分期与分布

已发现的 30 多座两汉壁画墓,根据其布局与内容特点,大致可分为五大期:西汉前期、西汉后期、新莽时期、东汉前期、东汉后期。[1]

西汉前期(偏晚阶段)有 2 墓:河南永城芒砀山柿园梁王墓、[2]广东广州象岗南越王墓。[3] 芒砀山柿园墓与梁孝王墓同属保安山陵区,很可能是梁孝王之子梁共王刘买的陵寝,其卒于武帝建元五年(前 136)。象岗墓墓主为第二代南越王赵眜,卒于武帝元朔至元狩年间(前 128—前 117)。两墓均属西汉前期偏晚阶段。

西汉后期有 6 墓:河南洛阳烧沟"卜千秋"墓、[4]河南洛阳浅井头 CM1231、[5]河南洛阳烧沟 M61、[6]陕西西安交大附小墓、[7]甘肃武威五壩山墓。[8] 另有前述的洛阳八里台墓。

洛阳的几座壁画墓,一般认为卜千秋墓最早,为昭宣时期。浅井头墓原报告定在哀平时期,但随葬陶器的形态以及壁画的风格与卜千秋墓接近,其年代亦应相当。烧沟 M61、八里台墓、武威五壩山墓稍晚,约为元成时期。西安交大附小墓原报告定在宣平时期,大致可信。前两墓为西汉后期偏早阶段;后四墓为西汉后期偏晚阶段。

新莽时期有 5 墓:河南洛阳金谷园墓、[9]河南洛阳偃师辛村墓、[10]陕西

---

[1] 西汉前后期的划分采用汉代考古通行的以汉武帝元狩五年(前 118)开始发行五铢钱为界;东汉前后期分界:前期从光武帝到和帝,后期从安帝到献帝初平年间。
[2] 广州市文物管理委员会等:《西汉南越王墓》,文物出版社,1991 年。
[3] 阎道衡:《永城芒砀山柿园发现梁国王壁画墓》,《中原文物》1990 年 1 期;河南省文物考古研究所:《永城西汉梁国王陵与寝园》,中州古籍出版社,1996 年。
[4] 洛阳博物馆:《洛阳西汉卜千秋壁画墓发掘简报》,《文物》1977 年 6 期。
[5] 洛阳市第二文物工作队:《洛阳浅井头西汉壁画墓发掘简报》,《文物》1993 年 5 期。
[6] 李京华:《洛阳西汉壁画墓发掘报告》,《考古学报》1964 年 2 期。
[7] 陕西省考古研究所等:《西安交通大学西汉壁画墓》,西安交通大学出版社,1991 年。
[8] 《西汉金花闪光、魏晋彩俑称奇——甘肃武威出土近千件珍贵文物》,《人民日报》1988 年 1 月 22 日 3 版,彩图见《中国美术全集·绘画编·墓室壁画》。
[9] 洛阳博物馆:《洛阳金谷园新莽时期壁画墓》,《文物资料丛刊》1985 年 9 期。
[10] 洛阳市第二文物工作队:《洛阳偃师县新莽壁画墓清理简报》,《文物》1992 年 12 期。

宝鸡千阳墓、[1]陕西咸阳龚家湾墓、[2]山西平陆枣园村墓。[3]

东汉前期有3墓：河南洛阳北郊道北石油站C1M689、[4]山东梁山后银山墓、[5]辽宁金县营城子墓。[6]

东汉后期有18墓：河北望都所药村M1、[7]安平逯家庄墓、[8]江苏徐州黄山陇墓、[9]山东济南青龙山墓、[10]内蒙古和林格尔新店墓、[11]河南密县打虎亭M2、[12]洛阳西工区C1M1、[13]洛阳机车工厂C5M483、[14]偃师杏园村M17、[15]洛阳光华路C1M3850、[16]新安铁塔山墓、[17]荥阳苌村墓、[18]山西夏县王村XWM5、[19]甘肃武威雷台墓、[20]武威磨嘴子墓、[21]安徽亳县董园村M2、[22]内蒙古托克托县古城墓。[23]

---

[1] 宝鸡市博物馆、千阳县文化馆：《陕西省千阳县汉墓发掘简报》，《考古》1975年3期。
[2] 孙德润、贺雅宜：《龚家湾一号墓葬清理简报》，《考古与文物》1987年1期。
[3] 山西省文物管理委员会：《山西平陆枣园村壁画汉墓》，《考古》1959年9期。
[4] 洛阳市文物工作队：《河南洛阳北郊东汉壁画墓》，《考古》1991年8期。
[5] 关天相、冀刚：《梁山汉墓》，《文物参考资料》1955年5期。
[6] （日）森修等：《营城子》，东亚考古学会，1934年。
[7] 北京历史博物馆、河北省文物管理委员会：《望都汉墓壁画》，中国古典艺术出版社，1955年；《望都二号汉墓》，文物出版社，1959年。
[8] 河北省文物研究所：《安平东汉壁画墓》，文物出版社，1990年。
[9] 葛治功：《徐州黄山陇发现汉代壁画墓》，《文物》1961年1期。
[10] 济南市文化局文物处：《山东济南青龙山汉画像石壁画墓》，《考古》1989年11期。
[11] 内蒙古自治区文物考古研究所：《和林格尔汉墓壁画》，文物出版社，1978年。
[12] 河南省文物研究所：《密县打虎亭汉墓》，文物出版社，1993年。
[13] 洛阳市文物工作队：《洛阳西工东汉壁画墓》，《中原文物》1982年3期。
[14] 洛阳市文物工作队：《洛阳机车工厂东汉壁画墓》，《文物》1992年3期。
[15] 洛阳市文物工作队：《河南洛阳市第3850号东汉墓》，《考古》1997年8期。
[16] 中国社会科学院考古研究所河南第二工作队：《河南偃师杏园村东汉壁画墓》，《考古》1985年1期。
[17] 洛阳市第二文物工作队（黄明兰、郭引强）：《洛阳汉墓壁画》，文物出版社，1996年。
[18] 郑州市文物考古研究所、荥阳市文物保护管理所：《河南荥阳苌村汉代壁画墓调查》，《文物》1996年3期。
[19] 山西省考古研究所等：《山西夏县王村东汉壁画墓》，《文物》1994年8期。
[20] 甘肃省博物馆：《武威雷台汉墓》，《考古学报》1974年2期。
[21] 党寿山：《甘肃武威磨嘴子发现一座东汉壁画墓》，《考古》1995年11期。
[22] 安徽省亳县博物馆：《亳县曹操宗族墓葬》，《文物》1978年8期；《安徽亳县发现一批汉代字砖和石刻》，《文物资料丛刊》1978年2期。
[23] 罗福颐：《内蒙古自治区托克托县新发现的汉墓壁画》，《文物参考资料》1956年9期。

18座墓中,安平逯家庄墓题记为汉灵帝"熹平十一年(176)";望都M1的墓主为浮阳侯孙程,其卒年为汉顺帝阳嘉元年(132);望都M2的墓主为孙程养子孙寿,卒于汉灵帝光和五年(182),该墓因墓室坍塌,壁画无法恢复原状;密县打虎亭M2墓主为弘农太守张伯雅妻子,年代略晚于M1,卒年不详,报告推断这两座墓的年代不晚于汉献帝以后。其他壁画墓,墓主多不明,亦无绝对纪年,从墓葬形制、随葬品特征以及壁画风格分析,其年代多属东汉后期偏晚阶段。

除以上墓葬外,东北辽阳一带发现的多座壁画墓,除个别年代可早到东汉,多数为魏晋十六国时期的,其墓葬形制、壁画风格都有很强的地域性,本文暂不讨论。另河南偃师朱村墓,[1]简报称为东汉墓,实际年代或已晚至曹魏时期。

汉代壁画墓的分布:西汉前期发现尚少,不足以反映实际分布状况。西汉后期至新莽时期除关中有2墓,甘肃、山西各1墓外,余均见于河南洛阳地区。东汉前期洛阳、山东梁山、辽宁金县各发现1座。东汉后期除河南洛阳一带仍发现较多外,分布范围扩展至中原及北方许多省区。从整个两汉时期壁画墓的发现地域看,洛阳及其周围地区为壁画墓的中心分布区域。

二、壁画内容分类及其所在位置

关于汉墓壁画的内容,《中国大百科全书·考古学》之《汉墓壁画》一节中分为:天象、神话故事、祥瑞、历史人物或历史故事、表现墓主生前仕宦经历和身份、表现墓主享乐生活、表现墓主庄园生产活动共七大类。[2]除以上分类外,信立祥先生在论及汉代画像石时,从汉代人宇宙观念的角度出发,将其分为四大部分:上帝和诸多自然神居住的天上世界、以西王母居住的昆仑山为代表的仙人世界、人间世界、死者居住的地下世界。[3]后一种分类方法,对于理解汉画有着积极意义,但

---

[1] 洛阳市第二文物工作队:《洛阳市朱村东汉壁画墓发掘简报》,《文物》1992年12期。
[2] 考古学编辑委员会:《中国大百科全书·考古学》,中国大百科全书出版社,1986年。
[3] 信立祥:(日文版)《中国汉代画像石の研究》,(日)同成社,1996年;(中文版)《汉代画像石综合研究》,文物出版社,2000年。

就壁画而言,有些内容似难以全部涵盖进去。以下试将上述两种分类方法结合起来,并根据墓葬壁画的特点归纳如下:

1. 天象神话类,又可分为两小类:其一为比较纯粹的天象描写,如日、月、星宿、云气和象征四方星座的四神等,但这一类画像也往往以神话形式表现,如日中有金乌,月中有蟾蜍、玉兔等。其二为自然神或人神,如伏羲、女娲及其他天界神禽异兽。此类即所谓描写天上世界。

2. 仙人仙兽类:主要有西王母、东王公、羽人、方士及附属的仙禽仙兽,如九尾狐、玉兔、开明兽等。此类亦可称为仙人世界。

3. 表现墓主生前经历及生活类:如车马出行、属吏、幕府、坞壁、燕居、庖厨、宴饮、乐舞百戏、农耕、放牧、射猎等。这一类画面基本属于人间世界,但借以表现墓主地下世界的生活。

4. 打鬼驱邪类:以方相氏为首的傩戏图、神荼、郁垒、神虎、门吏等。

5. 古之帝王、忠臣、义士、烈女、孝子等历史人物或历史故事类。

6. 祥瑞类:祥瑞本来来自天上世界,但其表现却在人间世界。

以上,第1、2类只是粗略地划分。事实上,所谓天上世界和仙人世界,常常很难清楚地区分开来。而在这六大类中,相同的题材因表现位置不同,其含义也是有区别的。

壁画在墓室中的位置,从上到下,大体可分为三层:上层为墓顶壁画;中层即墓壁上部壁画(包括墓门、隔墙、后墙上部及部分墓壁上部壁画);下层即墓壁下部壁画。此外,另有门扉或门侧壁画。其中,天上世界和仙人世界的内容多绘于上层或中层,但有的也绘于下层;描写人间世界的画面大都绘于中下层;打鬼驱邪类或绘于中层,或绘于门扉、门侧;祥瑞类既见于上层,也见于中下层;历史人物或历史故事多绘于中层。此外,在多室墓中,各室壁画内容分布也有一定的规律,下面将随文叙述。

三、壁画布局与内容的变迁

汉代壁画墓的布局与内容虽属两个不同的范畴,但又是互为关联的整体。壁画在墓中的位置即布局的变化与内容的变化大体同步。以下按前述分期分别进行讨论。

1. 第一期　西汉前期(偏晚阶段)

本期绘有壁画的两座墓均属于诸侯王级的大型墓：河南永城柿园梁王墓为大型横穴式崖洞墓,广东广州南越王墓为大型石室墓。

柿园梁王墓主室顶部西半部分绘有大幅彩色壁画：南北长5.5米、东西宽3.5米,面积16.8平方米。壁画主体为青龙、白虎、朱雀、鸭嘴兽,四周为菱形穿璧云气纹。其中,青龙头东南、尾西北,占据了天顶画面的大部；而朱雀、白虎、鸭嘴兽个体均较小,朱雀绘于龙身中段的东侧,白虎绘于龙身的西侧,鸭嘴兽位于画面的南端。此外,在主室侧壁也有芝草和云气纹壁画等,但保存不好。关于柿园梁王墓主室天顶壁画,学界多以四神图解读,但四神并不在标准位置上,且为何无玄武而有鸭嘴兽则说法不一。柿园梁王墓墓顶壁画属于比较纯粹的天象神话,由于同期可资比较的资料缺乏,要完整解读其含义尚有困难。[1]

南越王墓在前室墓顶和四壁以及后室的大型屏风上均描绘有流畅的彩色云气纹。云气纹是战国两汉时期极为流行的一种装饰纹样,其出现与当时流行的万物皆由"精气"构成有关,人的魂气也是"精气"的一种。[2] 墓室中描绘这种纯粹的云气纹,而没有任何神仙世界的形象,与柿园梁王墓墓顶壁画描绘以天象神话相类似,可能象征着墓主希冀与天界神灵相通,属于灵魂通天而不是升仙。

2. 第二期　西汉后期

本期壁画墓没有发现像西汉前期那样的大型墓,墓主身份一般为中小墓级别的官吏或富人。就壁画墓的形制而言,洛阳与关中有所不同。洛阳均为空心砖墓,其特点是用空心大砖构筑主室,另附小砖券顶耳室,空心砖墓墓室顶部呈平脊状,一般在其上作画；关中则为小砖券顶墓(西安交大墓)；武威五灞山墓则是仿砖券的土洞墓。

---

[1] 关于柿园梁王墓墓顶壁画的内容,笔者原文有错(包括观点在内),特此更正并致歉。
[2] 林立：《战国秦汉云气纹的初步研究》,北京大学考古系本科毕业论文,1997年。

洛阳的几座墓，壁画主要绘于墓室顶部和墓室隔墙、后壁以及墓门内外的上部。西安交大墓除了在墓顶绘画外，墓室三壁也满布壁画。与西汉前期相比，本期壁画的内容更趋丰富，如许多研究者已指出的那样，其主题多表现打鬼升仙。明确描绘出墓主升仙场景者当首推卜千秋墓壁画。该墓墓室平脊顶部壁画全长 4.51 米、宽 0.31 米，除前后两端分别绘出女娲、月象和伏羲、日象外，就是卜千秋夫妇升仙的长卷画。女墓主手捧三足乌乘三头凤，男墓主持弓乘蛇，皆闭目飞行；墓主升仙画面前有持节方士（着羽衣）、二翼龙、双枭羊、朱雀、白虎导引，并有西王母侍女及玉兔（含仙草）前来迎接；紧随墓主一同飞行的还有九尾狐等仙界神灵。（图 21-1）卜千秋墓除墓顶升仙图外，墓门上额还绘有人首鸟身的司命之神句芒像；后壁山墙正中突出描绘方相氏，其下为青龙、白虎，以示打鬼辟邪。

浅井头墓壁画布局方式基本同于卜千秋墓。墓室顶部平脊壁画从南向北依次为：凤鸟、伏羲、日象、白虎、双龙、羽人御龙、朱雀、双龙穿璧、蟾蜍、蓐收（人面虎身）、月象、女娲、云气。另墓顶部分斜坡砖上亦绘有云气纹。该墓壁画没有直接表现墓主升仙的画面。但其中诸多神灵及羽人御龙形象表现的也应是导引墓主升仙。

晚于前述两墓的洛阳烧沟 M61，为前后室墓。前室墓顶脊上绘出日月星云图，以表现天上世界；墓门内上额有施彩浮雕羊头，以示吉祥，下绘神虎噬女魃；前后室隔墙上壁正面为雕砖彩画傩戏图，以示驱鬼辟邪；隔墙上壁背面正中绘出天门、罘罳及五个圆璧，两侧三角形壁面为男女二人着羽衣乘羽龙，是为墓主羽化升仙。

西安交大附小墓是近年新发现的一座保存较好的壁画墓。该墓与洛阳同期的几座墓墓形有别，壁画布局与表现形式也有较大的不同。其壁画绘于券顶及墓室三壁，券顶与墓壁之间用朱红色两排菱形格栏分开。券顶及后壁上部象征天穹，后壁下部及侧壁象征山川。券顶中心部位绘两个大圆圈，圆圈之间为四神及二十八宿星象图，圆圈内有日象、月象、流云，流云中有多只仙鹤和一只凤凰，圆圈外亦绘流云和十多只仙鹤及三足乌、神兽。墓室后壁上部绘流云、仙鹤、卧鹿、神兽；墓室后壁下部及其他二壁绘大的"S"形卷云纹，云纹中间绘各种走兽和飞禽，其中有多只形态各异的虎像。除以上内容外，在墓门两侧墙上部残存流云和虎像。此墓墓

330　周秦汉考古研究

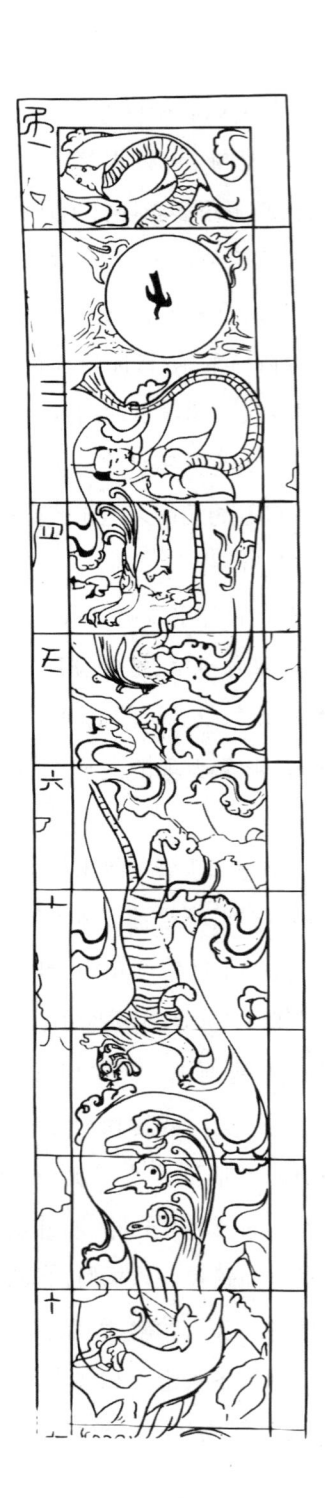

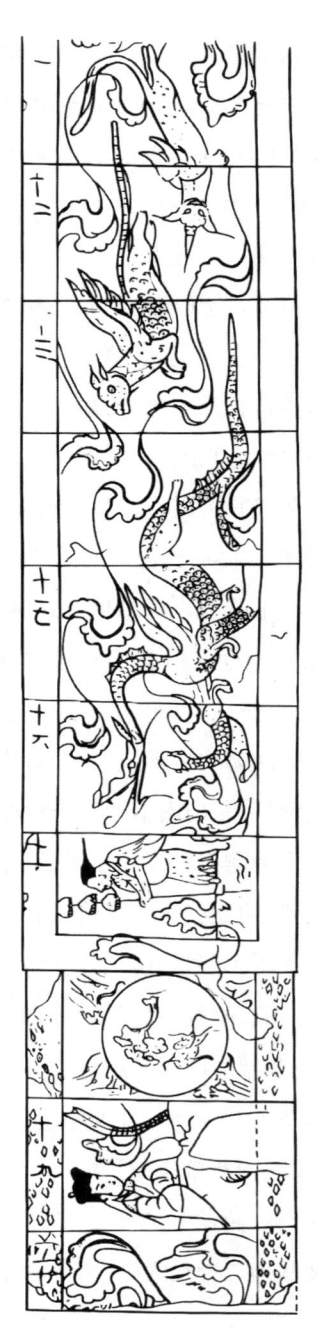

图 21-1　洛阳卜千秋墓墓顶绘画

顶壁画似乎只描绘天上世界,而没有仙人的形象,但突出描绘了十多只仙鹤。仙鹤一般也视为与升仙有关,如汉代传说的仙人王子乔升仙,即是乘鹤往来于天上人间。此外,墓壁壁画山川云气缭绕,其间各种飞禽走兽穿梭,或可视为仙界,其意义仍是墓主升仙。本墓未见方相氏等驱鬼画面,但众多虎的形象当具有同等意义。

武威五㶽山墓墓顶壁画不明,其墓壁绘有开明兽、不死树及仙人,也属于西王母仙界故事。

除打鬼升仙外,本期墓另一个重要的内容是:洛阳偏晚的两座墓新出现了宣扬儒家"忠、孝、节、义"思想的历史故事画。洛阳烧沟 M61 除在前后室隔墙梁额上绘有"二桃杀三士"及"孔子师项橐"的历史故事外,后室后壁山墙横长画幅描绘有"鸿门宴"故事。洛阳八里台墓仅存墓室山墙壁画,上部绘浮雕羊头,两侧所绘人物可能为打鬼的"傩戏"片段;下部横额绘多人,有人释为"上陵图",但描绘的更像是一幅历史故事。

3. 第三期　新莽时期

偃师辛村墓为前中后三室、平脊斜坡顶空心砖墓。墓顶未见壁画,前室后壁梯形门额中部绘有方相氏,两边绘擎日月的常羲、羲和;前室两侧耳室门外北侧各绘一执戟门吏;中室后壁门额正中绘西王母,其侧有玉兔、蟾蜍、九尾狐及一男子(漫漶不清),两侧三角形空心砖上各绘一凤凰。该墓除以上打鬼升仙的内容外,表现墓主人间生活的题材所占画幅较大:中室西壁南绘"庖厨图",北绘"六博宴饮图";中室东壁南为"宴饮舞乐图",北亦为"宴饮图"。其中两幅"宴饮图"中分别描绘了男女墓主的形象。

平陆枣园村墓为小砖券顶单室(附一耳室)墓。墓顶绘有四神、日月星辰、白鹤、云气等。通道内中室门外东西壁绘神荼、郁垒。墓壁画面则突出表现墓主生前经历及庄园情景:南壁绘车马出行;西壁绘房屋、牛耕图;北壁绘山岭、树木(中有飞鸟、奔鹿)、房屋、河流、马车、农夫挑担、耧车播种等。

咸阳龚家湾墓仅在后室墓门上部发现墨线画,其中中部为羊首,左右两侧为西王母、东王公及玉兔、仙禽、羽人等。(图 21-2)

图 21-2　咸阳龚家湾墓后室墓门上部绘画

宝鸡千阳墓破坏较为严重，墓顶壁画已脱落，墓壁绘白虎、朱雀、星象图。洛阳金谷园墓为前后室墓，前室小砖筑穹隆顶；后室外覆小砖，内为空心砖筑；平脊两斜坡顶。前后室均彩绘梁架、柱子、斗拱、门窗、挑檐等，以象征木构建筑。前室穹隆顶绘日、月、彩色云气纹。后室顶平脊上有四幅独立画面，由南向北依次为：日象图、太一阴阳图（二龙穿璧）、后土制四方图（人物御蛇、朱雀、虎像等）、月象图。后室东、西、北三壁上部之柱头斗子间绘有十二幅各自独立的画像：东壁为东方句芒图（鸟身人面）、西方蓐收图（人面虎身）、凤鸟图、凰鸟图；西壁绘太白白虎图（神人乘虎）、岁星苍龙图（神人乘龙）、荧惑黄龙图（鸟首人身乘龙）、箕星蚩蠓图（一兽，头似虎、双翼、鳞身豹纹蛇尾）；后壁绘南方祝融图（人面虎身、双翼）、北方玄冥图（人面兽身、双翼）、水神玄武图（龟身、蛇尾）、天马辰星图（怪兽，形似马兽）。该墓绘画题材与其他汉墓壁画有较大的不同，有学者认为反映了天人感应、谶纬学说的内容。[1] 但其绘于墓室中，可能还表示另一层含义。《史记·封禅书》载齐人少翁曾向武帝建议："上即欲与神通，宫室被服非象神，神物不至。"于是武帝"乃作画云气车，及各以胜日，驾车辟恶鬼。又作甘泉宫，中为台室，画天、地、太一诸鬼神，而置祭具以致天神"。这座墓绘出天、地、太一诸鬼神，当表达墓主期冀与神灵相通的愿望。

4. 第四期　东汉前期

本期墓葬形制有较大变化，洛阳地区先前的空心砖墓不见，而西汉后期出现的小砖券顶或是小砖穹隆顶墓流行。

---

[1] 洛阳市第二文物工作队（黄明兰、郭引强）：《洛阳汉墓壁画》，文物出版社，1996年。

洛阳道北石油站墓为小砖砌筑前中后三室穹隆顶附多耳室墓。前堂与中室间通道东、西壁绘神荼、郁垒像，以示打鬼。中室穹隆顶部以红色云气为底纹，上绘四组壁画：南部为乘车驾龙图，北部绘乘车驾鹿图，东部绘羲和擎日，西部绘常羲擎月，也表现墓主升仙场景。另中室东、西壁也有绘画：东壁于东耳室门北侧绘弓䪎图；与此图对应，西壁于西耳室门北侧绘一恭立男子像，当为门吏。

金县营城子墓为小砖筑穹隆顶前后室墓，其中主室为双层穹隆顶，较少见。主室壁画不绘于墓顶而是墓壁上部，分为上下两层：上层为云气中的方士、羽人导引墓主升仙，另有飞龙形象；下层为墓主家属跪拜祭祷。（图21-3）此外，在主室南门内外上部绘有打鬼的方相氏，墓门内外两侧绘虎像或拥彗、执桃茢的门吏。

图21-3 金县营城子墓主室墓壁上部绘画

梁山后银山墓为小砖石材合构墓，前室覆斗顶，后室券顶。前室墓顶及北壁门券上部绘有日月云气，而前室墓壁则绘墓主出行车马人物、楼阁院落、门卫、树木、人物等。

本期与前一期(新莽时期)壁画墓可称为过渡期。除墓室顶部或墓壁上部有壁画布局外,墓壁壁画容量增大。壁画中除了继续表现打鬼升仙这一主题外,反映墓主生前活动的车马出行、歌舞宴饮、庄园生产等已有较多表现。

5. 第五期　东汉后期

本期多为大型壁画墓,就墓葬形制而言,约可分为三型：

A 型　前中后三室墓,主室分为前中后三室并附有多个侧室或耳室。其中砖筑券顶墓有：洛阳机车工厂墓、望都所药村 M1、安平逯家庄墓。砖石合构墓有：密县打虎亭 M2、亳县董园村 M2。打虎亭墓墓室为砖筑券顶,内绘壁画；墓门门扇、门楣为石材,其上凿刻画像。董园村 M2 通道、墓室或为砖筑,或为砖石合筑,皆券顶,内绘有壁画；墓门为石材,其上凿刻有画像。石室墓有：黄山陇墓,墓道、通道为砖筑券顶；墓室为纯石构筑；墓顶不详,可能为叠涩顶。砖筑穹窿顶墓有：和林格尔壁画墓、武威雷台墓、托克托县古城墓。前两墓结构相似,前中后三主室及耳室均为穹窿顶结构。

B 型　前后室墓,前室多为横置(或附有侧室),后室竖置一至二个墓室。其中,砖筑券顶墓有夏县王村墓、荥阳苌村墓和偃师杏园村墓。武威磨嘴子墓则为横前室加双后室土洞墓。

C 型　单室墓。新安铁塔山墓、洛阳光华路墓,皆为小砖券顶墓。

本期壁画墓无论是从画面规模,还是内容的丰富程度,都是此前无法比拟的。其中和林格尔墓、安平逯家庄墓的壁画面积达百余平方米。同时一些壁画墓多有榜题文字,为判明壁画内容提供了翔实的资料。

墓顶壁画可辨者,可分为三种情况：

第一种：墓顶无绘画或无简单的画面。如安平逯家庄墓、托克托县古城村墓,墓顶均无绘画。望都所药村 M1 仅在前室北壁通中室的通道券顶上绘云气鸟兽纹,其他墓室顶部无绘画。洛阳光华路墓在通道顶部西侧墨线勾绘一腾飞的羽龙。

第二种：墓顶除仍绘有天象内容外,还描绘出仙人世界的诸多形象。如和林格尔墓前室顶部绘有四神、西王母、东王公、仙人骑白象、舍利诸图像；中室南壁顶部也绘有仙人骑白象、凤鸟、朱雀，北壁顶部绘麒麟、雨师；后室顶部则绘有四神。其中的仙人骑白象、舍利等画面被认为表现了佛教的内容。夏县王村墓通道顶部残存小块壁画，内容为二仙骑射鸟，上有云气纹；横前室墓顶南段残存云朵、虎形、仙人骑鹤乘鱼。

第三种：墓顶中心为藻井图案，藻井两侧多表现仙人世界。如荥阳苌村墓通道顶部及横前室顶部绘菱形、长方形、莲花形藻井图案，券顶两侧为云气仙人。密县打虎亭 M2 部分墓室和通道券顶中心绘有多幅藻井图案，有莲花、规矩形、菱形等，藻井两侧及各室两端墙壁上部绘有云气图及活动于其间的异禽怪兽、仙人；无藻井图案的室顶或通道顶或绘有云气图，其间也填以异禽怪兽或仙人。该墓各室墓门石刻画像也以云气图为主。墓室顶部绘莲花藻井还见于武威雷台墓。

从墓顶壁画的情况看，少数墓室顶部无绘画或趋于简化；多数墓顶壁画绘仙人世界，其中佛教图像从属于仙人世界；墓室顶部中心还流行莲花等藻井图案，模仿地上建筑的痕迹更为清晰。

与墓顶壁画的相对简化相反，墓壁壁画描写人间世界的画面占据主导地位，其内容大体可分为三大类：

第一类（即前面分类中的第三类）：主要表现墓主生前仕宦经历或生活场面，如车马出行、庄园府第、庖厨宴饮、乐舞百戏、属吏侍者等。其中车马出行场面规模宏大，在有些墓中占据了墓壁大部分位置。例如：和林格尔墓的前室、前中室通道、中室、中后室通道、后室壁面上绘有墓主历任各职的大幅车马出行图以及城池、府舍、庄园、兵弩库、粮仓、农耕、放牧、诸曹人物、拜谒、宴饮、庖厨等等。荥阳苌村墓、夏县王村墓、偃师杏园村墓等，也绘有墓主仕途升迁的大幅车马出行行列，另有属吏图、宴饮图等，但内容不如和林格尔墓丰富。安平逯家庄墓的中室四壁上部及券顶下部分为上下四栏，绘制巨幅车马出行场面，共有步行仪仗 26 人、骑吏 80 余人、车 82 辆；其前右侧室有守门卒、侍卫、府内官史，（图 21－4）中右侧室南壁帷帐下端坐男墓主，旁有侍者，他壁及通道有属吏谒见、伎乐图、守门卒；其北壁西侧绘有大幅府第建筑图。该墓中室大幅车马出行图绘于墓壁上部，大概是因为中室

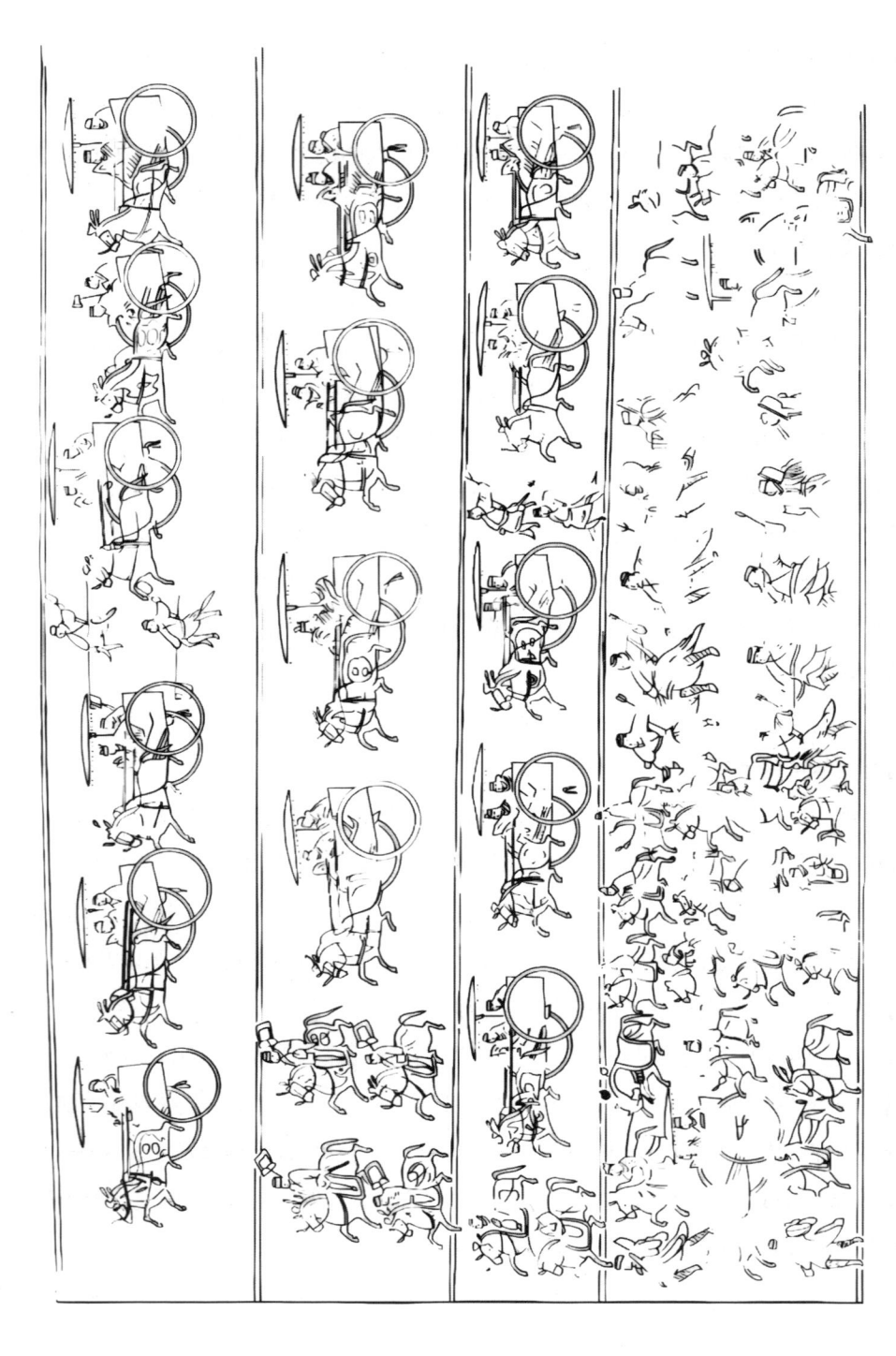

图 21-4 安平逯家庄墓车马出行图(局部)

四壁皆有通向他室的门洞,这样处理则不破坏车马出行行列的连贯性。密县打虎亭M2墓主为女性,无大幅车马出行行列,但表现迎宾、宴乐、受礼、侍女等生活场景的画面甚为丰富。望都所药村墓略为特殊,前室四壁及通往中室的通道两侧上部绘属吏人物,未见车马出行行列,但有"辟车伍伯八人"代替。

墓室中绘有墓主形象者,除前述安平逯家庄墓外,还有洛阳西工墓、新安铁塔山墓、夏县王村墓和武威磨嘴子墓。墓主形象已不再表现为飞升成仙,而是绘于墓室后壁或前堂的墓壁上,呈端坐状,如夏县王村墓和武威磨嘴子墓都在横前室绘出墓主夫妇宴居图。这种夫妇宴居或称家居的画面,似表示墓主的灵位,以适应这一时期墓内祭奠的需要,这种题材在魏晋壁画墓中更为流行。

第二类:历史故事和历史人物(即前面分类中的第五类)。和林格尔墓中室南壁有孔子见老子及孔门弟子28人;中室南、北、西壁上还画有许多忠臣、孝子、义士、烈女等人物和故事,共达80多项。此类题材在其他壁画墓中还较少见,但在画像石墓或石祠堂画像中较为常见。

第三类:祥瑞图(即前面分类中的第六类)。望都所药村M1前室四壁属吏人物下部绘有麒子、鸡、鹜、羊酒、芝草、鸾鸟、白兔游东山、凤凰等祥瑞。和林格尔墓中室从西壁延伸到北壁,有一组祥瑞图,榜题多达49项,可分为地瑞(醴泉等)、植物瑞(木连理等)、动物瑞(白狼等)、矿物瑞(玉圭等)、器物瑞(神鼎等)、神仙瑞(仙人骑白象等)。和林格尔墓祥瑞类中有的是过去天界、仙界神话中的内容,如三足乌、青龙、灵龟、九尾狐等。

本期壁画墓的布局与内容与此前相比已有较大的变化。墓顶壁画除表现天上神灵外,更多的则绘出仙人世界的形象,而佛教题材作为仙人世界的附属物也已出现;与墓顶壁画相反,墓壁壁画不仅画幅大,且内容极为丰富,其中表现墓主生前仕途经历或享乐生活,如车马出行、庄园府第、家居宴饮、乐舞百戏等则大量涌现;而宣扬儒家"忠、孝、节、义"思想的历史故事和历史人物以及祥瑞图也成为重要题材。

四、简论先秦两汉死后世界信仰观念的变化

两汉壁画墓布局与内容变化的总体特点是：西汉前期（偏晚阶段）与西汉后期的壁画多绘于墓室顶部或墓壁上部。其中，西汉前期壁画内容较为简单，原始的灵魂通天与新出现的升仙观念并存。西汉后期壁画的主题多表现打鬼升仙，偏晚阶段开始出现宣扬儒家"忠、孝、节、义"思想的历史故事。新莽期与东汉前期属于过渡阶段，墓壁壁画渐趋发达，除仍流行打鬼升仙这一主题外，反映墓主生前活动的内容已经出现。东汉后期墓顶壁画与内容相对简化，仙人世界与天上世界往往融为一体，墓壁壁画不仅画幅大，内容也极为丰富，主要表现墓主生前仕宦经历或享乐生活，而宣扬儒家思想的历史故事和历史人物以及祥瑞图也是重要题材。

两汉墓葬壁画布局与内容的这种变迁，在某种程度上体现了汉代丧葬观念的变化。要理解这个变化的根源，还需要追述汉以前人们对死后世界的观念信仰。有关死后世界信仰的内容是很复杂的，这里只能提纲挈领地谈及与本文有关的灵魂通天、升仙等观念。需要说明的是：灵魂通天与升仙分属于两种不同的信仰体系。这一点，以前的研究多混为一谈，而信立祥先生新著《汉代画像石综合研究》一书才清楚地将其区别开来。[1]

灵魂通天与灵魂不灭是紧密相连的。中国古代灵魂不灭观念最初产生于何时，无从考究。从考古发现看，旧石器时代晚期山顶洞人在尸体上撒赤铁矿粉，似表明至迟从那时起灵魂不灭的观念就发生了。新石器时代河南濮阳西水坡仰韶文化大墓用蚌壳摆成龙虎天象图，其意义或被解释为象征墓主灵魂通天。[2] 良渚文化"玉敛葬"中的"玉琮"被认为是通天地的"法器"。[3] 至原始社会末期，伴随着阶级、国家的产生而发生了一场所谓"绝地天通"的宗教革命，相关的记载以《国

---

[1] 信立祥（日文版）：《中国汉代画像石の研究》，（日）同成社，1996年；（中文版）：《汉代画像石综合研究》，文物出版社，2000年。

[2] 濮阳市文物管理委员会等：《河南濮阳西水坡遗址发掘简报》，《文物》1988年3期；冯时：《河南濮阳西水坡45号墓的天文学研究》，《文物》1988年3期。

[3] 张光直：《谈"琮"及其在中国古史上的意义》，《文物考古论集》，文物出版社，1986年。

语·楚语》较为详细。[1] 这场"绝地天通"的革命,改变了先前"民神杂糅"的旧秩序,使得只有巫觋才可以做到与天地沟通或灵魂通天,但在政巫关系十分密切的时代,统治阶级的最高层也可以自然地做到。张光直先生对此做过很好的研究,他指出:"统治阶级也可以叫做通天阶级,包括有通天本事的巫觋与拥有巫觋亦即拥有通天手段的王帝。事实上,王本身即常是巫。"[2]中国从远古时代的三皇五帝到夏商周三代凡有所作为的列祖列宗,无不被看作天上神灵。《诗·大雅·文王》:"文王在上,于昭于天,周虽旧邦,其命维新。有周不显,帝命不时,文王陟降,在帝左右。"文王乃是周人的先祖,而其死后却"在帝左右""于昭于天"。类似的信仰在周代铜器铭文中也屡见不鲜,显然造就周文王及其他统治阶级上层人物神灵化的基础正是灵魂通天观念。与之相反,普通民众(也包括统治阶级的中下层)生前既不能与天地神灵沟通,死后的亡灵也不能通天。夏商周三代青铜器上满是神秘恐怖的神怪纹样,其意义之一便是制造一种"畏天敬神"的威慑力量,从而使统治阶级上层能够代天行使统治权力。《国语·楚语》楚昭王问观射夫:"《周书》所谓'重、黎实使天地不通'者,何也?若无然,民将能登天乎?"表明"民"是不能登天的。《楚辞·招魂》中描写天上世界如何恐怖的那段话,[3]虽见之于文献记载稍晚,但反映的观念当由来已久,最初也是统治阶级的代言人巫觋们编造出来对付普通民众的。

春秋战国时期,随着宗法世袭制度的逐步解体,意识形态领域也正发生着极大的变化。天子倒霉了,诸侯起来了。诸侯倒霉了,陪臣执国命,原先君权神授的说教自此发生动摇。并且,随着战国时期"民为贵,社稷次之,君为轻"的"民本"思想的产生,多少改变了最高统治者独占神坛的格局。普通民众中,或者说更多的是统

---

[1]《国语·楚语》楚昭王问观射父:"《周书》所谓'重黎实使大地不通'者,何也?若无然,民将能登天乎?"对曰:"非此之谓也。古者民神不杂,及少昊(氏)之衰也,九黎(氏)乱德,民神杂糅,不可方物……颛顼(氏)受之,乃命南正重司天以属神,命火正黎司地以属民,使复旧常,无相侵渎。此谓'绝地天通'。"
[2] 张光直:《考古学专题六讲》,文物出版社,1986年,参见107页。
[3]《楚辞·招魂》:"魂兮归来,君无上天些。虎豹久(纠)关,啄害下人些。一夫九首,拔木九千些。豺狼从(纵)目,往来侁侁些。悬人以嬉,投之深渊些。归来归来,往恐危身些。"

治阶级的中下层,灵魂通天观念也不同程度地发生改变。《礼记·檀弓》中吴季扎说:"骨肉归复于土,命也。若魂气则无不之也。"魂气无不之则表明可上天入地。《礼记·祭仪》宰我问鬼神之名,孔子答曰:"气也者,神之盛也。魄也者,鬼之盛也。合鬼与神,教之至也。众生必死,死必归土,此之谓鬼。骨肉毙于下,阴为野土。其气发扬于上,为昭明。"何为"昭明",孔疏:"上为昭明者,言此升上为神灵光明也。"《礼记·郊特牲》则表述得更为清楚:"魂气归于天,形魄归于地,故祭,求诸阴阳之义也。"可见,春战之际,在正统儒家眼里,众生魂气已可以上达于天为神灵光明了,这是灵魂观念一个多么重大的转折。诚然,这种观念不会是当时一般民众的普遍意识,但这种思想既已出现,必然有其滋生的土壤。从考古发现看,大约从春战之际开始,在有一定规模的墓葬中,描绘各种云气纹图案的陶器、漆器、丝织品等随葬品大量涌现,特别是陶器上的云气纹是专为埋葬绘制的。云气纹的出现,虽与这时盛行的万物皆由"精气"构成的学说有关,但表现在墓葬中,恐怕还与灵魂通神、通天观念的自然解禁不无联系。灵魂观念的这种变化,在不同地域、不同阶层有先有后,变化的程度也有很大差别。中原及北方地区可能稍早,而从前述《国语·楚语》及《楚辞·招魂》的记载看,荆楚地区的发生要晚一些。需要说明的是,招魂这种习俗,虽然在黄河流域和长江流域都盛行,但具体内容并不完全相同。荆楚之地招魂中所说天上世界如何恐怖,未必就是中原地区的观念。此外,楚地的招魂是一种民间巫术信仰,从楚昭王问观射夫的那段话看,像楚王这样的上层统治者是否也有类似的信仰,是值得怀疑的。

战国中晚期,伴随着灵魂通天观念的自然解禁,升仙思想也登场了。战国两汉时期的升仙观念大体上可分为两大系统。齐之威宣、燕之昭王以及秦始皇、汉武帝求仙,主要是东方海上的蓬莱、方丈、瀛洲三仙山,所信任的是燕齐的东方方士集团。山东临沂金雀山9号汉墓(武帝年间)帛画上部就描绘了三仙山的形象,大概属于东方地区这种观念信仰的反映。[1] 另一系统的升仙观念,即对昆仑山、西王

---

[1] 刘家骥、刘炳森:《金雀山西汉帛画临摹后感》,《文物》1977年11期;信立祥:《汉代画像石综合研究》,文物出版社,2000年。

母的崇拜。关于其最初的发生时间及地域,尚待进一步研究。但在西汉前期的长沙马王堆1号汉墓朱地彩绘漆棺头挡及左侧挡板,以及长沙砂子塘汉墓漆棺侧板中心位置描绘出的山形图案,多认为是昆仑山的象征,此外还有仙人世界常见的羽人,但尚未出现西王母的形象。[1](图21-5)从《山海经》《穆天子传》《淮南子》等战国汉初的文献记载看,这时西王母的形象或为凶神,或为人王,或为持不死之药的仙人,尚未完全定型。这一系统的升仙观念似还处在完善过程中。因而,在战国、西汉前期至前后期际,死后信仰世界中可能存在着原始的灵魂通天与新出现的升仙观念并行发展的过程。前述柿园梁王墓墓顶壁画为纯天象神话,南越王墓壁画只有云气纹而未见仙人世界的任何形象,所表达的恐怕仍是灵魂通神、通天观念。

不仅如此,与南越王墓时代相当,且属于中原地区的江苏省徐州市龟山2号汉墓墓道塞石刻铭亦表达了灵魂通天观念。该塞石刻铭出于第六代楚王刘注墓道中。刘注在位为武帝元朔元年至元鼎元年,即公元前128—前116年,刻石年代或在下葬之前,或在下葬之时,但大致不出西汉前后期际。其铭曰:"楚古(故)尸(夷)王通于天。述(素)葬棺椁,不布瓦鼎盛器,令群臣已葬去服,毋金玉器。后世贤大夫幸视此书,目此(?)也,仁者悲也。"[2]该塞石刻铭的内容,报告作者认为是记述西汉第二代楚夷王刘郢客提倡死后薄葬的"遗训",大致可信。值得注意的是其中的第一句:"楚古(故)尸(夷)王通于天",这里没有文献中反映升仙思想时惯用的"仙登于天"或"升仙""登仙"之类的话语,"通于天"显然表达的是楚王魂灵通于天。刻铭虽然说的是西汉初年楚夷王刘郢客之事,但反映的是当时的思想。由此可见,直至汉武帝时灵魂通天观念仍为人们所信仰。其实,灵魂通天观念在汉代乃至于以后的两千年里一直未曾消失,只不过因时代不同而不断被注入新的内容罢了。

区别于灵魂通天,升仙属于另一种观念信仰,二者除发生时代的差别外,具体

---

[1] 湖南省博物馆、中国科学院考古研究所:《长沙马王堆一号汉墓》,文物出版社,1973年;高至喜、张中一:《长沙砂子塘西汉墓发掘简报》,《文物》1963年2期。
[2] 徐州市博物馆:《江苏铜山县龟山二号西汉崖洞墓材料的再补充》,《考古》1997年2期。标点及括号内字为笔者所加。

图 21-5　长沙马王堆 1 号汉墓朱地彩绘漆棺左侧挡板画

内涵也有不同。灵魂通天观念认为人死后魂魄分离,"魂气归于天、形魄归于地"或"魂气无不止也",也就是说,灵魂通天不包括肉体在内。而升仙所追求的是一种不老不死的境界,即包括肉体在内的一同升仙。有关这方面的文献记载很多,如《抱朴子·内篇·论仙》引《汉禁中起居注》称:李少君病死,"久之,(汉武)帝令人发其棺,无尸,唯衣冠在焉"。《汉武故事》载:"文成诛月余,有使者籍货关东还,逢之于漕亭,还见言之,上乃疑,发其棺,无所见,唯有竹筒一枚,捕验间无踪迹也。"在汉代方士眼里,人死并不认为是死,只不过是"形销解化",或称"尸解",是另一种方式的永生。[1]

升仙观念的盛行是汉武帝以后的事情。从汉画及诸多记载看,汉武帝以后的升仙主要反映的是对昆仑山、西王母的信仰,而民间对西王母的普遍崇拜也发生在西汉后期。《汉书·哀帝纪》:"(建平)四年(前3)春,大旱,关东民传行西王母筹,经历郡国,西入关至京师。民又会聚祠西王母,或夜持火上屋,击鼓号呼相惊恐。"《汉书·五行志》亦载此事。西汉后期以降,墓葬壁画中升仙观念占据重要地位,而其他诸多考古资料也清楚地揭示出人们对仙人世界的美好向往。显而易见,这正是那个时代日益增长的浓厚的崇仙氛围的具体体现。

关于汉代升仙的去向,有一种观点认为汉代升仙只是到达仙山,而据《楚辞·招魂》,天上为天帝和自然神居住的恐怖世界,是不能去的。这种观点恐怕稍微有些偏差。天的概念在汉代已有较大变化,在汉代人眼里,天具有二重性格:天可以降灾异,惩罚下界,是其恐怖的一面;天造化万物,昭示祥瑞,是其祥和的一面。长沙马王堆1号、3号汉墓帛画上部描绘天上世界,即呈现出祥和而非恐怖的氛围。[2] 从汉代文献记载看,汉代升仙并非只能升到西王母居住的昆仑山等仙山上,升仙也可以到达天上世界。《淮南子·览冥训》:"羿请不死之药于西王母,姮娥窃以奔月。"垣娥(嫦娥)偷吃了后羿从西王母那里得到的不死药,最后飞向月

---

[1] 信立祥:《汉代画像石综合研究》,文物出版社,2000年;孟强:《关于汉代升仙思想的两点看法》,《中原文物》1993年2期。
[2] 湖南省博物馆、中国科学院考古研究所:《长沙马王堆一号汉墓》,文物出版社,1973年;《长沙马王堆二、三号汉墓发掘简报》,《文物》1974年7期;《马王堆二、三号汉墓发掘的主要收获》,《考古》1975年1期。

亮,其中的升仙便是升到天上世界。汉代所传王子乔升仙,据应劭《风俗通义》引《周书》,灵王太子晋曰:"吾后三年将上宾于天",看来也是要升到天上世界。又《风俗通义》载淮南王安神仙事:"俗说淮南王安招致宾客方术之士,作《鸿宝苑秘》枕中之书,铸成黄白,白日升天。"汉武帝求仙、齐人公孙卿曾言:"黄帝仙登于天。"并编造了黄帝与后宫群臣 70 余人乘龙升天的故事(见《史记·封禅书》)。两汉文献中,类似的记载不乏其例。除文献外,考古资料也有许多反映。前述洛阳烧沟 M61 隔墙上壁背面就描绘了墓主夫妇乘龙升仙朝于天门的场景,而其他汉墓壁画天上世界与仙人世界往往融为一体,也同样表明升仙是可以到达天上世界的。当然,在有的壁画墓、画像石墓、祠堂画像石中天上世界和仙人世界分开表现,但不见得就绝对表明仙山只是唯一的去处。实际上,昆仑山经常被视为登天之"天梯"。同时,它又是天上世界的一部分,即"帝之下都"。如四川简阳鬼头山东汉崖墓石棺画像、巫山县崖墓和砖室墓中发现的多枚棺饰铜牌,不仅有王母、仙禽仙兽诸画像,还有双阙并题为"天门",[1]即表明昆仑山为登天之门。(图 21-6)关于汉代升仙可以到达天上世界,有多位学者做过专门的探讨,此不赘述。[2]

  这里还应特别强调的是:汉代或是汉代以前,并非只存在灵魂通天或是升仙。实际上,普通民众中由于长期以来形成"敬天畏神"的惯性作用,灵魂通天或升仙,对于大多数人来说恐怕仍是难以想象的事情。譬如升仙,需要经过复杂的自我修炼、服食丹药或是有方士的导引等,并不是人人都可以做得到的,只要看看秦始皇、汉武帝求仙需要多大的排场且还难以达到目的,就可以想象,对于大多数人特别是普通民众来说,该是一件多么困难的事情。此外,升仙本是方士们编造出来的虚无缥缈的鬼话,谁也不可能真正见到过,而中国自古以来就流行土葬,很容易使人们联想到死后入土进入地下世界。《左传》隐公元年记载郑庄公发誓不见他的母亲时,有"不及黄泉,不相见也"的说法;西汉墓中出土的"告地册"简和东汉墓经常见到的"朱书解除文"陶罐等,表明当时人们还相信人死后将去一个与地上世界对等

---

[1] 内江市文管所、简阳县文化馆:《四川简阳县鬼头山东汉崖墓》,《文物》1991 年 3 期;赵殿增、袁曙光:《"天门"考——兼论四川汉画像砖(石)的组合与主题》,《四川文物》1990 年 6 期。
[2] 孟强:《关于汉代升仙思想的两点看法》,《中原文物》1993 年 2 期。

图 21-6 川渝地区"天门"图像
上：简阳鬼头山东汉崖墓石棺画像　下：巫山崖墓砖室墓中的棺饰铜牌

的地下"阴间世界"，或称为"幽都""冥府"等等。因而灵魂通天或是升仙，始终只是一部分人或者说统治阶级的追求，其在汉代或是汉代以前，所占比重都是相当有限的。

中国古代有关死后世界信仰观念是极其复杂的，不仅应当考虑时代、地域、阶层的因素，还应当注意区分哲学的、宗教的、世俗的不同认识等等。就汉代而言，不仅有神仙思想的影响，还有民间巫道在起作用，而儒家说教甚至占有更突出的地位。汉代厚葬，就是建立在儒家"事死如事生"以及"孝行"观念基础之上的。这种为死者精心建造的墓室，随葬应有尽有的物品，看起来与灵魂通天或是升仙观念相矛盾，因为既然死后可以升天或是成仙，又何须如此铺排。其实，这正是因为中国古代死后世界的安排采取了功利的、实用的，而非逻辑的、理性的方式。他们提供已知的所有手段来满足死者的需求，寄托生者的孝心，而不考虑或是不多考虑这样做是否合乎逻辑。我比较同意巫鸿先生在研究马王堆汉墓漆棺画、帛画后得出的结论：

> 该墓昭示着出现了一个把不同的信仰融入单一墓葬的推动力。然而这种融合是通过增加棺椁的层数而不是在他们之间建立起逻辑关系完成的。这样形成的坟墓一定是多中心的，死者有四个不同的生存空间：宇宙、阴间、仙境和阴宅，这些范畴的关系并不清楚，也很难判定死者居住在哪个地方。似乎为了表达晚辈的孝心和讨好死者，坟墓的建造者提供了一切他们所知道的关于死后的答案，他们没有把这些答案连缀成一个成系统的东西。[1]

不仅马王堆汉墓如此，其他许多汉墓也是这样的。

儒家思想在汉代死后世界信仰观念中占有重要地位，其表现是多方面的。如从西汉晚期开始出现，东汉甚为流行的古之帝王、圣贤、忠臣、孝子、义士、烈女等历史人物或历史故事画像，就是儒家三纲五常和"忠、孝、节、义"思想的具体体现。其意义在地上宫殿、宗庙壁画中如东汉王延寿所作《鲁灵光殿赋》是"恶以诫世，善以示后"（《文选》卷十一）；而在墓葬中还表明要在未来世界中固化封建秩序。至于墓室壁画及其他汉画中的祥瑞图，则反映了以董仲舒为代表的儒家今文学派的"天人感应"思想。这种思想认为，人间凡遇虐政，天则降灾异相示；施行仁政，则会出现祥瑞之物。但汉画中从未见到灾异内容，因而祥瑞图也就成了粉饰所谓太平盛世的一种装饰。

汉墓壁画所反映的死后世界信仰观念的变化，还与当时社会经济基础的变更相关联。西汉后期，特别到了东汉时期，土地兼并加剧，大土地所有制恶性膨胀，地方豪强势力及庄园经济得到空前发展，追求高官厚禄、追求享乐成为统治阶级公开的时尚。反映在丧葬习俗中，随葬品中象征着庄园经济的模型明器如楼阁院落、田地陂池、家畜家禽等应有尽有，壁画中则大量绘制墓主生前仕宦经历和享乐生活的

---

[1]（美）巫鸿著，陈星灿译：《礼仪中之美术：马王堆的再思》，译文载中国社会科学院考古研究所：《考古学的历史·理论·实践》，中州古籍出版社，1996年。

场景。所有这些都表明墓主是要把生前的荣华富贵统统搬到死后世界中去,这比起单纯追求虚幻的升仙要更实惠。至于东汉后期,部分墓葬壁画中升仙内容与其他题材相比有所减少,但这也不表明人们升仙观念的淡化,而是新的更为具体的追求填补了原来较为虚幻的格局。在其他汉画形式如画像石、画像砖、画像镜中描写仙人世界的内容屡见不鲜,便是很好的说明。

汉墓壁画布局与内容的这种变化,或多或少反映了那个时代死后世界信仰观念乃至于社会意识形态及经济基础的变化。当然,要完整揭示这种变化的全过程,还需结合其他内容,特别是其他汉画形式一并考察。此外,中国古代死后世界信仰观念的内容颇为复杂,绝非本文所能完全表述清楚的,限于体例与篇幅,容后再做探讨。

[本文原名"汉墓壁画的布局与内容——简论先秦两汉死后世界信仰观念的变化",载许倬云、张忠培主编:《跨世纪的中国考古学反思(19)》,(香港)商务印书馆,1999年。此次重刊作了个别技术性修订。]

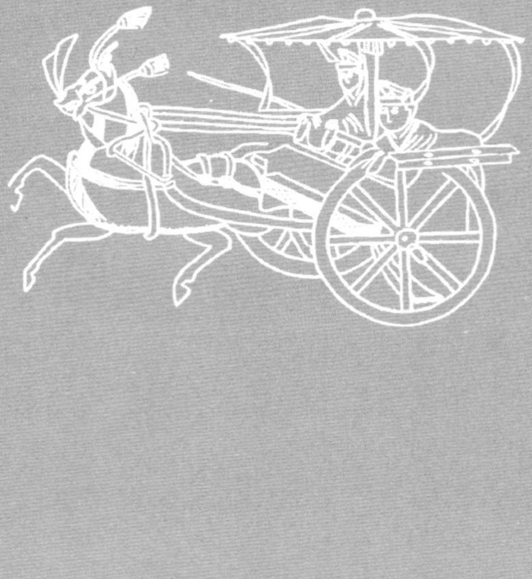

22

汉画车名新考

汉画像石、画像砖、壁画中的车马出行图是研究汉代车制及舆服等级制度的重要资料。然而,多种车子的名称及其功用,以往的诠释每每有误。今参以图像、榜题及文献,试作辨析。

一、"轺车"与"安车"

"轺车"之名,文献常见。何为"轺车"？汉代"轺车"的形制如何？由于汉画中迄今未发现轺车榜题名称,学界主要依据东汉刘熙《释名·释车》所谓"轺车,轺,遥也,远也,四向远望之车也",就将汉画中最为常见的一种四面无遮蔽且带有伞盖的马车称为"轺车"了。而且,在已经发表的含有汉代画像石、画像砖、壁画的墓葬简报、报告,以及汉画图录、研究论著中,这一观点具有普遍性(参见后引相关报告及论著),笔者早年刊发的论文也是这样认识的。[1] 然而,近期重读旧稿,颇感疑问。在全面检索和通读相关文献并细审汉画车马出行图像后,发现我们可能误读了《释名》,即将《释名》关于"轺车"的涵盖范围扩大化了。也就是说,仅以"四向远望"定义"轺车"可能有误。

这里,先将本文的考释结论揭示如下:"轺车"与"安车"皆为无遮蔽的"四向远望"之马车,二者的主要区别在于:"轺车"为立乘,"安车"为坐乘。过去将汉画中数量众多的"四向远望"之坐乘车也视为"轺车",则不仅与文献所载汉代车名不符,也与汉代舆服等级制度相悖。

---

[1] 赵化成:《汉画所见汉代车名考辨》,《文物》1989年3期。

首先,称立乘车为"轺车",在文献中多有记载。《汉书·平帝纪》:"三年春,……又诏光禄大夫刘歆等杂定婚礼,四辅、公卿、大夫、博士、郎、吏家属皆以礼娶,亲迎立轺并马。"颜师古注引服虔曰:"轺,音軺,立乘小车也。併马,骊驾也。"服虔为东汉经学家,河南荥阳人,他既说轺车为立乘,又说为小车,讲得很清楚。《晋书·舆服志》在追溯轺车源流时说:"轺车,古之时军车也。一马曰轺车,二马曰轺传。"先秦时期,大部分马车为立乘之车,特别是战车多为立乘,是因为在战场环境下,立乘车便于快速奔驰及与敌战斗,秦始皇陵兵马俑坑之战车均为立乘,便是明证。到了汉代,车战被淘汰,而立乘的"轺车"因属轻小之车,故被普遍用作驿传之车,驿传道路复杂,为了快速到达,车小、车轻、立乘方能满足快速到达的需求。"轺车"或曰"轺传",在汉代交通干道所设立的"邮亭驿置"中被广泛使用。《汉书·平帝纪》:"征天下通知逸经、古记、天文、历算、钟律、小学、史篇、方术、本草及以五经、《论语》、《孝经》、《尔雅》教授者,在所为驾一封轺传,遣诣京师。"颜师古注引如淳曰:"律,诸当乘传及发驾置传者,皆持尺五寸木传信,封以御史大夫印章。……轺传两马再封之,一马一封也。"20世纪末,敦煌"悬泉置"遗址发现了大量汉简,其中记载过往人员"为驾一封轺传""为驾二封轺传"等相关内容的汉简多达数十枚。[1] 轺车并非仅指驾一马之车,但为立乘的轻小之车则无大问题。由此,我们终于明白了东汉经学家、文字学家许慎的《说文解字》在解释"轺车"时说:"轺,小车也。从车召声。"又《史记·季布传》:"朱家乃乘轺车之洛阳,见汝阴侯滕公。"《索隐》按:"谓轻车,一马车也。"《汉书·货殖列传》:"……轺车百乘。"颜师古注曰:"轺车,轻小之车也。"

"轺车"之名,先秦已有之。《墨子·杂守》曰:"为解车以枱(梓),城矣(盛矢)以轺车,轮毂广十尺,辕长丈,为三幅,广六尺,为板箱,长与辕等,高四尺,善盖上,治中,令可载矢。"[2]《墨子》在这里所说的"轺车",是以轺车为载具,经过改装而

---

[1] 张俊民:《敦煌悬泉置出土文书研究》,甘肃教育出版社,2015年。甘肃简牍博物馆、甘肃省文物考古研究所、陕西师范大学人文社会科学高等研究院、清华大学出土文献研究与保护中心:《悬泉汉简》(壹)(贰),中西书局,2019年。

[2]《墨子·杂守》这段话不是很通畅,可能为原简传抄错字所致。这里以清《钦定四库全书》本为准,括号中字为笔者引学者校改所加,仅作参考。

戎的载矢之车。结合前引《史记·季布传》的记载,汉初载人轺车常见,那么先秦有轺车应无问题。湖北荆门包山2号楚墓出土的战国漆奁彩绘"车马人物出行图",其中有四辆车,分别驾一马、二马或三马,无伞盖,皆立乘,或为"轺车"。[1] 关于该图之含义,多位学者认为与婚礼有关,而有学者更进一步解读为《仪礼·士昏礼》之"婚礼亲迎仪节图"。[2](图22-1)从该图车马有停有行,且多有男女人物交流互动等情形看,释读为婚礼迎娶图是有道理的。前引《汉书·平帝纪》记载:"平帝三年……皆以礼娶,亲迎立轺并马。"包山楚墓漆奁彩绘"婚礼亲迎仪节图",正好为理解王莽复古改制新订迎娶之礼提供了一幅生动的图画译注。

从汉画看,无遮蔽的"四向远望"之车包含了立乘之车和坐乘之车两大类。立乘车为了保持立乘者的重心稳妥,不宜将车轮及车舆做得高大,因而一般属于轻小之车;坐乘的这类"四向远望"之车因不必担心坐乘者的重心不稳,故可加高车轮、加大车舆。汉画中,这类坐乘车或驾一马、两马(骈马),或驾三马(骖马)、四马(驷马),且多为官吏乘坐(详后引及加幡车讨论),其中的骖马、驷马车更属于高大上之车,绝非小车、轻车之属。[3] 这类"四向远望"之坐乘车在《史记》《汉书》《后汉书》(包括晋司马彪《续汉书·八志》)等文献中记载甚多,皆称之为"安车"。如《续汉书·舆服志》载:"乘舆、金根、安车、立车。"颜师古注引徐广曰:"立乘曰高车,坐乘曰安车。"《舆服志》又曰:"皇太子、皇子皆安车,朱斑轮、青盖、金华蚤、黑文、画辀文䡇、金涂五末,皇子为王,锡以乘之,故曰王青盖车。……公、列侯安车,朱斑轮、倚鹿较、伏熊轼、皂缯盖、黑辀、右騑。"今按:从《续汉书·舆服志》有关"安车"的描述并结合汉画看,无论是王青盖车,还是公、列侯皂缯盖车,都属于无遮蔽的"四向远望"之坐乘安车;又公、列侯安车记载为"右騑",则知为驾二马车也。

---

[1] 湖北省荆沙铁路考古队:《包山楚墓》,文物出版社,1991年。
[2] 胡雅丽:《包山2号墓漆画考》,《文物》1988年5期;彭德:《屈原时代的一幅情节性绘画》,《楚艺术研究》,湖北美术出版社,1991年;张闻捷:《包山二号墓漆画为婚礼图考》,《江汉考古》2009年4期;徐渊:《包山二号楚墓妆奁漆绘〈昏礼亲迎仪节图〉考》,《三代考古》第八辑,科学出版社,2019年。
[3] 《释名·释车》:"安车,盖卑,坐乘,今吏之乘小车也。"《礼记·曲礼上》:"大夫七十而致事……适四方,乘安车。"郑玄注:"安车,坐乘,若今小车也。"《释名》及《礼记》郑玄注主要强调安车为坐乘,这里所说安车为小车,或是与载货大车相比较而言之。

352　周秦汉考古研究

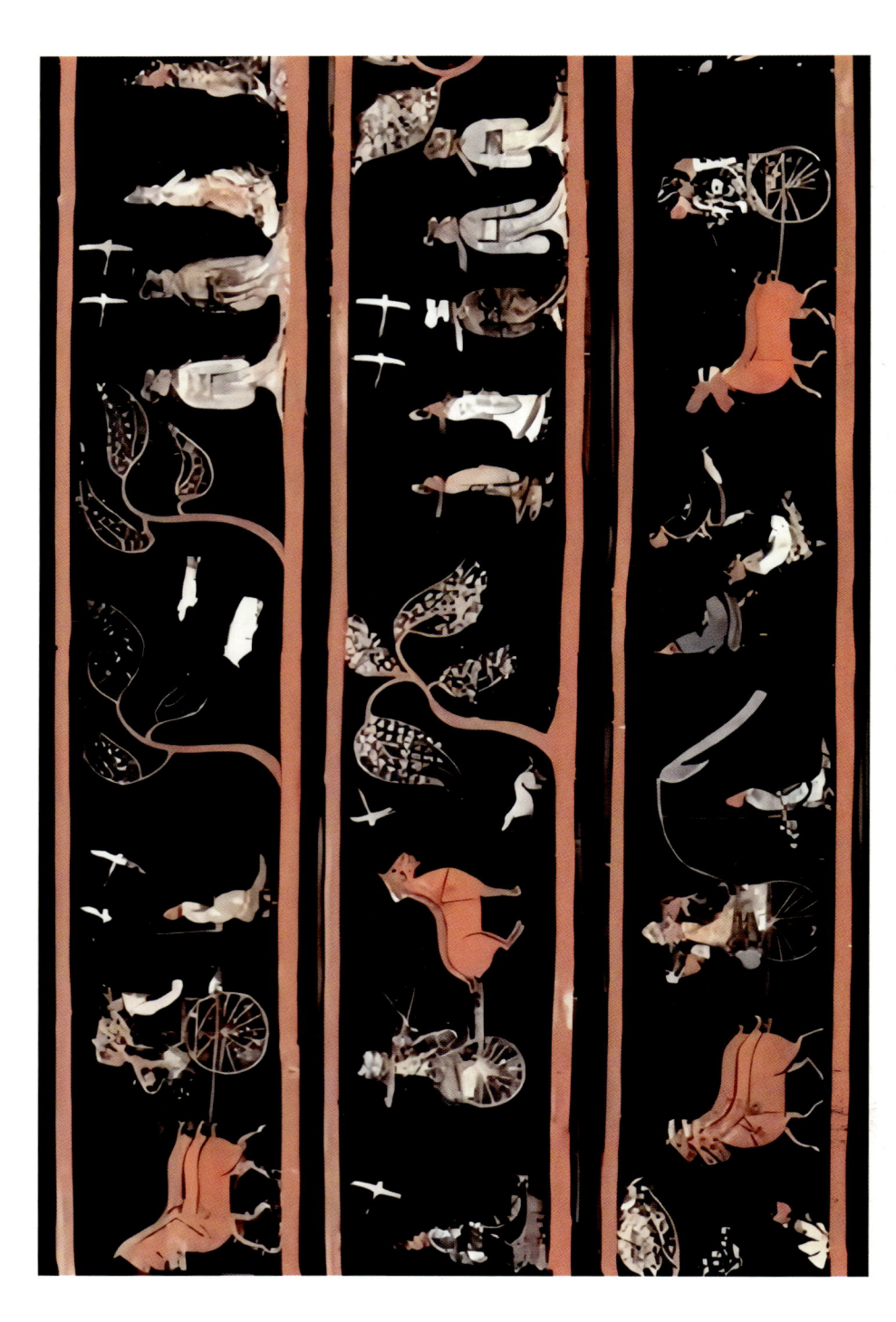

图 22-1　荆门包山 2 号楚墓漆奁彩绘"车马人物出行图"

需要特别指出的是，汉以后诸多文献中，经常提到汉代"轺车"为低等级的乘用车。如《晋书·舆服志》《宋书·礼志》皆曰："汉世贵辎軿而贱轺车，魏晋重轺车而贱辎軿。"魏晋人傅玄所著《傅子》亦曰："汉代贱乘轺，今则贵之"。魏晋南北朝时期，牛车取代马车，尽管车驾及车制发生了较大变化，但当时的学者对汉代的车制及舆服等级制度还是很清楚的，所谓"汉世贱轺车"应该是实情。立乘的轺车一般属于较低等级的马车，而坐乘之安车则多为官吏或尊贵者所乘用。《史记·儒林列传》："于是天子使使束帛加璧安车驷马迎申公，弟子二人乘轺传从。"申公年高德昭，汉武帝用驷马安车征迎申公，其弟子从行，却只能乘一马或二马拉的普通轺传车。《汉书·食货志》："异时算轺车贾人之缗钱皆有差小，请算如故。……非吏比者、三老、北边骑士，轺车一算，商贾人轺车二算。"颜师古注曰："身非为吏之例，非为三老，非为北边骑士，而有轺车，皆令出一算。"又引如淳曰："商贾人有轺车，又使多出一算，重其赋。"甘肃居延发现的汉简多有汉代普通百姓乘用"轺车"出入边塞的记录。例如：简号505.9（甲1957）"□□长□里张信轺车一乘用马一匹十二月辛卯北出"；505.12（甲1958）"敦煌效谷宜王里琼阳年廿八轺车一乘马一匹闰月丙午南入"；505.13（甲1959）"居延计掾卫丰子男居延平里卫良年十三轺车一乘马一匹十二月戊子北出"。[1] 可见，轺车的确为汉代百姓及商贾之人所常用，而在汉代官本位之社会下，轺车自然属于低等级之乘用车。

诚然，东汉高级官吏在特别场合也使用立乘之车，但称之为立车或高车。《续汉书·舆服志》："乘舆、金根、安车、立车。"李贤注引蔡邕曰："五安五立。"引徐广曰："立乘曰高车，坐乘曰安车。"《舆服志》又曰："……公、卿、中二千石、二千石，郊庙、明堂、祠陵、法出，皆大车、立乘、驾驷。他出，乘安车。"今按：这里的立乘之高车不同于前面所说的立乘之轺传车，以及民间常用的轻小立乘轺车，而属于驾驷之立乘大车。究其原因，这类车主要用于"郊庙、明堂、祠陵、法出"等国家重大祭祀场合，立乘以示恭敬与郑重。此外，因参与的高级官吏人数众多，采用驷马大车多人立乘可减少出行车辆之数量。由此可见，两汉因时代不同，立乘的"轺车"之名称、

---

[1] 中国社会科学院考古研究所编：《居延汉简甲乙编》，中华书局，1980年。

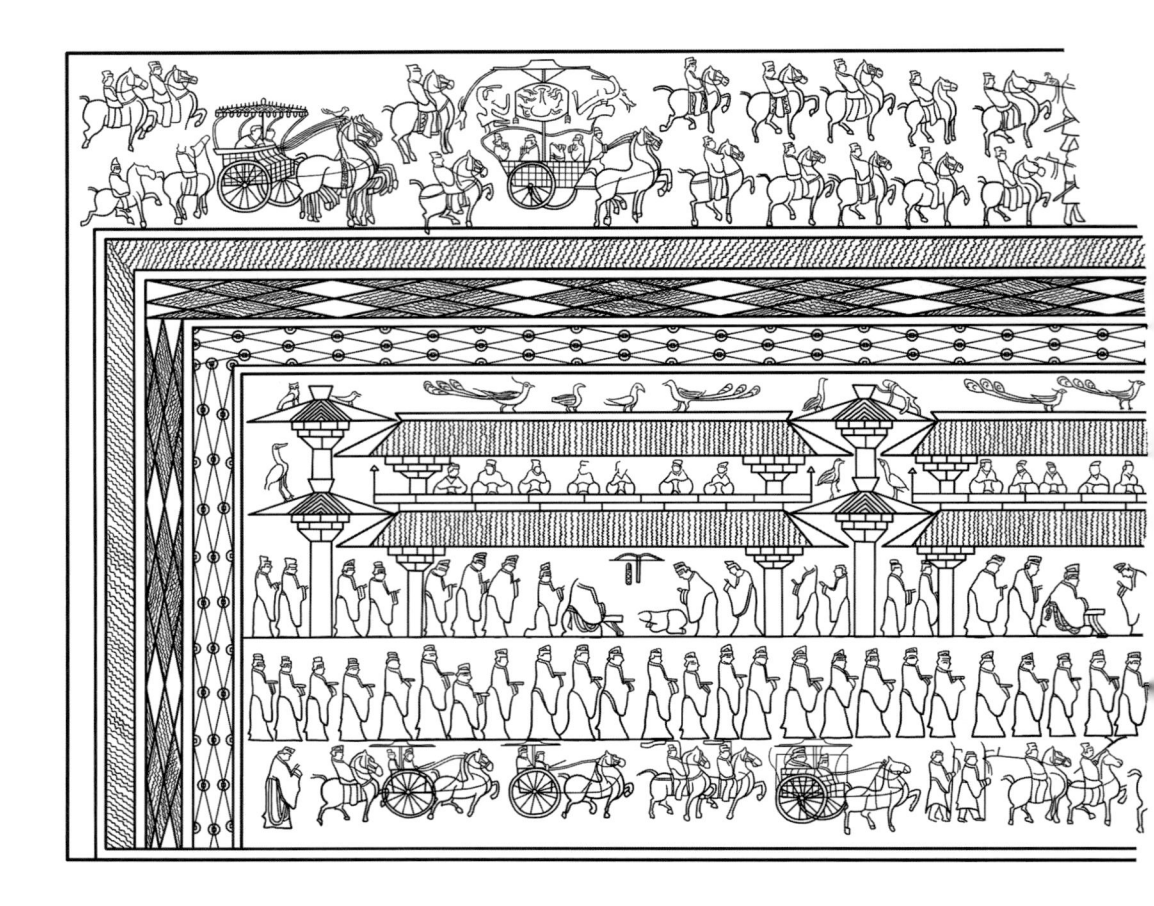

图 22-2　孝堂山石祠北壁西石、东石上下层车马出行图

使用场合及规格也发生了一定的变化。

不过,从总体上看,东汉时期的画像石、壁画之车马出行图所见立乘之轺车的身份等级仍相对较低。与此相反,"四向远望"之坐乘安车,则多为官吏或王公贵族所乘之高等级马车。例如:山东长清孝堂山石祠北壁西石与东石上下层皆有大幅车马出行图,是为"二千石"郡太守级祠主生前曾参与诸侯王车马出行之荣耀记录。[1]（图 22-2）其中,北壁东石上层最前面两辆车为带伞盖加四维的立乘轺

---

[1] 信立祥:《汉代画像石综合研究》,文物出版社,2000 年;山东省石刻艺术博物馆、山东省考古研究所编,蒋英炬、杨爱国、信立祥、吴文祺:《孝堂山石祠》,文物出版社,2017 年。

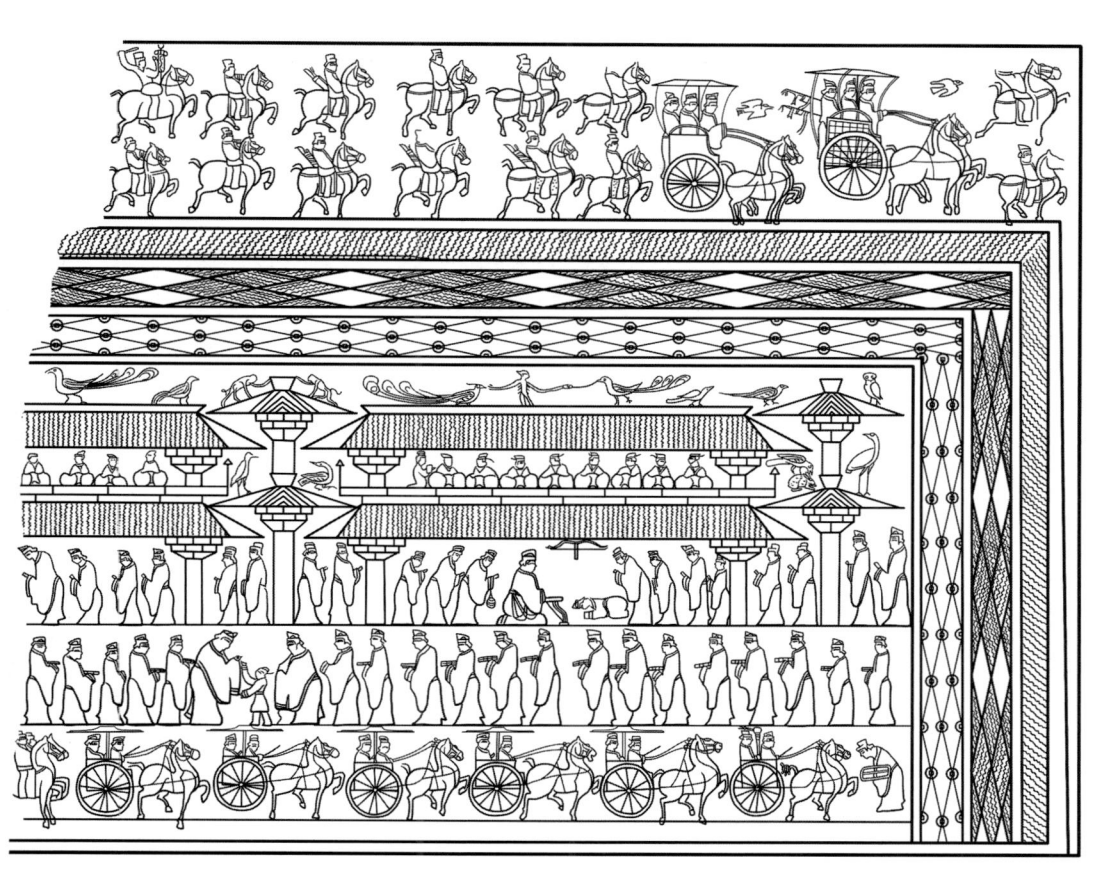

车,均驾二马,包括驭手各有三人立乘,这两辆车是为车马出行之前导车(第一辆车加载有前导车常见的棨戟)。显然,在整个车马行列中与主车相比,前导车之等级较低。(图22-3)与之相反,北壁西石上层车马出行行列"鼓车"后之车,四维驾驷马,车身高大,榜题"大王车",是为诸侯王之安车坐乘(原报告称为"四马轺车"),(图22-4)与前引《续汉书·舆服志》所记载的"王青盖车"形制相仿。此外,北壁西石下层车马出行行列右前第一辆车,交络四维驾一马,乘车人戴进贤冠,隶书榜题"二千石",是为孝堂山石祠祠主之安车坐乘(原报告称为"四维轺车")。(图22-5)又如,内蒙古和林格尔汉墓壁画前室、中室绘制的大幅车马出

图 22-3　孝堂山石祠北壁东石上层前导二车（轺车立乘）

图 22-4　孝堂山石祠北壁西石上层榜题"大王车"（安车坐乘）

图 22-5　孝堂山石祠北壁西石下层榜题"二千石"（安车坐乘）

行图,描绘墓主从"举孝廉""郎""西河长史""行上郡属国都尉时""繁阳令"到"使持节护乌桓校尉"的仕宦经历,墓主所乘车或驾一马、二马、三马,皆交络四维,为安车坐乘(原报告均称为轺车)。其中,前室北壁榜题"使持节护乌桓校尉"出行图中,墓主乘坐之车辆高大,尤为突出:"拥赤节、驾三匹黑马,交络四维。"[1]陕西《米脂官庄画像石墓》报告中,2号墓前室南壁横楣石下栏为带榜题"诸郡太守待见传"图,画面两端分刻一庭院,庭院中央建高瓴大屋,屋出檐,每屋内分别刻四位待见的郡太守形象,并刻出太守所在郡别、籍贯及姓氏;左端屋内四太守均着红衣,刻有"太原太守扶风法君""雁门太守颍川□君"……右端屋内四太守人物上方刻字不辨;该横楣石中间刻车马队列,共计八辆"四向远望"之安车,四维均驾二马,旁刻榜题,可辨识者为"五原太守车马""朔方太守车马""上郡太守车马""定襄太守车马"(参见原报告图六十一至图六十六),当为东汉并州刺史部所属八位太守所乘之安车(原报告均称为轺车)。[2] 汉画中此类安车的例证颇多,多属于较高等级的车乘,其中对于驾四匹马的车,文献中称为"安车驷马"或"高车驷马"。《汉书·于定国传》:"上乃赐安车驷马、黄金六十斤……谥曰安侯。"《汉书·张禹传》:"为相六岁,鸿嘉元年以老病乞骸骨,上加优再三,乃听许。赐安车驷马,黄金百斤,罢就第。"《水经注·江水》:"司马相如将入长安,题其门曰:不乘高车驷马,不过汝下也。[3] 后入邛蜀,果如志焉。"轺车多属于小车、轻车,汉画中的坐乘车,特别是骖驾、驷驾之车尽管也符合"四向远望"之定义,但不宜称为"轺车",应该是清楚的。

汉画中,还有一类"四向远望"的"加幡"坐乘车。《汉书·景帝纪》:"五月诏曰:令长吏二千石车朱两幡,千石至六百石朱左幡。"颜师古注引应劭曰:"车耳反出,所以为之藩,屏翳尘泥也。二千石双朱,其次乃偏其左幡。"应劭为东汉桓帝时名臣,官至司隶校尉,有资格乘坐加幡车,其说可信。"幡"又写作"钣",《说文解字》释"钣"曰:"钣,车耳反出也。"此类"加幡车",孙机在《汉代物质文化资料图说》一书中认为幡车就是一种轺车,"比轺车只增加了一对车耳,车耳是装在车舆上部

---

[1] 内蒙古自治区文物考古研究所:《和林格尔汉墓壁画》,文物出版社,1978年。
[2] 榆林市文物保护研究所、榆林市文物考古勘探工作队:《米脂官庄画像石墓》,文物出版社,2009年。
[3] 今按:此处的高车非立乘高车,而是高大之车的意思。

用以遮住车轮顶部的挡泥板,多呈长方形,外侧有垂下的边板",并指出山东沂南画像石墓中室西壁与北壁东段横额的车马出行图中墓主所乘主车,(图22-6)以及四川成都扬子山2号墓车马过桥画像砖上一辆车的形象都是輨车。[1] 其后,于炳文的《汉代朱輨轺车试考》一文作了更为详尽的论证,并进一步举证河北安平逯家庄壁画墓中室西壁车马出行图中一坐乘车左边车轮上方的挡泥板为赤朱色,右侧则毁泐不清;河南荥阳苌村东汉壁画墓车马出行图中,榜题"北陵令时车"为"朱左輨轺车","巴郡太守时车"为"朱两輨轺车"。[2](图22-7)孙机、于炳文关于"加輨车"的考释精

图 22-6 沂南汉画像石墓中室西壁加輨车(安车坐乘)

图 22-7 荥阳苌村东汉壁画墓之朱輨车(安车坐乘)

(转引自于炳文论文之附图)

---

[1] 孙机:《汉代物质文化资料图说》,文物出版社,1991年。本文所引沂南汉画像石墓资料参见曾昭燏、蒋宝庚、黎忠义:《沂南古画像石墓发掘报告》,文化部文物管理局出版,1958年。
[2] 于炳文:《汉代朱輨轺车试考》,《考古》1998年3期。又参见:郑州历史文化丛书编辑委员会编:《郑州古墓壁画精选》,香港国际出版社,1999年,78、79页彩图。

准,已为学界所公认。然而,汉画中,这类车均属于高级官吏所乘,因而称为"加轓轺车"未必妥当,应为"加轓安车"。汉代铜镜铭文中也有关于车耳(车轓)的描述。朱剑心著《金石学》第二编《说金》录有汉许氏镜1面,铭曰:"许氏作竟自有纪,青龙白虎居左右,圣人周公鲁孔子,作吏高迁车生耳,郡举孝廉州博士,少不努力老乃悔,吉。"从铭文看,当为东汉车马画像镜。朱剑心注曰"车生耳"者,《汉官仪》引古语云"仕宦不止车生耳"也。[1] 这种"加轓"之车,从汉画榜题看,乘坐者官位从六百石、千石县令级,到二千石郡太守级。从功能看,设置"车耳",目的是"翳尘泥也"。车耳的设置可能在先秦就已出现了,汉景帝时只是将车耳涂抹上醒目的红色,以区分等级,即所谓"朱左轓""朱两轓",这一制度为东汉所继承。前引《续汉书·舆服志》记载:"皇太子、皇子安车画轓……公、列侯安车黑轓";"中二千石、二千石皆皂盖朱两轓。其千石、六百石,朱左轓。轓长六尺,下屈广八寸,上业广尺二寸,九文,十二初,后谦一寸,若月初生,示不敢自满也"。所谓"轓长六尺、下屈广八寸,上业广尺二寸",正符合车耳的形制及尺寸。按汉尺约23厘米计算,轓长六尺为1.38米;下屈宽0.184、上宽0.276米。车耳长度达到1.38米,也就是说,这类车所见尽管多为一驾或两驾之马车,但总体上车的尺寸较大,显而易见,不属于小车、轻车之属。总而言之,"加轓车"属于高等级官吏所乘之车,如将其称为轺车,则与两汉舆服等级制度不符。

纵观中国古代车制发展史,就车驾而言,先秦两汉皆以驾马为荣,魏晋南北朝则以牛车为主;就乘车方式而言,先秦多为立乘,两汉则立乘、坐乘兼而有之。立乘为轺车(也称立车、高车),坐乘为安车(主要指无遮蔽的"四向远望"之坐乘车,但有衣蔽的坐乘辎軿车有时也称为安车辎軿)。不过,从文献记载看,"轺车"之名多见于《史记》《汉书》,而《后汉书》少见,记载"轺车"的汉简也多为西汉简。换言之,"轺车"多见于西汉时期,东汉少见。与文献记载一致,东汉时期的画像石、画像砖、壁画之车马出行图中,立乘的"轺车"也已少见,而坐乘的"安车"则极为普遍。文献记载与汉画图像所显示出的高度一致性,也有助于说明"轺车为立乘、安车为

---

[1] 朱剑心:《金石学》第二编《说金》,商务印书馆,1940年。

坐乘"之解读是有依据的。也就是说,随着社会的发展、技术的进步,至东汉时期,即便在民间,立乘的"轺车"也可能逐步被更为舒适的坐乘之"安车"所替代,而车辆之大小、装饰的豪华程度,才是舆服等级区别的主要特征。

二、"辎车"与"軿车"

"辎车"与"軿车"在汉画车马出行图中常见,但早年一些学者因受《释名·释车》所谓"辎车,载辎重卧息其中之车也。辎,侧也,所载衣物杂侧其中之车也"解释的影响,遂将一种载货的卷棚大车释为辎车。[1] 幸好,除了文献有载外,壁画、画像石中有榜题及图像可证。从文献记载及汉画看,辎车与軿车均为有衣蔽的马车,但这两类车形态颇为相似,如何区别则有不同说法。下面,参照文献及汉画试为解析。

何为辎车?何为軿车?《说文·车部》释"辎"曰:"軿车,前衣车后也,从车,甾声。"又释"軿"曰:"辎车也,从车,并声。"现存《说文解字》(参见《钦定四库全书》本)这段话的意思不够清楚,可能因传抄错简漏字所致,段玉裁《说文解字注》依据古书注引而有所订补:

> 《说文》释"辎"曰:"辎軿,衣车也。"段注:"五字,依定九年《左传正义》所引。衣车,谓有衣蔽之车,非《释名》所云所以载衣服之车也。"《仓颉篇》曰:"軿,衣车也。《霍光传》曰:昌邑王略女子载衣车。李善《二京赋》注引张揖云:辎重,有衣车也。《左传》:阳虎载葱灵。杜曰:载葱灵,辎车名。贾逵曰:葱灵,衣车也。有葱有灵。"
>
> 《说文》释"軿"曰:"軿,车前衣也,车后为辎。"段注:"九字,依《文选》任彦升策秀才文、刘孝标《广绝交论》二注所引。前有衣为軿车,后有衣为辎车,

---

[1] 参见:林巳奈夫:《汉代の文物》,京都大学人文科学研究所,1878年;刘志远、余德章、刘文杰:《四川汉代画像砖与汉代社会》,文物出版社,1983年;吴曾德:《汉代画像石》,文物出版社,1984年。

上文浑言之,此析言之也。輧之言屏也,辎之言载也,二篆互文见义,辎亦有蔽,輧亦可载,故每浑言不别。《列女传》齐孟姬曰:立车无輧,非敢受命。此輧为蔽前之证也。《释名》曰:輧车,四面屏蔽,妇人所乘。云四面未谛。又曰:有邸曰辎,无邸曰輧。邸如四圭,有邸之邸,读如底。《宋书·礼志》引《字林》:輧车有衣蔽,无后辕,其有后辕者谓之辎。刘昭注《舆服志》引同,而夺四字。有后辕无后辕即有邸无邸之说。此于前衣后衣之外,别为一说。"

上引《说文解字》段玉裁注及所引诸家之说已将"輧车"与"辎车"的异同讲得比较全面。综合诸说可知:汉代的辎车与輧车的形制相似,即同为有衣蔽之车。正因为如此,《说文》将辎輧连称、辎輧互解,段注所谓浑言之可视为同一类车,析言之则有所区别。关于辎车、輧车之异同,容后讨论。这里先看汉画中有榜题之"輧车"与"辎车"例证。

内蒙古和林格尔汉墓壁画"从繁阳迁度居庸关"出行图下层中车[1]榜题:"夫人輧车从骑。"该车为前侧视图,尽管漫漶不清,但为有衣蔽之车无疑。(图22-8)

图 22-8 輧车
(内蒙古和林格尔东汉壁画墓)

汉画像石的车马出行图中,尚未发现有榜题的輧车,但 20 世纪 70 年代发掘的

---

[1]《和林格尔汉墓壁画》图33、图版第83页下。

山东苍山县城前村元嘉元年画像石墓长篇题记刻铭中提到了"軿车"。铭曰:"使坐上,小车軿,驱驰相随到都亭,游徼候见谢自便,后有羊车像其□,上既圣鸟乘浮云。"经与该墓所配置的画像石对照研究,此段题记描写的是"前室东壁横额车马出行图",其中的马车即为铭文中的"小车軿",亦即"軿车"。该马车大体为正侧视图,车舆之前有御者,驾一马,曲辀,幔盖,有衣蔽,车侧有窗,可见乘车者。(图22-9)[1]

图22-9 軿车
(山东苍山县城前村元嘉元年画像石墓)

关于"辎车"图像。20世纪50年代初傅惜华编著的《汉代画像石全集》(简称《全集》)收录了山东嘉祥县(具体地点不详)一块画像石(《初编》第197图),其中一车旁有隶书二字,《全集》释为"辎重",不确,应为"辎车",车字最下一横笔为划痕,若是重字,申上部应有二横笔,细审只一笔,且可看出中竖笔出头,此字释车字无疑。另辎字右半亦沥,写法与山东银雀山汉简写法相似。该车为前侧视图,单驾马,曲辀,幔盖,有衣蔽。[2](图22-10)

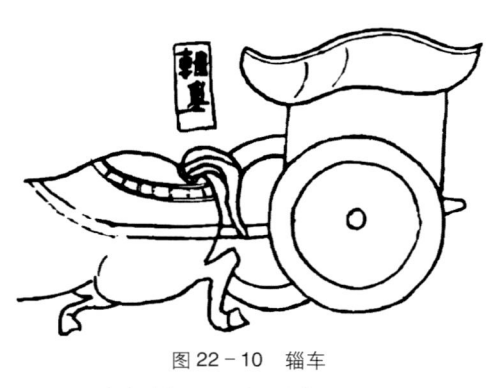

图22-10 辎车
(山东嘉祥《汉代画像全集》初编197图)

---

[1] 山东省博物馆、苍山县文化馆:《山东苍山元嘉元年画像石墓》,《考古》1975年2期。关于"幔盖",《说文·巾部》释"幔"曰:"衣车盖也。"段注:"衣车,上文之辎軿是也。"
[2] 傅惜华(法国巴黎大学北京汉学研究所):《汉代画像全集》(初编、二编),商务印书馆,1950、1951年;学苑出版社影印版,2014年。

从汉画具有榜题或铭刻文字的辎车、辒车图像看,二者的确很相似,即均为有衣蔽的马车,这与文献记载是一致的。然而,这两种车尽管形态相似,但仍属于两种车,按照文献记载,二者的区别可归纳为如下几点:

其一,乘坐者男女不同。辎车多为妇人所乘,《续汉书·舆服志》:"长公主赤罽辎车,大贵人、贵人、公主、王妃、封君油画辎车。"前引和林格尔汉墓壁画"夫人辎车从骑"即为妇人所乘。辒车多为男子所乘,《史记·淮南王传》:"于是乃遣淮南王,载以辒车,令县以次传。"又《后汉书·桓荣传》:"即拜佚为太子太傅,而以荣为少傅,赐以辒车、乘马。"此类记载颇多,不赘引。

其二,同为衣车,但有无前衣蔽不同。按照《说文》的解释:"辎,车前衣也,车后为辒。"段注:"前有衣为辎车,后有衣为辒车。"这一说法,初看好像不大好理解,但参照其他文献记载以及汉画实图观察,便可明白《说文》只是一种省略的说法。《释名》曰:"辎车,辎屏也,四面屏蔽,妇人所乘牛车也。"刘向《列女传》齐孟姬曰:"立车无辎,非敢受命。"段注谓:"此辎为蔽前之证也。"也就是说:辎车前后皆有衣蔽,辒车前无衣蔽,而后有衣蔽,至于两类车的车侧衣蔽不可或缺,无须言明。例如:孝堂山石祠西壁车马出行图后二车为"辎车"画像,乘坐者面对面相视而坐,驭手在车前衣蔽之外,显然表明前后皆有衣蔽,只不过为了表现车内乘坐者,正侧视图将车侧的衣蔽省略了。(图22-11)

沂南汉画像石墓中室上横额东段车马出行图第二辆车,报告称:"有帷,前有垂帐,御者坐在前面,乘车的人看不见,可能是妇女。"此车为前侧视图,前有衣蔽,未见后邸,或为辎车,但原报告称之为辒车。[1] 此车究竟为辎车还是辒车仍存疑问。[2](图22-12)

辒车是否前有衣蔽?前引山东嘉祥榜题"辒车"画像(参见图22-10),因发表的线图不清,无法判断有无前衣蔽,而大量的汉代壁画、画像石多因图像漫漶不清,或受制于图像表现角度、细节及技法,这类车有无前衣蔽多难以判断。然而,四川

---

[1] 南京博物院、山东省文物管理处合编(曾昭燏、蒋宝庚、黎忠义合著):《沂南古画像石墓发掘报告》,文化部文物管理局出版,1958年。
[2] 《沂南》拓片第39幅,图版102页(5)辒车线描图。

图 22-11　孝堂山石祠西壁"辎车"画像

图 22-12　沂南汉画像石墓中室上横额东段

出土的多块汉代"辎车"画像砖则清楚地表明,这类车的前面的确没有衣蔽。例如1975年成都市土桥曾家包出土的辎车画像砖:幔盖,衣车车舆内坐乘二人,左为御者,右为主人,车前无衣蔽。[1]（图 22-13）类似的画像砖还见于1953年成都扬子

---

[1] 成都市文物管理处:《四川成都曾家包东汉画像砖石墓》,《文物》1981年10期;中国美术分类全集:《中国画像砖全集·四川汉画像砖》(原图三十八),四川美术出版社,2006年。

图 22-13 辎车画像砖

（1975 年成都市土桥曾家包汉墓出土）

图 22-14 洛阳朱村东汉壁画墓车马出行第五车（辎车）

山 2 号墓以及 1959 年四川彭州市汉墓等多个地点。[1] 关于四川出土的这类"辎车"画像砖，过去多认为车内乘坐者为妇人，其实，仔细审视并不能肯定为妇人。该坐乘者手持便面，而汉画中手持便面者多为男性。而按照礼仪，大多数情况下妇人应当乘坐前有衣蔽的軿车才是。壁画墓中，与四川"辎车"画像砖相似者，如洛阳朱村东汉壁画墓车马出行第五车，其车舆外为深褐色，内为灰白色，前无衣蔽，但车内未见乘坐人。（图 22-14）总之，将《说文》"軿，车前衣也，车后为辎"理解为"軿车前有衣蔽（四面衣蔽）、辎车前无衣蔽（其他三面衣蔽）"应大致不误。軿车主要为妇女所乘，需要四面屏蔽；而辎车多为男子所乘，车前无须屏蔽。

其三，有邸无邸不同。《释名》："有邸曰辎，无邸曰軿。"[2]《字林》亦曰："軿车有衣蔽，无后辕，其有后辕者谓之辎。"段注："有后辕无后辕即有邸无邸之说。"孙机所著《汉代物质文化资料图说》即支持该说法。[3] 从车的使用功能角度看，《释名》及《字林》的说法有一定道理。文献中，常将"辎车"与"辎重"联系起来。张衡《东京赋》："终日不离其辎重。"李善注引张揖曰："辎重，有衣车也。"也就是说，辎车具有载物之功能。如此，辎车在载重的情况下，下陡坡时后面的"邸"（柢）则可曳地摩擦，具有缓冲降速的功能，这与载货大车有后邸相似，从而保证车辆的安全。从汉画看，前引山东嘉祥画像石榜题"辎车"者，（参见图 22-10）以及山东福山县东留公"辎车"画像石，车后均有一段突出部分向后延伸，当为"邸"或"后辕"。（图 22-15）与之不同，前引山东苍山县城前村元嘉元年画像石墓"軿车"画像，（图 22-9）以及前引孝堂山石祠西壁两辆軿车

图 22-15　福山县东留公画像石（辎车）

---

[1] 重庆市博物馆：《四川汉画像砖选集》，文物出版社，1957 年，图 19。
[2]《尔雅·释器》："邸谓之柢。"郭璞注："根柢皆物之邸，邸即底。"《说文解字·木部》："柢，木根也。"
[3] 孙机：《汉代物质文化资料图说》，文物出版社，1991 年。

画像,(图 22－11)车后均无这样的突出延伸物,即无后邸。

然而,要想从汉画中清楚地区分车前有无衣蔽、车后有无邸,以及乘坐者是男是女,都是困难的。究其原因有三:一是由于绘画角度及技法限制,或者图像保存状况不佳,很难清楚区分它们之间的差别;二是因为画师及石师水平参差不齐,且汉画多为写意,可能并不注重表现车辆的细节;三是辎车与軿车有逐渐融合的趋势,即文献中常见辎軿联称、辎軿互解。这样一来,二者的区别就不那么清楚了。[1] 例如,前引四川汉画像砖以及洛阳朱村东汉壁画墓之辎车,无前衣蔽,但也没有后邸。而前引沂南汉画像石墓中室上横额东段车马出行图第二辆车,(参见图22－10)为前侧视图,前有衣蔽,与軿车同,但未见后邸。

这里需要提及的是:汉代画像石车马出行行列中,常见一种正侧视图,上有幔盖,侧有衣蔽,总体上应属于辎軿车类。这类车大体以车轮中轴为界,侧视前半及后半皆有衣蔽,或仅后半有衣蔽,如山东滕县庄里画像石下层车马出行图:左前行第一、三车驾四马或三马,侧视前半后半皆有衣蔽,驭手不可见;第二、四、五车,驾一马或二马,大体以车轮中轴为界,车侧后半有衣蔽,舆前可见驭手驾车。[2](图 22－16)又如临沂吴白庄中室北壁横额画像石车马出行图分上下层,下层三辆车,从左向右分别为两辆安车、一辆轩车;上层四辆车:一辆安车、两辆衣车、一辆辇车。其中的两辆衣车,以车轮中轴为界,侧视图前半后半皆有衣蔽。(《山东》图 577,本书图 22－17)又如滕县西户口画像石下层三辆车,侧视图显示车轴后

图 22－16　滕县庄里画像石下层车马出行图

---

[1] 如《说文》释"辎"曰:"辎軿,衣车也。"又如《汉书·张敞传》记载:"礼,君母出门则乘辎軿,下堂则从傅母,进退则鸣玉佩,内饰则结绸缪。"
[2] 山东省博物馆、山东省文物考古研究所:《山东汉画像石选集》(以下简称《山东》),齐鲁书社,1982年,图 323。该图录称:前一辆车为驷马安车、后四辆车为辎车。

图 22-17　临沂吴白庄中室北壁横额画像石车马出行图

图 22-18　藤县西户口画像石下层车马出行

半有衣蔽，前半无，可见御者。（参见《山东》图 217，图录称为三辆辎车，本书图 22-18）类似的例证还有许多。这两种车型明显不同，该如何解释？笔者早年在论文中曾将藤县庄里画像石下层车马出行（参见图 22-16）的第一、三车称为軿车，第二、四、五车称为辎车。然而，今经再考察，未敢肯定。首先，藤县西户口画像石下层第一、三车，以及吴白庄中室北壁横额画像第二、三车，侧视图与孝堂山石祠西壁"軿车"（图 22-11）画像类同，属于軿车大致不误，然而藤县庄里画像石下层第二、四、五车是否一定就属于辎车，却不能肯定。这是因为：前引山东苍山县城前村元嘉元年画像石墓之軿车，（参见图 22-9）以及前引沂南汉画像石墓中室上横额东段车马出行图第二辆车，（参见图 22-15）从正侧视图看，大体上前半无衣蔽而后半有衣蔽，且两辆车均无后邸，而山东苍山县城前村铭文明示为軿车。从

这些例证看，前述辎车、辒车的区别并没有那么绝对。因此，类似山东藤县庄里画像石下层车马出行侧视图（参见图 22-16）两种不同的表现形式，也可能属于辒车的不同形态，或者只是为了显示御者的存在而作为一种特别的绘画技法表达而已。总之，东汉后期辎辒车很可能已经相混，以至于在汉画中何为辎车、何为辒车，在诸多场合下其实已很难清晰区分，这或许正是《说文解字》将辎辒连称、辎辒互解的原因吧。因而，将这类车称为辎车或辒车均可，或者直接称为"辎辒车"也是可以的。

三、"轩车"与"辈车"

汉代画像石、壁画中，经常见到一类带有伞盖、车舆两侧竖两块屏板的车辆。此类车在汉画像石中多以前侧视或正侧视出现，与辎车、辒车的明显不同在于伞盖与屏板间隔较宽且不连接，明显可见承托伞盖的车杠。例如：山东安丘县王封画像石。[1]（《山东》图 540 上层，本书图 22-19）又如山东藤县龙阳店画像石下层车马出行。（《山东》图 250 下层，本书图 22-20）这类车，早年一些考古简报、报告

---

[1]《山东安丘汉墓发现的石刻》，《文物参考资料》1955 年 3 期。又参《山东》。

图 22-19　安丘王封"轩车"画像石

图 22-20　藤县龙阳店画像石

曾释为轺车有屏,或混同于辎车、耕车。林巳奈夫所著《汉代的文物》释为"轩车",已被学界普遍认可。[1]

《说文·车部》:"轩,曲辀藩车也,从车,干声。"段注:"谓曲辀而有藩蔽之车也。"轩车在春秋战国时就已经出现了。《左传》定公九年:"与之犀轩。"孔颖达疏:"大夫以上乘轩矣。"《庄子·让王》:"子贡乘大马,中绀而表素,轩车不容巷,往见原宪。"《左传》闵公二年:"卫懿公好鹤,鹤有乘轩者。"杜注:"轩,大夫车。"孔颖达疏引服虔云:"车有藩曰轩。"藩,《说文·草部》:"屏也。"段注:"屏蔽也。"古文献中,藩往往含有屏蔽之意。《左传》昭公二十六年:"并建母弟,以藩屏周。"《史记·太史公自序》:"蕃屏京师。"(按:蕃即藩字之省)。轩车之藩,或以席,或以皮革为

---

[1] 林巳奈夫:《汉代の文物》,京都大学人文科学研究所,1878年。

之。《周礼·地官·司徒》:"漆车藩蔽。"郑注:"漆车,黑车也。藩,今时小车藩,漆席以为之。"《左传》闵公二年:"归夫人鱼轩。"杜注:"鱼轩,夫人车。以鱼皮为饰。"又《左传》定公九年:"与之犀轩与直盖。"杜注:"犀轩,卿车;直盖,高盖。"孔疏:"犀轩当以犀皮为饰也。"张衡《东京赋》:"乘轩并毂。……鸾旗皮轩。"李善注:"属车有藩者曰轩。……皮轩,以虎皮为之。"轩车或可称为藩车。《左传》襄公二十三年:"以藩载栾盈及其士。"杜注:"藩车之有障蔽者。"《汉书·游侠传》:"始(陈)遵初除,乘藩车入,闾巷。"颜注:"藩车,车之有屏蔽者。"需要说明的是,前引安车中有一种加"輤"的车,《说文·车部》:"輤,车耳反出也。"《汉书·景帝纪》及《续汉书·舆服志》称之为"輤",属于安车之车耳,前已辨明。也就是说,在车制中,輤、藩各有所指,不能随便相通,前人注释中或有混淆是不对的。

汉画像石、画像砖、壁画的车马出行图中,还有一类驾马、双辕、卷棚的车,往往排在安车、輜车或辎车之后。如沂南汉画像石墓中室北壁上横额东段最后一辆车:双辕略上弯,辕作树枝状。车舆较长,上施卷棚。(《沂南》图版伍拾、拓片第 39 幅,本书图 22 – 21)[1]又如福山县东留公画像石后一辆车(《山东》图 585,本书图 22 – 22),以及前引临沂吴白庄中室北壁横额画像石车马出行图下层最后一辆车。(参见图 22 – 17)此类车在车马出行图中,往往排在最后,或一辆或两辆,有的为直

图 22 – 21 辇车

(沂南汉画像石墓中室北壁上横额东段)

---

[1] 南京博物院、山东省文物管理处合编(曾昭燏、蒋宝庚、黎忠义合著):《沂南古画像石墓发掘报告》,文化部文物管理局出版,1958 年。

辕,不作树枝状。此类车,以前有释为辎车、大车或棚车者。[1] 此不当释辎车,辎车为衣车,前已究明。释为"棚车",大约是以形命名,不确。释为大车,基本可从,但释"辇车"当更确切。例如:甘肃武威雷台东汉墓出有铜辇车模型三辆、驾马三匹、将车奴三人、从婢四人。[2] 铜辇车形制:双辕,作带刺的树枝状,略向上弯伸,两轮高大,车舆长方形,后方设有板门,一扇可以启闭。舆外两侧面附有穿环,内壁面有织物残迹。(原报告图七、图版陆:3)三辆铜辇车所驾三匹马的胸前阴刻隶书铭文:

冀张君夫人辇车马,将车奴一人,从婢一人。 （原报告95页、图六:3）
守张掖长张君前夫人辇车马,将车奴一人,从婢一人。

（原报告图版肆:2左,图版陆:2）

守张掖长张君后夫人辇车马,将车奴一人,从婢二人。

（原报告95页,图六:6）

这三辆辇车的车辕均作树枝状,正与汉画中此类车相同。车舆部分,因舆外两侧面附有穿环,内壁面有织物痕迹,故可知原施有卷棚之类遮蔽。又前引和林格尔汉墓壁画,夫人軿车从骑后随两车:双辕直,单驾马,车舆上施卷棚,榜题"辇车"二字。[3] 内蒙古自治区托克托县汉墓壁画中也有类似的车,榜题"辇车一乘"。[4] 所谓辇车,《说文·车部》释"辇"曰:"大车驾马者也。"《周礼·地官·司徒》:"与其辇輂。"郑注:"辇,驾马;輂,人挽行。所以载任器也。"孔疏:"辇,驾马,所以载辎重。"又《史记·淮南衡山列传》:"以辇车四十乘反谷口。"裴骃《集解》引徐广曰:"大车驾马曰辇。"今从汉画观之,辇车与大车不仅仅是驾马或驾牛的不同,其车舆

---

[1]《沂南汉画像石墓》释为大车;刘永远、吴曾德、林巳奈夫等释为辎车;《山东》《徐州》两书多未释。
[2] 甘肃省博物馆:《武威雷台汉墓》,《考古学报》1974年2期。
[3] 内蒙古自治区文物考古研究所:《和林格尔汉墓壁画》,文物出版社,1978年。
[4] 罗福颐:《内蒙古自治区托克托县新发现的汉墓壁画》,《文物参考资料》1956年9期。该车位于右室后壁,即图八自左数第二辆车。此图不太清晰,可参见林巳奈夫《汉代の文物》。

图 22-22 福山东留公车马出行画像石（安车、辎车、辇车）

图 22-23 临沂吴白庄汉画像石
（《山东》图 364）

形态也有一定差别,辇车有卷棚,大车一般无。辇车的主要功用是载物,所以在汉画像石和壁画中常排在车马出行图最后。如前引福山东留公车马出行画像石后一辆车,(参见图 22-22)临沂吴白庄汉画像石车马出行图下层最后一辆车皆为辇车。(图 22-23)

以上,仅就汉画常见的车子,根据其形制分别辨证其名。但汉代的车名较为复杂,实则往往同一种车所指不同,称谓亦异。以形别之,如前述轺车、辎车、軿车、轩车、辇车等。以衣蔽装饰而言,有衣车、帷车、容车等,实则辎车、軿车、轩车之类。又有青盖车、墨车、朱斑轮车等,皆因局部装饰不同而得名。以大小别之,从大的方面讲:小车曲辀乘人,大车直辕载货。轺车、轩车、辎车、軿车均可视为小车,然所谓小车之中亦有大小、轻重之分。大车者,牛拉谓大车,马驾曰辇车。此外,役车、柴车、栈车皆指大车。以所驾不同,又有牛车、犊车、羊车、鹿车等。以乘坐形式不同,有立乘、坐乘之分。立乘为轺车,又称立车、高车,坐乘为安车,而辎车、軿车亦属于坐乘安车。凡此种种,《释名》《说文》已有解读,此不赘述。

[笔者早年在《文物》杂志发表了《汉画所见汉代车名考辨》一文(《文物》1989年 3 期)。后发现该文一些观点有误,而学界亦未认识到,便撰写了《轺车新考》一文(《中国美术研究》第 44 辑,2023 年 1 月),该文对前一篇文中有关"轺车与安车"提出了新认识。今将两文合并,作了文图改写、增补,添加了小标题,改名为《汉画车名新考》,特此说明。]

23
略论中国古代的分封制
—— 以周秦汉时代为例

中国古代自西周"封建诸侯"以来,历朝历代尽管分封的实质与内容有很大的不同,但一直未中断。有关分封制的历史功过,前人早有评说,赞者有之,贬者更不乏其人。然而,分封作为中国古代统治者始终不肯放弃的一种治国制度,必有其存在的价值与理由。但面对分封这一贯穿中国古代始终的历史现象,似乎很难给予统一的功过评价,或许只能回归到某一特定的历史时期及特定的环境中,才能得出较为适度的评判。

一、周代分封制是上古时期特定历史条件下的自然选择

周灭商后,面对一个较原有国土面积大数十倍、人口多数十倍的新王朝,如何进行有效的管理,必然成为摆在统治者面前的最大问题。以周公为代表的有识之士,制定了"众建诸侯,以藩屏周"的基本国策,即采用了一整套架构较为严密的"分封制",并辅以周礼,使得周王朝延续了将近800年。尽管到了东周时期,被分封的诸侯大国崛起,周天子的权力逐步旁落,但数百年间,周室仍维持着天下共主的地位。由此可见,分封制于周王朝可谓举足轻重。

周王朝选择分封制,其实是历史的必然。简单归纳,主要有如下几点:

1. 周灭商,并非姬姓一族所能为之,而是以姬姜联盟为核心,联合庸、蜀、羌、髳、微、纑、彭、濮等众多部族,才最终战胜了较周族远为强大的商族。因而,实行分封制则可兼顾各方利益,有利于王朝的稳定。

2. 分封并非周王朝首创,夏商时代早已有之,如周文王即被商王朝封为"西伯

昌"。但西周王朝分封制实施的力度与广度远大于夏商。

3. 由于国土面积广袤,人口数量相对众多,交通严重闭塞,各地文化差异巨大,采取以周天子为天下共主的分封制,实行分而治之,实乃当时的最佳选择。

4. 周代属于以血缘为纽带的宗族制社会,地缘政治尚不发达,所分封的大小诸侯也以族群、姓氏为单元。所以说,周代分封制与当时社会发展阶段性相适应。例如,晋国分封,"启以夏政,疆以戎索",叔虞虽封于夏墟,但此处的"夏政"非夏朝政治。周人自命夏人,这里的"启以夏政"即贯彻执行周朝的大政方针;"疆以戎索"则是基于山西境内人口成分的特点提出的。在晋南,一方面晋中南是(陶)唐、虞、夏后、夏四代王畿之地,四朝遗民很多;另一方面戎狄遍布、习俗各异,特别是"怀"即"隗",源于古之大隗氏、魁隗氏,为炎帝后裔。黄帝时称蚩尤,后称赤狄,即商时之鬼方,太行山西侧多有分布。晋国分封,实质是为了更有效地管理这块土地。

《汉书·诸侯王表》：

> 昔周监于二代,三圣制法,立爵五等,封国八百,同姓诸侯五十有余。周公、康叔建于鲁、卫,各数百里;太公于齐,亦五侯九伯之地。

周代分封并不重同姓子弟,所分封异姓封国远多于同姓。异姓封国中,还"封商纣子禄父殷之余民"及前代圣王之后裔。周代的分封制有一整套较为完整的架构,其核心是"周礼",所分封的诸侯以"公、侯、伯、子、男"五等爵制定尊卑,华夏与蛮夷则区分为"邦内甸服,邦外侯服,侯卫宾服,夷蛮要服,戎翟荒服"。甸服者祭,侯服者祀,宾服者享,要服者贡,荒服者王。日祭,月祀,时享,岁贡,终王,整齐有序。如此,有效地保证了新政权的稳定,达到了"众建诸侯,以藩屏周"的目的。

中国古代统一的多民族国家的最终形成以秦汉帝国为标志,但这种大一统并不是一蹴而就的,而是经过了漫长的发展过程。周代分封制以周天子为天下共主,通过祭祀、朝贡、册封、赏赐、通婚、聘享、盟会、移民等形式,各诸侯国与中央王朝、各诸侯国之间,彼此保持着较为密切的联系,从而带动了文化的交流乃至族群的融合。从考古发现看,周代文字尽管在各诸侯国间有所差异,但语法、字形基本相似,由此对此后语言的发展有深远影响;以用鼎制度为核心的周礼在各个诸侯国中普遍实行;以青铜器和陶器为代表的反映物质生活基本层面的器物,在诸侯国中有较高的相似度,甚至影响到更为边远的地带。简而言之,有周一代尽管各诸侯分国自治,但在相当长的历史时段中,中央王朝的权威性是存在的,在文化上的影响力则更不容忽视。因而从某种意义上说,周代第一次统一了中国。诚然,分封制是一把双刃剑,分封制存在着与生俱来的缺陷,东周时期天子弱化,诸侯纷争,这种分裂局面的发生是迟早的事。

二、秦不分封既使秦国壮大,又是帝国速亡的原因之一

秦本为东方夷族,后迁徙至甘肃东南部一带。秦非子为西周孝王养马有功,分土为附庸,至秦襄公时有功于周室,被周平王封为诸侯。此后,秦国不断发展壮大,最终灭掉其他诸侯大国,建立了地域广大的秦帝国。纵观东周一代,列国以"封君"为特点的分封制是比较发达的,而唯有秦国很少分封,特别是绝少分封子弟。东周列国的(封君)分封制,最终造成公室卑而政出私门。如晋国六卿专权后分裂为韩赵魏三国,而齐国最终为田氏所代。其他诸侯大国尽管没有发生政权更迭的情况,但也造成国力分散,不能有效集中国家人力、财力应对诸侯纷争的局面。相反,遍查史书,我们见到秦国很少分封,特别是极少见有对子弟的分封。从考古发现看,东方列国除了国君的墓葬规模庞大外,高等级贵族(许多属于封君)的墓葬规模也很大。而秦国除国君墓葬外,一般为中小型墓,很少发现大型墓,这正是秦国中央集权发达的表现。秦国不实行分封,有效地维持了政令自君主出,能够集中物力、财力应对诸侯纷争,这也是秦国发展壮大最后能够统一的原因之一。然而,秦帝国只维持了短短15年。那么,秦帝国为何如此快地灭亡了呢?诚然,秦帝国灭亡最主要的原因是其实行暴政,但不分封子弟也可能是其原因之一。秦统一后,是否实行分封,曾有过一场争论,秦始皇最终采纳了李斯的建议,分天下为郡县治理之。然而,最后还是应了博士齐人淳于越的预言,当秦帝国分崩离析时,众叛亲离,无人相救。汉书《诸侯王表》曰:

> 秦据势胜之地,骋狙诈之兵,蚕食山东,壹切取胜。因矜其所习,自任私知,姗笑三代,荡灭古法,窃自号为皇帝,而子弟为匹夫,内亡骨肉本根之辅,外亡尺土藩翼之卫。陈、吴奋其白挺,刘、项随而毙之。故曰,周过其历,秦不及期,国势然也。

此评价虽有过激,但其中讲到秦不分封是其迅速灭亡的原因之一,也不无道理。

三、西汉前期大封王侯与西汉后期大削王侯均矫枉过正

西汉王朝吸取秦帝国迅速崩溃的历史教训,实行郡县制与分封制并行的政治架构。刘邦封异姓诸侯王非其本意,而是形势所迫,但大封同姓诸侯王则是其治国方略。

秦亡之际,天下大乱,诸侯蜂起,刘邦只是其中之一,后被项羽封为汉王,都汉中。项羽完全恢复了旧的分封制,此可谓历史倒退,也埋下了诸侯纷争的祸根。后刘邦定三秦,与项羽展开了数年的楚汉战争。早在楚汉相争期间,刘邦迫于形势,封韩信为齐王。刘邦战胜项羽,是与其他诸侯国联合共同抗击的结果。因而,诸侯尊汉王为皇帝,原分封的诸侯国自然要保留,这是不得已而为之的。汉初刘邦采用各种手段迅速剪灭了异姓诸侯王,仅吴姓长沙国得以保留了较长一段时间。刘邦曾与大臣盟誓"非刘氏不得王"。吕后当权,曾封诸吕为王,但只是昙花一现。刘邦乃至后继皇帝大封同姓诸侯王,是西汉统治者吸取秦帝国迅速灭亡的教训而采取的举措。诚然,刘邦也很清楚分封制可能埋下国家分裂的祸根。于是实行郡国并行的治国方略。问题是,刘邦以为剪除异姓王、大封同姓诸侯王则可高枕无忧,因而在封同姓诸侯王时毫不吝啬,以至于诸侯大国"夸州兼郡,连城数十,宫室百官,同制京师"。汉初诸侯王不仅封地广大,而且兼有政治、经济、军事大权,由而造成尾大不掉,最终酿成吴楚七国之乱。汉景帝平定叛乱后,剥夺了诸侯王的行政、军事大权,"惟得衣食租税,不与政事"。汉武帝采纳主父偃之策,下"推恩令",此后诸侯国日益缩小和衰弱。以至于西汉末年,王莽篡汉,一纸檄文,各诸侯王纷纷缴

械投降,"传檄而定天下"。由此可见,无论是西汉前期大封诸侯,还是西汉后期大削诸侯,均矫枉过正。班固在《汉书·诸侯王表》中有过中肯的评述:

> 汉兴之初,海内新定,同姓寡少,惩戒亡秦孤立之败,于是剖裂疆土,立二等之爵。功臣侯者百有余邑,尊王子弟,大启九国。……诸侯比境,周市三垂,外接胡越。天子自有三河、东郡、颍川、南阳,自江陵以西至巴蜀,北自云中至陇西,与京师内史凡十五郡,公主、列侯颇邑其中。而藩国大者夸州兼郡,连城数十,宫室百官同制京师,可谓矫枉过其正矣。……故文帝采贾生之议分齐、赵,景帝用晁错之计削吴、楚。武帝施主父之册,下推恩之令,使诸侯王得分户邑以封子弟,不行黜陟而藩国自析。自此以来,齐分为七,赵分为六,梁分为五,淮南分为三。皇子始立者,大国不过十余城。长沙、燕、代虽有旧名,皆亡南北边矣。景遭七国之难,抑损诸侯,减黜其官。武有衡山、淮南之谋,作左官之律,设附益之法,诸侯惟得衣食税租,不与政事。至于哀、平之际,皆继体苗裔,亲属疏远,生于帷墙之中,不为士民所尊,势与富室亡异。而本朝短世,国统三绝,是故王莽知汉中外殚微,本末俱弱,亡所忌惮,生其奸心,因母后之权,假伊、周之称,颛作威福庙堂之上,不降阶序而运天下。诈谋既成,遂据南面之尊,分遣五威之吏,驰传天下,班行符命。汉诸侯王厥角稽首,奉上玺韍,惟恐在后,或乃称美颂德,以求容媚,岂不哀哉!是以究其终始强弱之变,明监戒焉。

四、东汉时期郡县治理与适度分封并行有利于政权稳定

东汉政权建立后,仍实行郡国并行的国策。从总体上讲,东汉的分封与西汉后期并没有本质的差别,所封诸侯王也是"惟得衣食租税,不与政事",即从一开始就加强了中央政权对分封诸侯王的控制。与西汉分封诸侯王相比,东汉时期的诸侯王分封也有自己的一些特点:1. 东汉封王主要集中在光武帝、明帝、章帝时期。始封王分为宗室王和皇子王两类,但宗室王逐渐被遏制。也就是说,诸侯王分封人数

有所减少。2. 封地一般较小。皇子王之间封地的大小亦不相同,这主要取决于皇子个人及其母亲的地位高低。而宗室王封地的范围远小于皇子王。章帝时对诸侯王衣食租税作了调整,封国广狭就不再具有决定意义。3. 因诸侯王犯罪,始封国的地理位置或政策的调整还导致了徙封。徙封也是中央政权对诸侯王进行控制的重要手段。[1]

总之,东汉分封制是在总结历史经验和教训的基础上进行的。东汉一代,所分封诸侯王从未对中央政权构成威胁,相反与郡县制相辅相成,保证了政权的稳定。也就是说,东汉时期分封制已经趋于成熟。东汉以后历朝历代的分封,大体上都在这一基本思路下进行的。只是在个别朝代,封王的封地和实权过大,构成了对中央政权的威胁,如清代的三藩,但这是在特定历史条件下形成的特殊现象,并不构成分封历史发展的主流。

(本文原名"略论中国古代的分封制——以周秦汉时代为例",为2018年1月在山西临汾召开的"两周封国暨晋文化考古学术研讨会"的发言稿,未曾发表。此次刊布略有修订。)

---

[1] 参见沈刚:《东汉分封诸侯王问题探讨》,《咸阳师范学院学报》2011年5期。

24
《赵正书》与《史记》相关记载异同之比较

　　北大藏西汉竹书《赵正书》是一篇已经佚失的汉代文献。赵正即秦始皇帝。《赵正书》主要内容记述从秦始皇第五次出巡之死,到秦二世继位后诛杀诸公子大臣,直至秦亡国这段历史过程中,秦始皇、李斯、胡亥、子婴的言论活动,是一篇以对话为主要内容的著作。《赵正书》的重点并不在叙述历史事件过程,而是以较大篇幅描述秦始皇临死前与李斯的对话、李斯被害前的陈词以及子婴的谏言等,篇尾有作者的感言,似为一种"以史为鉴"的叙事方式。因而,在历史事件过程的描述方面,《赵正书》远不如《史记》记载详细。《赵正书》内容与司马迁《史记》中的《秦始皇本纪》《李斯列传》《蒙恬列传》等篇的部分记载相似,有些内容可对读,但两者也有许多不同之处,有些地方甚至有重大差异。以下从几个方面比较两者之间的异同。

一、《赵正书》所反映的秦朝正统之争及秦始皇之姓氏

　　秦王赵正即秦始皇帝。《赵正书》通篇称秦王而不称秦始皇帝或秦二世皇帝,也不遵循秦王朝所规定的一些特殊用词,如皇帝死曰"崩",而直言"死"等。显然作者不以秦朝为正统,而视为七国诸侯之一。从《史记》《汉书》的记载看,汉初以北平侯张苍为代表的士大夫及六国旧贵族否认秦朝继承了周朝正朔,并按照所谓五德终始说,认为以水德替代周朝火德者是汉而不是秦,张苍的主张一度为汉朝所认可。由此表明,在西汉早期,包括原六国旧贵族后裔在内的相当一部分士人秉持这种历史观。因而,一些民间著家称始皇为秦王,不以秦朝为正统,大概带有一定的普遍性。不过,在张苍为汉丞相十余年后,"鲁人公孙臣上書曰:'始秦得水德今

漢受之，推終始傳，則漢當土德，土德之應黃龍見，宜改正朔，易服色，色尚黃。'是時丞相張蒼好律歷，以爲漢乃水德之始，故河決金堤，其符也。年始冬十月，色外黑內赤，與德相應。如公孫臣言，非也。罷之。後三歲，黃龍見成紀。文帝乃召公孫臣，拜爲博士，與諸生草改歷服色事"。（《史記·封禪書》）由此看來，文帝確立漢朝為土德，表明已經承認了秦為水德，也就是正式承認秦朝的客觀存在。此後，司马迁在撰写《史记》时为帝王立本纪，其中也包括《秦本纪》《秦始皇本纪》，明确了秦朝的正统地位。不过，王莽建立新朝，采用刘向、刘歆父子的说法，认为汉朝属于火德。汉光武帝光复汉室之后，承认了这种说法，从此确立汉朝正朔为火德，东汉及以后的史书如《汉书》《三国志》等皆采用了这种说法。但这是另外的问题。

综合考虑以上因素，再从用字、语气和语法等方面看，《赵正书》的撰写年代为西汉初期的可能性较大。并且作者或可能是六国旧贵族后裔，或为与张苍观念相类似的士人也未可知。司马迁的《史记》成书年代已到汉武帝后期，因此《赵正书》可能比司马迁《史记》相关篇章的年代略早。至于《赵正书》的抄写年代，北京大学西汉竹书数术简中有"孝景元年"纪年，而《赵正书》的字体、书风与北京大学汉简其他文献接近，其年代上限早不过景帝。再从字体看，长沙马王堆、江陵张家山等西汉文景时期的简牍、帛书，其字体近于秦隶，而《赵正书》隶书字体扁方，横竖撇捺已具有汉隶的典型特征。再与临沂银雀山武帝早期汉简以及定州八角廊宣帝时期的汉简相比，《赵正书》似介于两者之间。因此，《赵正书》的抄写年代当晚于西汉文景至武帝早期，大致为武帝后期或昭帝时期，即西汉中期。

《赵正书》的撰写年代早于《史记·秦始皇本纪》等篇，从而为我们认识秦朝这段历史提供了一个新的文本。同时，也为了解西汉时期人们如何看待秦王朝提供了很有价值的信息。至于司马迁在撰写《史记》相关篇章时是否见过《赵正书》，我们不得而知。但可以想见，西汉早期有关秦朝这段历史的记述可能有多个版本，《赵正书》只是其中之一。

关于秦王赵正之姓氏。《史记·秦始皇本纪》："秦始皇帝者，秦莊襄王子也。莊襄王爲秦質子於趙，見呂不韋姬，悅而取之，生始皇。以秦昭王四十八年正月生於邯鄲。及生，名爲政，姓趙氏。年十三歲，莊襄王死，政代立爲秦王。"今按：《史记·秦本纪》太史公曰:"秦之先爲嬴姓,其後分封,以國爲姓……然秦以其先造父封趙城,爲趙氏。"赵国即造父之后,为秦人之分支。西周孝王时,非子为周室养马有功,孝王分土为附庸,邑之秦,赐姓嬴,后来的秦国就是非子这一支发展壮大起来的,所以秦为嬴姓。秦始皇姓赵氏在《史记》中有两处提到,一即前引《秦始皇本纪》,另一处则是在《楚世家》:"十六年,秦莊襄王卒,秦王趙政立。"看来,关于秦始皇姓赵氏,《赵正书》与《史记》是一致的。依《秦始皇本纪》三家注,秦始皇姓赵氏的缘由有两说:一曰秦与赵同祖,以赵城为荣,姓赵氏;二是生于赵国邯郸的缘故。至于秦始皇名"正",起因于正月旦生,则无异说。

二、关于秦始皇出巡病亡前后相关记载之异同

《赵正书》所记载的秦始皇生病及病亡地点与《史记》不同。《秦始皇本纪》记载:"至平原津而病……七月丙寅,始皇崩於沙丘平臺。"《赵正书》则言"至白(柏)人而病","至白泉之置"病重,从文意看亦病亡于此处。关于平原津的地望,《集解》引徐广曰"渡河而西"。《正义》:"今德州平原縣南六十里有張公故城,城東有水津焉,後名張公渡,恐此平原郡古津也。"今按:平原津在今山东省德州市平原县城西南约三十里处,是古黄河上的重要渡口之一。关于沙丘地望,徐广曰:"沙丘去長安二千餘里。趙有沙丘宮,在鉅鹿,武靈王之死處。"《正义》引《括地志》:"沙丘臺在邢州平鄉縣東北二十里。又云平鄉縣東北四十里。"今按:"沙丘平台"在今河北省邢台市平乡东北。《赵正书》言"至白(柏)人而病","白人"即柏人,战国时赵地。柏人故城在今河北省邢台市隆尧县西双碑乡境内。"白泉之置"不见于文献记载,"置"即驿站,简文说"至白(柏)人而病",于"白泉之置"病死,其地当距柏人不远。

《史记·秦始皇本纪》:"三十七年十月癸丑,始皇出遊。左丞相斯從,右丞相去疾守。"《赵正书》则记载去疾为御史大夫,并与之同行,还与李斯共同建言立子胡亥。此外,《赵正书》所记载的秦始皇临死之前的大段感言以及与李斯的对话,均不见于《秦始皇本纪》及《李斯列传》。

《赵正书》与《史记》记载最重大的不同则是关于秦二世胡亥继位之是是非非。《秦始皇本纪》记载:"上病益甚,乃爲璽書賜公子扶蘇曰:'與喪會咸陽而葬。'書已封,在中車府令趙高行符璽事所,未授使者。七月丙寅,始皇崩於沙丘平臺。……高乃與公子胡亥、丞相斯陰謀破去始皇所封書賜公子扶蘇者,而更詐爲丞相斯受始皇遺詔沙丘,立子胡亥爲太子。更爲書賜公子扶蘇、蒙恬,數以罪,賜死。"《赵正书》则言:"丞相臣斯、御史臣去疾昧死頓首言曰:'今道遠而詔期窘(羣)臣,恐大臣之有謀,請立子胡亥爲代後。'王曰:'可。'"《赵正书》称二世胡亥继位是秦始皇听从李斯等建言而明确认可的,这与《史记》记载秦始皇死后李斯、赵高等秘不发丧,篡改诏书立胡亥为帝截然不同。

三、关于胡亥杀扶苏、蒙恬、李斯及赵高之死相关记载之异同

《史记·蒙恬列传》记载赵高及二世胡亥杀公子扶苏、蒙恬、蒙毅,赵高之谗言及蒙恬、蒙毅的反驳陈词,均不见于《赵正书》。而《赵正书》所记载的子婴谏言则与《蒙恬列传》大致相似,但篇幅更长,内容更多一些。子婴谏言中所列举的赵王、燕王、齐王及大臣的人名等有一定出入。《蒙恬列传》"子嬰進諫曰:'臣聞故趙王遷殺其良臣李牧而用顏聚,燕王喜陰用荆軻之謀而倍秦之約,齊王建殺其故世忠臣而用後勝之議。此三君者,皆各以變古者失其國而殃及其身。今蒙氏,秦之大臣謀士也。而主欲一旦棄去之,臣竊以爲不可。"《赵正书》子婴谏言:"夫趙王鉅殺其良將李徹(微)而用顧(顏)聚,燕王喜而靳(軻)之謀而倍(背)秦之約,齊王建遂殺其古(故)世之忠臣而后勝之讙(議)。此三君者,皆冬(終)以失其國而央(殃)其身。是皆大臣之謀,而社禝(稷)之神零(靈)福也。今王欲一日而棄去之,臣竊(竊)以爲不可。"《蒙恬列传》之赵王"迁"、良臣"李牧",《赵正书》作赵王"鉅"、良将"李徹(微)"。

《史记·李斯列传》记载了秦二世胡亥欲杀李斯,李斯狱中上书,表面称其犯有"七宗罪",实则表功的大段陈词,与《赵正书》记载大致相似,可对读,只是详略不同,文句也有一定出入。此外,《赵正书》所记载胡亥欲杀李斯,子婴也有一段谏言则不见于《史记》。

《赵正书》与《史记》另一重大不同则是关于赵高之死的记载。《史记·秦始皇本纪》："（赵高）立二世之兄子公子婴爲秦王。以黔首葬二世杜南宜春苑中。令子婴齋，當廟見，受王璽。齋五日，子婴與其子二人謀曰：'丞相高殺二世望夷宮，恐羣臣誅之，乃詳以義立我。我聞趙高乃與楚約，滅秦宗室而王關中。今使我齋見廟，此欲因廟中殺我。我稱病不行，丞相必自來，來則殺之。'高使人請子婴數輩，子婴不行，高果自往，曰：'宗廟重事，王奈何不行？'子婴遂刺殺高於齋宮，三族高家，以徇咸陽。"《赵正书》则言："將軍張（章）邯入夷其國，殺高。"《秦始皇本纪》记载赵高之死乃是子婴所诱杀，《赵正书》则说赵高是为将军章邯所杀，两者明显不同。

综上所述，《赵正书》与《史记》之相关记载，除内容多寡、文句详略、文字正误或有一定出入外，在关于胡亥继位、赵高之死这样的重大历史事件上，两者则存在重大不同。那么，《赵正书》与《史记》之记载究竟谁更符合历史事实，我们这里不做结论，留待学界做进一步的研究。但需要指出的是，司马迁是一位严肃的史学家，他所处的时代距秦王朝灭亡不远。因此，在有更充分的证据之前，在一些重大问题上，并不能根据《赵正书》而轻易否定《史记》的相关记载。

表 24-1　《赵正书》与《史记》主要事件记载异同对照表

《赵正书》要点	《赵正书》内容*	《史记》篇目	《史记》内容*
秦王赵正生病之处	昔者，秦王趙正出斿（遊）天下，環（還）至白（柏）人而病。	秦始皇本纪	至平原津而病。
秦王赵正病后感言	（秦王趙正）謂左右曰："天命不可變于（歟）？吾未嘗病如此，悲□……"……而告之曰："吾自視天命，年五十歲而死。吾行年十四而立，立卅七歲矣。吾當以今【歲】死，而不智（知）其月日，故出斿（遊）天下，欲以變氣易命，不可于（歟）？今病篤（篤），幾死矣。"	秦始皇本纪	无
秦王赵正病甚及病死地点	其亟日夜揄（輸）趣（趨），至白泉之置，毋須後者。其謹微（微）密之，毋令羣臣智（知）病。	秦始皇本纪	……七月丙寅，始皇崩於沙丘平臺。

(续表)

《赵正书》要点	《赵正书》内容*	《史记》篇目	《史记》内容*
御史臣去疾从秦王出游	丞相臣斯、御史臣去疾昧死顿首言曰：	秦始皇本纪	三十七年十月癸丑，始皇出遊。左丞相斯從，右丞相去疾守。少子胡亥愛慕請從，上許之。
秦王赵正临死前召李斯托付后事	病即大甚，而不能前，故復召丞相斯曰："吾霸王之膚（壽）足矣，不奈吾子之孤弱何……其後不勝大臣之分（紛）争，争侵主。吾聞之：牛馬鬬（闘），而蘭（蚊）蝱（虻）死其下；大臣争，齋（齊）民古（苦）。吾衣（哀）令（憐）吾子之孤弱，及吾蒙容之民，死且不忘。其謙（議）所立。"	秦始皇本纪 李斯列传	無
立子胡亥	丞相臣斯、御史臣去疾昧死顿首言曰："今道遠而詔期窘（群）臣，恐大臣之有謀，請立子胡亥爲代後。"王曰："可。"	秦始皇本纪	上病益甚，乃爲璽書賜公子扶蘇曰："與喪會咸陽而葬。"書已封，在中車府令趙高行符璽事所，未授使者。七月丙寅，始皇崩於沙丘平臺。丞相斯爲上崩在外，恐諸公子及天下有變，乃秘之，不發喪。……獨子胡亥、趙高及所幸宦者五六人知上死。……高乃與公子胡亥、丞相斯陰謀破去始皇所封書賜公子扶蘇者，而更詐爲丞相斯受始皇遺詔沙丘，立子胡亥爲太子。更爲書賜公子扶蘇、蒙恬，數以罪，賜死。
胡亥欲杀蒙恬，子婴谏言	子婴進聞（諫）曰："不可。臣聞之：芬茝未根而生周（凋）䯩〈香〉同，天地相去遠而陰陽氣合，五國十二諸侯，民之者（嗜）欲不同而意不異。夫趙王鉅殺其良將李微（牧）而用顔聚，燕王喜而軻（軻）之謀而倍（背）秦之約，齊王建遂殺其古（故）世之忠臣而后勝之謙（議）。此三君者，皆冬（終）以失其國而央（殃）其身。是皆大臣之謀，而社禝（稷）之神零（靈）福也。今王欲一日而棄去之，臣竊（竊）以爲不可。臣聞之：輕慮不可以治固〈國〉，蜀（獨）勇不可以存將，同	蒙恬列传	子嬰進諫曰："臣聞故趙王遷殺其良臣李牧而用顔聚，燕王喜陰用荆軻之謀而倍秦之約，齊王建殺其故世忠臣而用後勝之議。此三君者，皆以變古者失其國而殃及其身。今蒙氏，秦之大臣謀士也。而主欲一旦棄去之，臣竊以爲不可。臣聞輕慮者不可以治國，獨智者不可以存君。誅殺忠臣而立無節行

《赵正书》与《史记》相关记载异同之比较　387

(续表)

《赵正书》要点	《赵正书》内容	《史记》篇目	《史记》内容
	力可以舉重,比心壹智可以勝衆,而弱勝強者,上下調而多力壹也。今國危適(敵)必(比)闒(闌)士在外,而内自夷宗族,誅羣忠臣,而立無莭(節)行之人,是内使羣臣不相信,而外使闒(闌)士之意離也。臣竊(竊)以爲不可。"秦王胡亥弗聽,遂行其意,殺其兄夫(扶)胥(蘇)、中尉恬,立高(高)爲郎中令,出斿(遊)天下。		之人,是内使羣臣不相信,而外使闒士之意離也,臣竊以爲不可。"胡亥不聽。
胡亥欲杀李斯,斯上书所言之"七宗罪"	斯曰:"先王之所【謂】牛馬闒(闌)而䖵(蚊)䖵(虻)死其下,大臣爭而齌(齊)民苦,此之謂夫?"斯且死,故上書曰:"可道其罪,足以死于(欤)?臣爲秦相卅餘歲矣,逮(逯)秦之陿<陝>而王之約。始時,秦地方不過數百里,兵不過數萬人。臣謹悉意壹智,陰行謀臣,齌之金玉,使斿(遊)諸侯。而陰俗甲兵,兵飭闒(闌)士,尊大臣,盈其爵禄。故冬(終)以脅韓而弱魏,有(又)破趙而夷燕代,平齊楚,破屠其民,盡威(滅)其國而虜其王,立秦爲天子,吾罪一矣。地不足也,北馳胡幕,南入定巴蜀,入南海,擊大越,非欲有其王,以見秦之彊者,吾罪二矣。尊大臣,盈其爵禄,以固其身者,吾罪三矣。更刲(刻)畫斗甬(桶),度量壹,文章布之天下,以樹秦之名者,吾罪四矣。立社稷(稷),俗宗廟,以明主之賢者,吾罪五矣。治馳道,興斿(遊)觀,以見王之得志者,吾罪六矣。緃(緩)刑罰而薄賦斂,以見主之德,衆其惠,故萬民戴主,至死不忘者,吾罪七矣。若斯之爲人臣者,罪足以死久矣。上幸而盡其能力,以至於今。願上察視之。"秦王胡亥弗聽,而遂殺斯。	李斯列传	李斯乃從獄中上書曰:"臣爲丞相,治民三十餘年矣,逮秦地之陿隘。先王之時秦地不過千里,兵數十萬。臣盡薄材,謹奉法令,陰行謀臣,資之金玉,使遊説諸侯,陰脩甲兵,飾政教,官闒士,尊功臣,盛其爵禄,故終以脅韓弱魏,破燕、趙,夷齊、楚,卒兼六國,虜其王,立秦爲天子,罪一矣。地非不廣,又北逐胡、貉,南定百越,以見秦之彊,罪二矣。尊大臣,盛其爵位,以固其親,罪三矣。立社稷,脩宗廟,以明主之賢,罪四矣。更剋畫,平斗斛度量,文章布之天下,以樹秦之名,罪五矣。治馳道,興遊觀,以見主之得意,罪六矣。緩刑罰,薄賦斂,以遂主得衆之心,萬民戴王,死而不忘,罪七矣。若斯之爲臣者,罪足以死固久矣。上幸盡其能力,乃得至今,願陛下察之!"
胡亥欲杀李斯,子婴谏言	秦王胡亥弗聽,遂殺斯。子嬰進間(諫)曰:"不可。夫變俗而易法令,誅羣忠臣,而立無莭(節)行之人,使以法從(縱)其約(欲),而行不義於天下臣,臣恐其有後咎。大臣外謀而百生(姓)内宛(怨)。今將軍張(章)邯兵居外,卒士勞古(苦),委輸不給,外毋適(敵)而内有爭臣之志,故曰危。"	秦始皇本纪 李斯列传	無

（续表）

《赵正书》要点	《赵正书》内容*	《史记》篇目	《史记》内容*
赵高之死	秦王胡亥弗聽，遂行其意，殺丞相斯，立高，使行丞相、御史之事。未能冬（終）其年，而果殺胡亥。將軍張（章）邯入夷其國，殺高。	秦始皇本纪	（趙高）立二世之兄子公子嬰爲秦王。以黔首葬二世杜南宜春苑中。令子嬰齋，當廟見，受王璽。齋五日，子嬰與其子二人謀曰："丞相高殺二世望夷宮，恐羣臣誅之，乃詳以義立我。我聞趙高乃與楚約，滅秦宗室而王關中。今使我齋見廟，此欲因廟中殺我。我稱病不行，丞相必自來，來則殺之。"高使人請子嬰數輩，子嬰不行，高果自往，曰："宗廟重事，王奈何不行？"子嬰遂刺殺高於齋宮，三族高家，以徇咸陽。

* 为了反映史料原貌，保留繁体字和异体字。

[本文原名"《赵正书》与《史记》相关记载异同之比较"，载北京大学出土文献研究所编：《北京大学藏西汉竹书》（叁下），上海古籍出版社，2015年。此次重刊略有修订。为了更好地反映史料原貌，本文引用部分文献保留繁体字和异体字。]

25

海昏竹书《悼亡赋》初论

一、《悼亡赋》简的保存状况、基本内容及作者

这批简出土于海昏侯墓西回廊今谓"文书档案库"之中,编号为Ⅳ区1—30枚,隶书墨写,部分简已断裂或扭曲变形。完整的简长23厘米,有两道编绳,从痕迹看,先写文字后编绳,致使绳下文字多漫漶不清。有的简正面、背面留有断续浅色字迹,个别具备较完整的反书字形,当为简文脱墨印染所致。这批简有4枚简似属于"占卦"类简(或与《悼亡赋》简有关);另有8枚简因严重残损或字迹漫漶,大部分文字难以释读;有6枚简亦因残损、断裂,可断续释读部分文字,文句难以通读;保存较好、字数较多的有12枚简(部分亦残损),字数较全者在30字以上。《悼亡赋》简总字数大约800字(包括无法释读者在内)。

这批简初称为"筑墓赋",从释读的情况看,内容与筑墓关系不大,南昌海昏侯墓展览中已将这批简命名为"悼亡赋",可从。《悼亡赋》简文中多次出现君侯、侯、夫人字样,与列侯身份相合;简文提到生病、祷祠、小敛、大敛、哭丧、吊唁、墓室状况及部分葬品等;文句表述隐晦,充满悲情,内容当与"海昏侯"刘贺有关,也就是说,被悼亡者当为"海昏侯"刘贺。《悼亡赋》简的撰写时间为刘贺死后至下葬之前。

《悼亡赋》简以汉代流行的赋体形式陈述,采用战国以来骚体"兮"字助词引文,其后以四、五、六字为句,但有时也超出六字。韵脚为复韵母 ang(昂),如旁、长、广、央、堂等,简文断句当考虑这一格式。

关于《悼亡赋》的作者。《悼亡赋》简原编号最后一枚即第30简有"□子上拜顿书"(前有残缺)字句,是否表明为刘贺之子所书呢?经综合分析,似难以得出这样的结论。原因有三:其一,《汉书·武五子传》记载,刘贺有"妻十六人,子二十二

人,其十一人男,十一人女"。其中,长子刘充国死后已葬入海昏侯墓园,其墓(5号墓)已发掘,出土有"劉充國印",发掘者判断其年龄约为13—15岁,[1]该年龄段是否有能力作赋还是问题,而其他儿子年龄当更小。其二,《汉书》记载其子刘充国、刘奉亲皆死于海昏侯刘贺之后。[2] 海昏侯墓主椁室西室中(恐非下葬时木牍原位置)出土了《海昏侯國除詔書》木牍20多枚,部分保存较好。其中编号10木牍记载"九月乙巳死,廖聞車□",编号24、编号25两枚木牍则记载了"國除詔書"下发时间为"十月甲申(17日)"和"十月丙戌(19日)"。负责整理与研究这批木牍的杨博认为:"從九月乙巳劉賀去世到十月丙戌詔書下達至海昏侯國的時間僅四十餘日。"[3]也就是说,刘贺死后,豫章太守廖上奏朝廷到群臣下议,再到宣帝批复,诏书下发的时间很有限。辛德勇亦认为:"刘贺的两个儿子刘充国和刘奉亲紧随其后,相继离世。"[4]看来,刘贺死后,其子刘充国、刘奉亲不过数日或十数日便离奇死亡。在这么短的时间内又遇大丧,即便长子刘充国有能力作赋,但是否来得及亦属疑问。其三,《悼亡赋》简中相关称谓皆为"君侯""侯""夫人",不见"先父""亡父""母"之类的尊称,《悼亡赋》若为其子所作,这样的称谓似非合适。

综上所述,《悼亡赋》简的作者不大可能是刘贺之子,而更可能是海昏侯国僚属某人。

二、《悼亡赋》简选读及相关问题

《悼亡赋》简与其他简牍整体打包装箱提取,然后在实验室清理、辨认、分

---

[1] 海昏侯墓园内5号墓发掘简报尚未刊出,可参见相关媒体报道。
[2] 《汉书·武五子传》:"豫章太守廖奏言:'舜封象於有鼻,死不爲置後,以爲暴亂之人不宜爲太祖。海昏賀死,上當爲後者子充國;充國死,復上弟奉親;奉親復死,是天絶之也。陛下聖仁,於賀甚厚,雖舜於象無以加也。宜以禮絶賀,以奉天意。願下有司議。'議皆以爲不宜爲立嗣,國除。"
[3] 参见杨博:《海昏侯国除诏书初论》,载《海昏简牍初论》,北京大学出版社,2020年。该诏书记载,从刘贺死日到国除诏书下发的时间不过四十余日,因而杨博曾怀疑刘充国、刘奉亲或死于刘贺之前,但"国除诏书"对此并不明确,似不能轻易推翻《汉书》的说法,故仍存疑。本文认为,考虑到班固在撰写《汉书》时应看到了汉室档案库所存"国除诏书"原文,故在无确凿证据的情况下还应尊重《汉书》的说法,即刘充国、刘奉亲死于刘贺之后,但两子的死亡时间与刘贺死日很近。
[4] 辛德勇:《海昏侯刘贺》,生活·读书·新知三联书店,2016年。

提、拍照并编号。因此,其提取与编号已充分注意到《悼亡赋》的简序问题。但由于该简保存状况不佳,亦未发现简背划痕,在参考原编号的基础上,有关简序排列还应依据内容而为之。又因约近半数简文漫漶,目前的释读及排序只是初步的。

前文已经提到,《悼亡赋》简描述了从生病、祷祠、小敛、大敛、哭丧、吊唁等过程,最后涉及墓室状况及部分葬品等,按照这个逻辑过程可大体知晓《悼亡赋》简的基本顺序。以下,根据前述内容先后,选取部分字数较多的简加以介绍,并就关联的问题谈点初步认识。

原编号第3枚简,前后皆有残缺,暂定为首简:"**徙年七歲有餘兮,薄命壽不得長,八月戊寅旦兮,身惡意非常,病始未惡穟(遂)?**……"(图25−1)首字不清,略有漫漶,南昌海昏侯墓展览曾释读为"乃"字,细审似为"徙"字。文献记载,汉昭帝于元平元年(前74)四月十七日去世,因无子嗣,大将军霍光等迎昌邑王刘贺继皇帝位,但仅二十七天便被废黜,后再度回到山东昌邑老家并失去了诸侯王资格。汉宣帝继位后,于元康三年(前63)三月下诏徙封刘贺为海昏侯(豫章郡海昏县),食邑四千户,直至汉宣帝神爵三年(前59)病逝。简文"**徙年七歲有餘兮**",但从宣帝元康三年至神爵三年,前后皆算在内只有五年,故不排除简文记述有误。此字或可释为"從"字,但若释"從",则与下文"**薄命壽不得長**"等句不好通读,故此字释读暂存疑。接着说"**八月戊寅旦兮,身惡意非常**",看来八月戊寅日凌晨生病或病情加重,神志有些恍惚。《悼亡赋》简未见刘贺死亡日期之记载。不过,前面已经提到的《海昏侯國除詔書》,其中编号10木牍记载"**九月乙巳死,廖聞車**□",负责整理与研究这批木牍的杨博认为当指刘贺死日,[1]可从。汉武帝太初元年行"太初历",以正月为岁首,宣帝神爵三年(前59)八月戊寅为八月十一日,九月乙巳为九月八日,也就是说,从宣帝神爵三年八月十一日生病至九月八日死亡,大约有将近一月的时间。海昏侯墓刘贺遗骸中曾检出香瓜子,发掘者认为刘贺当死于夏季。现在看来应更晚一些,已进入秋季。今南昌一带香瓜成熟季节大致为六至八月,而汉代

---

[1] 参见杨博:《海昏侯国除诏书初论》,载《海昏简牍初论》,北京大学出版社,2020年。

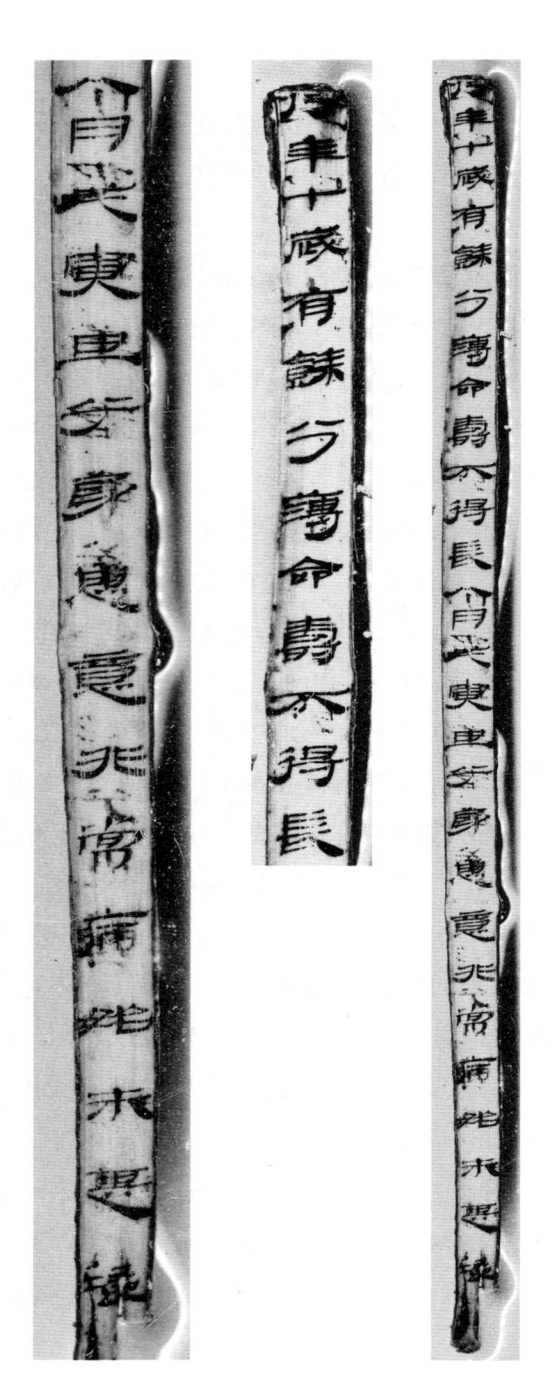

图 25-1　原编号第 3 枚简

当地香瓜成熟季节或比现代经过改良的品种要晚一些,再加上可以储存一段时间,所以二者并不矛盾。

原编号第 1 枚简:"□□人為絕腸,矣幸深悷(?)兮,醫巫不離旁,禱祠使貞祝兮,不惑牛與羊,命鳥……"其中,"矣幸深悷(?)兮"的"矣"当为海昏侯刘贺。"悷(?)"一词,后一字因在编绳下漫漶不清,但保留左下笔道走折旁。张衡《西京赋》:"百禽悷遽,駿瞿奔觸。"李善注引薛综曰:"悷,猶怖也。"又《集韵》:"盧登切,音棱,驚也。"依《西京赋》词语,此或补为"悷遽"。这枚简是说海昏侯病重,遭遇深深之恐惧,医巫为之祷祠,祈求病情好转。

关于其病因,原编号第 2 枚简:"□向能從矣行,維其□卯日兮,削惠何羊〓(詳詳),君矣幸□刺(刺)兮,心悲又絕腸,之汗□……"(图 25-2)其中的"削惠何羊羊(詳)"句,"惠"即恩惠,刘贺徙封海昏侯食邑四千户,是汉宣帝特赐的恩惠。大约在刘贺病亡前一年或同年,扬州刺史柯奏刘贺与故太守卒史孙万世来往,言辞不慎,汉宣帝诏令削去刘贺食邑三千户。这对原本体弱多病、郁郁寡欢的刘贺打击甚大,或为病重乃至死亡的重要原因之一。"削惠何羊羊(詳)"应是自问句,是说为何被削得不明不白。后两句"君矣幸□刺(刺)兮,心悲又絕腸",即描写了刘贺内心之感受。"絕腸"即"斷腸",三国魏曹植《慰子赋》:"惟逝者之日遠,愴傷心而絕腸。"晋袁宏《后汉纪·明帝纪上》:"臣内省視氣力羸劣,日夜寖劇,終不望復見闕庭,奉承帷幄。辜負重恩,銜恨黃泉,言之絕腸。"

原编号第 7 枚简:"□已吟兮,辟(璧)玉陳一旁,厚賜十襲衣兮,四具□□□□□□□□東南隅兮";第 8 枚简:"舉之入周室兮,昆弟號泣行,搶棺上踴之兮,死□日以□□□□□。"(图 25-3)这两枚简及其他几枚简,是为海昏侯刘贺死后小敛、大敛、哭丧之描述。所谓小敛,即为死者穿衣,在正寝;大敛是为入棺之葬仪。据《仪礼·士丧礼》和《礼记·丧大记》记载,大敛的时间是在小敛的次日,地点是在堂前的东阶上(《仪礼·既夕礼》"大敛於阼")。但大敛之后至下葬尚有较长时日。《礼记·王制》:"天子七日而殯,七月而葬;諸侯五日而殯,五月而葬;大夫、士、庶人三日而殯,三月而葬。"大敛之后需移棺柩于"殯宮"(《仪礼·既夕礼》:"遂適殯宮,皆如啟位。"),停殡期间孝子守灵及亲友吊唁。以上为周制,汉制或有所变

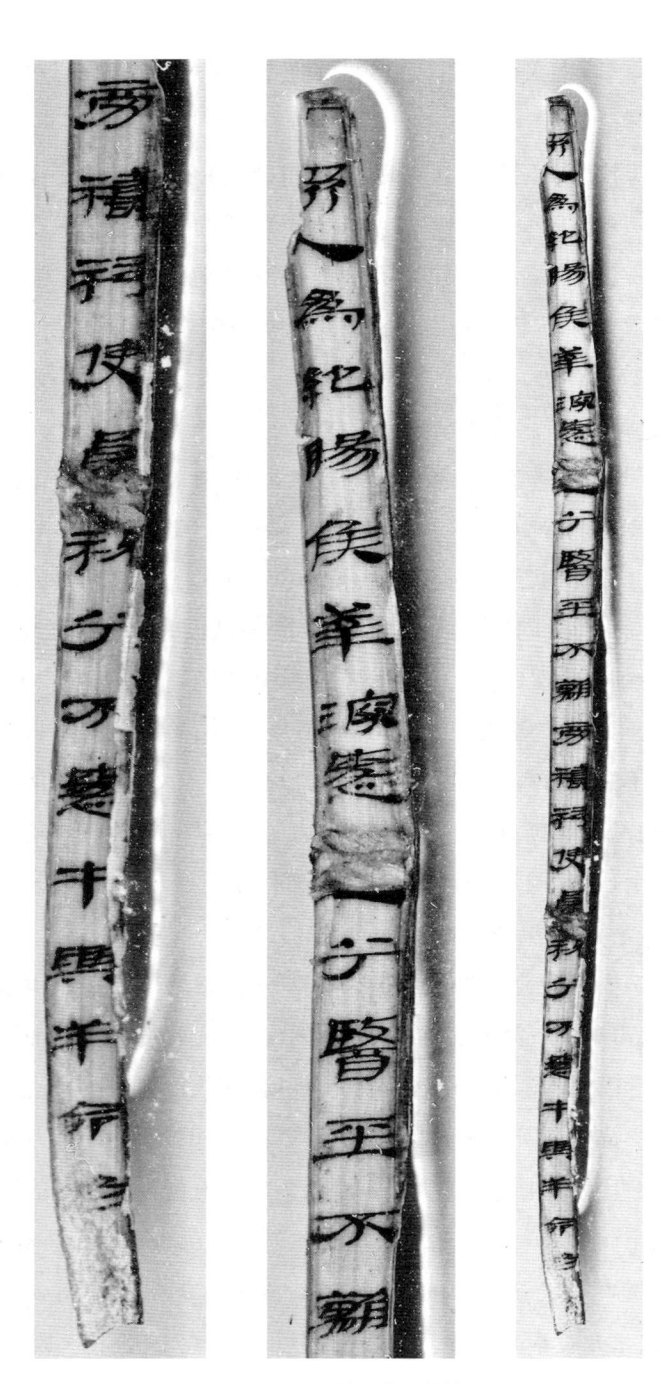

图 25-2　原编号第 2 枚简

海昏竹书《悼亡赋》初论　395

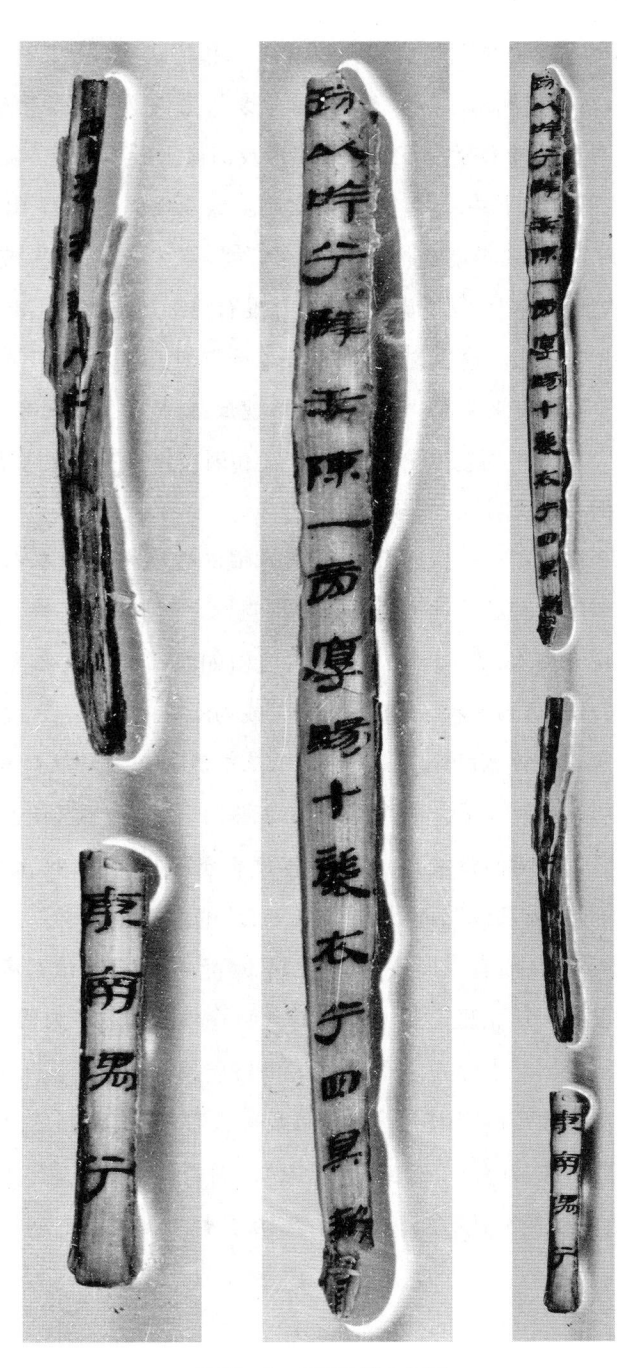

图 25-3　原编号第 8 枚简

化。这里的"舁之入周室兮",也可能大敛就在"周室"进行。所谓"周室",即周围之室,当即边室,或谓之厢房。"辟(璧)玉陈一旁",海昏侯刘贺墓棺柩之中正有玉璧多枚。关于"厚赐十袭衣兮",汉制只有皇帝及诸侯王最高等级才能使用玉衣,而列侯只能身着衣服之类下葬,是谓"衣衾"之制。云梦睡虎地 M77 出土的汉简《葬律》记载:"徹(列)侯衣衾毋過盈棺,衣衾斂束。"[1] 衣为衣服,衾为被服,敛束为捆扎束带。至于衣服穿多少,只说毋过盈棺,并没有详细规定。马王堆 1 号汉墓为轪侯夫人,身穿十九层衣服。这里说"厚赐十袭衣兮",使用的正是列侯"衣衾"之制。大敛时,孝子等要跳起脚来哭,叫"踊"。"昆弟號泣行,搇棺上踴之兮",正是大敛及停殡哭丧之礼仪。这里的"昆弟",刘贺继昌邑王位时年仅五岁,是否有兄弟姊妹未见记载,"昆弟"或指海昏侯刘贺之子嗣。

原编号第 22 枚简:"……宿產而下牀,夫人懼以悲兮,君矣泣數行,從此不得復言兮,死於□四方□□□。"描述的是夫人哭丧告别之情形。《汉书·文帝纪》:"七年冬十月,令列侯太夫人,夫人……"颜师古注引如淳曰:"列侯之妻称夫人,列侯死,子複爲列侯,乃得称太夫人。"这里的夫人,或为海昏侯刘贺之正妻。前述《海昏侯國除詔書》编号第 9 枚木牍中有刘贺"妻子死未葬常飲酒醉歌鼓吹"文句,但这位妻子可能是刘贺 16 位妻子之一。"宿產而下牀"似说产后不久便遭遇君侯之死,而为之恐惧与悲伤。"君矣泣數行,從此不得復言兮",从前后句关联情形看,前半应为倒装句,即不是"君矣泣",而是"泣君矣數行"的意思。

原编号第 24 枚简(前有残损):"……絕腸,厚費數百萬兮,治冢廣大長,繢錦周壙中兮,組璧飾盧堂,西□□□□兮。"(图 25-4)这枚简描述了海昏侯墓冢及墓室之情形,其中的肠、长、堂皆押韵,应断开读。海昏侯墓位于今南昌市大塘坪乡观西村之墎墩山,包括墓园及墓园内海昏侯主墓及夫人墓、家族附葬墓、祠堂等。海昏侯刘贺及夫人墓为异穴并葬,上有封土(墓冢)。海昏侯墓规模宏大、结构复杂、随葬品丰富。《悼亡赋》简描述"厚費數百萬兮,治冢廣大長",正是刘贺墓的真实写

---

[1] 彭浩:《读云梦睡虎地 M77 汉简〈葬律〉》,《江汉考古》2009 年 4 期。

海昏竹书《悼亡赋》初论　397

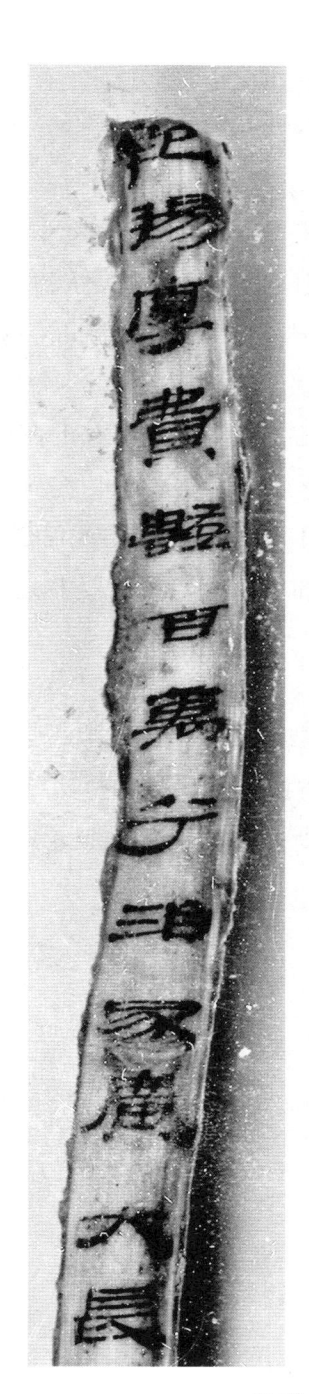

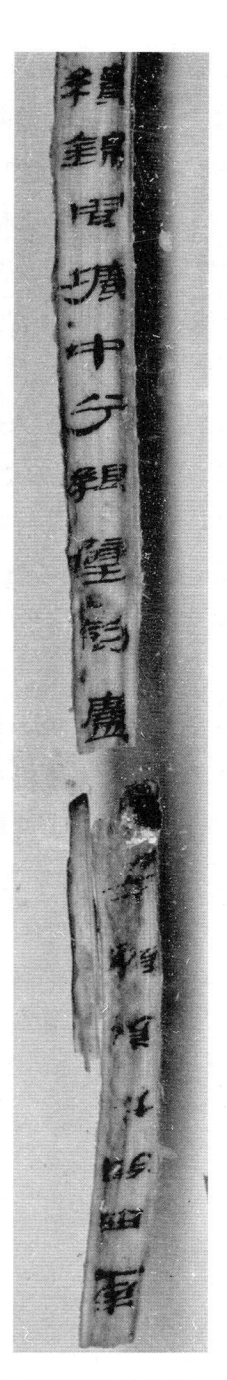

图 25-4　原编号第 24 枚简

照。该墓尽管随葬物品极为奢华,但不使用黄肠题凑、玉衣等,总体上符合列侯葬制。[1] 从墓葬规模看,刘贺主墓必是在徙封海昏侯不久即开始营建的。"繢錦周壙中兮"之"繢錦"亦作"錦繢",即为色彩艳丽的织锦,这里是说圹中(具体应指椁室内)张挂色彩艳丽的丝织品。可惜的是,包括海昏侯墓在内,这类丝织品很难保存下来,但考古发现则有迹象可寻。如河南省安阳市安丰乡西高穴村曹操高陵,墓内后室墙壁上留有铁钉或钉眼痕迹,被认为曾张挂有丝织品。[2] 广州南越王墓内前室布满云气纹图案壁画,是为仿丝织品而作。关于"組璧飾盧堂",海昏侯墓主椁室分为东西两大部分,东部放置棺柩、床榻,象征后寝;西部摆放绘有孔子像的漆铜穿衣镜以及几案、耳杯、染炉等接待宾客、宴饮之用具,象征着前堂。不过,《悼亡赋》所描述的墓冢墓室之情形,仅见于此简。鉴于海昏侯主墓建造工程已历数年,海昏侯刘贺病重及死后方加速完工,因而该简并非筑墓或下葬过程之描述,而是下葬之前有关墓室情形之大致描述。

[本文原名"海昏竹书《悼亡赋》初论",载江西省文物考古研究院、北京大学出土文献研究所(朱凤瀚主编、柯中华副主编):《海昏简牍初论》第十一章,北京大学出版社,2021年,208—213页。此次重刊略有修订。为了更好地反映史料原貌,本文引用部分文献保留繁体字和异体字。]

---

[1] 高崇文:《西汉海昏侯陵墓建制琐谈》,《南方文物》2017年1期。
[2] 信立祥先生考察该墓时发现并告知。

图表索引

陵墓制度

图 1-1	安阳殷墟侯家庄西北岗商代后期王陵	4
图 1-2	曲沃北赵晋侯墓地平面分布图	5
图 1-3	北京琉璃河镇黄土坡西周燕国公墓地	6
图 1-4	凤翔秦都雍城秦公墓地平面图	9
图 1-5	战国中山王䜭墓"兆域图铜版"	11
图 1-6	秦始皇陵陵园及陵区遗迹分布平面图	13
图 1-7	西汉帝陵分布图	15
图 1-8	汉景帝阳陵遗迹分布平面图	16
图 2-1	洛阳金村 5 号墓结构图	23
图 2-2	荆门包山 M2 棺椁纵、横剖面图	26
图 2-3	济宁薛国故城 M1、M2 平面图	30
图 2-4	太原金胜村 M251 平剖面图	32
图 2-5	山西长子 M7 平剖面图	33
图 2-6	江陵望山 M2 棺椁平剖面图	41
图 2-7	江陵望山 M1 棺椁平剖面图	43
图 2-8	江陵沙冢 M1 棺椁平剖面图	43
图 2-9	长沙象鼻嘴 M1 平面结构图	47
图 2-10	长沙马王堆 M1 棺椁平剖面图	49
图 2-11	长清双乳山 M1 平面及棺椁复原示意图	52
图 2-12	北京大葆台 M1 平面结构图	53
图 3-1	燕下都"人头骨从葬遗迹群"位置图	60
图 3-2	燕下都人头骨从葬遗迹发掘现场	62
图 4-1	秦始皇陵陵区遗迹平面图	67
图 4-2	秦始皇陵 K0006 平剖面图	68
图 4-3	汉景帝阳陵陵区遗迹平面图	71
图 4-4	汉景帝阳陵封土周围从葬坑平面图	73
图 4-5	汉景帝阳陵封土周围从葬坑出土的印章	75
图 5-1	两周、战国秦代至西汉早期"竖葬制墓"与"横葬制墓"的类型与比较	84
图 5-2	西汉中晚期至东汉"竖葬制墓"与"横葬制墓"的类型与比较	102
图 6-1	秦始皇陵陵园及陵区遗迹平面图	130
图 6-2	汉景帝阳陵陵园与陵区遗迹平面图	132
图 6-3	战国中山王䜭墓出土的"兆域图"铜板	133
图 6-4	汉长安城遗址平面图	134
图 6-5	汉景帝阳陵陵园遗迹平面图	135
图 6-6	汉长安城未央宫遗址平面图	136

都城建制

图 7-1	齐都临淄平面复原图	142
图 7-2-1	(郑韩故城)郑都平面复原图	144

图 7-2-2	(郑韩故城)韩都平面复原图	145
图 7-3	秦都雍城平面复原图	146
图 7-4	晋都新田平面复原图	147
图 7-5	赵都邯郸平面复原图	149
图 7-6	易县燕下都平面复原图	150
图 7-7	曲阜鲁国故城平面复原图	151
图 7-8	楚都江陵纪南城平面复原图	153
图 9-1	未央宫三号建筑出土骨签举例	170
图 9-2	未央宫三号建筑平面图	172

农业手工业

表 13-1	广义中原地区(西周晚期至春秋早期)出土铁器统计表	220
表 13-2	广义中原地区(春秋中期至战国早期)出土铁器统计表	222
表 13-3	西周晚期至春战之际铁器类别数量统计表	230
图 15-1	东周燕墓铜容器第一组	256
图 15-2	东周燕墓铜容器第二组	257
图 15-3	东周燕墓铜容器第三组	258
图 15-4	李峪村铜容器第一类	263
图 15-5	李峪村铜容器第二、三类	265
表 15-1	东周燕国青铜器组合关系	260

艺术及其他

图 21-1	洛阳卜千秋墓墓顶绘画	330
图 21-2	咸阳龚家湾墓后室墓门上部绘画	332
图 21-3	金县营城子墓主室墓壁上部绘画	333
图 21-4	安平逯家庄墓车马出行图(局部)	336
图 21-5	长沙马王堆 1 号汉墓朱地彩绘漆棺左侧挡板画	342
图 21-6	川渝地区"天门"图像	345
图 22-1	荆门包山 2 号楚墓漆奁彩绘"车马人物出行图"	352
图 22-2	孝堂山石祠北壁西石、东石上下层车马出行图	354
图 22-3	孝堂山石祠北壁东石上层前导二车(轺车立乘)	356
图 22-4	孝堂山石祠北壁西石上层榜题"大王车"(安车坐乘)	356
图 22-5	孝堂山石祠北壁西石下层榜题"二千石"(安车坐乘)	356
图 22-6	沂南汉画像石墓中室西壁加輈车(安车坐乘)	358
图 22-7	荥阳苌村东汉壁画墓之朱輈车(安车坐乘)	358
图 22-8	耕车	361
图 22-9	耕车	362
图 22-10	辎车	362
图 22-11	孝堂山石祠西壁"耕车"画像	364
图 22-12	沂南汉画像石墓中室上横额东段	364
图 22-13	辎车画像砖	365
图 22-14	洛阳朱村东汉壁画墓车马出行第五车(辎车)	365
图 22-15	福山县东留公画像石(辎车)	366
图 22-16	藤县庄里画像石下层车马出行图	367
图 22-17	临沂吴白庄中室北壁横额画像石车马出行图	368
图 22-18	藤县西户口画像石下层车马出行	368
图 22-19	安丘王封"轩车"画像石	370
图 22-20	藤县龙阳店画像石	370

图 22-21	辇车	371		件记载异同对照表	385
图 22-22	福山东留公车马出行画像石		图 25-1	原编号第 3 枚简	392
	（安车、辎车、辇车）	373	图 25-2	原编号第 2 枚简	394
图 22-23	临沂吴白庄汉画像石	373	图 25-3	原编号第 8 枚简	395
表 24-1	《赵正书》与《史记》主要事		图 25-4	原编号第 24 枚简	397

后　记

这篇后记，涵盖了两部文集，一部为《周秦汉考古研究》（上海古籍出版社），另一部为《秦与戎：秦文化与西戎文化的考古学探索》（文物出版社）。最初为《周秦汉考古研究》（简称《研究》）撰写了一篇后记，后来编辑《秦与戎：秦文化与西戎文化的考古学探索》（简称《探索》）时，因大病在身，已无力再另行写作。两部文集的选编虽各有侧重，但后记需要说明的问题与过程有较多相似性，因此，我将原来的后记作了部分改写，用在两部文集之后。

《研究》和《探索》两部文集是笔者从历年来发表的近百篇论文、参著图书、考古报告、简报、书序、书评等选编了部分略具代表性的论述而成。所选文章绝大部分为独著，少数为合著，而合著者笔者均为第一作者。两部文集的编辑出版承蒙北京大学考古文博学院的倡导、策划和资助，以及同行好友、学生弟子们的鼓励、支持和帮助。特别是早年所发文章多无电子版，所附图片也不合格，学生弟子们帮助复制、编辑、绘图、翻译、校对等，做了大量工作。此外，上海古籍出版社、文物出版社的责任编辑，在我生病的状态下，承担了更多的编辑、修订、配图、校对等工作。在此一并致以衷心感谢。

两部文集的选编各有侧重，尽管《周秦汉考古研究》中有"秦"，而《秦与戎：秦文化与西戎文化的考古学探索》更以"秦"为主，但不同的是，前者的"秦"是关于秦考古学文化跨朝代长时段的观察，而后者的"秦"则是专门探索两周时期以及大一统前后秦的历史与文化。这两部文集大致体现了笔者从考古入门到学术成长的道路，因而有必要对这一过程做点交代。

我的家乡陕西汉中，是一处为大秦岭与大巴山环抱、汉水润育的小盆地。高祖刘邦初被封为汉王，都汉水之滨的汉中，随着汉一统，汉人、汉族、汉字、汉语、汉服、汉学……这些带有"汉"字标签的词汇无不与我的家乡有关，而汉中也终成为一座历史文化名城。当年,家乡汉中一中(前身为汉南书院)为全地区最牛的中学,有铁门槛之称。有幸考入该校自然值得高兴,我和同学们憧憬着读完中学上大学,当工程师,当科学家,当文学家等。然而,学没上几年,"文革"来了。先是停课,后发生武斗,接着下乡插队,所有梦想都淹没于面朝黄土背朝天的尴尬之中。之后,我被招工去了当地镇供销社。面对这种无奈的命运安排,只有发呆的份儿。

后来有机会可以被推荐上大学(当年也经过了全县统考,并且成绩名列前茅)。在填写志愿时,自感理工科基础不好,不敢问津。在镇供销社几年,一直舞文弄墨,算读过一些书,那么就选文科吧。文科专业也很多,选什么呢?我的中学同学前一年进入西北大学无线电系,他告诉我,考古专业不错。我也觉得,考古远离现实纷扰,还可以全国到处跑,于是半明白半糊涂,三个志愿全部填写了西北大学历史系考古专业。后来才知道,这个有点奇葩的选择竟然救了我,因为家庭出身,我差点被刷掉,也因为考古专业在汉中无人报考,我才被特别录取,也算是歪打正着吧。相比之下,我的诸多中学同学尽管在各行各业都很优秀,但有机会上大学读书的则很少,留下了终生遗憾。

在西北大学几年,"文革"各种干扰不断,但面对千载难逢的学习机会,大家倍加珍惜。我还记得我先后读过百余本历史、考古、古代文学方面的书籍,写了几十万字的笔记,抄写了数千张卡片。尽管漫无目的,但我初步认识了什么是历史,什么是考古。考古是一门实践性很强的学科,我们班先后参加了安阳殷墟、临潼姜寨、陕西周原等著名大遗址的田野考古实习,并参观考察了陕西、河南、山西、湖南等地诸多考古遗址及博物馆。其中,1976年我在陕西周原遗址参加了两次考古发掘实习,合起来差不多一整年,且有幸与北京大学的老师和同学在一起。在西北大学及周原遗址田野实习期间,有幸聆听了宿白先生开设的《中国古代建筑》课程,以及邹衡、俞伟超、严文明等先生的多个讲座,为先生们博大精深的学问、缜密的逻辑思维所折服的同时,也为日后报考北大研究生埋下了心灵种子。

毕业后哪里来哪里去,我回到了家乡汉中博物馆。博物馆建在据说是刘邦在汉中的宫殿建筑旧址上——古汉台。在家乡四年,尽管也做过一些考古工作,如与陕西省考古研究所的老师一同徒步数百里考察了褒斜栈道,在博物馆前辈的指导下研读了褒斜道石门石刻，与同仁共同发掘了多座汉魏墓葬等，但大多数时间为各种杂事所缠绕，包括用整整一年下乡当农村工作队员。其后恢复研究生招生，拜邓公之所赐，1980 年秋我终于如愿以偿考入北京大学历史系考古专业，师从俞伟超先生读研。

大概因为我是陕西人，俞伟超先生那几年也正关注西北地区青铜时代及铁器时代早期的考古学文化，于是让我多关注陕西及甘肃地区的秦文化和羌戎文化资料。研究生第一年，课程之余我收集并整理了陕西数百座秦墓资料，就秦墓的分类与分期写出了长篇论文，尽管没有发表，但对于东周时期秦文化有了系统而深入的了解，从而为寻找更早阶段的秦文化奠定了基础。记得曾与梁云聊天，说到赵姓与梁姓皆出自嬴秦一族，而我们都从事早期秦文化考古，追寻秦人先祖的足迹，冥冥之中莫不是上天早有安排。

读研期间，除完成课程学习外，大部分时间是在田野考古发掘与资料整理中度过的。1981 年夏秋，在俞伟超先生的带领下，与七七级、七八级部分同学一起，参加了青海循化苏志卡约文化遗址的发掘，之后协助青海省考古研究所整理大通上孙家寨等地近千座卡约文化墓葬以及民和核桃庄 300 多座辛店文化墓葬资料，主要工作是陶器的类型学排序与分期：在一大片空场中，几百座墓葬的陶器按照早晚变化序列依次排开，这种场面是何等的新奇与壮观。其间，还聆听了俞伟超先生《古代"西戎"和"羌""胡"考古学文化归属问题的探讨》《关于"卡约文化"和"唐汪文化"的新认识》《关于"考古地层学"问题》《关于"考古类型学"问题》等系列讲座。实习加讲座，大大丰富了我对西北青铜时代文化及其族属的认识，为尔后早期秦文化及西戎文化的探索作了铺垫；而有关考古学基础理论、方法的实践与培训，更是受益终身。

1981 年底青海实习结束后，在俞先生的安排下，我即独自前往渭河上游、西汉水上游作了短期考古调查。在调查的基础上，1982—1983 年在礼县栏桥发掘了寺洼文化墓地、在甘谷县毛家坪发掘了两周时期的秦文化遗址，1984 年的硕士学位论文就是在发掘资料的基础上完成的。那时，因为田野考古任务繁重，北大考古专业研究生大多都推迟毕业，而我则延期了一整年。

毕业后，我留校当老师。接着，俞伟超先生离开北京大学去了中国历史博物馆（现为国家博物馆），早期秦文化的调查与发掘工作只好暂时中断，而我也因为课程需要，重点转向战国秦汉考古教学与相关研究。俞伟超先生虽然离开北大，但可以经常见面聊天并请教学术问题，正所谓学问是聊天聊出来的。同时，我常去拜访请教邹衡、严文明、李伯谦等先生，也深受他们学术思想及研究方法的熏陶。

20世纪90年代初，礼县大堡子山遗址秦公大墓被盗掘，一批铸有秦公铭文的青铜器及金饰片流散于海内外。对此，我深感震惊与遗憾。如果当年能够在甘肃不间断地进行秦文化的调查与发掘，或许有提前发现秦公大墓的可能。幸好，自2004年开始，在国家文物局、甘肃省文物局、陕西省文物局的领导与支持下，甘肃省文物考古研究所、陕西省考古研究院、中国国家博物馆考古部、北京大学考古文博学院、西北大学文博学院（今文化遗产学院）五家单位合作的"早期秦文化与西戎文化考古"项目启动，并组建了联合课题组和考古队，大家推举我为课题组组长（近年退休后已改由他人担任）。之后，在甘陕一带连续不断地作了大量的考古调查与发掘，重点发掘了礼县西山遗址、礼县大堡子山遗址、礼县六八图遗址、清水县李崖遗址，近年又再次大规模钻探与发掘了甘谷毛家坪遗址。此外，还调查发掘了与秦文化密切相关的张家川马家塬、秦安王洼、清水刘坪、漳县墩坪等西戎墓地。其中，2006年礼县大堡子山遗址（入选当年全国十大考古发现）、2010—2011年清水李崖遗址的发掘由我任领队。总之，五家单位经过十余年的精诚合作、不懈努力，在早期秦文化和西戎文化领域获得了一系列突破性的发现，取得了多项重大学术成果。其中，李崖遗址的发掘与研究从考古学文化层面揭示出嬴秦人来源于山东东夷族群已成定论，可以说俞伟超先生当年交给我的这一任务已基本完成，先生在天有知，当会感到欣慰吧。

在大学当老师，学术研究是一方面，而主要精力则用于教学及带学生。除课程外，我先后多次带学生田野实习，包括三峡库区忠县崖脚遗址、甘肃礼县大堡子山遗址、山东东平陵遗址、甘肃清水县李崖遗址等处的考古调查与发掘。2007年我获得了北京大学"十佳教师"，后又获得了"北京市教学名师"荣誉称号。

两部文集中，《周秦汉考古研究》，除我的专业方向秦汉考古外，还涉及商周，主要是两周时期。俞伟超先生在世时曾反复告诫我们：中国古代文明与国家的发展既具有阶段性，也具有连续性，欲读懂秦汉，须对商周有较多的了解，也就是说长时段的观察与研究很重要，这也正是包括俞伟超先生在内，诸多先生做学问的特点之一。此外，俞伟超先生除了擅长具体的、微观的考证外，更注重制度性、规律性的宏观分析。例如，先生的《汉代诸侯王与列侯墓葬的形制分析——兼论"周制"、"汉制"与"晋制"的三阶段性》一文，以高屋建瓴的宏大视角，开启了中国古代埋葬习俗与制度研究的新思路；而《考古学中的汉文化问题》则回答了历史时期大一统条件下如何定义和把握考古学文化的问题。遗憾的是，先生英年早逝，类似的大课题刚开了个头，还有待于进一步的拓展与深化，因而这部文集的一些研究就是秉承先生的遗愿而展开的。21世纪初，我与北大考古文博学院汉唐教研室几位老师和考古界同仁共同承担的教育部人文社会科学研究重大项目"汉唐陵墓制度研究"，历时四年，取得了多项重要研究成果（参见课题结项报告）。其后，部分老师与同仁的研究论文陆续发表，而我所承担的"从周制到汉制：商周秦汉陵墓制度的变革与发展"子课题，由于涉及面广，迄今只发表了陵园制度、墓形制度、葬具制度等研究成果，而墓地制度、葬品制度、祭祀制度、外藏制度、观念信仰等系列研究还未最终完成。但笔者曾就这一课题，在北京大学考古文博学院多年的硕博研究生中开设了专题研究课；此外，在全国多座高校及考古研究所做过多次讲座。而退休后，2020年，学院又邀请我以此题目为硕博研究生及年轻老师新开设"考古名家讲座"，半学期做了8次讲座。借此机会，笔者系统整理并补充了过去研究，较过去有了更全面、深刻的认识。然而遗憾的是，今日身患大病，已难以继续写作。为此，我已嘱托学生弟子今后继续深化研究，期望将来能够与学生弟子以专题讲座形式合作出版。

《周秦汉考古研究》收录较杂，分为四个部分：陵墓制度、都城建制、农业手工业、艺术及其他，总计25篇。这个分类，只是大致划分而已，未必都合适。所收一些论述成文较早，一些观点随着新资料的发现与认识的深化难免存在不足或错误，但这是学术研究的必经过程，因而，除技术性的修订外，大部分保持原样不变（凡有新修订者文末均已说明）。

《秦与戎：秦文化与西戎文化的考古学探索》，大体以考古学文化年代早晚为顺序，文集编排没有再细分类，原因是诸多文章涉及时段较长，而秦与戎二者也很难截然分开。此外，文集排序也考虑到了发表年代的先后。例如关于嬴秦族的来源与早期秦文化的探索，论文发表的先后体现了田野考古工作的进展及认识的过程。自然，随着新资料的发现以及研究的深化，早年的一些认识需要修订甚至否定，这是学术发展的正常之路。遗憾的是，笔者拟撰写的《秦史与秦文化》专著以及几篇新论文，如《毛家坪遗址年代分期与文化性质的再认识》《西戎（犬戎、猃狁）与寺洼文化》《早期秦文化与西戎文化关系新论》等，皆因大病在身，已经无力完成。不过，值得欣慰的是，从事秦文化，特别是早期秦文化与西戎文化研究的一批中青年学者已经成长起来，并取得了诸多重要学术成果，祝愿他们继续以田野考古工作为中心，推动秦文化与西戎文化的研究再上一个新台阶！

赵化成

2023 年 8 月改定

北京大学考古学丛书
（2022）

❋ 旧石器时代考古研究
　　王幼平　著

❋ 史前文化与社会的探索
　　赵辉　著

❋ 史前区域经济与文化
　　张弛　著

❋ 多维视野的考古求索
　　李水城　著

❋ 夏商周文化与田野考古
　　刘绪　著

❋ 礼与礼器
　中国古代礼器研究论集
　　张辛　著

❋ 行走在汉唐之间
　　齐东方　著

❋ 汉唐陶瓷考古初学集
　　杨哲峰　著

❋ 墓葬中的礼与俗
　　沈睿文　著

❋ 科技考古与文物保护
　原思训自选集
　　原思训　著

❋ 文物保护技术：理论、教学与实践
　　周双林　著

上海古籍出版社

北京大学考古学丛书
（2023）

◆ **史前考古与玉器、玉文化研究**
赵朝洪　著
（即将出版）

◆ **周秦汉考古研究**
赵化成　著

◆ **历史时期考古研究**
杨哲峰　著

◆ **分合**
北朝至唐代墓葬文化的演变
倪润安　著
（即将出版）

◆ **山西高平古寨花石柱庙建筑考古研究**
徐怡涛　著
（即将出版）

◆ **山西高平府底玉皇庙建筑考古研究**
彭明浩、张剑葳　编著
（即将出版）

◆ **何谓良材**
山西南部早期建筑大木作选材与加工
彭明浩　著

上海古籍出版社

图书在版编目(CIP)数据

周秦汉考古研究 / 赵化成著. —上海：上海古籍出版社，2023.11
（北京大学考古学丛书）
ISBN 978-7-5732-0924-5

Ⅰ.①周… Ⅱ.①赵… Ⅲ.①考古学—研究—中国—商周时代②秦汉考古—研究　Ⅳ.①K870.4

中国国家版本馆 CIP 数据核字（2023）第 191304 号

北京大学考古学丛书
周秦汉考古研究
赵化成　著
上海古籍出版社出版发行
（上海市闵行区号景路 159 弄 1-5 号 A 座 5F　邮政编码 201101）
（1）网址：www.guji.com.cn
（2）E-mail：guji1@guji.com.cn
（3）易文网网址：www.ewen.co
上海丽佳制版印刷有限公司印刷
开本 710×1000　1/16　印张 25.75　插页 3　字数 390,000
2023 年 11 月第 1 版　2023 年 11 月第 1 次印刷
ISBN 978-7-5732-0924-5
K·3499　定价：118.00 元
如有质量问题，请与承印公司联系